이토록
친숙한
세계사

유성열

이토록
친숙한
세계사

유성열

도서출판
디자인21

표기법에 대해

※ 인물의 생애 연도는 해당 인물이 글에서 처음 언급될 때만 표기했다. 그리고 확실하지 않은 연도 앞에는 '약'이라고 표기했고, 불명확한 연도는 물음표(?)를 사용했다.

※ 황제, 국왕의 생애 표시는 통치 시기로 표시했으며 기간 앞에 '재위'를 붙였다. 대신 로마가톨릭 교황의 경우 교황직에 있었던 기간 앞에 '재임'으로 표기했다.

※ 기독교에서 '기독'이라는 단어는 '그리스도(Christ)'를 한자식으로 표현한 '기리사독(基利斯督)'을 줄여서 표현한 출처 불명의 용어이기에 기독교라는 명칭 대신 '그리스도교'라고 표기했다.

※ 외국어는 모든 단어에 표기하지 않고 선택적으로 표기했다. 또한 저서 이름에는 꺾기(「 」)를 사용했다.

※ 지역명은 되도록 당대 사용했던 용어 중심으로 썼고, 현재 사용되는 지명을 참고할 수 있게 괄호를 사용해서 '(오늘날 ○○○)'이라고 표기했다. 또 이해를 돕도록 현재 사용되는 국가명으로 설명할 때는 '오늘날 ○○○'이라고 표기하며 서술했다.

※ 이탈리아의 경우 오늘날 국가인 이탈리아와 혼동할 수 있기에 '이탈리아반도'라고 표기했다.

※ 전쟁, 원정, 왕조, 지역, 섬이라는 단어는 앞의 글자에서 띄어서 표기했다.

※ 제국, 왕국, 백국, 시대, 공의회, 조약, 화의, 반도 등의 단어는 앞의 글자와 붙여서 표기했다.

머리말

이 세상에 역사책은 많다. 인류가 존재하는 한 역사는 끊이질 않을 것이기에 역사책은 계속해서 그 누군가에 의해 집필될 것이다. 그렇다면 우리는 왜 역사를 알아야만 할까? 역사를 안다는 것은 인간에게 필수적인 사안일까? 물론 역사를 몰라도 인생을 살아가는 데 큰 지장은 없다. 하지만 분명한 사실 하나는 있다. 과거의 산물인 역사를 모르면 현재 일어나는 수많은 일들의 원인을 알 수가 없고 미래를 제대로 예측할 수도 없다. 미래를 현명하게 대처하기 위해서 과거를 알아야 한다. 마치 특정인이 현재 하는 말과 행동을 이해하기 위해서는 그 사람의 과거 행적을 알아야만 이해할 수 있는 것과 같은 이치다.

필자가 세계사를 공부하기 시작한 시기는 2020년 1월부터다. 그전에는 역사를 제대로 공부한 적이 없다. 수많은 인물과 사건이 머릿속에 있기는 했으나 흩어진 조각들로 자리 잡고 있었다. 특히 어머니 뱃속에서부터 그리스도교를 받아들였으니 모태신앙임에도 불구하고 그리스도교가 어떻게 생겨났고 개신교는 무엇이며 로마가톨릭, 정교회는 어떠한 차이가 있는지도 몰랐다. 그저 '예수를 믿으면 구원받는다'라는 단순 논리로 타 종교를 배척하는 편협된 시각으로 오랫동안 살아왔다.

그러던 중 세계사를 공부하기 시작하면서 유튜브 채널을 개설해 영상을 하나둘씩 올렸다. 채널명 '인도공'은 '인생에 도움 되는 공부'의 약자이다. 유튜브 채널이 유명하지는 않으나 20년 넘게 기자 생활을 통해 익힌 정보 취합 능력 그리고 나만의 시각을 갖고 글로 표현하는 나름의 능력으로 영상을 만들었다. 하지만 한계는 너무나도 쉽게 찾아왔다. 세계사라는 방대한 분야를 다루기에는 필자의 식견이 지나치게 부족했기 때문이다. 그래서 고민했다. "하나의 키워드를 설정해서 세계 역사를 이어가 보자!" 이 책의 집필은 그렇게 시작되었다.

어떤 키워드가 좋을까? 몇 년 동안 공부한 내용을 천천히 들여다보니 하나가 떠올랐다. 그것은 바로 종교, 그중에서도 '그리스도교'였다. 우리나라에서는 '기독교'로 불리고 있으나 필자는 출처가 불분명한 기독교라는 단어가 마뜩하지 않기에 그리스도교라고 부르겠다.

우리 일상에는 그리스도교라는 종교를 탄생시킨 예수 그리스도와 관련된 것들이 많다. 우선 연도를 표시하는 서력기원(AD)은 예수의 탄생과 관련이 있다. 그리고 매년 12월 25일은 예수가 태어난 성탄절이다. 또한 오늘날 프랑스와 독일이 탄생한 배경에는 로마가톨릭의 교황청이 정치와 결탁한 역사적 사건이 있었다. 스페인과 포르투갈 생성 배경에도 그리스도교가 있다. 잉글랜드에서는 헨리 8세가 로마가톨릭과 결별하고 국교회를 탄생시켰다. 국교회는 성공회로 발전했다.

아울러 11세기 말 유럽에서 시작된 십자군 원정은 이름 자체에서 그리스도교가 드러나며, 14세기에 발발한 잉글랜드와 프랑스 간 백년 전쟁에서는 잔 다르크가 그리스도교 유일신의 계시를 받고 위기에 빠진 프랑스를 건져냈다. 또한 15세기 초 시작된 유럽의 대항해시대와 콜럼버스의 신대륙 발견도 그리스도교와 관련이 있다. 16세기 초 마르틴 루터에 의한 종교개혁은 말할 것도 없다.

이어 종교개혁으로 생겨난 프로테스탄티즘 즉, 개신교로 인해 17세기 신성로마제국에서 발발한 30년 전쟁은 유럽 사회에 지대한 영향을 미쳤다. 특히 18세기 후반 탄생한 미국은 그리스도교 때문에 생겨났다. 서양의 역사에서 그리스도교는 떼려야 뗄 수가 없다. 이 책은 그리스도교라는 키워드로 2,000년 세계 역사의 얼개를 짜기 위해 썼다.

물론 역사 전공자가 쓴 글이 아니기에 많이 부족하다는 점 잘 알고 있다. 그런 이유로 수많은 역사책과 논문, 기타 다양한 방식으로 지식을 습득해 최대한 오류가 나지 않도록 신중함을 기했다. 그리고 글 중간중간에 필자의 생각을 조금씩 곁들였는데, 글 흐름에는 영향을 주지 않으려고 노력했다.

이 책은 총 21장으로 구성되어 있다. 그런데 글을 읽다 보면 때로는 지나치게 상세한 정보를 전달하려는 필자의 욕심으로 인해 다소 복잡한 부분이 종종 있다는 점을 미리 알려드린다. 하지만 장담하건대 조금의 인내심을 갖고 이 책을 읽는다면 그리스도교라는 키워드를 통해 2,000년 세계 역사의 얼개를 만들 수 있다고 말씀드리고 싶다.

그리고 이 책을 통한 필자의 소망 세 가지를 알려드리고 싶다. 우선 우리나라 그리스도교 신자들을 향한 것인데, 그리스도교가 어떻게 탄생하고 2,000년 동안 세계 역사 속에서 어떻게 변해왔는지를 알았으면 좋겠다. 무작정 '예수만 믿으면 끝'이라는 편협한 사고에서 벗어나기를 바라는 마음이다. 잘못된 믿음의 신앙인들 때문에 참된 크리스천들이 덩달아 비난받는 것이다.

두 번째는 언론에 대한 것인데, 어느 때부터인가 우리나라에서 기자들에 대한 불신이 팽배해졌다. 가슴 아픈 이 같은 현상을 조금이나마 없애는 데 힘을 보태고 싶다. 그래서 기자가 되길 희망하는 미래 언론인들에게 이런 말을 하고 싶다. "역사 공부를 게을리하지 말라!" 과거를 모르면 현재를 파악할 수 없고 미래를 예측할 수 없다. 역사 지식 그리고 역사에 관한 의식이 없다면 진정한 저널리스트가 될 수 없다. 역사의식의 부재는 기자라는 직업을 단순 전달자로 만들 것이기 때문이다.

세 번째는 고등학교에서 수많은 과목 중 유독 세계사는 "외울 것이 많다."라는 이유로 학생들 사이에서 기피 과목이 되어 있다. 그저 공부하기 수월한 과목을 선택하는 안타까운 대한민국 공교육의 현실은 우리나라의 미래를 위해서 결코 바람직한 모습이 아니다. 물론 이러한 현상이 변할 수 있도록 필자도 노력하겠지만, 우리 모두 세계사를 근간으로 조금만 더 통찰력을 갖고 대한민국과 세계정세를 들여다보면 좋겠다는 마음 간절하다.

끝으로 박봉에 시달리는 지방지 기자와 결혼해 갖은 고생을 2025년 현재까지 묵묵히 견뎌내고 있는 소중하면서도 사랑하는 아내 김민지, 막내가 잘 될 수 있도록 항상 기도하시는 부모님, 먼발치에서 든든한 힘이 되어주시는 장인어른과 장모님, 30년 동안 정신적으로 힘이 되어주면서 이번 집필에 용기를 북돋아 준 벗이자 대학 동기이며 부산에서 심리상담사로 활동 중인 이정민, 필자가 경제적으로 힘들 때마다 큰 힘이 되어준 군대 동기이자 30년 지기 성요한, 또 제2의 고향인 경기도 광명에서 만난 소중한 지인들, 유튜브 채널 '인도공'을 관심 가지고 봐주시는 모든 분에게 감사한 마음을 전하고 싶다. 특히 수많은 출판사가 필자의 원고를 받은 후 기획출판을 정중히 거절하는 상황에서 미약한 가능성을 보고 선뜻 손 내밀어준 출판사 '디자인21' 측에 무한한 감사의 마음을 전하고 싶다.

2025년 1월 1일

작업실에서

차례

표기법에 대해 6
머리말 7

1부. 팔레스타인에서 로마제국으로 18

1장 유럽인들의 정신적 지주 예수가 태어나다 21

2,000년 세계 역사 지배한 예수 그리스도 21
로마제국 초대 황제 아우구스투스의 등장 26
아우구스투스 통치 때 예수가 태어나다 32
예수의 부활과 그리스도교의 탄생 35
BC 753년 로물루스로 시작된 왕정 로마 37

2장 로마제국의 그리스도교 박해와 포용 43

사도 바울과 신약성경 탄생 이야기 43
네로 황제의 그리스도교 첫 대박해 46
팍스 로마나와 오현제시대 그리스도교 박해 51
아버지 덕분에 정치에 나선 콘스탄티누스 55
드디어 콘스탄티누스가 황제에 등극하다 58

3장 세계 역사에 큰 획 그은 콘스탄티누스 65

콘스탄티누스의 밀라노칙령 실존 여부 65
예수가 신(神)이 되는 삼위일체설 채택되다 70
로마제국 수도 콘스탄티노폴리스로 옮겨지다 73
가톨릭으로 불린 그리스도교의 내부 분열 조짐 76
로마제국 태양신 숭배일 12월 25일 성탄절 되다 79

2부. 제국의 분열과 유럽의 탄생 ▪84

4장 유럽의 역사 전면에 등장한 게르만족 87

게르만족 대이동 그리고 서로마제국 멸망 87
프랑스와 독일 시조 클로비스, 프랑크왕국 세우다 91
브리튼 섬으로 간 앵글로-색슨족, 7왕국 만들다 97
이베리아반도 정착한 서고트족, 스페인 건국하다 100
서로마제국 멸망 후 로마가톨릭의 생존법 104
세계에서 가장 작은 국가 바티칸시국의 시초 108

5장 중세 맞이한 유럽 그리고 이슬람교 태동 111

서유럽 사회가 철저히 무시한 비잔티움제국 111
유스티니아누스 황제도 막지 못한 그리스도교 분열 114
이단 정죄 네스토리우스파 중국에서 경교가 되다 117
이슬람교 성립한 무함마드 네스토리우스파 수용했나 121
무슬림의 이베리아반도 침략과 레콩키스타의 시작 125

6장 프랑크왕국 분열 그리고 프랑스·독일 탄생 129

교황의 기습 대관으로 황제가 된 카롤루스 대제 129
카롤루스 대제 손자 때 프랑크제국 3등분 되다 133
동프랑크, 독일왕국에 이어 신성로마제국이 되다 136
위그 카페, 프랑크에서 프랑스로 국명 바꾸다 139
프랑크왕국 줄기차게 괴롭힌 바이킹과 마자르족 143

7장 '예수의 해'가 시작되다 'Anno Domini' 149

그리스도교 박해한 황제가 싫어 탄생한 '서기(AD)' 149
예수의 시대 '서력기원(AD)' 이렇게 탄생했다 152
예수 그리스도는 AD 1년에 태어나지 않았다 154

8장 유럽의 판도 뒤흔든 무자비한 바이킹 161
게르만족에 이어 바이킹의 대이동 시작되다 161
프랑스 휘저은 바이킹이 잉글랜드 정복하다 165
덴마크 바이킹 침략으로 잉글랜드 7왕국 뭉치다 168
바이킹, 동유럽 진출해 러시아 토대 이루다 171
프랑스에 터 잡은 바이킹, 이탈리아 남부 장악하다 174

3부. 유럽과 아시아의 연결 ▪ 178

9장 로마가톨릭과 정교회로 쪼개진 그리스도교 181
수위권과 필리오케 논쟁이 부른 그리스도교 충돌 181
로마가톨릭과 정교회, 1054년 완전히 분열하다 184

10장 종교 넘어 세속 황제 꿈꾼 로마가톨릭 교황 189
교황권 대추락, 클뤼니수도원 교회 개혁 운동 189
성직자 서임권 놓고 교황과 황제 신경전 촉발 193
신성로마제국 황제 무릎 꿇은 '카노사의 굴욕' 195
십자군 원정의 도화선 1071년 만지케르트 전투 200
십자군 원정 서막 "잃어버린 교황 권위 되찾겠다." 204

11장 광기 가득한 크리스천들의 십자군 원정과 여파 209
제1차 십자군 원정이 남긴 성지 탈환과 잔인한 학살 209
십자군 원정으로 탄생한 템플기사단의 급성장 213
무슬림 영웅 살라딘, 십자군 장악 예루살렘 재탈환 217
'사자심왕 리처드' 절반의 성공 제3차 십자군 원정 221
최악의 오점 제4차 십자군, 또다시 시작된 제5·6차 원정 223
루이 9세가 이끈 제7·8차 십자군 원정 그리고 맘루크 228

12장 유럽과 아시아 연결한 공포의 대상 몽골제국 233

'그리스도교 국가 왕' 찾기 위해 몽골제국 가다 233
중국으로 전파된 경교 몽골인들에게 스며들다 237
튀르크족 빠져나간 초원에서 몽골제국 탄생하다 239
몽골제국이 러시아 중심지를 모스크바로 바꾸다 246
마르코 폴로 동방견문록과 몽골인 프레스터 존 250

4부. 혼돈의 유럽, 장악의 시대 | 254

13장 십자군 원정 실패가 부른 교황권 대추락 257

봉건제도의 해체 그리고 프랑스 왕과 교황의 갈등 257
교황에 대한 불신 '아나니사건'과 '아비뇽유수' 261
교황이 3명 '서방교회 대분열'과 '콘스탄츠공의회' 264
프랑스 국왕 필리프 4세와 템플기사단 해체 267
주종관계 프랑스와 잉글랜드가 벌인 '백년 전쟁' 269

14장 유럽의 암흑 중세 끝낸 르네상스 태동 277

1,000년의 역사 간직한 비잔티움제국의 멸망 277
신(神)으로부터 탈피 인간 중심의 '르네상스' 태동 281
레콩키스타 완성, 스페인·포르투갈의 탄생 285
몽골 지배 벗어난 러시아가 시베리아 차지하다 291

15장 "프레스터 존 찾아라." 대항해시대 개막 297

"프레스터 존 찾자" 포르투갈 엔히크 왕자의 꿈 297
유럽의 변방 포르투갈 '대항해시대' 열다 300
스페인 이사벨 여왕, 콜럼버스 항해 지원하다 303
콜럼버스가 쏘아 올린 유럽의 아메리카 정복 309

실패한 프레스터 존 찾기, 성공한 대서양 항로 개척..............................314
마젤란의 세계 일주와 유럽의 동남아 식민 지배 319

16장 "부패한 로마가톨릭이여 쇄신하라." 종교개혁 323

종교개혁 신호탄 쏘아 올린 새벽 별 존 위클리프................................ 323
위클리프 정신 이어 로마가톨릭 쇄신 외친 얀 후스.............................. 328
마르틴 루터와 프로테스탄티즘(개신교) 탄생 332
마르틴 루터의 종교개혁 장 칼뱅이 완성하다 338
루터파와 칼뱅파 프로테스탄트 유럽 전역에서 생기다.......................... 343

5부. 아시아로 뻗어나간 서양의 정신 ▮346

17장 세상의 판도 바꾼 유럽의 식민지 쟁탈전........................... 349

'해가 지지 않는 제국' 포르투갈의 흥성과 몰락.................................. 349
성직자 주장으로 아프리카 노예 수입 시작되다 353
'잘못된 종교관' 어리석은 왕이 망친 스페인제국................................. 357
동남아 향신료 무역 장악한 신흥강국 네덜란드................................... 360
잉글랜드의 동남아 진출과 네덜란드와의 전쟁 364

18장 대학살 부른 로마가톨릭과 개신교 극한 대립 369

프랑스 가톨릭 신자들의 신교도 위그노 대학살 369
유럽 국가 총출동, 가톨릭 vs 개신교 '30년 전쟁' 373
네덜란드 신교도의 성상 파괴 그리고 스페인의 탄압 377
헨리 8세에 불난 잉글랜드 메리 여왕의 신교 탄압................................381
가톨릭 교황 수호 '예수회', 아시아 선교 나서다 387

19장 센고쿠시대 일본 향한 유럽 열강의 도전 393

서유럽 대항해시대와 마주친 일본의 센고쿠시대 393
일본, 서양의 유일신 사상 그리스도교 만나다 398
그리스도교, 일본 센고쿠시대 때 최전성기 맞다 403
가톨릭, 도요토미 히데요시 만나 위기에 빠지다 406
에도막부, 가톨릭 기리시탄 뿌리뽑기에 나서다 411

20장 종교의 자유 찾아 떠난 청교도가 세운 미국 419

국교회 앞세운 엘리자베스 여왕과 제임스 1세 419
종교의 자유 찾아 떠난 청교도들 북아메리카 가다 424
북미 개척 청교도, 종교 문제로 인디언과 싸우다 428
인디언 몰아낸 북미 정착 청교도, 미국 건국하다 432
운 좋게 영토 넓힌 미국, 19세기 말 조선을 공격하다 438

21장 중국 거쳐 조선에 뿌리내린 그리스도교 445

예수회 선교사들, 16세기 말 중국에 도착하다 445
마테오 리치의 '천주실의' 조선에 영향 끼치다 449
조선 후기 실학자들, 서학 천주교에 빠져들다 452
정약용을 아꼈던 정조 사후 천주교 박해 시작되다 457
조선, 19세기 말 그리스도교 완전 수용하다 462
'기독교' 용어의 유래, 종단·종파·교파·교단에 대해 467

주요 사건 연표 472

참고문헌 480

1부.

팔레스타인에서 로마제국으로

로마의 영토 확장
BC 201년, 2차 포에니 전쟁 종결
BC 121년, 그라쿠스 형제 개혁 실패
BC 44년, 카이사르 암살
AD 14년, 아우구스투스의 죽음
AD 117년, 트라야누스의 죽음
게르마니아
갈리아
히스파니아
일리리쿰
이탈리아
다키아
모이시아
트라키아
아시아
갈라티아
아르메니아
메소포타미아
시리아
커프로스
크레타
유다
아라비아
아이깁투스
키레나이카
아프리카
마우레타니아
시칠리아
아퀴타니아
브리타니아
지중해

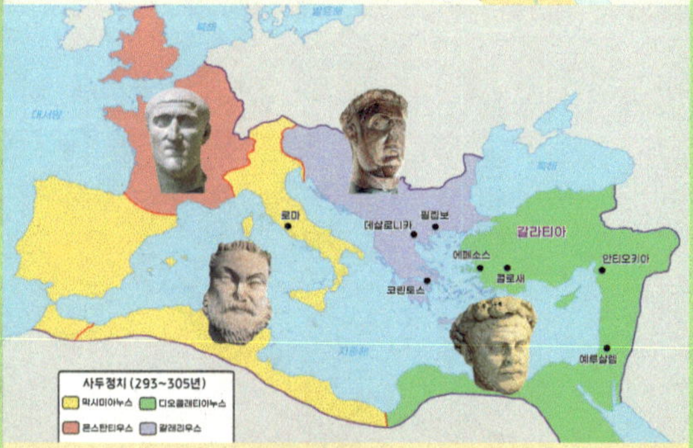
사두정치 (293~305년)
막시미아누스
디오클레티아누스
콘스탄티우스
갈레리우스
로마
데살로니카
빌립보
갈라티아
에베소스
골로새
안티오키아
코린토스
예루살렘

막시미아누스 의붓딸 테오도라와 292년 재혼
[270년 결혼, 289년 이혼]
스탄티우스 클로루스
헬레나
막시미아누스
에우트
결혼? 동거?
르비아
콘스탄티누스 대제
막시미아누스 친딸 파우스타와 307년 결혼
막센티우스
파우스타
크리스푸스
콘스탄티누스 2세
콘스탄티우스 2세
콘스탄스

2세기 로마제국 최대 영역과 지명들. 별(★) 표시는 그리스도교 주요 5개 도시들.

1장

유럽인들의 정신적 지주 예수가 태어나다

2,000년 세계 역사 지배한 예수 그리스도

종교를 떠나서 '예수'라는 존재를 모르는 사람은 없을 것이다. 특히 예수 그리스도를 신(神)으로 믿지 않는 사람들조차 동서고금을 막론하고 매년 12월 25일 성탄절만큼은 즐겁게 보낸다. 예수는 약 2,000년 전 인물이다. 그런데 육신(肉身)의 죽음 이후 그의 '부활'을 믿는 수많은 사람에 의해 오늘날까지 인류 역사에 크나큰 영향을 끼치고 있다. 그렇다면 예수는 도대체 어떤 인물일까.

지금으로부터 약 2,000년 전 지중해 동쪽에 맞닿은 유다(Iudaea)라는 지역에서 예수라는 이름의 서른세 살 청년이 십자가에 못 박히는 형벌로 숨을 거두었다. 청년 예수는 십자가에 매달려 처형된 후 사흘째 되던 날 부활했다고 성경에 기록되어 있다. '예수의 부활'을 믿는 것이 로마가톨릭과 정교회, 개신교 등 그리스도교의 핵심이다. 물론 예수의 부활을 믿지 않는 그리스도교 내 교파도 있다.

그리스도교 신자는 영어로 크리스천(Christian)이다. 대다수 크리스천의 시각에서 예수는 이 땅에 오기 전부터 신(神)이었다. 그런데 왜 신이었던 예수는 인간들에 의해 죽임을 당해야만 했을까. 종교적으로 보면 예수가 십자가형으로 죽을 수밖에 없었던 이유는 '죄 많은 인류에 대한 구원'이다. 반면 당시 시대 상황으로 이야기하면 '반역죄' 때문이었다.

유대교 제사장들은 유대교의 교리를 부정하는 예수가 군중을 몰고 다니면서 "스스로 왕이 되려고 한다."라는 반역죄를 뒤집어씌웠다. 그러면서 유다 지역을 다스리던 로마제국의 총독 폰티우스 필라투스(한글 성경상 본디오 빌라도, 재임 : AD 26~36년)에게 사형을 내려달라고 간청했다. 폰티우스 필라투스는 '예수를 굳이 죽여야만 하나?'라고 마음 내키지는 않았으나 유대교 제사장들의 요구는 너무나도 집요했고 강렬했다. 심지어 예수를 죽이지 않으면 반란을 일으킬 모양새였다.

폰티우스 필라투스는 어쩔 수 없이 예수를 붙잡아서 재판을 열어 예수에게 물었다. "그대가 진정 유대인들의 왕이 되려는가?" 이에 대해 예수는 "나의 왕국은 이 세계의 것이 아니다."라고 대답했다. 폰티우스 필라투스는 예수의 말을 도무지 이해할 수 없었다. 그렇다고 사형을 집행할만한 근거도 찾지 못했다. 그래서 무죄를 선고하려고 했지만, 예수를 죽이고 싶은 유대교 제사장들의 욕구는 갈수록 커졌다.

유대교 제사장들의 등쌀에 떠밀린 폰티우스 필라투스는 예수를 향해 결국 사형을 선고했다. 청년 예수는 이렇게 해서 로마제국의 사형제도인 십자가형으로 죽었다. 그 이후 사흘째 되던 날 예수는 부활했고, 이를 목격한 제자들과 추종자들에 의해 예수는 메시아(Messiah, 구원자)가 되었다. 이어서 유대교 원리주의 율법 학자 사울(약 5~67년)이 나타난다. 그는 한때 예수를 따르는 사람들을 무진장 핍박했는데, AD 35년쯤 회심(悔心)하는 역사적인 사건이 일어났다. 예수 사후 몇 해 안 된 시기였다.

사울은 그러면서 메시아인 예수 그리스도의 복음 전파에 여생을 바쳤다. 그 덕분에 그리스도교가 오늘날처럼 체계적인 모습을 갖추었다. 참고로 '사울'이라는 이름은 히브리어이고, '바울'이라는 이름은 헬라어이다. 헬라어는 고대 그리스어를 말한다. 혹자는 "사울이 회심 후에 이름을 바울로 바꾸었다."라고 말하는데 이는 잘못된 정보이다.

그리스도교는 로마제국 황제들에 의해 300년 가까이 박해받았으나 좀처럼 뿌리 뽑히지 않았다. 박해가 심해지면 심해질수록 크리스천들의 믿음은 오히려 굳건해졌다. 결국 4세기 초 로마제국은 그리스도교를 공식 인정하게 되고, 이때부터 그리스도교는 유럽 사회의 중심 종교로 굳건히 자리 잡는다. 그 후 1,700년가량이 흐른 오늘날까지 유럽과 미국 등 서양의 여러 국가의 사람들과 심지어 유럽인들이 점령한 바 있었던 남아메리카와 아프리카 다수의 국가에서 수많은 이들의 정신세계를 지배하는 종교로 자리 잡은 것이다. 대한민국 역시 국민 3명 중 1명은 크리스천이다.

이 대목에서 '유다'라는 지역 명칭과 '유대인'이라는 민족 명칭에 관한 이야기를 하겠다. 우선 유다라는 지명은 아주 먼 옛날 '가나안'이라고 불렸다. 가나안이라는 명칭은 약 4,300년 전 대홍수시대 때 유일신 여호와로부터 선택받은 노아의 가족, 그중에서 노아의 둘째 아들 함의 막내아들 이름이다. 함의 아들 가나안이 터 잡은 곳이 가나안이 되었다. 유대교, 그리스도교, 이슬람교 등 3개 종교가 공통으로 삼은 '믿음의 조상' 아브라함이 약 4,000년 전 여호와의 부름을 받고 고향 우르(오늘날 이라크 일대)를 떠나 도착한 곳이 바로 젖과 꿀이 흐르는 '약속의 땅' 가나안이다. 여호와는 아브라함에게 "가나안으로 가라!"라고 명령했다. 그때부터 지금까지 유대인들은 가나안에 대해 "여호와가 우리에게 주신 땅이다."라고 주장하고 있다.

가나안이라는 명칭은 유대인들이 '바빌론유수'를 끝내고 돌아온 BC 6세기 이후부터 유다로 불렸다. 그러다가 AD 2세기부터 로마제국에 의해 '팔레스티나(Palestina)'로 변경되었다. 지명이 바뀐 이유는 AD 66년 시작해 AD 135년까지 간헐적으로 총 세 차례 로마제국과 유대인 간 발생한 유혈 충돌, 즉 '유대·로마 전쟁' 이후 패배한 유대인들이 유다 지역에서 대거 쫓겨났기 때문이다. 로마인들이 지명을 팔레스티나로 바꿔버렸다. 유대인들이 그들의 땅을 떠나서 전 세계로 뿔뿔이 흩어진 현상을 '디아스포라(diaspora)'라고 한다.

유대인들이 떠나면서 명칭이 바뀐 팔레스티나는 라틴어인데, 헬라어 '팔라이스티네'에서 유래했다. 팔레스티나는 히브리어로 '블레셋'이다. 구약성경을 보면 블레셋 사람 중에서 가장 유명한 인물은 골리앗이다. 이스라엘왕국의 2대 왕 다윗(재위 : BC 1010~BC 970년)이 왕좌에 오르기 전인 청년 시절 이웃한 블레셋 민족과 싸운 전투에서 돌팔매로 쓰러뜨린 장수가 바로 골리앗이다. 다윗은 이 전투에서 인기를 얻어 왕이 되었다. 팔레스티나는 오늘날 영어로 '팔레스타인(Palestine)'이라고 불린다.

이와 함께 '유대인'이라는 명칭의 유래이다. 여호와가 선택한 민족을 유대인이라고 통칭하게 된 것은 BC 6세기 바빌론유수 이후부터이다. 이에 앞서서 아브라함 시기에는 '히브리인'이었다. 이어서 아브라함의 손자이면서 이삭의 아들인 야곱 때부터 '이스라엘인'이라고 불렸다. 이스라엘인들은 이집트에서 약 400년간 노예 생활을 하다가 모세의 지도하에 BC 13세기쯤 이집트를 탈출 후 가나안에 정착했다. 그리고 세월이 흐른 BC 1030년쯤 이스라엘왕국을 세웠다. 1대 왕은 사울(재위 : 약 BC 1030~BC 1010년)이고 2대 왕은 다윗이다. 참고로 이스라엘인들의 '이집트 탈출'은 한글 성경에서 '출애굽', 영어로는 '엑소더스(Exodus)'이다.

그런데 이스라엘왕국은 다윗의 아들인 3대 왕 솔로몬(재위 : 약 BC 970~약 BC 931년)이 죽은 뒤 북이스라엘왕국과 남유다왕국으로 갈라졌다. 이스라엘인들은 앞서서 야곱의 12명 아들들 이후 유다 지파, 베냐민 지파, 시므온 지파, 르우벤 지파 등 12개 지파로 갈라진 상태였다. 그러면서 이스라엘왕국 분열 후 12개 지파 중 10개 지파는 북이스라엘왕국에, 나머지 2개 지파는 남유다왕국에 거주하게 된다. 남유다왕국에 거주한 2개 지파 중 다수를 차지한 족속이 유다 지파, 나머지는 베냐민 지파였다.

하지만 북이스라엘왕국은 BC 722년 이웃한 아시리아제국에 의해 멸망하면서 10개 지파 사람들의 종교관은 지배계층에 의해 희석되어 버렸다. 또 남유다왕국 역시 BC 6세기 초 이웃한 바빌로니아왕국의 네부카드네자르 2세(한글 성경 상 느부갓네살, 재위 : BC 605~BC 562년)의 침공으로 유다 지파와 베냐민 지파가 대거 바빌로니아왕국에 의해 포로로 잡혀가는 바빌론유수를 겪게 된다. 바빌론유수를 겪으면서 베냐민 지파는 구심점이 사라지면서 역사에서 흐릿해졌다.

그런데 유다 지파는 BC 539년 바빌로니아왕국을 공격해 멸망시킨 아케메네스 왕조 페르시아제국의 키루스 대왕(한글 성경 상 고레스, 재위 : BC 550~BC 530년)에 의해 운 좋게 포로 생활에서 풀려났다. 그리고 유다 지파는 다시 고향 가나안으로 돌아갔다. 이제 이스라엘인들 중에서 남은 족속은 유다 지파뿐이다. 이때부터 여호와로부터 선택받은 민족을 하나의 키워드로 '유대인'이라고 불렀다. 한자로는 유태인(猶太人)이다. 참고로 유대인들은 그들을 구출해 준 키루스 대왕을 메시아라고 불렀다.

로마제국 초대 황제 아우구스투스의 등장

예수는 로마제국 초대 황제 아우구스투스(한글 성경 상 아구스도, 재위 : BC 27~AD 14년) 통치 때 태어났다. 아우구스투스의 본명은 가이우스 옥타비아누스 투리누스(BC 63~AD 14년)이다. 옥타비아누스는 자신의 후견인이자 양아버지인 율리우스 카이사르(BC 100~BC 44년)의 유언장이 공개되기 전까지 존재감이 없었다. 그런데 아들이 없던 카이사르는 누나의 외손자인 옥타비아누스를 양자로 삼았다. 카이사르는 옥타비아누스의 다부짐이 마음에 들어서 진작에 후계자로 낙점했다. 하지만 황제가 되길 희망했던 카이사르가 원로원 의원들에 의해 무참히 살해되는 일이 BC 44년 발생했다. 공화정 체제의 로마가 요동치는 대사건이 터진 것이다.

카이사르가 암살되었을 때 옥타비아누스는 고작 열아홉 살 미성년자였다. 수도 로마의 시민들은 카이사르의 암살 소식에 충격을 받았으나 이내 후계자가 누가 될지에 관심이 쏠렸다. 다수의 신민(臣民)은 카이사르의 후계자로 그의 부관이던 안토니우스(BC 83~BC 30년)가 될 것으로 생각했다. 그런데 카이사르의 유언장에는 첫 번째 후계자의 이름으로 옥타비아누스가 적혀 있었다.

두 번째 후계자는 마르쿠스 유니우스 브루투스(BC 85~BC 42년)였다. 카이사르가 원로원 귀족들에게 흉기로 무참히 찔릴 때 "브루투스 너마저?"라고 지칭했던 바로 그 브루투스이다. 그런데 이 대사는 영국의 대문호 셰익스피어(1564~1616년)가 그의 희곡 「율리우스 카이사르」에서 소설적 표현으로 가공한 것이다. 그리고 브루투스는 카이사르의 연인 세르빌리아(약 BC 100~약 BC 42년)의 아들이다. 카이사르는 유언장에서 옥타비아누스가 후계자 자리를 거부하면 브루투스에게 넘어간다고 명시했다. 그런데도 브루투스는 공화정을 지키기 위해 자신을 아끼던 카이사르를 죽인 것이다. 안토니우스는 후계자로 언급조차 되지 않았다. 이로써 비쩍 마른 몸매의 앳된 청년 옥타비아누스가 하루아침에 스타로 급부상했다.

안토니우스는 용납할 수 없었다. 이로써 로마의 병사들은 옥타비아누스파와 안토니우스파로 양분되었다. 이대로 가다가는 내전이 불가피했다. 옥타비아누스는 최대한 몸을 낮추었다. 처세술이 뛰어났던 옥타비아누스는 안토니우스에게 공동 통치를 제안했다. 그리고 레피두스(?~BC 13년)가 가세하면서 삼두정치가 펼쳐졌다. 삼두정치는 이미 카이사르 통치 시기 한 차례 진행된 바 있었다. 카이사르를 필두로 폼페이우스(BC 106~BC 48년)와 크라수스(BC 115~BC 53년) 등 3인이 BC 59년부터 공화정 체제의 로마를 공동으로 통치한 것이 '제1차 삼두정치'다.

옥타비아누스가 출연하기 이전의 카이사르 시대 이야기다. 유다 지역은 제1차 삼두정치가 시작되기 전인 BC 63년 로마에 의해 정복당했다.

카이사르가 두각을 나타내기 전에 수도 로마에서는 폼페이우스와 크라수스의 인기가 절정이었다. 이들은 BC 73년에 발생한 노예 검투사들의 반란인 '스파르타쿠스의 난'을 2년이 흐른 BC 71년 진압하면서 위기에 빠진 수도 로마를 구해냈다. 그리고 폼페이우스는 BC 66년부터 BC 61년까지 5년 동안 동방 원정을 통해 오늘날의 튀르키예가 있는 아나톨리아반도를 비롯해 인근 시리아 그리고 오늘날의 레바논, 요르단, 이스라엘, 팔레스타인 자치정부가 위치한 지역을 로마의 속주로 만들었다. 유다 지역은 이 시기에 로마의 수중에 떨어진 것이다.

카이사르는 삼두정치가 시작된 첫해 임기 1년짜리 집정관을 지냈고, 이듬해인 BC 58년 오늘날 프랑스 지역인 갈리아의 총독으로 부임했다. 그리고 카이사르는 BC 51년까지 갈리아 지역을 평정하면서 그의 인기가 수도 로마에서 하늘을 찌를 정도였다. 그런데 제1차 삼두정치를 이끈 크라수스는 당시 파르티아제국과의 전쟁에 나섰다가 BC 53년 전사하고 말았다. 그러면서 삼두정치가 깨지고 카이사르와 폼페이우스 2인 체제로 재편되었다.

갈리아 원정 성공으로 카이사르의 인기가 급상승하자 원로원은 카이사르를 견제하기 위해 폼페이우스를 부추겼다. 원로원의 이 같은 위기의식은 카이사르가 귀족들보다는 서민들의 편에 서서 정치를 펼친 이력 때문이다. 이로써 원로원은 카이사르 제거를 획책했다. 원로원은 폼페이우스를 자기네 편으로 만든 뒤 갈리아 총독 카이사르를 향해 "군대를 두고 수도 로마로 복귀하라."라는 서신을 보냈다.

눈치가 빠른 카이사르는 혈혈단신 복귀했다간 죽임을 당할 것이 분명했기에 섣불리 혼자서 수도 로마로 갈 수가 없었다. 그로 인해 갈리아에서 7년간 그를 따랐던 '카이사르의 군단'으로 불린 최정예 10군단을 이끌고 BC 49년 루비콘강을 건너고 말았다. 당시 외지로 나갔던 총독 또는 사령관은 수도 로마로 들어오기 전 루비콘강을 건널 때 군대를 대동하지 않고 혼자서 들어와야만 했다. 그렇지 않으면 반역으로 취급받았다.

카이사르는 루비콘강을 건너기 직전 고민에 고민을 거듭했다. 그러다가 군사들을 향해 소리쳤다. "주사위는 던져졌다!" 원로원과 폼페이우스는 예상과 달리 카이사르가 군대를 이끌고 수도 로마로 들어온다는 소식을 접하고는 당혹감을 감추지 못했다. 폼페이우스는 우선 물러나서 전투를 준비하기로 마음먹었다. 그러면서 군대를 이끌고 인근 그리스로 후퇴했다. 카이사르는 폼페이우스를 뒤쫓아 그리스로 향했다.

BC 48년 8월 카이사르와 폼페이우스는 그리스의 테살리아 지역의 파르살루스 평원에서 맞붙었다. 결과는 카이사르의 완승이었다. 전투에서 패한 폼페이우스는 이집트로 도망갔다. 당시 이집트는 아이깁투스(Aegyptus)라고 불렸으나 이 책에서는 이집트라고 지칭하겠다. 폼페이우스는 당시 이집트 파라오 프톨레마이오스 13세(재위 : BC 51~BC 47년)와 친분이 있었다. 하지만 프톨레마이오스 13세는 대세가 이미 카이사르에게 기울었다는 정보를 전해 들었다. 파라오는 이로써 측근에게 명령했다. "폼페이우스가 항구에 도착하면 제거하라." 프톨레마이오스 13세의 배신으로 폼페이우스는 생을 마감했고 로마의 실권은 카이사르가 독차지하게 되었다.

우리에게 너무나도 유명한 클레오파트라 7세(BC 69~BC 30년)는 이 시기의 인물이다. 그녀는 프톨레마이오스 13세의 일곱 살 많은 배다른 누나이다. 하지만 두 사람은 아버지 명령으로 혈통 보존을 위해 근친결혼을 했다. 두 사람은 BC 51년 공동으로 파라오에 등극했으나 왕궁 내 파벌싸움이 발생해 클레오파트라가 이집트 밖으로 추방당하고 말았다. 이 시기에 카이사르가 폼페이우스를 쫓기 위해 이집트에 나타난 것이다.

클레오파트라는 다시 권력을 잡기 위해 로마의 제1인자 카이사르에게 접근했다. 신하를 시켜서 자신의 알몸을 양탄자로 감싸게 한 뒤 카이사르에게 자기 자신을 선물하는 방식으로 카이사르를 유혹했다. 쉰두 살의 카이사르는 스물한 살의 젊은 여성 클레오파트라의 유혹에 넘어가고 말았다. 두 사람 사이에는 아들 카이사리온(BC 47~BC 30년)이 태어났다.

이집트 파라오 프톨레마이오스 13세는 카이사르와의 전쟁에서 패한 BC 47년 죽었다. 이로써 클레오파트라가 이집트의 단독 파라오가 되었다. 카이사르의 아들을 가진 클레오파트라는 그러면서 아들 카이사리온을 앞세워 먼 훗날 로마까지 차지할 야심을 품게 된다. 그런데 BC 44년 카이사르가 원로원 의원들에 의해 죽임을 당한 것이다.

청천벽력 같은 소식이었으나 클레오파트라는 좌절하지 않았다. 카이사르의 후계자로 낙점된 옥타비아누스를 유혹하기 위한 작전에 돌입했다. 그러나 옥타비아누스는 넘어가지 않았다. 클레오파트라는 이후 안토니우스에게 접근했고, 단순했던 안토니우스는 클레오파트라에게 넘어가고 말았다. 두 사람의 첫 만남은 BC 41년이었는데, 안토니우스는 BC 40년 아우구스투스의 친누나 옥타비아 투리나(BC 69 or 66~BC 11년)와 정략결혼 후에도 클레오파트라와의 관계를 이어갔다.

그런데 제2차 삼두정치가 한창 진행되던 중이던 BC 36년 레피두스가 옥타비아누스와 대립했고, 이로써 레피두스가 정치 일선에서 물러나면서 삼두정치는 깨졌다. 이후 옥타비아누스와 안토니우스 2인 체제로 정치가 펼쳐졌다. 두 사람은 공화정 체제의 로마 전역을 서부와 동부로 양분해서 다스렸다. 그런데 안토니우스가 영토 확장 중에 동부의 메소포타미아 지역에서 획득한 땅을 클레오파트라에게 선물하는 일이 BC 34년 발생했다. 이로써 옥타비아누스는 안토니우스를 괘씸하게 생각하면서 둘 사이에 내전이 일어났다. 안토니우스는 옥타비아 투리나와 BC 32년 이혼했다.

안토니우스는 연인 클레오파트라의 지원까지 받았으나 BC 31년 악티움 해전에서 크게 패하고 말았다. 클레오파트라는 안토니우스가 전투에서 죽었다는 소식을 전해 듣고는 더 이상 희망이 없다고 생각해 스스로 목숨을 끊어 버렸다. 그런데 안토니우스는 죽지 않았고 부상한 상태였다. 이집트로 돌아온 안토니우스는 클레오파트라의 주검을 보고 절망하면서 자살로 생을 마감했다. 이렇게 해서 옥타비아누스가 단독으로 통치하게 된 것이다. 이로써 BC 305년부터 BC 30년까지 275년 동안 이어진 프톨레마이오스 왕조가 단절되었고, 이집트는 로마제국의 속주로 전락했다.

옥타비아누스는 이어서 BC 27년 스스로 '제1의 시민'이라는 뜻의 '프린켑스(princeps)'라고 지칭했다. 말이 좋아서 프린켑스이지 실상 황제 체제가 시작된 것이다. 처세술의 대가인 옥타비아누스는 원로원의 위상을 인정하고 공화정도 유지하겠다고 약속했다. 앞서 카이사르가 원로원을 무시하면서 공화정을 무너뜨리고 독재정치를 시도하며 죽임을 당한 크나큰 실수를 익히 알고 있었기 때문이다. 이로써 원로원은 옥타비아누스를 향해 '존엄한 자'라는 뜻의 '아우구스투스(Augustus)' 칭호를 부여했다. 드디어 공화정 체제의 로마가 제국의 시대를 연 것이다. 참고로 '왕자'라는 뜻의 영어 '프린스(prince)'의 라틴어 어원이 '프린켑스'이다.

아우구스투스 통치 때 예수가 태어나다

아우구스투스는 우선 내치에 집중했다. 어느 정도 신민들로부터 신뢰를 쌓은 아우구스투스는 세월이 흘러 제국 전역에 대해 인구조사를 명령했다. 그래야만 군인들을 차출하기 위한 정보를 취합할 수 있을 뿐만 아니라 세금도 제대로 거둘 수 있었기 때문이었다. 당시 유대인들은 로마의 군인으로 징집되지 않았다. 그 이유는 로마군에 복무하면 황제에 대한 충성을 맹세해야 하는데 유일신 신앙을 가진 유대인들은 이를 우상숭배로 간주했다. 그런데도 로마제국은 속주로 만든 지역의 토착 종교를 인정했고, 유대인들의 종교 및 문화적 특수성을 존중한 것이다.

다만 유대인들은 세금 때문에 인구조사에 응해야 했다. 이로써 제국 내에서 고향을 떠나서 살고 있던 사람들이 저마다 고향으로 가는 대소동이 발생했다. 이 시기에 유다 지역 베들레헴의 어느 마구간에서 예수가 태어났다. 아기 예수가 마구간에서 태어난 이유는 아우구스투스의 인구조사 명령 때문이었다.

참고로 아우구스투스는 집정관을 지낼 때인 BC 28년 인구조사를 명령한 바 있었다. 그리고 두 번째 인구조사는 그가 사실상 황제가 된 후 한참 세월이 흐른 뒤인 BC 8년에 실시되었다. 이어서 세 번째 인구조사는

AD 14년에 시행되었다. 그런데 BC 8년 유다 지역에서는 분봉왕 헤롯(BC 73~BC 4년)이 즉시 인구조사를 하지 않고 최소 1년, 최대 4년 후에 실시했다. 유다 지역에서 인구조사가 늦어진 이유, 그리고 인구조사 시행 연도는 정확히 알 수 없다. 어쨌든 헤롯 왕이 죽은 해인 BC 4년 아니면 그 전에 유다 지역에서 인구조사가 진행되었고 이 시기에 마리아(약 BC 20~약 AD 32년)가 임신하고 예수를 낳은 것이다.

예수를 임신한 마리아는 당시 갈릴리의 나사렛에서 거주했는데 미혼이었다. 약혼자 요셉(생몰 미상)이 있었으나 정식 결혼 전이었는데도 불구하고 아이를 가진 것이다. 성경에 따르면 마리아는 성령(聖靈)으로 임신했다. '성령으로 예수를 잉태했다'라는 수태고지(受胎告知)는 독자들 저마다의 믿음 영역으로 남겨두겠다. 마리아의 고향은 불명확하나 약혼자 요셉의 고향은 유다 지역에 있는 베들레헴이다. 이들은 나사렛에서 결혼식을 올린 뒤 인구조사에 응하기 위해 베들레헴으로 향했다.

당시 로마제국은 유대인들이 사는 지역을 유다라고 통칭해서 불렀으나 세부적으로는 북쪽에서부터 남쪽으로 갈릴리, 사마리아, 유다로 구분되어 있었다. 나사렛은 갈릴리 지역에 있었고, 베들레헴은 아래쪽 유다 지역에 있었다. 출산이 임박한 마리아는 약혼자 요셉과 함께 황제의 명령에 따른 인구조사를 받기 위해 나사렛에서 약 150㎞ 떨어진 베들레헴으로 가야만 했다. 그런데 막상 베들레헴에 도착해 보니 워낙 많은 사람이 몰린 탓에 마리아와 요셉은 숙박 장소를 마련하지 못했다. 어쩔 수 없이 마구간에서 기거해야만 했다. 이때 아기 예수가 태어난 것이다.

로마제국은 점령지에 대해 해당 지역 토착 세력에게 권한을 위임해서 다스리도록 했다. 로마제국의 점령지 유다 지역은 헤롯이 분봉왕으로 선택되어서 BC 37년부터 통치하고 있었다. 그런데 BC 7년에서 BC 4년 사이 어느 날 동쪽에서 온 3명의 남자가 느닷없이 찾아와서 "장차 유대인의 왕이 될 아기가 태어났는데, 어디에 있습니까?"라고 헤롯에게 물었다. 이들이 바로 동방박사들이다. 이 말을 들은 헤롯은 어이가 없었다. 헤롯은 동방박사들이 돌아간 후에 신하들에게 명령했다. "유다 지역에서 최근에 태어난 사내아이부터 두 살 이하의 사내아이까지 모조리 죽여라!"

그런데 눈썰미 있는 독자들은 궁금증이 생길 것이다. 어째서 예수 탄생 시기가 BC 7년에서 BC 4년 사이란 말인가. 분명 서력기원(AD, 라틴어 Anno Domini의 약자)은 예수 탄생 시점을 시작으로 계산된 것이 아니던가. 하지만 서력기원이 정확히 예수 탄생 이후부터 축적된 햇수는 아니다. 왜 이렇게 되었는지는 7장에서 좀 더 상세히 다루겠다.

분봉왕 헤롯에 의해 유다 지역의 두 살 이하 아기들을 죽인다는 소식을 전해 들은 마리아는 요셉과 함께 아기 예수를 데리고 이집트로 도망갔다. 예수를 살릴 수는 있었으나 많은 아기가 예수와 비슷한 시기에 태어났다는 이유만으로 인생의 꽃을 채 피우기도 전에 죽는 끔찍한 일이 발생했다. 인류 구원을 위해 이 땅에 온 예수로 인해 발생한 아이러니한 일이다.

이어서 30년 정도의 시간이 흘렀다. 예수의 복음 전파 활동은 그의 나이 서른 살부터 시작되었다. 그 이전의 삶에 대해서는 성경에 기록된 것이 없다. 성경에 채택되지 못한 외경(外經)에는 유년 시절 예수에 관한 이야기가 일부 적혀 있다. 하지만 대다수 크리스천은 이들 외경을 '가짜 성경', 즉 위경(僞經)이라고 말하면서 취급조차 하지 않는다.

청년이 된 예수가 던지는 메시지는 강렬했다. '사랑'과 '평등'을 강조했고, "유대교의 신 여호와는 유대인들만의 신이 아니다."라고 설파했다. 당시 로마제국 속주인 유다 지역 유대인 중 일부는 그들의 신 여호와를 믿으면서도 인간 세상의 왕인 로마제국 황제에게 머리를 조아렸다. 하지만 예수는 인간의 왕을 경외하는 행위를 하지 못하도록 했다. 그리고 예수는 "유대교의 신 여호와는 유대인들만 선택한 신이 아니라 모든 인류를 위한 보편적인 신이다."라고 주장했다. 특히 "조만간 여호와가 다스리는 나라가 눈 앞에 펼쳐질 것이다."라고 강조했다. 이로써 수많은 유대인이 예수를 추종하기 시작했다.

예수를 따르는 사람들의 숫자는 시간이 흐를수록 늘어만 갔다. 하지만 예수의 인기가 높아지면 높아질수록 예수를 향한 유대교 제사장들의 불만은 커졌다. 엄연히 여호와는 유대인들만의 신이고 유대인들은 선택받은 민족 즉, 선민(選民)인데 예수가 이 같은 논리를 깨뜨리고 있었다. 또한 유대교 제사장들은 예수가 스스로 여호와의 아들이라고 칭하는 것을 신성 모독으로 간주했다. 이대로 가만히 두면 유대교의 존립 자체에 위협이 될 수 있다고 판단했고, 결국 유대인 제사장들은 "예수를 죽여야겠다!"라는 결론에 이른 것이다. 그래서 유다 지역을 다스리던 총독 폰티우스 필라투스를 부추겼고, 예수는 결국 십자가에 매달려서 죽음을 맞이했다.

예수의 부활과 그리스도교의 탄생

예수는 부활 후 40일 동안 12제자들에게 복음을 전파하고 승천했다. 예수의 제자 중 가룟 유다(생몰 미상)는 스승 예수에게 실망한 나머지 돈을 받고 예수의 거처를 로마 병사들에게 알려준 인물이다. 그런데 자기 때문에 스승이 죽었다는 죄책감을 이기지 못하고 스스로 목숨을 끊었다. 이로써 가룟 유다를 대신해 마티아(?~80년)가 12제자에 뽑혔다.

예수 추종자들은 예수를 메시아로 믿었다. 메시아는 히브리어로 '기름 부음을 받은 자'이고 '세상을 구원할 사람'이라는 뜻이다. 그리고 메시아는 헬라어로 '크리스토스(ΧΡΙΣΤΟΣ)'이다. 또 라틴어로는 '크리스투스(Christus)'이고 영어로는 '크라이스트(Christ)' 또는 '크리스트'이다. 우리나라로 들어온 후 '그리스도'가 되었다. 이로써 예수 그리스도를 추종하는 사람들은 '크리스천(Christian)'이라고 부른다.

초창기 예수를 추종한 사람들은 대부분 유대인이었다. 그리고 이들은 그리스도교가 정식으로 생겨나기 전까지 유대교 신자들과 함께 유일신에게 예배를 드렸다. 하지만 시간이 흘러 신앙적 차이가 두드러지면서 별도의 종교로 떨어져 나와서 그리스도교가 탄생한 것이다. 그런데 크리스천이 된 유대인이든, 비유대인이든 예수의 말씀대로 인간 세상의 왕인 로마제국의 황제에게 경의를 표하지 않았다. 그리고 크리스천이 된 비(非)유대인의 경우 군인이 되면 직업 특성상 사람을 죽여야만 했기에 징집에 반대했다. 이로써 신흥종교를 따르는 크리스천들은 로마제국에서 박해받게 된다.

그리스도교에 대한 대대적인 첫 박해는 로마제국의 제5대 황제 네로(재위 : 54~68년) 통치 때 가해진다. 64년 수도 로마에 대화재가 발생해 로마의 건물 70%가량이 불에 타는 엄청난 피해가 발생했는데, 당시 네로가 로마에 불을 질렀다는 소문이 나돌기 시작했다. 하지만 네로가 실제 불을 내지는 않았다. 네로는 자신에게 향해 있는 로마 대화재의 원인을 크리스천들에게 돌렸다. 그래서 수많은 크리스천이 붙잡혀 죽임을 당했다. 이때 붙잡힌 사람이 사도 바울과 예수의 12제자 중 첫 번째 제자인 베드로(?~67년)였다. 두 사람은 결국 67년 순교했다. 특히 베드로는 스승 예수와 같은 방식으로 죽을 수 없다면서 십자가에 거꾸로 매달려서 죽음을 맞이했다.

바울과 베드로 외에도 네로 황제 때 수많은 크리스천이 순교했다. 하지만 아무리 가혹한 박해가 가해져도 그리스도교의 확장세는 꺾이지 않았다. 수많은 크리스천이 스스로 목숨을 내놓으면서 기꺼이 하늘나라로 가는 것을 선택했다. 그렇다고 로마제국이 주야장천 크리스천들을 박해하지는 않았다. 네로 황제 이후에도 간헐적으로 박해는 가해졌으나 끝끝내 그들의 신앙을 고수한 크리스천들은 콘스탄티누스 황제(부황제 재위 : 306~313년, 황제 재위 : 313~337년)를 만나면서 빛을 보게 된다. 그 이후 그리스도교는 로마제국의 보호를 받으며 무럭무럭 성장해 오늘날 전 세계 약 81억 명의 인구 중 25억 명 이상의 정신세계에 스며든 것이다.

BC 753년 로물루스로 시작된 왕정 로마

로마제국의 태동에 관한 이야기다. 예수 그리스도와 로마제국은 떼려야 뗄 수 없기에 설명하고자 한다. 로마제국은 BC 753년 시작되었다. 하지만 초창기부터 황제가 다스리는 '제국'은 아니었다. BC 509년 공화정이 도입되기 전까지 244년 동안 왕이 다스리는 왕정시대였다. 첫 번째 왕은 건국자 로물루스(BC 771~BC 717년)이다. 라틴어 '로마(Roma)'는 로물루스(Romulus)에서 비롯된 단어이다. 영어로는 '롬(Rome)'이다.

로물루스가 로마의 왕이 된 사연에는 신화가 개입하고 있다. 로물루스에게는 쌍둥이 동생 레무스(BC 771~BC 753년)가 있는데, 이들 쌍둥이의 아버지는 전쟁의 남신(男神) 마르스(Mars)이고, 어머니는 알바롱가왕국 국왕 누미토르(생몰 미상)의 딸 레아 실비아(생몰 미상)이다. 그런데 누미토르는 어느 날 쿠데타를 일으킨 동생 아물리우스(생몰 미상)에 의해 왕좌에서 쫓겨나게 된다. 이어서 아물리우스는 친형 누미토르의 아들 2명을 모조리 죽여버렸다. 하지만 누미토르의 딸 실비아는 죽이는 대신 결혼하지 못하도록 신전의 사제로 만들어 버렸다. 그런데 하루는 전쟁의 남신 마르스가 실비아를 겁탈하는 사건이 발생했다. 일각에서는 겁탈이 아니라 한눈에 반해서 사랑을 나누었다고 이야기한다.

실비아는 이로써 로물루스 형제를 임신했다. 시간이 흘러 실비아가 사내아이 2명을 낳는데, 이 소식을 전해 들은 아물리우스는 부하를 시켜 쌍둥이를 죽일 것을 명령했다. 그런데 명령을 하달받은 부하는 막상 아기들을 마주하고는 양심의 가책을 느껴 죽이지를 못했다. 그래서 아기들을 바구니에 담아서 테베레강에 띄워 보냈다. 쌍둥이의 목숨을 자기 손이 아니라 아기들의 운명에 맡긴 것이다.

그런데 로물루스 형제는 늑대에게 발견되었다. 다행히 늑대는 암컷이었고, 늑대 젖을 먹여 인간 사내아이 2명을 키웠다. 여러분들이 이탈리아의 수도 로마로 여행 간다면 늑대의 젖을 먹고 있는 어린아이 2명의 모습으로 만들어진 동상을 보게 될 것이다. 바로 로마제국의 건국 신화를 표현한 것이다. 늑대의 젖을 먹고 무럭무럭 자라던 로물루스 형제는 어느 날 양치기 파우스툴루스(생몰 미상)에게 발견되어 키워진다.

10대 후반의 건장한 청년이 된 로물루스 형제는 양을 키우는 양치기가 되었다. 하루는 다른 무리의 양치기들과 방목지를 두고 마찰이 빚어졌는데, 상대편 양치기들은 다름 아닌 알바롱가왕국의 왕좌에서 쫓겨난 누미토르 밑에서 일하는 양치기들이었다. 로물루스 형제는 이로써 외할아버지 누미토르를 만날 수 있었고 자신들의 과거를 알게 되었다. 이후 왕좌에서 쫓겨난 외할아버지를 돕기 위해 세력을 모아 알바롱가왕국을 쳐들어가서 아물리우스를 권좌에서 끌어내린 후 누미토르를 복위시켰다.

자신들의 신분도 알았고 외할아버지의 복수도 성공한 로물루스 형제는 그 후 알바롱가왕국에서 북서쪽으로 약 30㎞ 떨어진 지금의 이탈리아 수도 로마로 와서 각각 터전을 잡아나갔다. 그런데 영토를 둘러싸고 형제가 싸움을 벌였고 로물루스가 동생 레무스를 죽여버렸다. 로물루스는 크게 후회했으나 돌이킬 수 없었다. 로물루스는 그렇게 해서 팔라티노 언덕에 성벽을 쌓고 도시를 만들기 시작했다. 이것이 로마제국의 초석이었다.

하지만 로물루스에게는 시민들이 필요했다. 그래서 이웃한 나라에서 죄짓고 도망친 죄수들을 끌어들였다. 남자들은 계속해서 늘어났으나 이번에는 여자들이 턱없이 부족했다. 로물루스는 여성들을 납치하기 위한 술책으로 파티를 열었다. 팔라티노 언덕과 가까운 퀴리날레 언덕에 있는 사비니족 여성들이 파티에 대거 참석했고, 로물루스는 파티 도중 사전에 약속한 대로 부하들에게 명령했다. “여성들을 납치하라!”.

이 소식에 사비니족 남성들이 가만히 있을 리 없었다. 딸을 잃어버리고 누이를 잃어버린 사비니족 남성들이 만반의 전투 태세를 갖추고 약 1년 후 도시 로마를 쳐들어갔다. 그런데 사비니족 여성들은 이미 로마 남성들의 아내가 되어 있었고, 아이까지 낳은 뒤였다. 여성들이 두 국가 사이에서 싸움을 적극적으로 말렸다. 결국 사비니족의 왕 티투스 타티우스(생몰 미상)는 전쟁을 멈출 수밖에 없었다. 그러면서 로물루스와 합의 끝에 연방제 형태로 나라를 다스리기로 했다. 로물루스와 타티우스는 공동 통치를 펼쳤고, 몇 년 후 타티우스가 죽자 로물루스는 단독 통치에 들어갔다. 그리고 로물루스는 BC 717년까지 고대 도시국가 로마의 기틀을 다졌다.

로물루스를 포함해 총 7명의 왕이 로마를 250년가량 통치했다. 이 시기에 팔라티노 언덕과 퀴리날레 언덕을 비롯해 카피톨리노 언덕, 아벤티노 언덕 등 총 7개의 언덕에 왕정 로마의 도시들이 들어섰다. 그런데 마지막 왕인 타르퀴니우스 수페르부스(재위 : BC 534~BC 509년) 때 사건이 발생했다. 그의 철부지 아들 섹스투스 타르퀴니우스(생몰 미상)가 귀족의 부인 루크레티아(?~BC 509년)를 겁탈한 것이다. 루크레티아는 수치심에 죽고 싶었다. 그녀는 전쟁터에 나가 있던 남편과 아버지에게 급보를 보냈다. 루크레티아는 집으로 돌아온 아버지와 남편에게 겁탈당한 사실을 알린 뒤 그들이 보는 앞에서 스스로 목숨을 끊어버렸다.

루크레티아의 남편 콜라티누스(생몰 미상)는 절친 브루투스(생몰 미상)와 함께 복수를 다짐하고 행동에 나섰다. 타르퀴니우스 수페르부스를 권좌에서 끌어내려 나라 밖으로 내쫓아버린 것이다. 이로써 왕정시대가 끝나고 고대국가 로마에서는 BC 509년부터 공화정이 시작되었다. 그리고 콜라티누스와 브루투스는 공동으로 초대 집정관에 올랐다. 라틴어로 콘술(consul)이라 불린 집정관은 콜라티누스와 브루투스 이후 계속해서 2

명이 선임되었다. 콘술은 '소 2마리가 함께 끌고 간다'라는 뜻이다.

콘술 2명은 임기 1년 동안 한 달씩 번갈아 행정과 군사 업무를 맡아 정치를 펼쳤다. 물론 원로원과 민회를 중시했다. 원로원은 앞선 왕정 시기 초창기 로물루스 때부터 왕의 자문기구로서 존재했다. 그러나 공화정이 시작되면서 단순 자문역할에서 벗어나 법률을 만들고 재정 정책에 영향력을 행사하는 동시에 외교 정책 수립과 조약 체결, 군사적 결정까지 주도하는 기구로 위상이 커졌다. 민회 역시 로물루스 때 만들어졌으나 초기에는 역할이 제한적이었다. 하지만 공화정 도입으로 법률 통과와 전쟁 선포 결정, 타국과의 동맹 결성 여부를 결정하는 기능을 갖게 되었다.

로마는 '루크레티아 겁탈사건'을 배경으로 공화정 체제를 수립했고, 460년가량이 흘러 카이사르에 의해 독재 체제가 가동되려던 순간인 BC 44년 카이사르가 원로원 일부 귀족들에 의해 암살당한 것이다. 이후 카이사르의 후계자 옥타비아누스는 카이사르가 구축한 막강한 군사력을 배경으로 제2차 삼두정치를 펼치다가 BC 31년 안토니우스와 벌인 악티움 해전에서 승리 후 BC 27년 사실상의 황제에 등극했다. 그리고 AD 14년까지 프린켑스로 단독 정치를 펼친 아우구스투스의 통치 기간 중인 BC 7년에서 BC 4년 사이에 유다 지역에서 예수 그리스도가 태어났다.

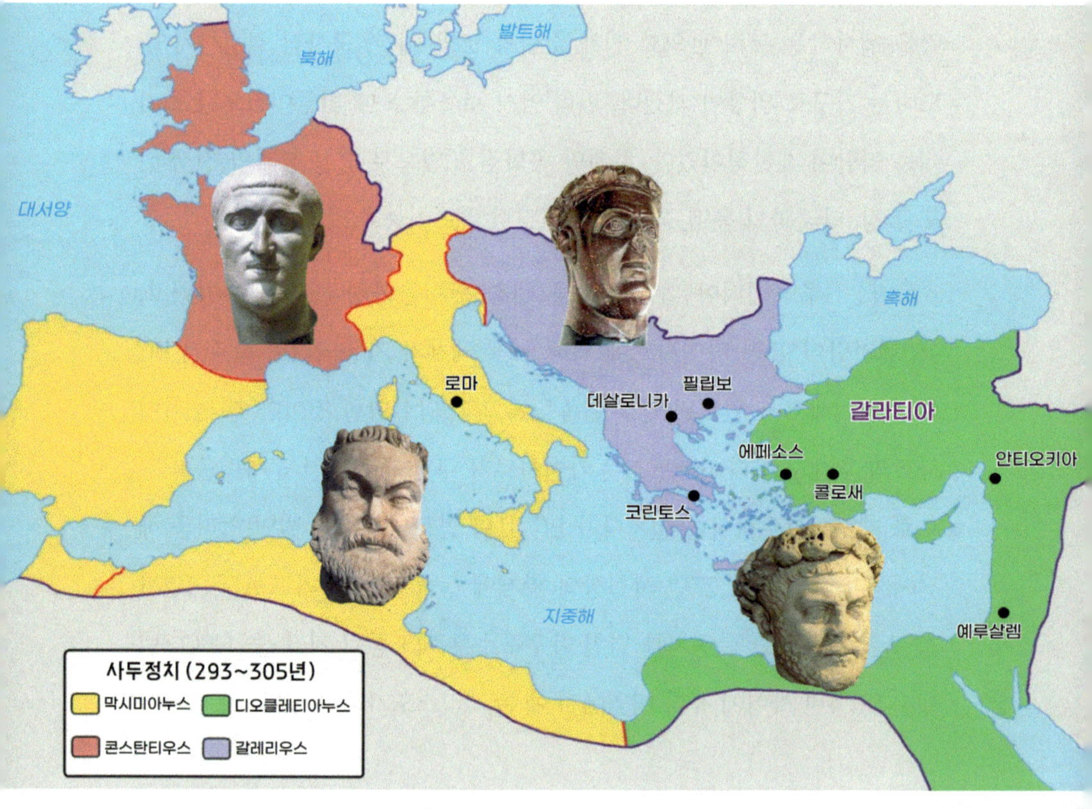

3세기 말~4세기 초 디오클레티아누스 통치 시기 4등분 된 로마제국 영역.
인물들은 사두정치 초반 황제와 부황제들.
검은색 동그라미는 사도 바울의 주요 사역지들.

2장

로마제국의 그리스도교 박해와 포용

사도 바울과 신약성경 탄생 이야기

그리스도교를 이야기할 때 사도 바울을 빼놓을 수는 없다. 바울은 그리스도교에서 예수 다음으로 중요한 존재이다. 이런 말이 있다. "예수가 없었다면 당연히 사도 바울도 없었겠지만, 사도 바울이 없었다면 그리스도교 역시 없었을 것이다." 종교를 비롯해 어떠한 단체든 구심점이 되는 인물이 중요하다는 점을 바울을 통해 알게 된다. 사도 바울은 그리스도교 차원에서 핵심 중의 핵심 인물이다.

하지만 바울은 회심 전까지 둘째가라면 서러울 정도로 크리스천들을 증오했다. 심지어 크리스천들을 죽이는데 앞장섰던 인물이다. 뼛속까지 유대교 신자였으며 유대교 엘리트 교육을 받고 성장해 원리주의 율법 학자가 된 그가 예수를 추종하게 된 것이다. 그 이유는 이렇다. 어느 날 크리스천들을 박해하러 다메섹(오늘날 시리아의 수도 다마스쿠스)으로 가는 길에 예수의 음성을 듣게 되고, 그 이후 앞을 보지 못하게 된다. 그런데 사흘 만에 예수의 제자 아나니아(생몰 미상)로부터 안수기도를 받고 다시 시력을 되찾는 신비한 경험을 하면서 회심했다.

성경은 구약성경 39권과 신약성경 27권으로 구성되어 있다. 그런데 신약성경 27권의 절반가량인 13권, 즉 ▲ 로마서 ▲ 고린도 전서 ▲ 고린도 후서 ▲ 갈라디아서 ▲ 에베소서 ▲ 빌립보서 ▲ 골로새서 ▲ 데살로니가 전서 ▲ 데살로니가 후서 ▲ 디모데 전서 ▲ 디모데 후서 ▲ 디도서 ▲ 빌레몬서는 사도 바울과 관련이 있다. 이들 모두 편지 형식이다. 성서학자들은 이 중 로마서, 고린도 전·후서, 갈라디아서, 빌립보서, 데살로니가 전서, 빌레몬서 등 7권은 바울이 직접 쓴 글로 보고 있다. 하지만 나머지 6권은 바울의 제자들이 바울의 이름으로 작성했다고 많은 성서학자가 분석하고 있다.

바울과 연관된 신약성경 13권 중 4권(디모데 전·후서, 디도서, 빌레몬서)은 바울의 제자인 디모데(17~80년), 디도(?~107년), 빌레몬(생몰 미상)에게 보낸 편지들이다. 반면 나머지 9권은 특정 지역 또는 도시에 거주하는 크리스천들에게 보낸 편지들이다.

지명을 살펴보면 로마는 당시 로마제국의 수도이고, 고린도와 빌립보, 데살로니가는 그리스에 있던 옛 도시들이다. 또 갈라디아, 에베소, 골로새는 오늘날 튀르키예에 있는 지역 명칭 또는 도시 이름이다. 이와 함께 바울과 관련된 총 13권의 서신은 신약성경에서 마태복음, 마가복음, 누가복음, 요한복음 등 4대 복음서에 앞서 먼저 작성되었다. 바울이 쓴 서신들 모두 바울이 총 세 차례 선교활동을 펼친 51년부터 58년 사이에 작성된 것으로 관측되고 있다.

그리고 신약성경 27권 중에서 예수의 12제자들이 기록한 것으로 확실히 판명된 것은 4복음서 중 사도 요한(6~100년)이 쓴 요한복음뿐이다. 마태복음은 예수의 제자 마태오(생몰 미상)가 작성하지 않았다고 많은 신학자는 보고 있다. 또 요한일·이·삼서, 요한계시록 역시 예수의 제자인 사도 요한이 직접 기록했는지는 불분명하다. 이처럼 예수의 행적과 복음 등을 기록한 신약성경은 예수의 제자들이 쓴 것이 아니라 예수의 얼굴을 단 한 번도 보지 못한 사도 바울 그리고 예수 추종자들이 기록했다. 왜 이렇게 된 것일까.

그 이유는 예수의 재림(再臨)과 연관이 있는데, 제자들은 승천한 예수가 곧 돌아올 것으로 믿었기 때문이다. 예수 역시 "다시 올 것이다."라고 말했다. 이로써 제자들은 스승 예수의 복음을 굳이 기록할 필요성을 느끼지 못했다. 그런데 문제가 발생했다. 당장 일어날 것으로 굳게 믿었던 예수의 재림은 없었고 하릴없이 세월만 흘러갔다. 그러면서 예수의 제자들은 하나둘씩 순교 또는 운명을 다해 세상을 뜨기 시작했다. 예수 추종자들은 조급해지기 시작했다. 예수가 전한 복음이 입과 입으로 전해지기는 했으나 이대로 가다가는 예수의 흔적이 사라질 수도 있다는 두려움이 엄습했다. 그래서 크리스천들은 구전되어 오는 예수 관련 이야기들을 기록하기 시작했다.

신약성경은 총 27권인데 이들은 예수와 관련된 여러 책 중에서 4세기 말 최종 선택받은 것들이다. 성경으로 채택된 글들을 '정경(正經)'이라고 부른다. 반면 선택받지 못한 글들은 '외경' 또는 '위경'이라고 부른다. 외경 중에서 일부는 세월이 한창 흐른 뒤에 발견되면서 정경으로 채택이 안 된 사례도 있다. 그런데 외경 중에는 예수의 10대 시절을 비롯해 정경에 없는 예수에 관한 다양한 이야기가 담겨있다. 이 때문에 크리스천 중에서도 외경을 읽어 본 신자들은 베일에 가려진 예수에 대해 자기만의 다른 시각을 가진 신자들이 적지 않다.

그리고 4복음서 중 가장 먼저 기록된 것은 마가복음이다. 바울의 서신들은 AD 50년대에 작성되었고 나머지 성경들은 AD 70년대에 기록되기 시작한 것으로 관측된다. 이후 최대 AD 120년대까지 오랜 시간 예수 추종자들은 구전되던 예수에 관한 이야기를 기록했다. 이와 함께 신약성경은 초창기 헬라어로 기록되었다. 그 이유는 그리스도교가 태동한 지중해 동쪽 연안은 마케도니아의 알렉산드로스 대왕(재위 : BC 336~BC 323년) 통치 때인 BC 4세기 말부터 로마제국이 점령한 BC 63년까지 고대 그리스 사람들 즉, 헬라인이 다스렸기 때문이다.

부연 설명하면 오늘날 이란을 중심으로 서쪽에 자리 잡은 중동 지역은 BC 550년부터 BC 330년까지 아케메네스 왕조 페르시아제국이 차지했었다. 그런데 BC 334년 시작된 마케도니아의 알렉산드로스 대왕의 동방 원정으로 아케메네스 왕조 페르시아제국이 다리우스 3세(재위 : BC 336~BC 330년) 통치 때 멸망했고, 이로써 지배계층이 고대 그리스 사람들로 바뀌었다. 결국 지중해 동쪽 연안에 거주하던 사람들은 공화정 체제 로마의 폼페이우스가 BC 63년 속국으로 만들기 전까지 헬라어를 사용한 것이다.

네로 황제의 그리스도교 첫 대박해

사도 바울이 회심한 시기는 티베리우스 황제(재위 : 14~37년) 치세 때였다. 티베리우스의 호적상 아버지는 아우구스투스이다. 하지만 친아버지가 아니라 계부다. 아우구스투스는 아들이 2명 있는 기혼 여성 리비아 드루실라(약 BC 59~AD 29년)에게 반해서 그녀의 남편이자 자신을 따르던 장군 티베리우스 클라우디우스 네로(BC 82~BC 33년)로부터 아내를 빼앗았다. 강제로 이혼시킨 것이다. BC 39년에 있었던 일로, 옥타비아누스가 아우구스투스 칭호를 받기 전의 일이었다.

아우구스투스는 드루실라가 낳은 두 아들을 친자식처럼 끔찍이 아꼈다. 아우구스투스가 결혼했을 때 장남 티베리우스(BC 42~AD 37년)는 세 살이었다. 그리고 아우구스투스는 티베리우스를 자신의 후계자로 지목했다. 실질적으로 로마제국에서 '황제'라는 칭호 '임페라토르(라틴어 Imperator)'를 최초로 사용한 인물은 티베리우스다. 그런데 우리는 통상 아우구스투스를 초대 황제로 보고 있다. 티베리우스 통치 때 사도 바울은 회심했고, 살아생전 단 한 번도 보지 못한 예수 그리스도를 위한 사역 활동을 목숨 걸고 펼쳤다.

로마제국은 다신교 국가였기에 종교에 대한 포용력이 있었다. 로마제국은 유대교의 경우 오래된 종교여서 우상숭배를 하지 않는 유대교 교리를 인정하고 유대교 신자들을 징집 대상에서 제외했으나 신흥종교인 그리스도교의 경우에는 유대교와 똑같이 대우하지 않았다. 로마제국은 '황제에 대한 충성은 곧 우상숭배'여서 징집을 거부하는 크리스천들을 용납하지 않았다.

그렇다 보니 시간이 흐르면서 서서히 황제의 눈 밖에 나는 것은 당연지사였다. 특히 예수 추종자들은 살인을 저지를 수밖에 없는 전쟁에 나서지 않기 위해 로마제국 내에서 군인이 되는 것을 거부했다. 강력한 군사력을 바탕으로 성장하고 있던 로마제국의 황제가 볼 때 신과 같은 황제를 도외시하고 군인이 되길 거부하는 크리스천들에 대한 박해는 예고된 것이나 다름없었다.

티베리우스에 이어 그의 종손(從孫), 즉 친동생인 네로 클라우디우스 드루수스(BC 38~BC 9년)의 손자인 칼리굴라(재위 : 37~41년)가 황제직을 이어받았다. 티베리우스에게는 친아들이 있었으나, 양아버지 아우구스투스가 티베리우스 이후 황제를 본인의 혈육인 친누나의 딸 율리아 안토니아(BC 36~AD 37년)가 낳은 게르마니쿠스(BC 15~AD 19년)로 낙점했기 때문이다. 칼리굴라의 아버지가 게르마니쿠스이다. 그리고 게르마니쿠스의 아버지는 네로 클라우디우스 드루수스이다. 이로써 게르마니쿠스는 삼촌인 티베리우스의 양자로 입적되었다. 그런데 게르마니쿠스는 서른네 살에 급사했고, 칼리굴라는 티베리우스 사후 황제직을 이어받았다.

복잡한 황제 계보를 이야기하는 이유는 네로가 로마제국의 제5대 황제가 된 사연 때문이다. 네로의 어머니가 칼리굴라의 여동생 아그리피나(15~59년)이다. 그리고 아그리피나는 아들 네로를 황제로 만들기 위해 자신의 삼촌이면서 황제인 클라우디우스(재위 : 41~54년)와 결혼한 대담하면서도 욕심이 과한 인물이다. 결국 네로가 로마제국의 황제가 될 수 있었던 이유는 앞선 아우구스투스가 구상한 황제 세습 구도로 인해 가능했다는 이야기이다.

칼리굴라의 통치 시기는 짧았고 이어서 칼리굴라의 삼촌 즉, 게르마니쿠스의 동생 클라우디우스가 로마제국의 제4대 황제 자리에 올랐다. 칼리굴라와 클라우디우스 이들 2명의 황제 통치 때는 크리스천에 대한 박해가 없었다. 참고로 클라우디우스 통치 때인 43년 로마제국은 오늘날의 잉글랜드에 해당하는 브리튼 섬 남부를 점령해 410년까지 통치했다. 황제 클라우디우스는 54년에 죽는데 아그리피나에 의해 독살된 것으로 추정된다. 이로써 아그리피나의 아들 네로가 황제에 등극했다.

황제 네로의 통치 초반은 무난했다. 예술가들에 대한 지원을 아끼지 않으면서 문화를 발전시켰다. 또 건축에도 신경 쓰면서 지금도 남아있는 네로 통치 시기 화려한 건축물이 이탈리아의 수도 로마에 여럿 남아있다. 그런데 네로에 대한 후대인들의 평가는 악평 일색이다. 네로 이름 앞에는 '폭군'이라는 수식어가 붙어 있다. 그 이유는 네로가 제국의 수도 로마에서 64년 발생한 대화재의 원인을 크리스천들에게 돌린 후 대대적인 박해를 가했기 때문이다.

대화재는 9일간 이어졌고, 강한 바람을 타고 불길이 삽시간에 번져 수도 로마의 절반 이상을 잿더미로 만들었다. 당시 제국의 건축물은 상당수가 목재로 지어져서 화재에 취약했다. 그리고 당시 수도 로마의 인구는 약 140만 명이었고, 시민들은 14개 행정구역에서 살고 있었다. 그런데 대화재로 인해 행정구역 3개가 완전히 불타버렸다. 또 행정구역 7개는 반소(半燒)되었다. 온전한 곳은 행정구역 4개뿐이었다.

그런데 수도 로마에서는 황제 네로가 고의로 불을 냈다는 소문이 퍼지기 시작했다. 화재가 시작될 당시 네로는 수도 로마에서 약 80㎞ 떨어진 안티움에서 휴가를 즐기고 있었는데, 네로가 수도 로마에 방화를 지시하고 본인은 유유히 휴가를 즐겼다는 소문이 퍼진 것이다. 심지어 시민들 사이에서는 “수도 로마로 돌아온 네로가 불길을 보면서 악기를 연주하고 춤까지 췄다.”라는 소문이 급속도로 퍼졌다. 로마제국의 역사가 타키투스(56~117년)가 남긴「타키투스의 연대기」에도 “네로가 수도 로마를 새롭게 만들기 위한 목적으로 방화를 지시했다.”라고 적혀 있다.

물론 네로의 그리스도교 박해는 기정사실이다. 그러나 실제 네로가 수도 로마에 불을 내도록 지시했다는 것은 가공된 이야기이다. 그 이유는 네로와 원로원의 사이가 나빴던 것으로서 알 수 있는데, 일부 역사가들은 “원로인 귀족들이 네로를 쫓아낼 목적으로 로마 대화재를 빌미 삼아 네로를 모함하기 위해 ‘네로의 방화 지시’를 꾸며냈다.”라는 것이다. ‘네로의 방화 지시’가 로마제국 내에서 진실처럼 퍼졌고, 훗날 크리스천들은 그리스도교를 박해한 네로를 향해 “네로가 수도 로마에 불을 질렀다.”라고 사실인 것처럼 못 박았다는 것이다.

어쨌든 황제 네로는 자신에게 향해 있는 로마 대화재의 원인을 그 누군가에게 돌릴 필요가 있었고, 그 희생양이 크리스천이 된 것이다. 네로는 “크리스천들이 고의로 불을 냈다.”라는 소문을 퍼뜨렸다. 네로는 이로써 로마제국 역사상 최초로 그리스도교를 박해한 황제로 낙인찍혔다. 이때 사도 바울과 예수의 첫 번째 제자 베드로가 붙잡혀서 모진 고문을 당하고 결국 67년 순교했다. 바울과 베드로 외에도 수많은 크리스천이 전차경기장에서 사자의 밥이 되거나 인간 촛대가 되어서 길거리 상에서 건초에 묶인 상태로 불에 타 죽었다.

네로의 그리스도교 박해는 그러나 제국 내에서 폭넓게 자행된 것은 아니다. 오로지 수도 로마에만 국한되었다. 이로써 수도 로마의 크리스천들은 카타콤(catacomb)이라고 불리는 지하무덤으로 숨어 들어가서 비밀리에 예배를 드려야만 했다.

부연 설명하면 네로의 그리스도교 박해 장소로 콜로세움이 이용된 것으로 아는 이들이 있는데, 이는 잘못된 정보이다. 콜로세움이 아니라 전차경기장이다. 콜로세움은 제9대 황제 베스파시아누스(재위 : 69~79년) 통치 때 공사가 시작되어 그의 아들인 제10대 황제 티투스(재위 : 79~81년) 때인 80년 완공되었다. 콜로세움은 유대·로마 전쟁에서 포로로 잡힌 유대인 10만 명가량이 동원되어서 지어졌다. 그리고 네로 통치 때 로마제국 내 전차경기장은 무려 12개가 있었다. 또한 영화 '벤허'에서 주인공이 전차 경기를 펼쳤던 장소 역시 콜로세움이 아니라 전차경기장이다. 벤허는 가공의 인물이며 영화는 티베리우스 황제 통치 시기가 배경이다.

팍스 로마나와 오현제시대 그리스도교 박해

아우구스투스 통치 때부터 3세기 말 황제가 된 디오클레티아누스(재위 : 284~305년) 통치 때까지 약 300년가량은 황제들 성격에 따라 그리스도교 박해가 결정되었다. 300년 동안 끊임없이 박해가 가해진 것이 아니다. 그리고 유대인들은 독립을 위해 66년 제1차 유대·로마 전쟁을 일으켰으나 70년 티투스 장군에 의해 진압당했다. 티투스는 훗날 로마제국 제10대 황제에 오른 인물이다. 유대인들은 이후에도 두 차례 더 독립 전쟁을 일으켰으나 번번이 실패했고, 결국 유대인들의 다수는 유다 지역을 떠나야만 했다. '디아스포라'가 진행된 것이다. 이로써 유대인들은 이스라엘이라는 국가가 탄생하는 1948년까지 유럽 각지에서 나라 없이 떠돌아다니는 서글픈 삶을 살아야만 했다.

로마제국은 초대 황제 아우구스투스 통치 때부터 제16대 황제 마르쿠스 아우렐리우스(재위 : 161~180년)까지 약 200년의 시기를 '팍스 로마나(Pax Romana)'라고 불린다. '로마의 평화'라는 뜻이다. 이 시기 로마제국 본토에서 내전은 거의 발생하지 않았다. 하지만 앞선 카이사르 통치 때, 아니 그 이전에도 공화정 체제인 로마에서는 내전이 자주 발생했다. 그러나 황제시대가 열린 아우구스투스 통치 이후에는 오랜 기간 서로 물고 뜯는 내전은 거의 없었다.

특히 팍스 로마나 후반부인 96년부터 180년까지 90년가량은 황제직이 세습이 아니라 '양자(養子) 선택 제도'를 통해 원로원이 인정하는 유능한 인물이 황제로 지명되었다. 96년 황제에 오른 네르바(재위 : 96~98년)가 트라야누스(재위 : 98~117년)를 자신의 호적에 양자로 입적했고, 트라야누스는 원로원의 승인을 받아 차기 황제에 올랐다. 계속해서 하드리아누스(재위 : 117~138년), 안토니누스 피우스(재위 : 138~161년), 마르쿠스 아우렐리우스까지 총 5명의 황제가 로마제국을 다스렸는데, 이 시기를 현명한 다섯 명의 황제가 다스렸다는 뜻으로 '오현제(五賢帝)시대'라고 불린다. 그러나 황제들의 현명함과 그리스도교 박해는 별개였다.

이들 다섯 명의 현명한 황제 중에서 그리스도교 박해와 관련된 황제는 3명이다. 우선 트라야누스 황제는 로마제국 역사상 가장 활발하면서도 대규모로 군사 활동을 펼쳤다. 그 결과 트라야누스는 로마제국 역사에서 가장 넓은 영토를 확보한 황제로 이름을 올렸다. 원로원은 트라야누스를 '최고의 통치자'라고 공포할 정도였다. 군사 활동을 위해서는 많은 군인이 필요했다. 하지만 크리스천들은 살인을 원하지 않았기에 징집을 거부했다. 크리스천들은 황제 숭배도 거부했다. 트라야누스는 결국 그리스도교를 불법 종교로 공식 낙인찍고 박해했다.

다음은 하드리아누스 황제이다. 하드리아누스는 황제의 동상을 제국 내 곳곳에 세우고 경배를 강요했다. 하지만 크리스천들은 이를 거부했다. 결국 하드리아누스는 황제의 동상을 향해 경배하지 않는 크리스천들을 처형하는 것으로 응징했다. 여기에 더해서 크리스천들을 보호해주는 사람들까지도 함께 처벌했다. 참고로 현재 잉글랜드, 스코틀랜드, 웨일스가 있는 영국의 큰 섬 이름은 '브리튼'인데, 브리튼 섬 중간 지점에 가면 122년에 설치된 하드리아누스 방벽이 있다. 이 방벽은 당시 로마제국에 의해 북쪽으로 밀려난 켈트족들이 내려오지 못하도록 하드리아누스의 지시로 쌓은 것이다.

켈트(Celts)족에 대한 이야기를 조금 한다면, 켈트라는 명칭은 고대 헬라인들이 부른 명칭이고, 로마인들은 갈리아(Gallia)인이라고 불렀다. 브리튼은 로마제국 통치 때는 '브리타니아(Britannia)'로 불렸다. 브리타니아 북쪽으로 밀려난 켈트족들은 얼굴에 색을 칠했는데, 이로써 픽트족이라고 불리게 되었다. 픽트는 라틴어 '픽투라(Pictura)'에서 비롯되었고, '픽투라'는 '그림'이라는 뜻의 영어 'picture'의 어원이다. 1995년에 개봉한 미국 영화 '브레이브 하트'에서 얼굴에 색을 칠한 주인공 멜 깁슨을 생각하면 픽트족이 쉽게 떠오를 것이다.

마지막으로 마르쿠스 아우렐리우스이다. 아우렐리우스는 고대 그리스 철학자 제논(BC 335~263년)이 창시한 스토아학파를 대표하는 철학자 중

한 명으로 「명상록」 이라는 제목의 책을 쓴 저자이다. 「명상록」 은 인간의 삶과 성찰, 지도자의 책임과 의무를 어떻게 하면 잘 이행할 수 있는지에 대해 고찰한 철학서이다. 오늘날에도 많은 이들이 「명상록」 을 읽기에 명저(名著)인 것은 틀림없다.

하지만 그는 망나니 아들 콤모두스(재위 : 180~192년)에게 황제직을 세습했다. 이로써 오현제시대가 마감했다. 「명상록」 이라는 철학서를 저술한 현명한 황제가 역사에 오점을 남긴 것이다. 로마제국의 역사가 디오 카시우스(155~235년)는 "콤모두스의 통치는 한마디로 로마제국의 재앙이었다."라고 혹평했다.

러셀 크로우 주연의 미국 영화 '글래디에이터'를 보면 총사령관 막시무스에게 황제 자리를 물려주려는 아버지를 죽이고 황제에 오르는 호아킨 피닉스가 열연한 인물이 바로 콤모두스이다. 영화는 픽션을 가미했다. 그러나 콤모두스로 인해 '오현제시대'와 '팍스 로마나'가 동시에 막을 내린 것은 논픽션이다.

그리고 아우렐리우스는 통치 기간 중 제국 내에서 발생한 흉년, 가뭄, 역병 등 모든 자연재해를 크리스천 탓으로 돌리면서 박해를 가했다. 심지어 크리스천들의 시신을 굶주린 개들에게 먹이로 줄 정도로 잔인함을 보였다.

참고로 아우렐리우스 통치 때 당시 한나라였던 중국과 교류했다. 166년 아우렐리우스는 사절단을 한나라의 수도 뤄양(洛陽)으로 보냈다. 로마제국에서 사절단이 왔다는 내용은 송나라의 범엽(398~445년)이 쓴 「후한서」 에도 기록되어 있다. 일각에서는 중국에 도착한 사람들이 로마제국이 정식으로 보낸 사절단이 아니라 교역을 위해 온 상인들이라는 이야기도 있으나, 어찌 되었든 이 시기에 동양과 서양이 먼 거리를 이동해서 무역 활동을 전개한 것은 사실이다.

아버지 덕분에 정치에 나선 콘스탄티누스

로마제국은 235년부터 284년까지 약 50년 동안 '군인황제시대'를 맞이한다. 황제를 호위하던 친위대 대장이 황제를 죽이고, 또다시 그 황제가 친위대에 의해 암살되는 악순환이 반복되었다. 이 같은 혼란기를 끝낸 인물이 군인 출신 황제 디오클레티아누스이다. 그가 황제에 등극한 284년까지 앞선 50년 동안 황제는 총 18명이었다. 공동 황제까지 합치면 무려 26명이다. 그리고 디오클레티아누스는 네로 황제 다음으로 그리스도교를 박해한 황제로 유명하다.

앞서 네로의 박해로 인해 지하무덤 카타콤으로 숨어 들어갔던 크리스천들은 네로 황제 통치 이후 박해가 뜸해지자 조금씩 지상으로 모습을 드러냈다. 이로써 로마제국 각지에 예배당도 지어졌고 일부 크리스천들은 관직에도 올랐다. 그런데 디오클레티아누스 황제 통치 때 대규모로 그리스도교 박해가 단행된 것이다. 대박해는 디오클레티아누스 통치 후반부인 약 302년부터 305년에 집중되었다. 박해의 주요 원인은 징집거부였다.

디오클레티아누스는 통치 초기인 284년부터 285년까지 공동 황제 시기를 잠시 겪다가 285년부터 단독 황제가 되었다. 그러면서 제국의 효율적인 통치를 위해 동부와 서부로 나누어서 다스렸다. 본인은 동부를 맡았고 서부에는 그의 절친 막시미아누스(공동 황제 재위 : 286~305년)를 부황제로 등용했다. 막시미아누스는 이듬해인 286년 황제로 격상되었다. 황제가 2명이 되었지만, 엄연히 으뜸 황제는 디오클레티아누스였다. 이 같은 분할 통치는 당시 로마제국이 처한 상황 때문이었다. 라인강과 도나우강(독일어 Donau, 영어 다뉴브) 위쪽으로는 게르만족이 수시로 침범해 왔고, 또 국경 밖 동쪽에서는 사산 왕조 페르시아가 허구한 날 싸움을 걸어왔기 때문이다.

디오클레티아누스는 2분할 통치도 마음에 들지 않았다. 그래서 제국의 동부와 서부를 또다시 위아래로 각각 나누었고, 황제 밑으로 부황제를 두었다. 이때가 293년이다. 당시 황제의 명칭은 '아우구스투스'였고, 부황제는 '카이사르'라는 명칭을 사용했다. 카이사르가 아우구스투스보다 윗사람이지만, 아우구스투스가 사실상 로마제국의 초대 황제였기에 카이사르보다 높은 직책으로 사용되었다. 디오클레티아누스로 인해 사두정치가 전개된 것이다.

부황제들로는 황제들의 사위들인 갈레리우스(공동 황제 재위 : 305~311년)와 콘스탄티우스 클로루스(부황제 재위 : 293~305년, 황제 재위 : 305~306년)가 각각 선임되었다. 콘스탄티우스가 바로 밀라노칙령을 통해 그리스도교를 공식적으로 인정한 콘스탄티누스 1세의 아버지다. 참고로 밀라노칙령의 실존 여부에 대해 일부 역사학자들은 이의를 제기하고 있기에 이 부분은 3장에서 다루도록 하겠다.

콘스탄티우스는 정치적 야망을 실현하기 위해 신분이 미천한 헬레나(250~330년)와 이혼하고 서부 황제 막시미아누스의 딸 테오도라(275년~?)와 결혼했다. 황제 콘스탄티누스 1세의 어머니가 바로 헬레나이다. 헬레나의 아버지는 당시 신분이 낮은 인물로서 여관을 운영하고 있었다. 콘스탄티우스는 출세를 위해 황제 막시미아누스의 후광이 필요해서 헬레나와 이혼했다. 콘스탄티우스는 비록 헬레나와는 이혼했으나 그녀와의 사이에서 태어난 콘스탄티누스는 아꼈다.

그런데 황제 디오클레티아누스는 305년 건강에 적색등이 켜졌고, 요양이 필요해서 미련 없이 황제 자리를 내려놓았다. 통상 죽는 날까지 황제 자리를 지켰던 앞선 황제들과는 행동이 사뭇 달랐다. 디오클레티아누스는 이때 서부의 황제 막시미아누스를 향해 "황제직에서 함께 내려오자."라고 말했다. 아니 명령했다. 막시미아누스는 황제 자리에 더 있고 싶었으나 울며 겨자 먹기로 권좌에서 내려왔다. 황제 2명이 퇴위하자 두 지역의 부황제들이 자연스럽게 황제로 승진했다. 그러나 황제 자리에 대한 '막시미아누스의 미련'은 훗날 로마제국에서 분란의 씨앗으로 작용하게 된다.

콘스탄티우스는 아쉽게도 황제라는 영광을 짧게 누렸다. 대략 250년에 태어난 콘스탄티우스는 황제에 오를 때 쉰여섯의 나이였다. 정확한 병명은 알 수 없지만, 백혈병 또는 폐결핵 정도로 추측하고 있다. 콘스탄티우스는 황제 등극 이듬해인 306년 브리타니아의 북쪽에 있던 픽트족들이 수시로 남쪽으로 침범한다는 소식에 직접 바다 건너 원정을 떠났다. 그런데 브리타니아에서 병세가 더 나빠지면서 죽고 말았다.

아들 콘스탄티누스는 아버지가 세상을 뜰 때 함께 브리타니아에 있었다. 콘스탄티누스는 어린 시절 동부의 황제 디오클레티아누스 밑에 있었는데, 사실상 볼모로 잡혀 있었다. 디오클레티아누스는 서부의 부황제 콘스탄티우스가 혹여 황제직에 대한 욕심으로 반란을 일으킬지도 모른다는 생각에 그의 아들을 볼모로 잡아둔 것이다. 콘스탄티우스가 브리타니아 원정길에 오를 때는 디오클레티아누스가 퇴위한 뒤였고, 콘스탄티누스는 동부 황제 갈레리우스 밑에 있었다.

그런데 아버지의 건강이 걱정되었던 콘스탄티누스는 황제 갈레리우스를 향해 "아버지한테 가도록 허락해 달라."고 요청했다. 갈레리우스는 탐탁지 않았으나 허락했다. 이로써 콘스탄티누스는 아버지와 함께 브리타니아 원정길에 올랐다. 그런데 브리타니아에서 아버지가 세상을 뜬 것이다. 이로써 콘스탄티우스를 따르던 병사들은 콘스탄티누스를 차기 황제로 옹립해버렸다. 절차에 어긋한 행동이었다. 당시 서부의 부황제는 세베루스(공동 황제 재위 : 306~307년)였는데, 콘스탄티우스를 따르던 병사들은 부황제를 무시하고 콘스탄티누스를 황제로 옹립한 것이다. 콘스탄티누스도 두말없이 받아들였으니 사실상 쿠데타였다.

드디어 콘스탄티누스가 황제에 등극하다

콘스탄티누스는 동부 황제 갈레리우스로부터 서부 황제 지위를 인정받고 싶었다. 이로써 갈레리우스에게 자신의 초상화와 황제 의복을 보냈다. 갈레리우스는 콘스탄티누스의 이 같은 행동이 마음에 들지 않았다. 부황제도 아닌 자가 쿠데타로 황제에 오르겠다는 태도에 분노했다. 그리고 엄연히 서부에는 부황제가 있었다. 하지만 콘스탄티누스가 거느린 병사들의 위용을 잘 알고 있었기에 단박에 거절할 수가 없었다. 혹여 내전으로 번질 수도 있다는 불안감 때문이었다. 갈레리우스는 고심 끝에 콘스탄티누스를 황제 대신 부황제로 임명했다. 이로써 부황제 세베루스가 서부의 황제로 등극했다.

그런데 이 소식을 전해 들은 서부의 전임 황제 막시미아누스의 아들 막센티우스(참칭 황제 재위 : 306~312년)가 발끈하고 나섰다. 본인 역시 전임 황제의 아들인데 콘스탄티누스가 부황제 자리를 차지한 것이 못마땅했다. 막센티우스는 아버지의 위세를 등에 업고 반란을 꾀했다. 당시 수도 로마는 황제 세베루스가 다스리고 있었는데, 세베루스의 통치력이 별로인 탓에 수도 로마시민들의 불신이 팽배했던 터였다. 원로원 역시 세베루스가 마음에 들지 않았다. 막센티우스는 원로원의 공식 지지를 얻어 수도 로마를 장악 후 스스로 황제라고 참칭(僭稱)했다. 이렇게 해서 서부에는 정식 황제 세베루스, 부황제 콘스탄티누스, 그리고 참칭 황제 막센티우스, 이렇게 3명이 위태로운 동거를 하게 되었다. 이들의 충돌은 누가 봐도 불 보듯 뻔했다.

먼저 동부 황제 갈레리우스가 나섰다. 갈레리우스는 서부의 정식 황제 세베루스에게 막센티우스를 처단할 것을 명령했다. 그런데 세베루스는 막센티우스를 제거하기는커녕 오히려 포로로 잡히는 굴욕을 겪게 된다. 당시 막센티우스의 뒤에는 전임 황제인 아버지 막시미아누스가 있었다. 세베루스가 일전을 벌이기 직전 그의 휘하에 있던 병사들이 앞서 모신 바 있는 막시미아누스에게로 돌아서 버리면서 제대로 싸워보지도 못했다. 가뜩이나 막시미아누스는 본인의 의사와 상관없이 황제 자리에서 내려왔던 터라 황제직에 대한 욕심 때문에 아들의 쿠데타를 적극적으로 도왔다. 세베루스는 막시미아누스 부자의 포로로 잡혔고, 이들 부자의 명령으로 스스로 목숨을 끊는 비참한 최후를 맞이했다.

서부의 상황이 이처럼 복잡하게 흘러가자 동부에서는 갈레리우스가 어찌할 바를 몰랐다. 그로 인해 갈레리우스는 퇴위한 디오클레티아누스에게 구원 요청했다. 디오클레티아누스는 황제 갈레리우스의 요청으로 308년 카눈툼에서 회의를 소집했다. 카눈툼회의에는 동부의 부황제 막시미누스 다이아(공동 황제 재위 : 311~313년)도 참석했다. 이들 3명은 서부에 새로운 황제 선임을 결정했고, 리키니우스(공동 황제 재위 : 311~324년)가 서부의 새 황제로 등극했다. 리키니우스는 갈레리우스의 오랜 친구였다.

이로써 서부의 황제는 리키니우스 그리고 원로원이 인정한 참칭 황제 막센티우스, 이렇게 2명이 되었다. 부황제는 콘스탄티누스였다. 이들 3명의 오묘한 동거는 312년까지 이어졌다. 특히 리키니우스의 통치 지역은 동부 황제 갈레리우스가 그의 영토 중 일부를 조금 떼어준 정도여서 보잘것없었다. 이와 함께 리키니우스는 막센티우스를 제거하고 싶어도 병력면에서 확연히 뒤처지기에 쉽사리 군사적인 행동을 할 수조차 없었다.

그러던 중에 311년 동부의 황제 갈레리우스가 병이 들어 죽은 것이다. 동부 황제 자리는 당연히 부황제 막시미누스가 자동으로 승격되어야만 했다. 하지만 리키니우스가 갈레리우스의 영토를 모조리 접수하고는 자의적으로 동부의 황제에 등극해 버렸다. 리키니우스는 서부의 황제로 선임된 인물이기에 동부의 정식 황제가 될 수 없었다. 당연히 막시미누스의 심기는 불편해졌고, 막시미누스와 리키니우스의 갈등은 시간이 갈수록 커져만 갔다.

로마제국의 서부 이야기를 하면, 참칭 황제 막센티우스의 통치는 독재

에다가 악행에 악행을 거듭했다. 결국 원로원은 막센티우스를 불신했다. 수도 로마시민들의 고통도 갈수록 가중되었다. 콘스탄티누스는 이 같은 상황을 십분 활용했다. 그는 수도 로마시민들을 위해서라도 막센티우스와 결전을 치러야 한다는 결론을 내렸다. 312년 콘스탄티누스와 막센티우스가 맞붙게 된다. 이 전투의 이름이 바로 '밀비우스다리 전투'이다.

이 전투는 그리스도교 역사에서 상당히 중요하다. 그 이유는 콘스탄티누스가 그리스도교 신(神)의 도움을 받아서 전투에서 승리할 수 있었다는 이야기가 전해지기 때문이다. 하지만 신의 도움으로 승리했다는 이 이야기 또한 밀라노칙령처럼 실존 여부에 대해 일부 역사학자들은 이견을 제기하고 있다.

콘스탄티누스를 향한 하늘의 계시는 이렇다. 막센티우스와 일전을 벌이기 하루 전 꿈에서 예수 그리스도가 나타나서 "너는 승리할 것이다."라고 말했다. 그러면서 그리스도를 뜻하는 표시를 하라고 계시했다는 것이다. 콘스탄티누스는 다음날 깃발에 그리스도를 뜻하는 헬라어 '크리스토스(ΧΡΙΣΤΟΣ)'의 약자 'ΧΡ'를 적었다고 한다. 헬라어 'Χ'는 영어로 'Ch'이고 헬라어 'Ρ'는 영어로 'R'이다. 영어 Christ의 앞머리 Ch와 R을 표시한 것이다. 로마가톨릭에서 쉽게 볼 수 있는 이 표시 'ΧΡ' 또는 'ΡΧ'는 헬라어로 '키로(Chi Ro)' 또는 '치로'라고 읽어야 한다. 그냥 영어로 엑스피 또는 피엑스로 읽으면 안 된다.

그런데 혹자들은 하늘의 계시에 관해 다른 이야기를 하고 있다. 그것은 바로 전투가 한창 진행 중에 하늘에서 천사들이 나타나서 콘스탄티누스의 승리를 이끌었다는 것이다. 콘스탄티누스가 꿈에서 예수의 계시를 받았든, 천사의 인도를 받았든 이 이야기는 당대 역사가인 유세비우스(약 260~339년)와 락탄티우스(240~320년)가 콘스탄티누스를 한껏 띄우기 위해 꾸몄다는 주장이다. 근거는 이렇다. 콘스탄티누스에게 나타난 하늘의 계시 관련 이야기가 16세기 말까지 오랜 기간 유세비우스와 락탄티우스를 제외한 역사가들 사이에서는 전혀 인용되지 않았다는 주장 때문이다.

상황이 어찌 되었든 콘스탄티누스는 밀비우스다리 전투에서 승리했고 막센티우스는 전사했다. 이로써 콘스탄티누스는 로마제국의 서부를 혼자 다스리게 되었다. 그런데 직책은 여전히 부황제였다. 황제의 자리에 올라야만 했다. 콘스탄티누스가 서부 황제에 등극하기 위해서는 스스로 동부의 황제라고 칭하는 리키니우스의 동의가 필요했다. 동부의 정식 황제 막시미누스가 있었지만, 군사적 면에서 막시미누스는 리키니우스에게 월등히 밀렸다. 콘스탄티누스에게 정식 황제 막시미누스는 안중에도 없었다.

이로써 콘스탄티누스는 313년 봄 리키니우스에게 밀라노에서 만날 것을 제안했고, 두 사람은 밀라노에서 회담했다. 특히 콘스탄티누스는 여동생 플라비아 율리아 콘스탄티아(약 293~330년)를 리키니우스에게 시집보내는 결혼 동맹을 제안했다. 리키니우스 역시 사이가 나빠진 막시미누스와 한판 격돌을 벌여야 했고 콘스탄티누스의 도움이 절실했기에 결혼 동맹을 받아들였다. 그리고 막시미누스는 몇 개월 후 리키니우스와의 전투에서 패한 뒤 시름시름 앓다가 세상을 떴다.

역사가 유세비우스와 락탄티우스는 밀라노회담에서 콘스탄티누스와 리키니우스가 그리스도교를 공인하는 '밀라노칙령'을 반포했다고 기록했다. 그런데 콘스탄티누스에게 중요한 것은 로마제국의 유일한 황제 자리였지 그리스도교가 아니었다. 시간이 흘러 324년 콘스탄티누스는 리키니우스와도 한판 격돌을 벌여 승리하면서 결국 로마제국의 유일한 황제로 등극했다. 리키니우스의 아내 콘스탄티아는 오빠 콘스탄티누스와 남편 사이에서 중재를 시도했으나 단독 황제를 향한 오빠 콘스탄티누스의 열망을 막을 수는 없었다.

콘스탄티누스 대제의 가계도.

3장

세계 역사에 큰 획 그은 콘스탄티누스

콘스탄티누스의 밀라노칙령 실존 여부

칙령(勅令)은 군주가 직접 내리는 구두(口頭) 명령이다. 국가원수인 군주의 명령만으로도 법적인 효력이 발생한다. 우리나라로 치면 대통령령(令)이다. 밀라노칙령에 대해 당대 역사가인 유세비우스와 락탄티우스는 각각 그들의 역사서에 기록했다. 이로써 그동안 박해받던 그리스도교가 제국 내에서 또 하나의 종교로 인정받았다.

하지만 밀라노칙령이 반포되기 전후의 역사를 살펴보면 석연치 않은 부분들이 한둘이 아니다. 그로 인해 밀라노칙령이 실제로 없었다는 주장이 제기되고 있다. 우선 밀라노칙령을 뒷받침할만한 근거가 없다는 것이다. 특히 313년부터 1,200년 이상이 흐른 16세기 말까지 콘스탄티누스에 대한 기록물에는 밀라노칙령이 등장하지 않는다는 것이 일부 역사가들의 설명이다. 밀라노칙령에 대한 언급은 유럽의 고대 시기 후반부와 중세시기 교회사를 정리한 로마가톨릭 추기경 바로니우스(1538~1607년)에 의해 16세기 말 갑자기 등장했다. 왜 이렇게 되었을까. 그 이유는 이렇다.

그때까지 유세비우스의 저서 「교회사」는 집필 이후 줄곧 후대인들에게 전해졌으나 유세비우스 기록물 외에는 밀라노칙령을 언급하는 역사서가 없었다. 그러다가 락탄티우스가 쓴 책 「박해자들의 죽음에 관해」가 뒤늦게 나타난 것이다. 락탄티우스의 역사서는 초창기 종적을 감추었다가 16세기가 되어서야 모습을 드러낸 것이다. 이로써 유세비우스의 저서에 락탄티우스의 저서가 더해지면서 1,200년 넘게 존재하지 않던 '밀라노칙령'이 모습을 드러낸 것이다. 이후부터는 콘스탄티누스가 밀라노칙령을 반포한 것으로 화석처럼 굳어졌다. 이에 대해 독일의 역사가 오토 제크(1850~1921년)는 1891년 발표한 자신의 논문 '이른바 밀라노칙령'에서 "밀라노칙령은 실제 존재하지 않았다."라고 처음 이의를 제기한 것이다.

이 대목에서 4세기 초 그리스도교에 대한 로마제국 지도자들의 태도를 살펴본다면, 서부에서는 콘스탄티우스 클로루스 통치 때부터 그의 통치 영역이던 갈리아와 브리타니아에서 그리스도교를 인정하고 있었다. 급기야 정치 실력이 떨어졌던 참칭 황제 막센티우스마저 그리스도교를 박해하는 대신 인정했다. 그리고 아버지에 이어 부황제에 오른 콘스탄티누스는 306년 그리스도교 성직자들에게 세금을 부과하지 않는 법령을 만들 정도로 그리스도교에 관대했다. 이렇게만 봐도 로마제국의 서부에서는 그리스도교에 대한 박해가 사라진 것이다. 서부의 황제들은 그리스도교에 박해를 가한다고 해서 뿌리뽑히지 않는다는 것을 일찌감치 인지한 것이다. 그러나 동부의 상황은 달랐다. 디오클레티아누스 통치 때부터 갈레리우스 통치 때까지 그리스도교에 대한 박해는 네로 황제의 박해 수준에 버금갔다.

그런데 상황이 급변한 것이다. 311년 갈레리우스는 죽기 직전 "더 이상 그리스도교를 박해하지 말라."라는 내용이 담긴 황제 명의의 '세르디카 칙령'을 반포했다. 갈레리우스는 무슨 이유로 죽기 직전 마음을 고쳐먹었을까. 그 원인에 대해서는 두 가지 가설이 있는데, 우선 갈레리우스는 그리스도교에 박해를 가한 탓으로 몹쓸 병이 들었다고 스스로 생각했기 때문이라는 것이다. 이와 함께 어차피 박해를 가해도 근절되지 않기에 그냥 인정했다는 것이다. 어떤 이유든 로마제국의 동부와 서부 양쪽 모두 311년을 기점으로 그리스도교 박해가 금지되었다. 그런데 문제는 동부의 막시미누스였다. 그는 계속해서 그리스도교 박해를 이어갔다. 갈레리우스의 세르디카칙령은 안중에도 없었다.

막시미누스는 특히 그리스도교가 탄생한 중심지 팔레스티나 그리고 바울의 사역 활동지였던 아나톨리아반도를 통치 영역으로 갖고 있었는데, 이곳은 여타 지역에 비해 크리스천들의 숫자가 월등히 많았다. 또한 이들 지역 크리스천들의 신앙심 또한 여느 지역보다 깊었다. 이로써 리키니우스는 "크리스천들을 박해하신 대신 포용하면 경쟁자인 막시미누스를 공격할 때 큰 도움이 될 것 같다."라고 생각했다. 리키니우스는 팔레스티나와 아나톨리아반도 두 지역의 총독들에게 자신의 명의로 박해 금지 칙서를 하달했다. 하지만 이들 지역은 자신의 관할지가 아니라 막시미누스의 영토였다.

이로써 리키니우스는 자신의 단독 서명보다는 제국의 나머지 반쪽을 다스리는 콘스탄티누스의 서명이 필요함을 느꼈다. 리키니우스는 "동서 양쪽의 지도자 명의가 있다면 팔레스티나와 아나톨리아반도의 총독들이 자신의 명령을 따를 것이다."라고 스스로 판단한 것이다. 리키니우스는 313년 봄 밀라노에서 만난 콘스탄티누스에게 "그리스도교에 대한 박해 금지 칙서를 작성했는데 서명해 달라."라고 부탁했다는 것이 일부 역사가들의 설명이다. 결론적으로 '칙서'가 '칙령'으로 둔갑했다는 주장이다.

그리고 콘스탄티누스와 그리스도교와의 관계에 관한 이야기이다. 콘스탄티누스가 밀비우스다리 전투에서 신의 도움을 받아 승리했고 밀라노칙령까지 공포할 정도였다면 크리스천이 되는 것은 당연했다. 하지만 그는 계속해서 로마제국의 종교인 태양신을 믿는 미트라교를 신봉했다. 그리고 콘스탄티누스는 죽기 며칠 전에 세례를 받아 크리스천이 되었다. 그런데 많은 역사가(이들은 크리스천일 가능성이 크다)는 이 부분을 두고 콘스탄티누스를 적극적으로 옹호하고 있다. 그것은 바로 "당시 세례를 받은 후에 죄를 지으면 구원받지 못한다는 생각 때문에 콘스탄티누스가 죽기 직전에 세례를 받았다."라는 옹호론이다.

실제 콘스탄티누스는 장남 크리스푸스(약 302~326년)가 새어머니 파우스타(289~326년)와 내통했다는 이유로 두 사람을 모두 죽였다. 역사가들의 해석대로라면 만약 콘스탄티누스가 세례를 받고 나서 아들과 두 번째 부인을 죽였다면 본인은 죽어서 구원받지 못한다. 하지만 아들과 부인을 죽이고 나서 세례를 받으면 구원받는다는 다소 이해하기 힘든 논리인데, 여러분 생각은 어떤가. 여러 상황을 따져보면 콘스탄티누스는 그리스도교에 대한 신앙심이 크지 않았다. 그리고 신의 도움으로 밀비우스다리 전투에서 승리한 것도 아니다. 숫제 당대 역사가 유세비우스와 락탄티우스에 의해 가공된 소설이라는 것이다. 한마디로 용비어천가다.

그렇다고 해서 이 책에서 콘스탄티누스가 행한 그리스도교 포용정책 자체를 평가절하하려는 것은 아니다. 다만 역사적으로 없었던 일을 있는 것처럼 꾸미는 행위는 경계해야 한다는 것을 강조하는 것이다. 특히 '칙령'과 '칙서'는 엄연히 다르다. 어쩌면 크리스천 역사가들은 이렇게 생각했을지도 모른다. "만약 밀라노칙령이 존재하지 않는다면 한때 그리스도교에 박해를 가했던 갈레리우스의 세르디카칙령이 부각될 수 있다." 이로써 일부 크리스천 역사가들이 존재하지도 않은 밀라노칙령을 억지로 만들었다는 주장이 설득력을 얻고 있다.

이 같은 상황에서 또 다른 일부 역사가들은 이렇게 주장한다. 역사적으로 입증이 안 되는 '밀라노칙령'이라는 용어 대신 '이른바 밀라노칙령(so-called Edict of Milan)'이라고 말하는 것이 옳다는 것이다. '이른바'라는 단어 하나가 무슨 큰 의미가 있느냐고 반문할 수도 있다. 그러나 다시 한번 강조하지만, 역사 왜곡은 잘못된 행위이다. 특히 그리스도교 박해 금지에 나름 노력한 로마제국 여타 황제들의 업적이 부각 되지 않고 콘스탄티누스 1세 한 사람한테 몰아주는 것은 '잘못된 역사 인식' 그 이상도 그 이하도 아니다. 이런 말이 있다. "우리는 과거를 특정 위치에 고정해서는 안 되고 논쟁해야 한다." 역사를 공부할 때 가져야 할 기본적인 의식은 바로 '논쟁'이다.

예수가 신(神)이 되는 삼위일체설 채택되다

크리스천들은 예수가 곧 우주 만물을 만든 창조주라고 믿고 있다. 히브리어로 여호와, 곧 창조주는 영어권에서는 'God', 우리나라에서는 '하느님', '하나님'이라고 불리고 있다. 창조주인 '성부'와 예수 그리스도인 '성자' 그리고 창조주의 말씀인 '성령'이 같다는 것이다. 하지만 여전히 이를 부정하는 크리스천들도 있다. 일례로 '여호와의 증인'들은 삼위일체가 성경에 기록되지 않았다는 이유로 삼위일체설을 부정한다. 이로써 우리나라에서 다수를 차지하는 개신교에서는 여호와의 증인을 이단으로 취급하고 있다. 하지만 우리가 분명히 알아야 하는 것은 1517년 마르틴 루터(1483~1546년)에 의해 프로테스탄티즘, 즉 개신교가 탄생했을 때 로마가톨릭은 프로테스탄티즘을 '이단'으로 규정했다.

325년 콘스탄티누스 황제가 소집한 니케아공의회에서 '예수는 곧 신'이라는 삼위일체설이 공식 채택되었다. 그러면서 이를 부정하는 자들을 이단으로 정죄(定罪)하는 니케아신조 역시 채택되었다. 삼위일체 교리 채택은 그리스도교 사회에서 매우 중요한 사건이다. 그런데 성경을 읽어본 사람들은 알 것이다. 성경 상에는 '예수가 신'이라는 말이 없다. 예수 스스로 본인을 신이라고 지칭하지 않았다. 그러나 예수를 추종하는 사람들은 예수의 부활을 믿었고, 이를 근거로 예수를 신으로 만든 것이다.

그렇다면 삼위일체(라틴어 trinitas, 영어 trinity)라는 말은 언제부터 사용되기 시작한 것일까. 삼위일체라는 단어는 북아프리카 카르타고 출신의 신학자 테르툴리아누스(Tertullianus, 약 160~240년)에 의해 200년쯤 처음 등장했다. 영어권 나라에서는 테르툴리아누스를 터툴리안

(Tertulian)이라고 부른다. 그는 삼위일체 외에도 1,000개에 달하는 신학 용어를 만들면서 초대교회의 교리를 발전시킨 인물로 평가받고 있다. 현재 그리스도교의 분파인 로마가톨릭, 정교회 그리고 개신교 중에서 성공회와 루터교는 삼위일체를 믿는다는 뜻으로 크리스천들이 손가락으로 성호(聖號)를 긋는다. 반면 성공회와 루터교를 제외한 개신교는 삼위일체를 받아들이나 성호를 긋지 않는다.

삼위일체설이 정립된 이후 100년가량이 흘러서 이를 부정하는 사람이 나타났는데, 바로 이집트 알렉산드리아 출신의 사제 아리우스(250~336년)였다. 아리우스는 강력하면서도 줄기차게 "성부와 성자는 온전한 의미에서 동등하지 않다."라고 주장했다. 예수는 그저 창조주가 만든, 인간과 똑같은 피조물이라는 것이다. 그러나 아리우스는 '예수가 피조물 중에서 가장 높은 피조물'이라는 단서를 달았다. 아리우스의 주장을 그대로 표현하면 '예수의 부활'은 없었다. 오늘날 삼위일체설을 받아들인 크리스천들에게는 상상조차 할 수 없는 논리다.

그런데 당시 많은 크리스천은 아리우스의 논리를 받아들였다. 그래서 난리가 났다. 이 때문에 알렉산드리아의 주교는 321년 아리우스를 이단으로 정죄 후 아리우스를 알렉산드리아에서 추방했다. 아리우스는 그러나 추방된 후에도 왕성한 집필활동을 펼쳤고, 아리우스의 주장을 따르는 크리스천들은 좀처럼 줄어들지 않았다. 급기야 삼위일체를 놓고 크리스천들 사이에서 논쟁이 펼쳐졌고 내분의 조짐마저 일어났다. 이로써 황제 콘스탄티누스는 그리스도교 내부 분열을 막기 위해 공의회 소집을 요청했고 니케아공의회가 325년 열린 것이다.

특히 콘스탄티누스는 그리스도교를 정치적으로 이용하고 있던 터라 크리스천들의 분열은 곧 그의 통치에도 악영향을 끼친다는 뜻이었다. 325년 니케아에서 콘스탄티누스가 참석한 가운데 318명의 주교와 성직자들이 모여 삼위일체설을 주제로 열띤 토론이 펼쳐졌다. 아리우스는 삼위일체를 부정하는 논객으로 나섰고, 반대편에는 삼위일체 옹호 논객으로 알렉산드리아의 사제 아타나시우스(약 296~373년)가 나섰다. 아타나시우스는 훗날 서른 살 젊은 나이에 알렉산드리아 대주교가 되는 인물이다.

두 사람의 치열한 논쟁 끝에 참석한 318명의 주교 중 311명은 아타나시우스의 주장에 동조했다. 단 7명만 아리우스의 편에 섰다. 7명 중에는 콘스탄티누스 관련 역사서를 쓴 유세비우스도 포함되어 있었다. 거의 만장일치나 다름없이 참석자들이 아타나시우스의 편을 들었다. 그러면서 '성자 곧 예수가 참 유일신으로부터 나신 참 유일신이고, 성자는 성부와 일체 한다'라는 니케아신조가 채택되었다.

결과가 이렇게 나오자 아리우스는 또다시 이단으로 정죄되고 추방당했다. 하지만 아리우스는 그의 주장을 꺾지 않고 포교 활동지를 도나우강 북쪽, 라인강 동쪽으로 옮겨 게르만족 전도에 힘을 쏟았다. 당시 로마제국 사람들은 문명화되지 않은 미개한 족속들이 거주하는 지역을 '게르마니아(Germania)'라고 불렀다. 게르마니아라는 단어를 처음 사용한 인물은 카이사르이다.

이로써 삼위일체설을 부정하는 사람들은 로마제국 내에서 발붙일 곳이 없어졌다. 그 숫자 역시 세월의 흐름과 함께 대폭 줄어들었다. 그러나 삼위일체설을 부정하는 크리스천들은 오늘날도 여전히 존재한다. 로마가톨릭과 개신교에서는 이들을 이단으로 분류하고 있으나 삼위일체설을 부정하는 사람들은 스스로 크리스천이라고 부르고 있다. 상황이 어쨌든 삼위일체설은 이러한 과정을 거쳐서 정립되었다.

로마제국 수도 콘스탄티노폴리스로 옮겨지다

황제 콘스탄티누스는 훗날 유럽인들에 의해 대제(大帝)라고 불린다. 그 이유는 그리스도교 중심의 유럽 사회에서 콘스탄티누스 보다 그리스도교를 위한 위대한 업적을 세운 황제는 없었기 때문이다. 그는 313년 그리스도교를 공인했고, 325년 니케아공의회를 통해 삼위일체 교리까지 정립했다. 또한 예배 요일을 기존 토요일에서 일요일로 바꾼 인물이다. 성탄절이 12월 25일이 된 것도 그의 업적이다. 오늘날 그리스도교 중심의 유럽의 시각에서 콘스탄티누스는 실로 대단한 치적을 남긴 황제이다. 그런 그가 324년 또 하나의 큰 결심을 한다. 바로 로마제국의 수도를 로마에서 동쪽의 비잔티온으로 옮긴 것이다.

우리에게는 '비잔티움(Byzantium)'이라는 단어가 더 익숙하다. 이는 라틴어이다. '비잔티온'은 그리스식 표현이다. 비잔티온이라는 명칭에 관한 이야기를 조금 한다면, BC 667년 고대 그리스에 있던 도시국가 메가라 주민들이 이곳을 식민지로 삼았고, 이들의 왕 비자스(Byzas)가 자신의 이름을 따서 비잔티온이라는 명칭이 생겼다고 한다. 비자스는 그리스 신화에 나오는 인물이다. 신화이다 보니 실제성은 떨어진다. 이는 유럽(Europe)의 어원과 비슷하다. 유럽이라는 단어는 그 옛날 제우스 신이 페니키아에서 납치한 신화 속의 여성 에우로페(Europe)에서 온 것이다.

콘스탄티누스의 천도 결정은 하나의 원인만 작용한 것이 아니다. 우선 제국의 서부 지역에 비해 동부의 경제력이 뛰어났다. 그 이유는 유럽과 아시아를 잇는 요충 지대여서 무역이 활발한 탓에 제국의 동부는 막대한 부를 쌓았다. 또한 비잔티온은 바다를 앞에 두고 있기에 천혜의 방어망을 구축할 수 있다는 이점이 있었다. 비잔티온이 마주하고 있는 바다는 보스포루스해협이다. 콘스탄티누스는 천도 결정 후 새로 정한 수도의 육지면에 성곽을 새롭게 구축했다. 6년의 공사를 거쳐 도시 면적은 4배로, 성곽은 6배로 증가했다. 공사가 끝난 330년 5월 비로소 수도가 옮겨졌다.

천도 결정 배경에는 종교적인 영향도 크게 한몫했다. 콘스탄티누스는 수도 로마를 그리스도교 중심의 도시로 만들고 싶었으나 토속 종교인 미트라교를 비롯해 여러 다양한 신들을 믿는 사람들이 수도 로마에 워낙 많은 탓에 불가능함을 인지했고, 결국 그리스도교 영향력이 강한 동부로 수도를 이전했다는 것이다. 다시 한번 언급하면 콘스탄티누스는 그리스도교를 다분히 정치적으로 이용했다는 것이 많은 역사가의 분석이다.

콘스탄티누스는 새 수도의 이름을 '새로운 로마'라는 뜻을 가진 라틴어 '노바 로마(Nova Roma)'로 지었다. 그런데 비잔티온에 살던 시민들은 노바 로마를 콘스탄티누스의 이름을 따서 '콘스탄티노폴리스(Constantinopolis)'로 바꾸었다. 영어로는 '콘스탄티노플(Constantinople)'이다. 그리고 새 수도 콘스탄티노폴리스는 395년 서로마제국과 동로마제국으로 분리된 후 동로마제국의 수도가 되었다.

부연 설명하면 콘스탄티노폴리스는 1453년 이슬람교 국가인 오스만제국에 의해 점령당한 뒤 이스탄불로 이름이 바뀌었고, 오스만제국 멸망 후에는 튀르키예의 수도가 되었다. 하지만 튀르키예는 1923년 수도를 앙카라로 옮겼다. 하지만 이스탄불은 여전히 튀르키예 최대 도시이다.

이 대목에서 콘스탄티누스의 가족에 관한 이야기를 한다면, 콘스탄티누스는 부황제가 되기 전 첫 번째 부인 미네르비나(생몰 미상)와의 사이에서 약 302년 크리스푸스를 낳았다. 일각에서는 미네르비나와 동거했다는 이야기도 한다. 그런데 콘스탄티누스는 제국의 서부 황제였던 막시미아누스의 딸 파우스타와 307년 정략결혼했다. 막시미아누스는 아들 막센티우스가 황제가 되도록 돕다가 아들과 사이가 틀어지면서 콘스탄티누스에게 의탁했는데, 막시미아누스는 이 시기 딸 파우스타를 콘스탄티누스와 결혼시킨 것이다.

그렇다면 미네르비나는 어떻게 되었을까. 미네르비나의 존재는 307년을 기점으로 역사서에 등장하지 않는다. 콘스탄티누스가 파우스타와 결혼하기 전에 죽었다는 주장도 있고 버림받았다는 주장도 있다. 미네르비나의 존재가 미약할 수도 있겠으나 이 이야기를 굳이 하는 이유는 그리스도교 사회에서 콘스탄티누스를 지나치게 미화한 것은 아닌지에 대해 한 번쯤은 생각해 볼 필요가 있다는 뜻에서 언급한 것이다.

아무튼 장성한 크리스푸스는 아버지 콘스탄티누스가 324년 리키니우스와 결전을 벌일 때 혁혁한 공을 세웠다. 그런데도 콘스탄티누스는 326년 크리스푸스를 죽였다. 혐의는 계모 파우스타와 내통했다는 것이다. 콘스탄티누스는 파우스타를 뜨거운 목욕탕에서 질식사시켰다. 크리스푸스의 혐의가 실제인지 아닌지는 명확하지 않다. 특히 크리스푸스는 후계자로 낙점된 황태자였다. 그러나 비정한 아버지 콘스탄티누스는 황태자를 처형했다. 일부 역사가들은 콘스탄티누스가 파우스타와의 사이에서 태어난 아들 3명에게 차기 황제 자리를 물려주기 위해서 없는 혐의를 만들어 크리스푸스를 제거했다는 분석을 내놓고 있다. 이 말이 옳다면 콘스탄티누스는 철저히 정치 지향적인 인물이다.

실제 콘스탄티누스는 말년에 제국을 3등분 후 골고루 분할상속했다. 그런데 만약 크리스푸스가 있었다면 이복형제들끼리 행여 생길지 모를 내분을 우려했다는 분석을 일부 역사가들이 조심스럽게 내놓고 있다. 이처럼 아내와 아들을 죽인 이유로 콘스탄티누스는 황제가 된 이후 곧바로 세례를 받지 않고 크리스천이 되는 것을 최대한 미루었다는 옹호론이 생긴 것이다.

가톨릭으로 불린 그리스도교의 내부 분열 조짐

콘스탄티누스 황제의 수도 이전은 한참 세월이 흐른 1054년 그리스도교 사회에 '대분열'이라는 어마어마한 영향을 끼치게 된다. 이 이야기를 위해서는 우선 로마제국 당시 그리스도교 조직을 설명할 필요가 있는데, 크리스천들이 모여서 이룬 공동체를 교회(敎會)라고 부른다. 그리고 교회 내에서 서품(敍品)받고 직업으로 활동하는 사람들을 주교, 사제, 부제라고 부른다. 추기경은 주교, 사제, 부제 중에서 교황이 선임한다. 외국의 경우 평신도 중에 종신직으로 부제가 되기도 한다. 그리고 교황은 추기경들에 의해 콘클라베로 선출된다.

최초의 주교들은 예수의 12제자였다. 첫 번째 제자인 베드로가 주교 중에서 으뜸 주교인 교황이라고 보면 된다. 실제 베드로는 로마가톨릭에서 제1대 교황이다. 이어서 제자들의 사역 활동의 영향으로 예수를 따르는 사람들이 폭발적으로 늘어났고, 제자들의 뒤를 이은 사람들이 주교가 된 것이다. 크리스천 숫자가 예전과 달리 대폭 증가하다 보니 설교를 담당할 사람들이 필요해서 신부를 양성한 것이 오늘날 로마가톨릭의 조직체계를 이루게 된 배경이다. 물론 정밀하게 들여다본다면 앞서 설명한 것보다 더 복잡한 체계이나 대략 이러하다.

오늘날 사제들은 교회 한 곳을 맡아 사목활동을 펼친다. 그리고 교회가 여럿이 모이면 교구(教區)가 되는데 교구는 주교가 관리한다. 또 교구들이 합쳐지면 관구(管區)가 되고 이를 관구장, 즉 대주교가 맡는다. 우리나라에는 3개(서울, 대구, 광주광역시)의 관구와 총 17개의 교구가 있다. 교구 중에서도 중심 역할을 하는 곳은 서울 중구 명동에 소재한 명동성당이다. 명동성당은 1898년 우리나라에서 최초로 지어진 로마가톨릭 예배당이다.

그리고 추기경은 교황 다음의 권위와 명예를 누리면서 교황을 선출하는 권한을 갖고 있다. 다만 나이 여든 살 이상이 되면 교황 선출권이 없어진다. 유럽 중세시대에는 교황 선출권이 로마 교구의 성직자들과 신자들에게 있었다. 그런데 추기경만이 교황을 선출하게 된 것은 1059년 교황 니콜라우스 2세(재임 : 1058~1061년)의 결정에 따른 것이다.

콘스탄티누스 황제가 로마제국의 수도를 330년 이전했을 당시 제국 내에는 관구를 관리하는 총 5개의 핵심 총대주교 자리 즉, 총대주교좌가 있었다. 로마, 콘스탄티노폴리스, 알렉산드리아, 예루살렘, 안티오키아 등이다. 그런데 로마의 총대주교는 그리스도교가 공인된 313년을 기점으로 동부 4곳의 총대주교들과는 달리 '교황(Pope)'이라는 별도의 호칭을 사용하기 시작했다. 그 이유는 수도 로마에는 황제가 거처할 뿐만 아니라 예수의 첫 번째 제자인 베드로의 무덤 위에 세운 성 베드로 성당이 있기에 여타 총대주교들보다 높은 위치 즉, '수위권(首位權)'이 있다는 논리였다.

그러던 중 콘스탄티누스에 의해 수도가 동부로 이전하자 옛 수도 로마의 총대주교인 교황은 위기감을 느꼈고 여전히 수위권을 주장했으나 동부의 총대주교들은 수위권을 인정할 수가 없었다. 이런 상황에서 교황은 어느 날 갑자기 논의도 없이 예배 방식에 변화를 주면서 동부의 총대주교들로부터 반발을 샀다. 하지만 교황은 여전히 수위권을 내세우면서 막무가내 행보를 보였다.

로마제국의 그리스도교 내부에서 동서 갈등을 이해하기 위해서는 그리스도교에 대한 명칭에 관해 짚고 넘어가야 한다. 로마제국 내에서 예수 그리스도를 추종하던 초창기 사람들은 별도로 종교 이름이 없었다. 특히 초기에는 유대교 신자들과 함께 유대교 예배당에서 여호와에게 예배를 드렸기에 겉으로 보면 구분이 되지도 않았다. 그러던 중 안티오키아 출신 이그나티오스(35~107년)가 2세기 초 예수 그리스도를 추종하는 사람들의 모임을 '가톨릭(Catholic)'이라고 처음 사용했다. 가톨릭은 헬라어 '카톨리코스(καθολικός)'에서 유래했으며 '보편적인, 일반적인'이라는 뜻이다.

이그나티오스는 예수를 따르는 사람들을 유대교 원리주의자들과 분리하고 싶었다. 이그나티오스가 볼 때 유대교의 신 여호와는 유대인들만 선택한 '민족의 신'이었다. 반면 예수라는 인간의 몸으로 지구에 온 유일신 여호와는 유대인들만을 위한 신이 아니라 '인류 보편적인 신'이었던 것이다. 유대교와 분리된, 오늘날 우리가 익히 알고 있는 그리스도교의 초창기 명칭은 이그나티오스에 의해 '가톨릭'이라고 불리게 된 것이다.

그런데 로마를 중심으로 하는 서부와 콘스탄티노폴리스 등 동부의 4곳이 마찰을 빚은 것이다. 동부의 총대주교들은 로마 총대주교와 선을 긋기 위해 스스로 '정통'이라는 뜻의 '정교회(Orthodox)'로 명칭을 바꾸어 버렸다. 상황이 이렇게 되자 서부의 교황은 가톨릭이라는 명칭 앞에 '로마'를 붙이면서 '로마가톨릭'이 탄생했다. 그러나 로마가톨릭과 정교회는 명칭만 달리 사용했을 뿐 완전히 분리된 것은 아니었다. 영원히 분열된 것은 1054년의 일이다.

정교회와 로마가톨릭의 정통성 판가름은 둘째치고, 이들 모두 상위 개념인 가톨릭 아래에 있다. 그런데 우리나라에서는 '로마가톨릭'이라는 명칭 대신 그냥 '가톨릭'이라고 부르고 있다. 엄밀히 따지면 우리나라에서 천주교라고 불리는 가톨릭은 '로마가톨릭'이라고 지칭해야 한다. 그렇지 않으면 마치 정교회가 가톨릭에서 빠져나갔고, 로마가톨릭은 초창기부터 있었던 것으로 오해될 수가 있다.

로마제국 태양신 숭배일 12월 25일 성탄절 되다

12월 25일은 전 세계 많은 사람이 종교와 관계없이 아기 예수의 탄생을 축하하며 "메리 크리스마스(Merry Christmas)!"라고 말한다. 하지만 메리 크리스마스의 정확한 뜻을 모르는 사람들이 많다. 그저 '즐거운 성탄절' 정도로만 알고 있는 경우가 허다하다. 이 뜻은 '즐거운(merry)'이라는 영어 단어에 '예수 그리스도(Jesus Christ)'에게 '미사(mass)'를 드린다는 단어가 합쳐진 것으로, '예수 그리스도에게 미사를 즐겁게 드려라.'라는 뜻이다. 성탄절은 크리스천들이 예배당에 가서 아기 예수가 이 땅에 오심에 감사하며 예배를 드리는 날이다.

특히 한국에서는 연말 분위기와 겹쳐서 성탄절이 다가오면 한껏 분위기가 들뜬다. 그렇다 보니 크리스천이든 아니든 '성탄절은 그저 노는 날'처럼 인식된 듯하다. 다소 아쉬운 대목이다. 그리고 그리스도교는 서양에서 탄생한 종교이다. 크리스천들은 이 말이 기분 나쁠지 몰라도 사실은 사실이다. 18세기 천주교가 조선에 들어올 때 그리스도교는 서양의 학문, 즉 '서학(西學)'이었다.

부연 설명하면 우리나라에서는 성탄절의 본뜻을 제대로 모르고 무작정 즐기는 것과 비슷하게 핼러윈데이(10월 31일)가 있다. 핼러윈데이 역시 서양의 축제이나 불특정 다수는 그저 많은 사람이 흥겹게 즐기는 모습에 동요되는 현상이 있다. 핼러윈데이는 스코틀랜드와 아일랜드를 구성하는 중심 종족인 켈트족들의 유령 피하기 풍습, 즉 삼하인(Samhain)축제가 그 원류이다. 삼하인축제가 로마가톨릭에 의해 11월 1일인 '모든 성인들의 날(All Hallow Day)'을 널리 알릴 목적으로 하루 전날인 10월 31일을 핼러윈데이로 만들었다는 사실을 알고 즐겼으면 하는 바람이다.

아무튼 성탄절이 12월 25일이 된 배경을 알기 위해서는 태양신을 숭배하는 미트라교를 알아야 하는데, 미트라교는 BC 15세기에 중동에서 태동한 미탄니왕국에서 생겨났다. 미탄니왕국은 많은 이들이 생소할 것이다. 그런데 인류 최초로 철기를 사용한 히타이트제국은 알 것이다. 히타이트제국은 아나톨리아반도 동쪽에서 BC 1800년쯤 생긴 나라이다. "미탄니왕국에서 최고의 신 중 하나가 미트라였다."라는 기록이 히타이트어로 기록되어 오늘날까지 전해지고 있다. 미트라교는 아케메네스 왕조 페르시아로 전해진 후 고대 이집트, 고대 그리스에 이어서 로마제국으로 전파되었다. 로마제국이 종교를 수입한 것이다. 로마인들은 태양신을 '솔 인빅투스'라고 불렀다.

로마제국은 농경사회였기에 태양을 숭배했다. 그렇다고 로마제국은 특정 신(神) 하나만 믿는 국가가 아니었다. 고대 그리스를 동경했던 로마제국은 다신교였다. 그로 인해 농경의 신(神) 사투르누스(Saturnus)도 숭배했다. 사투르누스는 그리스 신화의 크로노스와 동일하다. 크로노스는 제우스의 아버지다. 로마인들은 매년 추수가 끝나고 12월 중순이 지나면 농경신 사투르누스를 기리는 축제 사투르날리아(Saturnalia)를 일주일 또는 열흘가량 즐겼다. 이 기간에 태양의 신을 기리는 축일 12월 25일이 있었다. 로마인들은 1년 중 낮의 길이가 가장 짧은 동지(冬至)가 지나면 태양이 소생한다고 믿었다. 그래서 동지가 지난 후 12월 25일을 태양신의 축일로 정한 것이었다.

그런데 로마제국, 특히 수도 로마를 중심으로 태양신을 숭배하는 미트라교와 그리스도교가 공존하는 것에 대해 황제 콘스탄티누스는 마뜩하지 않았다. 그 때문에 콘스탄티누스는 미트라교를 억제하고 그리스도교를 띄우는 일거양득 전략을 세웠고, 언제인지 정확히 모르는 아기 예수의 탄생일을 12월 25일로 정해버렸다. 12월 25일이라는 하나의 날짜에 미트라교와 그리스도교가 저마다의 축제를 즐긴 것이다.

하지만 당시 일부 크리스천들은 12월 25일이 아닌 종전 자기들이 임의로 정했던 성탄절을 그 날짜 그대로 지켰다. 그러다 보니 혼선이 발생한 것이다. 이를 일률적으로 정리한 사람이 바로 콘스탄티누스의 차남 콘스탄티우스 2세(재위 : 337~361년)이다. 콘스탄티우스 2세는 354년 예수 그리스도의 탄생일을 12월 25일로 공식 채택했다. 이로써 예수 그리스도가 로마제국 태양신을 제치고 자리매김하게 된 것이다.

앞서서 언급했는데 콘스탄티누스는 제국을 3등분 후 아들 3명에게 골고루 나누어주었다. 제국을 분할 상속받은 3명은 콘스탄티누스와 파우스타와의 사이에서 태어난 장남 콘스탄티누스 2세(316~340년)와 둘째 콘스탄티우스 2세(317~361년), 막내 콘스탄스(323~350년)이다. 그런데 첫째와 막내는 영토 문제로 340년 전투를 벌였고, 첫째는 전사했다. 그리고 막내 콘스탄스는 내부 반란으로 피살당했다. 이로써 제국은 콘스탄티우스 2세에 의해 350년 다시 통일되었다.

로마제국은 그러나 시간이 흘러 395년 테오도시우스 황제(재위 : 379~395년)가 죽기 직전 두 아들에게 제국을 분할 상속하면서 서로마제국과 동로마제국으로 분리되었다. 이때부터 제국은 영원히 두 동강 나버렸다. 그러면서 서로마제국은 100년이 채 흐르기도 전인 476년 멸망하고 말았다. 테오도시우스는 380년 테살로니카칙령으로 그리스도교를 제국의 국교로 선포한 황제이다. 하지만 동쪽의 로마는 여전히 로마제국이라는 이름으로 1453년까지 이어졌다. 그런데 적잖은 역사가들은 비잔티움제국이라고도 불리는 동로마제국을 로마제국의 후속으로 인정하지 않고 "476년 로마제국은 멸망했다."라고 보고 있다

2부.
제국의 분열과 유럽의 탄생

앵글로족
고트족
훈족
앵글로-색슨 왕국
색슨족
부르군트족
프랑크족
동고트족
반달족
프랑크왕국
랑고바르드족
서고트족
부르군트 왕국
랑고바르드 왕국
동고트 왕국
콘스탄티노플리스
아드리아노플
아나톨리아반도
서고트 왕국
로마
반달왕국

투르
프랑크왕국
당
푸아티에
코르도바
로마
콘스탄티노플리스
비잔티움제국
세우타
튀니스
만지케르트
니하완드
바그다드
다마스쿠스
카이로
메디나
메카
무함마드시대의 정복지
정통 칼리프시대의 정복지
우마이야 왕조시대의 정복지
아바스 왕조시대의 정복지
아바스 왕조의 최대 영역

북해
메르센
베르됭
동프랑크 왕국
대서양
서프랑크왕국
중프랑크 왕국
로마 교황청
아시아
지중해
비잔티움 제국
베르됭조약에 따른 분리(843년)
메르센조약에 따른 분리(870년)
아프리카

그린란드
노르인
아이슬란드
라도가 호수
오네가 호수
북아메리카
바이킹 거주지
스웨드인
노브고로드
노브고로드 공국
북해
데인인
키예프공국
키예프
노르망디 공국
프랑크왕국
대서양
흑해
콘스탄티노폴리스
지중해

4세기 말 게르만족의 대이동 경로.

4장

유럽의 역사 전면에 등장한 게르만족

게르만족 대이동 그리고 서로마제국 멸망

4세기 말 라인강 동쪽과 도나우강 북쪽에 자리 잡고 있던 게르만족들이 두 개의 강을 건너 로마제국으로 대거 들어오기 시작했다. 그 규모가 너무 커서 로마제국은 막을 재간이 없었다. 한때는 막강한 군사력을 자랑한 로마제국이었으나 4세기 말의 상황은 그러하지 못했다. 이 때문에 로마제국은 게르만족들을 군사로 고용하는 융합정책을 펼쳤다. 게르만족이 대이동을 일으키게 된 배경은 동방, 그러니까 알타이산맥에서 거주하고 있던 훈족이 몰려왔기 때문이다. 이로써 375년 '게르만족의 대이동'이 시작된 것이다.

훈족의 기원은 오늘날 중국의 위쪽에 자리 잡고 있던 유목 민족, 그중에서도 흉노족이다. 그 옛날 중국인들이 오랑캐라고 불렀던 수많은 북방의 야만인 중에 흉노족이 있었는데, 흉노족에서 갈라져 나온 무리가 훈족이다. 그런데 흉노족은 BC 3세기 말부터 AD 5세기 초까지 초원 지역에 거대한 제국을 형성했던 민족이다. 제국이 멸망하기 전 흉노족 중에서 일부가 알타이산맥에서 터를 잡고 있다가 4세기 말 서쪽으로 대이동 한 것이다. 혹자들은 흉노족을 고조선에서 분파된 민족이라고도 말한다. 하지만 이 부분에 대해서는 아직 명확하게 드러난 것은 없다.

훈족의 특징은 빨리 달리는 말 위에서도 앞과 뒤를 향해 자유자재로 활을 쏘는 기술이 뛰어나다는 점이다. 마치 13세기 초부터 14세기 중엽까지 세계 역사에서 가장 드넓은 영토를 차지한 몽골족의 전투기술과도 흡사했다. 게르만족은 덩치가 크고 힘이 셌으나 기동성 면에서는 훈족을 이겨낼 재량이 없었다. 그래서 훈족을 피해서 삶의 터전을 버리고 라인강과 도나우강을 건너 로마제국으로 물밀듯이 들어간 것이다.

게르만족은 유럽 역사에서 가장 중요한 위치를 차지하는 존재이다. 그 이유는 로마제국이 395년 동서로 분열된 이후 서로마제국이 476년 멸망했으나 게르만족의 일파인 프랑크족이 서로마제국을 계승했기 때문이다. 일각에서는 서로마제국이 게르만족에 의해 멸망했다고 말하는데, 이는 잘못된 표현이다. 서로마제국의 왕조가 게르만족 출신의 용병 대장 오도아케르(433~493년)에 의해 멸망한 것은 맞다. 하지만 이것을 "게르만족에 의해 멸망했다."라고 말하는 것은 억지 해석이다. 이미 게르만족은 100년 가까이 로마제국 내에서 살고 있었다. 게르만족이 서로마제국을 멸망시킬 목적으로 강을 건넌 것이 아니라는 말이다.

게르만족에 대해서 알아본다면, 그들은 오늘날 독일과 네덜란드, 벨기에, 오스트리아, 체코, 헝가리, 슬로바키아 등지에 골고루 퍼져 있었다. 로마제국 사람들은 이 일대를 게르마니아라고 불렀다. 그로 인해 이 지역에

사는 사람들이 게르만족이 된 것이다. 게르만족은 자체적으로 프랑크족, 부르군트족, 고트족, 반달족, 랑고바르드족, 앵글로족, 색슨족, 유트족 등으로 분리되어 있었다. 이들 8개 부족 외에도 더 있다. 대표적으로 여러 부족이 한데 뭉쳐 구성된 연맹체 형태의 알레마니족이 있다. 그리고 게르만족 중 로마제국으로 밀고 들어간 민족은 프랑크족을 비롯한 5개 민족과 알레마니족이었다. 앵글로족, 색슨족, 유트족은 바다 건너 브리타니아로 건너갔다.

로마제국 내로 들어가서 정착한 게르만족의 명칭은 현재 유럽 각 국가에서 지명으로 남아있다. 오늘날 이탈리아 북쪽의 행정구역 롬바르디아는 랑고바르드족이 411년 자리 잡은 지역이다. 랑고바르드는 라틴어이고 롬바르디아는 이탈리아어이다. 또 프랑스 동쪽의 옛 부르고뉴는 부르군트족이 자리 잡았던 곳이다. 부르고뉴는 인접한 프랑슈콩테와 2014년 합병하면서 오늘날의 부르고뉴프랑슈콩테가 되었다. 참고로 부르고뉴는 와인으로 유명한 곳이다. 프랑스의 와인은 부르고뉴 외에도 누벨아키텐에 있는 보르도가 전 세계적으로 유명하다.

프랑크족, 랑고바르드족, 부르군트족 외에도 반달족은 서로마제국이 멸망하기 전에 제국의 일부였던 이베리아반도를 지나 바다 건너 튀니스(오늘날 튀니지 수도)로 이동 후 439년 반달왕국을 만들었다. 특히 반달족은 455년 이탈리아반도로 쳐들어가서 서로마제국의 수도 로마를 침공해 문화유산을 파괴하는 야만적인 행동을 보였는데, 오늘날 문화유산을 파괴하는 행동을 '반달리즘(vandalism)'이라고 부르게 된 이유가 바로 반달족 때문이다.

그리고 이번에는 고트족 이야기인데, 오늘날 독일의 북부에 자리 잡고 있던 고트족은 남쪽으로 내려가면서 동고트족과 서고트족으로 분리되었다. 게르만족 중에서 가장 먼저 로마제국으로 진입한 민족이 서고트족이다. 서고트족이 훈족 때문에 도나우강을 건너온 4세기 말 로마제국은 동서 분열 전이었다. 당시 로마제국의 황제는 2명이었고, 제국의 서부는 발렌티니아누스 1세(재위 : 364~375년)가 다스리고 있었다. 또 동부는 그의 동생 발렌스(재위 : 364~378년)가 통치하고 있었다.

그런데 황제 발렌스의 통치력 부재로 인해 서고트족과 378년 아드리아노플에서 전투가 벌어지는 일이 발생했다. 결국 발렌스는 아드리아노플 전투에서 전사하고 만다. 상황이 이렇게 되자 서고트족은 거주지를 떠날 수밖에 없었다. 서고트족은 이탈리아반도를 거쳐 오늘날 프랑스인 갈리아에 418년 자리 잡아 왕국을 만들었고 그 후 이베리아반도를 차지하게 된다. 오늘날 스페인을 만든 중심 종족이 바로 서고트족이다. 서고트족은 그러나 507년 프랑스왕국과의 전쟁에서 패하면서 갈리아 일대 영토를 빼앗기고 만다.

이와 함께 동고트족은 4세기 말 도나우강을 건너 로마제국으로 들어온 뒤 제국 내 동쪽에서 뿌리내리고 있었다. 그런데 395년 제국이 동서로 분열되었고, 476년 서로마제국이 멸망한 것이다. 이때 동로마제국의 황제 제노(재위 : 474~491년)는 동고트족의 수장 테오도리크(454~526년)에게 군사를 지원해주면서 오도아케르 처단을 명령했다. 오도아케르는 열두 살인 서로마제국의 황제 로물루스 아우구스툴루스(재위 : 475~476년)를 강제로 퇴위시키고 스스로 이탈리아의 왕이라고 참칭하고 있었다. 그런데 로마제국의 지원을 받은 테오도리크가 동고트족을 이끌고 가서 493년 오도아케르를 공격해 죽여버렸다. 이로써 테오도리크는 이탈리아반도에서 동고트왕국을 세웠다.

그리고 고트족에 관한 이야기를 조금 더 한다면, 이탈리아반도에 자리 잡은 동고트족들은 기존 로마제국의 중심 민족인 라틴인들과 쉽사리 융화되지 못했다. 그 이유는 찬란한 역사를 가진 라틴인들은 게르만족의 일파인 동고트족들을 야만인으로 취급하며 무시했기 때문이다. 하지만 동고트족은 이탈리아반도에서 뿌리내렸다. 그러면서 동고트족은 그들만의 양식으로 그리스도교 예배당을 지었는데, 건물의 끝이 뾰족한 형태였다. 그런데 라틴인들은 이 같은 양식을 촌스럽고 미개한 양식이라는 뜻으로 얕잡아서 '고딕(Gothic)양식'이라고 불렀다. 우리가 잘 알고 있는 글씨체 중 딱딱한 느낌을 주는 서체를 고딕체라고 부르는데, 고트족의 이름에서 비롯된 것이다.

프랑스와 독일 시조 클로비스, 프랑크왕국 세우다

게르만족 중에서 가장 중요한 위치를 차지하는 민족은 프랑크족이다. 그 이유는 그들이 세운 프랑크왕국이 오늘날 프랑스와 독일의 시작이기 때문이다. 그리고 프랑크족 중에서도 핵심적인 역할을 한 부족은 살리족이다. 서로마제국이 건재했을 때는 프랑크족이 라인강 근처에서 여러 부족 별로 흩어져서 생활하고 있었다. 그런데 476년 서로마제국이 멸망한 것이다. 이로써 살리족의 족장 킬데리크(족장 재임 : 457~481년)는 흩어진 프랑크족을 한데 모을 필요성을 느꼈다. 그러면서 프랑크족이 서서히 외형을 확장했다. 그러던 중 481년 킬데리크가 죽고 그의 아들 클로도베쿠스(466~511년)가 프랑크족의 족장이 되었다. 라틴어인 클로도베쿠스는 프랑스어로 클로비스이다. 이 글에서는 클로비스라고 부르겠다.

프랑크족의 영토는 남서쪽으로 수아송왕국과 인접해 있었다. 수아송왕국은 서로마제국의 잔여 세력이 세운 독립 국가였다. 그 기원은 461년인데, 서로마제국의 사령관이자 갈리아 지역의 총독이었던 아에기디우스(?~464년)가 세운 나라였다. 총독 아에기디우스는 서로마제국의 세 번째 황제 마요리아누스(재위 : 457~461년)를 보필하면서 꺼져가던 서로마제국에 불씨를 살리려고 고군분투했다. 마요리아누스 황제는 후대인들에게 그다지 부각 되지는 않지만, 최근 들어 그 능력을 인정받아 '서로마제국의 마지막 희망'으로 평가받고 있다.

황제 마요리아누스에 관해 이야기를 좀 한다면, 이미 기울대로 기운 서로마제국을 재건하기 위해 부단히 노력했다. 또 갈리아의 총독 아에기디우스도 목숨 걸고 황제를 적극적으로 도왔다. 나름대로 성과도 있었다. 그런데 마요리아누스는 자신을 황제로 옹립시켜준 권신(權臣) 리키메르(?~472년)에 의해 461년 폐위되고 만다. 이후 마요리아누스는 리키메르가 보낸 자객에 의해 암살된다. 황제를 폐위시킨 리키메르는 리비우스 세베루스(재위 : 461~465년)를 새 황제로 옹립했다. 그러나 갈리아 총독 아에기디우스는 리비우스 세베루스를 황제로 인정할 수가 없었다. 이로써 아에기디우스는 461년 자신이 맡고 있던 지역 갈리아에서 독립 국가를 선포하고 수아송왕국의 초대 왕에 등극했다.

시간이 흐르면서 476년 서로마제국은 오도아케르에 의해 멸망했고, 이

때부터 게르만족들은 저마다 자신들의 왕국을 건설하기 시작했다. 특히 수아송왕국 북동쪽에서는 프랑크족이 세력을 확장하고 있었다. 그러던 중 481년 클로비스가 프랑크족의 수장이 된 것이다. 어느 정도 힘을 키운 클로비스는 영토 확장에 나섰다. 가장 먼저 정복해야 할 대상은 수아송왕국이었다. 특히 클로비스는 수아송왕국을 서로마제국의 후신으로 인정하지 않았기 때문에 섬길 대상이 아니었고 정복 대상이었다.

그리고 수아송왕국에서는 464년 아에기디우스가 죽고 그의 아들 시아그리우스(재위 : 464~486년)가 464년부터 다스리고 있었다. 프랑크족과 수아송왕국은 결국 486년 맞붙었고 클로비스의 프랑크족이 승리했다. 수아송왕국을 접수하면서 프랑크족의 영토가 종전에 비해 눈에 띄게 넓어졌다. 전쟁에서 패배한 수아송왕국의 왕 시아그리우스는 도망쳤으나 서고트왕국의 알라리크 2세(재위 : 484~507년)에게 붙잡혔다. 알라리크 2세는 시아그리우스를 프랑크족에게 돌려보냈고, 시아그리우스는 이후 쥐도 새도 모르게 암살당했다.

수아송왕국을 손에 넣은 클로비스는 486년 프랑크왕국을 개창하고 초대 왕에 등극했다. 클로비스는 할아버지의 이름을 따서 메로베우스 왕조라고 불렀다. 메로베우스는 프랑스어로 메로빙거이다. 클로비스에 대해 프랑스의 제18대 대통령 샤를 드골(재위 : 1959~1969년)은 이렇게 말했다. "나는 프랑스라는 이름의 기원이 되는 프랑크 민족에 의해 프랑스의 왕으로 선택된 클로비스야말로 프랑스 역사의 시작이라고 생각한다." 클로비스는 유럽 역사에서 그만큼 중요한 인물이다.

프랑크족이 한창 영토 확장에 나섰을 때 오늘날 프랑스의 남서부 지역에서는 앞서 서고트족이 418년 그들만의 왕국을 세운 상태였다. 서고트왕국의 초대 왕은 테오도리크 1세(재위 : 418~451년)이다. 서고트족이 왕국을 세울 수 있었던 이유는 서로마제국의 황제 호노리우스(재위 393~423년)가 이들에게 아퀴타니아(오늘날 누벨아키텐)를 할양해주었기 때문이다. 서고트왕국의 왕은 독립 국가의 왕이 아니라 서로마제국의 분봉왕이었다. 부연 설명하면 호노리우스의 아버지는 480년 그리스도교를 로마제국의 국교로 채택하고 죽기 직전 제국을 동쪽과 서쪽으로 나눈 테오도시우스 1세이다.

게르만족의 대이동을 일으킨 훈족에 관한 이야기를 한다면, 앞서 훈족은 4세기 말 게르만족들이 빠져나간 동유럽 지역에 거대한 제국 즉, 훈제국을 만들었다. 훈제국은 445년부터 아틸라(재위 : 445~453년)가 다스렸는데, 이 시기가 훈제국의 최전성기였다. 그리고 훈제국은 450년부터 로마제국을 공격하기 시작했다. 우선 동로마제국을 쳐들어가서 수도 콘스탄티노폴리스를 포위했는데, 동로마제국의 황제 테오도시우스 2세(재위 : 408~450년)는 매년 공물을 바치기로 약속했다. 이로써 아틸라는 군대를 철수시켰다.

아틸라의 다음 공격 대상은 서로마제국의 수도 로마였다. 로마를 쳐들어가기 전 아틸라는 이탈리아반도의 북부 아퀼레이아를 잿더미로 만든 뒤였다. 로마시민들은 공포에 떨었다. 황제 발렌티니아누스 3세(재위 : 425~455년)는 로마가톨릭의 교황 레오 1세(재임 : 440~461년)에게 교섭을 부탁했다. 교황 레오 1세는 군사를 대동하지 않은 채 아틸라를 찾아가서 담판 지었다. 결국 아틸라는 군사를 물려서 돌아갔다.

아틸라와 교황 두 사람 사이에 어떤 대화가 오갔는지 전해지는 자료가 없다. 그런데 일부 역사가들은 이렇게 서술하고 있다. "교황 레오 1세 뒤에 검(劍)을 든 베드로와 사도 바울의 환상이 나타났고, 이를 본 아틸라가 교황에 대한 경외심으로 물러갔다." 반면 현실에 입각한 역사가들은 교황이 아틸라에게 매년 공물을 바치겠다는 뜻을 전했기 때문에 아틸라가 물러났다고 분석하고 있다.

특히 아틸라는 군사도 대동하지 않고 보좌하는 한 사람만 데리고 나타난 교황을 보고 '도대체 저들이 믿는 신(神)은 무엇이길래 저토록 용감하단 말인가'라는 생각을 했을 것으로 역사가들은 추측하고 있다. 그러면서 교황의 위세에 밀린 아틸라는 교황 레오 1세와 원만한 교섭을 했다는 것이다. 교황이 어떠한 방식으로 아틸라를 물러나게 했는지는 모르나 위급한 상황에서도 두려움 없이 의연하게 행동한 점은 높이 살만하다. 어쨌든 아틸라는 서로마제국의 수도 로마를 침략하지 않았다.

하지만 로마제국을 향한 아틸라의 공격은 계속 이어졌다. 451년 대군을 이끌고 갈리아를 공격해 들어간 것이다. 이때 서로마제국과 서고트왕국은 손을 잡고 훈제국과 맞서 싸웠다. 카탈라우눔 전투로 알려진 이 전투에서 양측은 막대한 피해를 냈고 결국 아틸라는 후퇴했다. 이 전투에서 서고트왕국의 초대 왕 테오도리크 1세가 전사했다. 그리고 훈제국은 2년 후인 453년 아틸라가 사망하면서 와해된 후 역사에서 사라졌다.

그리고 서고트왕국은 이후 에우리크(재위 : 466~484년) 통치 때 이베리아반도로 영토를 확장해 반도의 북서부 지역 일부를 제외한 대부분을 차지했다. 서고트왕국은 그러나 507년 프랑크왕국과 맞붙은 부이예 전투에서 패배하면서 초창기 근거지였던 갈리아의 아퀴타니아 영토를 빼앗겼다. 이로써 서고트왕국의 영토는 이베리아반도로 국한되었다. 프랑크왕국의 영토 확장은 거침없었다. 프랑크왕국은 계속해서 534년 오늘날 프랑스의 부르고뉴프랑슈콩테 자리 잡고 있던 부르군트족이 세운 부르군트왕국도 정복했다.

다시 클로비스 이야기를 하자면, 클로비스는 이웃한 부르군트왕국의 공주 클로틸데(474~545년)와 493년 결혼했다. 그런데 클로틸데는 삼위일체 교리를 채택한 그리스도교의 열렬한 신자였다. 반면 클로비스는 프랑크족의 전통 종교를 믿고 있었다. 클로틸데는 남편 클로비스가 그리스도교로 개종할 것을 줄기차게 요청했다. 개종을 차일피일 미루고 있던 클로비스는 493년 알레마니족과 전투를 하던 중 희생자가 늘어나고 고전을 면치 못하던 중 하늘을 향해 이렇게 약속했다. "만약 전투에서 승리할 수 있으면 당신의 이름으로 세례를 받겠습니다." 클로비스는 실제 전투에서 승리하면서 496년 그리스도교 중에서도 로마가톨릭으로 개종했다는 이야기가 전해지고 있다.

클로비스의 개종은 그리스도교 역사에서 매우 큰 의미가 있다. 그 이유는 서로마제국 멸망 이후 로마가톨릭 교황은 자존심을 부리면서 동로마제국 황제의 보호를 받는 대신 다른 비호세력을 찾고 있었는데, 프랑크족의 세력이 커짐에 따라 프랑크왕국에게 의지하기로 마음먹었기 때문이다. 다행히 클로비스가 로마가톨릭으로 개종하자 교황은 프랑크왕국에게 의지하기 시작했다. 서유럽에서 정치와 종교가 손을 잡게 된 것이 여기서 출발했다고 해도 과언은 아니다. 또한 이때를 기점으로 로마가톨릭은 정교회와 이별할 결심을 하게 되고 향후 500여 년이 흐른 1054년 동서교회로 완전히 분리된다.

부가적으로 알레마니족에 관한 이야기이다. 이들은 게르만족 중 프랑크족, 부르군트족, 랑고바르드족 등등 다양한 민족들이 한데 어우러진 연맹체로서 유럽 사회에 적잖은 영향을 끼쳤다. 그 이유는 프랑스어로 독일이라는 단어는 '알마뉴(Allemgne)'이고, 스페인어로 독일은 '알레마니아(Alemania)'인데 이들 두 단어 모두 알레마니족으로부터 유래했다. 그리고 알레마니족은 496년 프랑크왕국에 흡수되었다.

브리튼 섬으로 간 앵글로-색슨족, 7왕국 만들다

게르만족 중에서 오늘날 독일의 북부과 덴마크에 거주하고 있던 앵글로족, 색슨족 그리고 유트족은 바다 건너 브리타니아로 갔다. 로마제국은 이곳을 브리타니아로 불렀고, 지금은 영어로 브리튼(Britain)이라고 불린다. 브리튼이라는 단어는 영국의 공식 국가명인 '그레이트 브리튼과 북아일랜드 연합왕국(The United Kingdom of Great Britain and Northern Ireland)'에 사용되고 있다.

앞서 언급한 대로 브리튼 섬은 네로 황제의 양아버지 클라우디우스 황제 통치 때인 43년 로마제국에 점령당했다. 이어 세월이 흘러 410년 로마군의 전면적인 철수가 단행되었다. 로마군이 빠져나간 이유는 4세기 말 시작된 게르만족의 대이동으로 로마제국 본토가 어수선했고, 당시 로마제국에서는 군사의 수가 예전과 달리 현격히 줄어서 브리타니아에 있던 병력이 철수해야만 했다.

브리타니아로 건너간 세 종족 중에서 유트족은 그 숫자가 미미했기에 생략하겠다. 나머지 두 종족을 묶어서 앵글로-색슨족이라고 불린다. 색슨족은 작센족이라고도 한다. 앵글로-색슨족이 브리타니아로 오기 전까지 선주민들은 켈트족이었다. 오늘날 스코틀랜드, 웨일스, 아일랜드를 구성하는 주요 종족이 켈트족이다.

앵글로-색슨족이 브리타니아로 가게 된 배경은 침략이 아니라 켈트족에 의해 용병으로 고용되었기 때문이라는 이야기가 전해지고 있다. 로마제국은 43년 브리타니아를 점령했으나 북쪽을 제외하고 남쪽만 차지했다. 그러면서 남쪽에 거주하던 켈트족들의 대부분은 로마인들의 문화에 동화되었다. 그러나 북쪽의 켈트족은 여전히 자신의 고유 전통을 지켜나갔다. 오늘날 스코틀랜드를 형성한 사람들이 로마에 동화되지 않은 켈트족이다. 북쪽의 켈트족을 로마인들은 픽트족이라고 불렀다.

410년 로마 병사들이 빠져나가자 픽트족들이 남쪽으로 내려와서 켈트족의 고유성을 상실한 옛 동족들을 괴롭혔다. 로마제국 점령기 때 남쪽에 남아서 로마에 동화된 켈트족은 향후 앵글로-색슨족에 의해 브리튼인이라고 불렸다.

하지만 브리튼인들은 픽트족의 괴롭힘에 가만히 당할 수만은 없었다. 그래서 그들은 바다 건너서 전투를 잘하기로 소문만 게르만족, 그중에서도 앵글로족과 색슨족을 용병으로 고용해 대신 싸워달라고 요청했다. 앵글로-색슨족 용병들은 픽트족을 북쪽으로 다시 밀어 올렸다. 그런데 앵글로-색슨족은 임무를 마치고 자기네 고향으로 돌아가지 않고 브리타니아에 눌러 앉아버렸다. 그러면서 브리튼인들은 또다시 이민족인 앵글로-색슨족의 지배를 받은 것이다.

브리튼인들 중 일부는 게르만족에게 동화되었으나 이를 거부한 브리튼인들은 브리타니아의 남서쪽으로 가서 그들만의 왕국을 만들었다. 이들이 훗날 웨일스라는 단독 국가를 만든 것이다. 그리고 또 다른 일부는 바다 건너 아일랜드로 이주했다. 아일랜드 사람들 역시 켈트족이었으나 명칭은 게일(Gaeil)인이라고 불리었다. 픽트족, 브리튼인, 게일인은 다르게 불리어도 그 뿌리는 켈트족이다.

브리타니아를 장악한 앵글로-색슨족은 이후 그들만의 왕국을 하나둘씩 세우기 시작했고 총 7개 왕국이 만들어졌다. 7개 왕국을 형성된 순서대로 나열하면 켄트왕국(455~871년)을 시작으로 서식스(477~860년), 웨식스(519~927년), 이식스(527~825년), 머시아(527~918년), 이스트 앵글리아(6세기 중반~918년), 노섬브리아(653~954년) 등이다.

앵글로-색슨족은 기존에 사용하던 옛날 독일식 언어를 변형해서 오늘날 영어의 뿌리가 되는 잉글리시(English)를 만들었다. 영국식 영어가 딱딱한 이유는 구(舊) 독일어에서 파생되었기 때문이다. 앵글로-색슨족의 지배가 시작되면서 브리타니아는 영어로 브리튼(Britain), 수도 론디니움(Londinium)은 런던(London)으로 불리게 되었다. 론디니움은 로마제국이 점령했을 초창기 거점 지역으로 삼았던 지역이다. 또한 앵글로-색슨족의 나라라는 뜻의 '잉글랜드(England)'라는 명칭이 이때부터 사용되기 시작했다.

7개 왕국은 이후 서로 영토를 넓히기 위해 빈번하게 싸웠다. 500년대에는 켄트가 강성했다가 600년대에는 노섬브리아가 강국으로 성장했다. 이어 700년대에는 머시아가, 800년쯤에는 웨식스가 브리튼 섬의 강자로 부상했다. 9세기 중엽 바이킹의 침략을 받아 위기를 겪기도 했으나 앵글로-색슨족은 끝내 927년 통일을 이루어낸다. 잉글랜드 통일의 기반을 다진 왕은 웨식스의 알프레드(재위 : 871~899년)이다. 「앵글로-색슨 연대기」라는 기록물을 남긴 알프레드는 영국 역사에서 유일하게 '대왕'이라는 호칭이 붙는다. 이어서 알프레드 대왕의 손자 애설스탠(재위 : 924~939년)이 927년 브리튼 섬의 동부에 자리 잡은 바이킹 영토를 정복해 잉글랜드 왕국의 초대 왕에 올랐다.

이와 함께 그리스도교가 브리타니아에 들어온 시기는 7왕국시대인 6세기 말이다. 로마가톨릭의 교황 그레고리우스 1세(재임 : 590~604년)가 선교사를 파견한 것이다. 그런데 아일랜드에서는 앞선 450년대 그리스도교를 받아들여 독자적인 방식으로 발전시키고 있었다. 로마가톨릭 선교단이 잉글랜드에 들어왔으나 브리튼 섬의 크리스천들과 아일랜드의 크리스천들은 예배 방식의 차이, 부활절 날짜 차이 등 여러 면에서 달라진 상태였다. 심지어 양 지역은 종교 문제로 물리적 충돌까지 빚었다. 하지만 7세기 들어 이들 두 지역에서 발생했던 분란은 원만히 해결되었고, 잉글랜드와 아일랜드 모두 그리스도교 교리 및 의식에 통일성을 갖게 되었다.

이베리아반도 정착한 서고트족, 스페인 건국하다

이번에는 서고트족에 관한 이야기다. 애당초 서고트족은 동고트족과 함께 고트족으로 합쳐져 있었다. 그런데 오늘날 독일의 북부에서 남쪽으로 이동하면서 서고트족과 동고트족으로 분리되었다. 서고트족은 오늘날의 루마니아에서 거주했고, 동고트족은 오늘날의 우크라이나에서 터전을 잡았다. 그런데 4세기 말 몽골 초원의 서쪽인 알타이산맥에서 훈족이 쳐들어온 것이다. 동고트족이 가장 먼저 영향을 받아서 서쪽으로 밀려 들어오자 서고트족 20만 명가량이 로마제국 접경지까지 접근했다.

서고트족을 이끈 지도자는 족장 프리티게른(족장 재임 : 376~382년)이다. 프리티게른은 로마제국의 동부를 다스리던 공동 황제 발렌스에게 도나우강을 건너기 직전 용병 지원을 약속하면서 안전한 보호를 요청했다. 특히 서고트족은 로마제국의 환심을 사기 위해 삼위일체설을 인정하는 그리스도교를 받아들였다. 서고트족은 앞선 325년 니케아공의회 때 삼위일체를 부정하면서 이단으로 낙인찍혀 추방당했던 아리우스의 포교 활동으로 삼위일체를 부정하고 있었다. 그런데 로마제국으로 들어오기 위해 삼위일체를 인정하는 아타나시우스파 그리스도교로 개종한 것이다.

발렌스 황제는 가뜩이나 군인이 필요했던 상황에서 프리티게른의 요청을 받아들였다. 그러면서 발렌스는 서고트족이 자급자족할 수 있을 때까지 버틸 수 있는 충분한 식량까지 지원하겠다고 호의를 베풀었다. 양측은 이로써 동맹을 맺었다. 그런데 황제 발렌스가 동쪽의 국경밖에 자리 잡고 있던 사산 왕조 페르시아와의 전쟁 때문에 출병하면서 문제가 발생했다. 지역을 관리하는 총독들에게 신신부탁하고 떠났는데 총독들이 서고트족들을 보호하기는커녕 괴롭힌 것이다.

원흉은 서고트족의 정착지를 다스리고 있던 모이시아의 총독 루피니쿠스(생몰 미상)와 트라키아의 총독 막시무스(생몰 미상)였다. 이들은 황제의 명을 어기고 서고트족의 정착을 돕지 않고 음식을 제공하는 대신 터무니없이 비싼 값을 받고 팔았다. 전해지는 바에 따르면 이들 탐관오리는 서고트족이 스스로 노예가 되겠다고 굴복할 때까지 압박을 가할 계획이었다고 한다. 그러면서 두 총독은 노예로 전락한 서고트족을 팔아넘길 계획이었다.

상황이 이렇다 보니 굶주림에 지친 서고트족은 도적으로 변해버렸다. 무리를 지어 로마제국 내 시민들을 대상으로 식량을 훔치기에 이르렀고, 결국 곳곳에서 로마제국 군인들과 서고트족이 충돌했다. 그러다가 결국 377년 양측간에 전투가 발생하는데, 로마제국이 처참하게 패배하고 말았다. 이 소식을 전해 들은 발렌스 황제는 사산 왕조 페르시아와의 전쟁을 멈춘 뒤 4만 명가량의 병사들을 이끌고 제국으로 돌아왔다.

화가 난 발렌스와 서고트의 족장 프리티게른은 아드리아노플에서 대치했다. 아드리아노플은 콘스탄티노폴리스에서 가까운 서쪽에 위치하고 있으며 오늘날에는 '에디르네'라는 명칭으로 불리고 있다. 로마제국 초기에는 지명이 우스쿠다마였다. 그런데 로마제국의 오현제 중 한 명인 하드리아누스 황제가 이 지역을 장악한 후 125년 도시를 재건했고, 도시명을 자신의 이름을 따서 하드리아노폴리스로 명명했다. 영어로는 하드리아노플 또는 아드리아노플이라고 불린다.

발렌스 황제는 평소 판단력이 뛰어나기로 소문이 나 있었다. 그런데 서고트족과 대치할 때는 평상시 보였던 판단력은 온데간데없었다. 발렌스는 서고트족 족장 프리티게른에게 무슨 일이 있었는지 자초지종을 물어볼 법도 한데 그날따라 감정이 앞섰다. 역사가들은 당시 발렌스의 판단력이 흐려진 이유에 대해 로마제국 시민들이 서고트족에 의해 피해당한 것에만 초점이 맞추어졌기 때문이라고 분석했다. 결국 양측은 378년 전투를 벌였다.

발렌스는 행여 몰라서 사산 왕조 페르시아와 전쟁을 중단하고 제국으로 돌아올 때 서부의 황제에게 지원군을 요청한 상태였다. 그리고 당시 서부의 황제는 친형 발렌티니아누스 1세가 아니었고, 발렌티니아누스 1세의 아들 그라티아누스(재위 : 375~383년)였다. 그런데 황제 발렌스는 막상 서고트족과 마주 대하고는 그들의 숫자를 얕잡아보았고, 지원 병력이 오기 전에 섣불리 움직였다.

당시 양측의 병력은 로마제국이 4만 명, 서고트족은 8만 명가량이었다. 2배 차이로 서고트족이 많았고 서고트족의 후원 병력은 별도의 장소에 있었다. 발렌스는 후원 병력을 예측하지 못했던 것이다. 378년 일어난 아드리아노플 전투의 결과는 서고트족의 완승이었다. 서고트족이 로마 병사들을 거의 학살하는 수준이었다. 발렌스 황제는 이 전투에서 전사했다. 한때는 든든한 동지였던 서고트족이 로마제국의 일부 탐관오리 때문에 적이 되어버렸고, 황제까지 죽는 비극을 낳은 것이다.

서고트족은 더 이상 자신들을 돌봐줄 황제가 없어지자 주거지를 옮길 수밖에 없어서 이동하기 시작했다. 발칸반도 남부까지 갔다가 397년에는 오늘날 보스니아 헤르체고비나에서 잠시 머물렀다가 다시 이동해서 이탈리아반도 남부의 끝까지 갔다. 이어서 이탈리아반도를 빠져나와서 418년 서로마제국의 황제 호노리우스로부터 아퀴타니아를 할양받아 정착하면서 서고트왕국을 세웠다. 무려 40년 동안 이동한 것이다. 이 시기 서고트족의 다수가 아리우스파 그리스도교로 또다시 개종했다.

서고트왕국은 5세기 말 에우리크 왕 통치 때 이베리아반도로 영토를 확장해서 최대 영역을 차지했다. 하지만 507년 클로비스가 이끄는 프랑크왕국과 맞붙은 부이예 전투에서 패배하면서 아퀴타니아 일대를 빼앗긴 이후 영토가 이베리아반도로 한정되었다. 서고트왕국이 이베리아반도에 정착했을 당시 이베리아반도의 북서부에는 수에비왕국이 있었다. 또 북부에는 바스크족이 자리 잡고 있었다.

수에비족 역시 게르만족의 일파였다. 그러나 바스크족은 게르만족의 일파가 아니다. 바스크족에 대해 국내 일부 역사가들은 고조선의 후예라는 주장도 하고 있다. 바스크족 출신 중에서 전 세계적으로 가장 유명한 인물은 쿠바의 혁명가 체 게바라(1928~1967년)이다. 어쨌든 서고트왕국은 585년 수에비왕국을 병합했다. 그리고 서고트왕국은 갈리시아왕국, 바스크족의 영역과 분리된 상태에서 오랜 기간 지냈다.

그런데 세월이 흘러 서고트왕국은 8세기 초 왕권을 둘러싸고 내부에서 분열이 발생했다. 그러면서 국왕에게 반기를 든 세력이 북아프리카에 자리 잡고 있던 이슬람교 세력을 끌어들이게 된다. 결국 이슬람교 신자인 무슬림들이 711년 서고트왕국을 쳐들어왔고, 이베리아반도의 대부분이 무슬림들에게 점령되고 말았다. 이후 서고트족은 1492년 카스티야왕국의 이사벨 여왕(재위 : 1474~1504년)이 이베리아반도에서 무슬림들을 완전히 축출할 때까지 약 800년가량 그리스도교 세력의 국토회복운동인 '레콩키스타(Reconquista)'를 전개했다.

서로마제국 멸망 후 로마가톨릭의 생존법

다시 프랑크왕국 이야기로 돌아가면, 프랑크왕국의 초대 왕 클로비스가 죽기 직전 왕국은 아들 4명에게 분할상속되었다. 프랑크족은 아들들에게만 재산을 나누어주는 살리카법을 따르고 있었다. 살리카법의 가장 큰 특징은 '여성은 왕위를 계승할 수 없고, 딸은 토지를 상속받을 수 없다' 이다.

이와 함께 중세 유럽의 특징인 봉건제도를 정착시킨 이들이 프랑크족이다. 프랑크족은 라인강을 건너 서로마제국의 영토로 오기 전부터 드넓은 땅을 소유한 사람은 아랫사람들에게 땅을 나누어 주었다. 대신 땅을 하사받은 사람은 주인에게 충성을 맹세 후 유사시 목숨 바쳐 싸워야만 했다. 이 방식 역시 살리카법에 있었다. 살리카법은 프랑크족을 통일한 살리족의 이름에서 유래했다.

유럽 봉건시대의 시작은 통상 서로마제국이 멸망하고 프랑크왕국이 성립된 5세기 말로 보고 있다. 특히 프랑크족이 왕국을 세운 후에는 왕이 충성을 맹세한 이들에게 영토를 나누어주었다. 이로써 각 지역에는 제후들이 생겨났다. 제후들은 하사받은 영지에서 그들만의 법을 만들어 백성을 다스렸다. 그리고 제후들 아래에는 작은 영토를 가진 영주들이 생겨났는데, 이들은 저마다의 형편에 맞추어서 철제무기로 무장하기 시작했다. 이로써 온몸을 철제무기로 무장한 기사(Knight)가 등장한 것이다.

프랑크왕국은 살리카법에 의한 상속으로 인해 클로비스 사후 분열되었다가 다시 합쳐지고, 또다시 분열되는 일이 반복되었다. 너무 복잡해서 일일이 언급하기조차 힘들다. 특히 영토가 분할된 이후 나이 어린 왕이 등극하자 노련한 궁재(우리나라의 국무총리)가 왕을 대신해 섭정을 펼치게 되고, 급기야 왕위를 빼앗는 쿠데타까지 발생했다. 그 첫 신호탄을 쏘아 올린 인물이 카롤루스 마르텔(궁재 재임 : 715~741년)이다. 마르텔은 성(姓)이 아니라 '망치'라는 뜻으로 그의 별명이다.

카롤루스 마르텔이 궁재 자리에 있을 당시 프랑크왕국은 아우스트라시아, 네우스트리아, 부르군트 등 3개 지역으로 분할되어 있었다. 카롤루스 마르텔은 아우스트라시아의 궁재였다. 그의 아버지는 피피누스 2세(궁재 재임 : 680~714년)였고 왕가의 혈족이었다. 그런데 왕국의 왕들이 잇달아 단명하고 어린 왕들이 즉위하자 궁재 피피누스 2세의 권한이 막강해졌다. 참고로 피피누스(Pippinus)는 라틴어이고, 피핀(Pipin)은 독일어, 페펭(Pepin)은 프랑스어다. 여기서는 우리에게 익숙한 피핀이라고 호칭하겠다.

피핀 2세는 직책만 궁재였을 뿐 권한은 왕이나 다름없었다. 카롤루스 마르텔은 피핀 2세의 서자였으나 유일한 아들이었다. 피핀 2세의 친자들은 어릴 때 세상을 뜨고 없었다. 피핀 2세는 자신의 뒤를 손자들이 계승하도록 유언을 남겼다. 하지만 카롤루스 마르텔은 아버지의 유언을 무시하고 무력으로 아우스트라시아 궁재 자리를 715년 꿰찼다. 이후 719년 나머지 2개 지역을 제압하고 프랑크왕국의 유일한 궁재가 되어서 실권을 거머쥐었다.

카롤루스 마르텔이 궁재로서 실권을 쥐고 있을 때 서쪽의 국경 밖에서 난데없이 이슬람교 세력이 쳐들어왔다. 앞서서 언급한 바대로 당시 게르만족의 일파인 서고트족이 장악하고 있던 이베리아반도는 711년 이슬람교 세력에 의해 점령된 상태였다. 무슬림들이 피레네산맥을 넘어 프랑크왕국의 영토로 침범해 온 것이다.

카롤루스 마르텔은 무슬림들과 싸우기 위해 전 국토의 3분의 1을 제후들로부터 몰수하고 각 지역에 퍼져 있던 기사들에게 골고루 나누어주면서 싸울 것을 명령했다. 이렇게 해서 프랑크왕국 영토인 투르와 푸아티에에서 732년 전투가 발생했다. 투르·푸아티에 전투 결과는 프랑크왕국의 승리였다. 무슬림들은 이 전투 패배 이후 두 번 다시 프랑크왕국을 침범해 오지 않았다.

카롤루스 마르텔은 투르·푸아티에 전투가 있은 지 9년 후인 741년 세상을 떴다. 그의 후임은 두 아들인 장남 카를로만(?~754년)과 차남 피핀 3세(궁재 재임 : 741~751년, 왕 재위 : 751~768년)가 물려받았다. 그런데 형 카를로만은 747년 갑작스럽게 궁재를 그만두고 수도사가 되어 버렸다. 이로써 피핀 3세는 단독으로 궁재가 되어 전권을 장악했다.

당시 프랑크왕국의 왕은 킬데베르 3세(재위 : 743~751년)였는데, 피핀 3세가 킬데베르 3세를 허수아비 왕으로 앉혀놓은 것이었다. 그런데 피핀 3세는 시간이 갈수록 왕의 자리가 탐났다. 그래서 로마가톨릭의 교황을 회유하기 위해 교황 자카리아(재임 : 741~752년)에게 이렇게 편지를 보냈다. "실력은 있는데 왕이 되지 못한 자가 왕이 되어야 합니까. 아니면 왕인데도 실력이 없는 자가 통치해야 합니까." 교황은 이렇게 답했다. "실력 있는 자가 왕이 되어야 합니다."

교황의 답변에 용기를 얻은 피핀 3세는 751년 프랑크왕국의 왕 킬데베르 3세를 폐위시키고 스스로 왕이 되었다. 피핀 3세는 아버지 카롤루스 마르텔의 이름을 따서 카롤루스 왕조의 시작을 선포했다. 이로써 메로베우스 왕조가 역사의 뒤안길로 사라졌다. 사실상 쿠데타를 용인한 로마가톨릭의 교황은 이로써 힘 있는 카롤루스 왕조를 든든한 뒷배로 삼아 승승장구할 수 있는 터전을 마련할 수 있었다.

세계에서 가장 작은 국가 바티칸시국의 시초

교황 자카리아가 751년 프랑크왕국의 궁재 피핀 3세의 쿠데타를 용인한 이유는 서로마제국 멸망 이후 애당초 기대한 만큼 프랑크왕국의 비호를 받지 못했기 때문이다. 당시 그리스도교의 중심지 5곳 중에서 로마는 동로마제국 보호 아래 들어가지 않았다. 이로써 옛 로마제국의 수도 로마에 뿌리를 둔 로마가톨릭은 자기만의 든든한 정치세력이 필요했다. 특히 프랑크왕국은 초대 왕 클로비스 사후 허구한 날 내부 분열이 발생했기에 교황들은 불안감을 느껴온 터였다. 그런데 궁재 피핀 3세가 "내가 왕이 될 수 있도록 응원해 달라."는 신호를 보내온 것이었다.

당시 이탈리아반도의 북쪽에는 게르만족 일파인 랑고바르드족이 568년 세운 랑고바르드왕국이 있었는데, 랑고바르드왕국은 교황이 있는 로마를 수시로 위협하고 있었다. 결국 랑고바르드왕국은 754년 로마를 점령하기 위해 침범해왔다. 당시 교황은 스테파노 2세(재임 : 752~757년)였는데, 스테파노 2세는 피핀 3세에게 구원 요청했다. 피핀 3세는 자신을 왕으로 인정해준 로마가톨릭의 요구를 거절할 리가 없었다. 군사를 일으켜 랑고바르드왕국을 공격해 매서운 맛을 보여주었고, 더 이상 로마를 위협하지 못하게 만들었다.

감동받은 교황 스테파노 2세는 피핀 3세에게 '로마인의 수호자'라는 칭호를 내렸고, 피핀 3세는 이에 대한 보답으로 자신이 점령한 이탈리아반도 북동부의 라벤나를 756년 교황에게 기증했다. 후대인들은 이를 '피핀의 기증'이라고 부른다. 이로써 로마가톨릭의 교황이 직접 다스리는 영역인 '교황령(敎皇領)'이 최초로 생겨난 것이다. 현재 이탈리아의 수도 로마에는 별도의 국가인 바티칸시국이 있는데, 8세기 중엽 피핀의 기증이 오늘날 전 세계에서 가장 작은 국가 바티칸시국이 생겨난 시초이다.

참고로 바티칸(Vatican)이라는 단어는 로마가 BC 753년 태동하기도 전에 에트루리아인들에 의해 '바티카(Vatica)'라고 불리었다. '정원'이라는 뜻이다. 그런데 로마가 생겨난 이후 고대 로마인들은 이곳을 '바티칸 언덕(Mons Vaticanus)'이라고 부르면서 신화 속 신들을 숭배하는 장소로 바뀌었다. 그러면서 뜻은 '점치는 언덕'이 되었고, 고대 로마인들은 이곳을 신성하게 여겼다. 하지만 로마제국의 제3대 황제 칼리굴라가 이곳에 원형경기장을 지었고, 이곳 원형경기장에서 예수의 첫 번째 제자 베드로가 네로 황제 통치 때인 67년 순교를 당했다. 베드로는 원형경기장 근처에 매장되었다.

세월이 흘러 그리스도교에 대한 로마제국의 박해가 사라진 326년 콘스탄티누스 황제에 의해 베드로가 묻힌 곳에 성당이 지어졌고, 한참 세월이 흘러 1506년 교황 율리우스 2세(재임 : 1503~1513년)에 의해 재건축이 시작되면서 오늘날 우리가 만날 수 있는 성 베드로 대성당이 1626년 완공된 것이다. 그리고 성 베드로 대성당을 짓기 위한 자금 마련을 위해 16세기 초 교황들이 무리하게 면벌부를 팔다가 마르틴 루터가 로마가톨릭의 쇄신을 부르짖으면서 종교개혁이 일어난 것이다. 바티칸시국의 면적은 0.44㎢로서 서울 여의도의 1/6 정도로 상당히 작다. 그리고 스위스 용병 100명가량이 바티칸시국 내 교황청을 보호하고 있다.

이슬람제국의 최대 영역과 주요 도시들.

5장

중세 맞이한 유럽 그리고 이슬람교 태동

서유럽 사회가 철저히 무시한 비잔티움제국

우리는 통상 로마제국이 395년 동서로 분열된 이후 서쪽을 서로마제국, 동쪽을 동로마제국이라고 부른다. 동로마제국은 다른 말로 비잔티움제국이라고도 한다. 그런데 비잔티움제국이라는 표현은 동쪽의 로마 사람들이 만든 것이 아니라 서유럽 사람들이 작위적으로 만든 명칭이다. 제국의 분열 이후에도 양쪽 모두 '로마'라고 불렀다. 특히 서쪽의 로마가 476년 멸망했음에도 불구, 로마제국 동쪽의 사람들은 자신의 나라를 '로마니아(Rhomania)'라고 불렀다. 동로마제국도 아니고, 비잔티움제국도 아니었다.

그런데 문제는 800년에 발생했다. 로마가톨릭 교황의 극히 개인적인 행동으로 로마제국이 부활했기 때문이다. 버젓이 동쪽에 로마제국이 있는데도 또 다른 로마제국이 생긴 것이다. 앞서 언급했듯이 로마제국 내 그리스도교는 4세기부터 서부와 동부가 각각 로마가톨릭과 정교회라는 다른 명칭을 사용했다. 특히 교황은 서로마제국 멸망 후에도 동로마제국에게 의지하지 않았다. 그렇게 시간이 흐르다가 800년 교황 레오 3세(재임 : 795~816년)가 기습적으로 프랑크왕국의 왕 카롤루스 1세(재위 : 768~814년)에게 황제의 관(冠)을 씌워주면서 "로마제국의 황제가 부활했다."라고 선언해 버린 것이다. 로마가톨릭 교황에 의해 2개의 로마제국이 탄생한 것이다.

중세 때 로마가톨릭은 주로 유럽의 서쪽 즉, 서유럽에서만 성장했다. 오늘날 서유럽의 주요 국가들은 프랑스, 독일, 영국, 스페인 등이다. 이들 국가의 태동과 주요 종족을 살펴보면 프랑스와 독일은 게르만족 일파인 프랑크족이 세운 프랑크왕국이 분열하면서 탄생했다. 영국 역시 중심 국가인 잉글랜드는 앵글로-색슨족이라는 게르만족이 중심축이다. 스페인 또한 게르만족 중 서고트족이 세운 국가이다. "프랑스, 독일, 잉글랜드, 스페인 모두 게르만족 중심이고 로마가톨릭의 영향을 받았다."라는 이야기이다. 결론적으로 서유럽 국가들이 볼 때 동로마제국은 그저 그리스 사람들의 국가였다.

그렇다 보니 중세 서유럽 사람들이 볼 때 로마제국의 명맥을 이은 것은 동로마제국이 아니라 프랑크왕국이었다. 하지만 동로마제국 사람들은 로마제국이 동서로 분열된 395년부터 오스만제국에 의해 멸망하는 1453년까지 자기네 스스로 로마제국 사람들이라고 지칭했다. 반면 서유럽 사람들은 이를 인정하지 않았다. 서유럽 사람들은 476년 서로마제국 멸망 후에도 존재했던 동쪽의 로마제국을 철저히 무시했다. 게르만족이 중심인 서유럽 사회는 동쪽에 있는 로마제국을 그저 '그리스' 또는 '콘스탄티노폴리스'라고 불렀다. 로마라는 단어 자체를 사용하지 않았다. 이로써 세계사를 공부하는 사람 중에서 로마제국의 멸망 시기가 "476년이다.", "1453년이다."라고 양분되고 있다.

그러던 중 서유럽 출신 역사가들에 의해 16세기에 등장한 단어가 바로 '비잔티움제국'이다. 비잔티움이라는 단어 자체가 그리스적이다. 그리고 영어권 국가에서 비잔티움제국을 어떻게 바라보는지는 '비잔틴(byzantine)'이라는 단어의 뜻을 보면 알 수 있다. 비잔틴의 뜻은 '권모술수를 쓴, 복잡미묘한, 미로처럼 뒤얽힌, 엉클어진'이라는 부정적인 뜻 일색이다. 그로 인해 서유럽 사람들은 아예 '비잔틴제국'이라고 부르면서 노골적으로 깎아내리고 있다. 우리나라에서도 이같은 영향을 받아서 비잔틴제국이라고 하는 이들이 있다. 로마가톨릭의 교황으로 시작해 게르만족에 의해 진행된 '동쪽의 로마 지우기'는 성공을 거둔 셈이다.

특히 영어권 사람들에게 비잔티움제국에 대한 평가를 부정적으로 만든 사람 중 일등 공신은 「로마제국 쇠망사」를 저술한 18세기 영국의 역사학자 에드워드 기번(1737~1794년)이다. 기번은 그의 저서에서 비잔티움제국을 평가절하했다. 이 같은 인식은 서유럽인들의 인식에 강하게 자리잡았다. 물론 동쪽의 로마제국, 즉 비잔티움제국 내에서 복잡미묘하면서도 엉클어진 문화상을 보이지 않은 것은 아니다. 그렇다고 수백 년의 역사를 지닌 로마제국을 계속 이어간 동쪽 로마제국의 정통성을 이처럼 무참히 짓밟는 것은 역사에 대한 제대로 된 평가가 아닌 것은 분명하다.

이 같은 상황으로 오늘날 전 세계 역사가들 중에서는 "서로마제국 멸망과 함께 로마제국은 끝났다."라고 판단하는 이들이 적지 않다. 그렇다면 우리는 동쪽의 로마제국을 어떻게 바라봐야 할까. 로마제국의 정통성을 이은 로마제국이라고 불러야 할까. 아니면 그리스의 색채가 짙은 비잔티움제국이라고 불러야 할까. 이에 대한 답은 독자 개개인의 몫으로 남겨두겠다. 너무 오랫동안 화석처럼 굳어버린 관념을 한순간에 깨뜨린다는 것은 쉽지 않은 일이기 때문이다. 어쨌든 이 글에서는 계속해서 1453년까지 이어져 온 동쪽의 로마를 표현해야 하기에 비잔티움제국이라고 부르겠다.

유스티니아누스 황제도 막지 못한 그리스도교 분열

330년 완료된 콘스탄티누스 황제의 천도 이후 로마제국 내에서 그리스도교는 갈등 양상을 보였다. 오늘날 로마가톨릭과 정교회로 명칭이 갈라진 시기가 이때부터라고 언급했었다. 그런데 그리스도교의 갈등을 봉합하기 위해 노력한 황제가 있었으니 바로 비잔티움제국의 유스티니아누스 황제(재위 : 527~565년)이다. 유스티니아누스의 업적은 크게 세 가지이다. 우선 비잔티움제국 시기 최대 영역을 확보했다는 것과 함께 오늘날 이스탄불에 있는 '아야 소피아'를 건축했다는 것이다. 그리고 로마법을 집대성했다. 유스티니아누스 역시 후대인들에게 '대제'라는 칭호를 받았다.

유스티니아누스 대제는 삼촌 유스티누스 1세(재위 : 518~527년)에 의해 황제가 되었다. 유스티누스 1세 직전의 황제는 아나스타시우스(재위 : 491~518년)였는데, 아나스타시우스는 자녀가 없었다. 그는 조카들 가운데 한 명에서 재위를 물려주려고 했으나 마땅한 인재가 없었다. 그래서 근위대장인 유스티누스에게 황제 자리를 물려주었다. 유스티누스 1세는 일반 병사에서 황궁 경비대 사령관까지 오른 입지 전적의 인물이었다. 자신감과 포부는 타의 추종을 불허했으나 학식이 부족했다. 부족해도 지나치게 부족했다. 그로 인해 유스티누스 1세는 머리 회전이 비상하고 박학다식한 조카 유스티니아누스를 내무대신으로 임명했다. 우리나라로 치면 내무부 장관이다.

막강한 힘을 갖게 된 내무대신 유스티니아누스는 그동안 지켜만 봐오던 그리스도교 갈등을 봉합하는 작업에 들어갔다. 유스티니아누스는 삼촌인 황제 명의로 518년 로마가톨릭의 교황 호르미스다(재임 : 514~523년)에게 "정교회와 잘 지내면 좋겠다."라는 취지의 서한을 보냈다. 이어 519년 교황 호르미스다가 파견한 사절단이 비잔티움제국을 방문했다. 로마가톨릭은 화해 수단으로 정교회를 향해 "로마가톨릭을 이단으로 지목한 비잔티움제국의 주교들을 파문하라."라고 요구했고, 황제 유스티니아누스는 이를 받아들였다.

당시 비잔티움제국 내에서 그리스도교에 대한 황제의 입김은 막강했다. 비록 유스티니아누스는 황제가 아닌 내무대신이었지만 황제나 다름없는 막강한 힘을 발휘하고 있었다. 결국 내무대신의 한마디에 정교회 측은 로마가톨릭을 이단으로 지목한 주교들을 파문했다. 이로써 양측의 오랜 갈등이 봉합되는 듯한 모습을 보였다. 하지만 겉으로 보이는 모습과는 달리 양측의 속은 곪을 대로 곪아있었다.

시간이 흘러 527년 4월 유스티누스 1세는 조카를 공동 황제로 등극시켰다. 그리고 유스티누스 1세는 그해 8월 세상을 떠났다. 이로써 유스티니아누스가 단독 황제가 되었다. 유스티니아누스 황제의 그리스도교에 대한 신앙심은 남달랐다. 앞서 말한 대로 오늘날 튀르키예의 옛 수도 이스탄불을 대표하는 건물이 '아야 소피아'이다. 초기 건립될 당시에는 이름이 '성 소피아 대성당'이었다. 그런데 1453년 오스만제국에 의해 비잔티움제국이 함락당한 뒤부터는 이슬람교 모스크로 변했다. 그래서 '대성당'이라는 말이 사라졌다. '아야 소피아'는 튀르키예어이고, 영어로는 '하기야 소피아'라고 불린다.

유스티니아누스 황제의 그리스도교 갈등 봉합 노력은 현시대에 그다지 두드러지지 않는다. 노력만큼의 결실을 보지 못했기 때문이다. 반면 유스티니아누스는 '성 소피아 대성당' 건축, 영토 확장 외에도 로마법대전을 533년 편찬했다. 그는 로마제국에 널리 퍼져 있던 오래된 법들을 집대성해 '로마법대전'을 편찬한 것이다. '유스티니아누스 법전'이라고도 불린다. 약 100년 전인 438년 테오도시우스 2세가 법전 정리를 시도했지만, 황제들의 칙령만 모으는 데 그쳤다. 유스티니아누스 황제가 그 뒤를 이어받은 것이다.

유스티니아누스는 이와 함께 비잔티움제국 역사상 가장 넓은 영토를 차지했다. 그는 벨리사리우스 장군(약 505~565년)을 앞세워 사산 왕조 페르시아와 한판 붙었으나 승부를 내지 못하자 상호 불가침 조약을 맺었다. 이로써 비잔티움제국은 이슬람교가 탄생하는 7세기 초까지 동방에는 크게 신경 쓰지 않아도 되었다. 그러면서 유스티니아누스 황제는 서쪽으로 눈을 돌렸다. 영토 확장작업이 시작된 것이다.

우선 북아프리카의 반달왕국을 534년 정복하고 이어서 553년에는 이탈리아반도의 남부를 장악했다. 이때 동고트왕국이 멸망했다. 그리고

554년에는 이베리아반도 남부를 차지했다. 비잔티움제국 역사상 가장 넓은 영역을 차지한 것이다. 하지만 넓어진 영토는 안타깝게도 565년 유스티니아누스 황제가 세상을 뜬 뒤 급속도로 줄어들기 시작했다.

이단 정죄 네스토리우스파 중국에서 경교가 되다

로마제국에서 수도 이전이 완료되기 전인 325년 열린 니케아공의회에서 삼위일체를 부정했던 아리우스가 이단으로 낙인찍혀 추방된 바 있었는데, 약 100년이 흘러 또 한 명의 사제가 이단으로 낙인찍혀서 추방되었다. 주인공은 콘스탄티노폴리스의 대주교 네스토리우스(386~451년)이다.

그리스도교 내부적으로는 네스토리우스를 비중 있게 다루지 않는다. 하지만 세계사에서 네스토리우스는 비중 있는 인물이다. 그 이유는 그의 추종자들이 7세기 당나라로 가서 중국 역사 최초로 그리스도교를 전파했기 때문이다. 중국으로 건너간 네스토리우스파 그리스도교는 경교(景敎)라고 불렸다. '경(景)'이라는 글자는 '날 일(日)'과 '클 경(京)'이 합쳐진 것인데, '큰 태양'이라는 뜻이다. 풀어서 말하면 '세상의 빛'이라는 의미이다. 예수가 세상의 빛으로 이 세상에 왔기에 예수를 '경(景)'으로 표현한 것이다. 결국 '경교'라는 말은 그리스도교이다.

네스토리우스 본인은 중국 땅을 밟지 못했다. 그러나 그의 추종자들은 목숨 바쳐 머나먼 사역의 길을 떠나 당나라에서 그리스도교 복음을 전했다. 네스토리우스가 내세운 주장은 "성모 마리아가 신(神)을 낳은 것이 아니라 인간(예수)을 낳았다."라는 것이다. 기존 그리스도교 내부에서는 유일신과 예수 그리고 성령이 일치하는 삼위일체를 채택했기 때문에 성모 마리아의 몸에서 나온 예수는 곧 신이었고, 마리아가 신을 낳았다고 믿었다. 하지만 네스토리우스는 이를 받아들이지 않았다. 예수가 이 땅에 존재했을 때는 단지 인간이라는 뜻이다.

네스토리우스가 왕성하게 활동한 시기는 서로마제국이 멸망하기 전이었다. 네스토리우스 활동 당시 그리스도교 내부에서는 알렉산드리아학파와 안티오키아학파가 양대 산맥을 이루고 있었는데, 안티오키아학파는 "성모 마리아는 신(神)을 낳은 것이 아니다."라고 강력하게 주장했다. 예수에 대해 인성과 신성을 구별한 것이다. 이에 대해 강력한 반대의 목소리를 낸 사람이 알렉산드리아학파이면서 알렉산드리아 총대주교인 키릴로스(376~444년)였다.

양측의 주장이 팽팽하게 부딪히자 그리스도교 사회에서는 또다시 공의회를 통해 정리할 필요가 있었다. 이로써 431년 에페소스(신약성경 상 에베소)공의회가 열렸다. 키릴로스는 "예수의 신성과 인성이 합치되어 있기에 마리아는 신을 낳은 어머니이다."라고 주장했다. 반면 네스토리우스는 이를 부정했다. 표결을 붙인 결과 다수가 키릴로스의 손을 들어주었다. 결국 네스토리우스는 이단으로 정죄되어 콘스탄티노폴리스 대주교 자리에서 내려와야만 했다.

하지만 네스토리우스는 그의 주장을 굽히지 않았다. 그러다가 시간이 흘러 또다시 451년 칼케돈에서 공의회가 열렸으나 네스토리우스의 주장은 받아들여지지 않았다. 이번에는 네스토리우스가 콘스탄티노폴리스에서 추방당했고, 네스토리우스는 이집트에서 유배 생활을 하다가 451년 쓸쓸한 죽음을 맞이했다. 그리고 그를 따르던 사람들은 로마제국을 떠나기로 마음먹었다. 네스토리우스 추종자들은 이웃한 사산 왕조 페르시아로 대거 건너갔다. 시리아를 거쳐 오늘날 이란과 이라크가 있는 사산 왕조 페르시아제국의 영토와 중앙아시아에 정착했다.

그렇다고 페르시아인들이 이들을 반겨주지는 않았다. 사산 왕조 페르시아는 앞선 아케메네스 왕조 페르시아 때부터 조로아스터교를 신봉해왔다. 네스토리우스파 크리스천들은 조로아스터교 신자들로부터 핍박받았다. 하지만 사산 왕조 페르시아 황제의 보호 덕분에 네스토리우스파는 살아남을 수 있었다. 페르시아 황실은 기원전 아케메네스 왕조 시기뿐만 아니라 기원후 사산 왕조 때에도 다른 종교를 박해하지 않았다. 네스토리우스파 크리스천들은 이로써 페르시아가 다스리던 지역에서 세력을 넓힐 수 있었다. 참고로 로마제국 내에서 네스토리우스파 그리스도교는 '동방교회'로 불리었다.

시간이 흘러 7세기 동방교회는 선교지역을 오늘날 중국으로 설정했다. 당시 중국은 당나라가 태동한 지 얼마 안 된 시점이었고, 왕자의 난을 일으킨 이세민(599~649년)이 당나라의 두 번째 황제 태종(재위 : 626~649년)으로 등극해 제국을 다스리고 있었다. 당나라 선교 무리를 이끈 인물은 아시리아 동방교회 소속 시리아 사람 올로푼(생몰 미상)이었다. 올로푼 일행이 중국 땅에 들어섰을 때인 635년, 당 태종은 이들을 영접하기 위해 재상 방현령(578~648년)을 서쪽 교외로 직접 보냈다. 방현령은 올로푼 일행을 만나 외국 선교사들에 대한 황제의 호의를 전달했다. 일행은 방현령의 호위를 받으며 황제가 있는 수도 장안(오늘날 시안)에 도착했다.

당시 당 태종은 부황인 고조 이연(재위 : 618~626년)을 폐위시킨 뒤 황제에 등극한 터라 혼란한 시기를 겪고 있었다. 그런 이유로 당 태종은 백성을 아우르기 위해 다양성과 포용성을 갖추고 개방정책을 펼쳤다. 동방교회는 당 태종의 이 같은 개방정책 덕분에 중국에 뿌리내릴 수 있었다. 올로푼 일행을 마주한 당 태종은 자국으로의 방문 목적을 물었고, 올로푼은 당 태종에게 성경을 전달하면서 선교의 목적을 밝혔다. 당 태종은 올로푼으로부터 전해 들은 예수 그리스도에 관심 가졌고, 올로푼이 황궁에 머물면서 성경을 한자로 번역하도록 배려까지 했다. 급기야 당 태종은 638년 경교를 국가 종교 중 하나로 공인했다. 이후 올로푼 일행은 당나라에서 교회를 세우고 선교활동에 더해서 의료활동을 펼치면서 교세를 확장해 나갈 수 있었다.

그러나 당 태종이 세상을 뜬 후 경교는 당나라의 제3대 황제 고종(재위 : 649~683년)의 유교를 숭상하는 정책으로 크게 위축되었다. 그 후로 오랜 세월이 흘러 13세기 후반 몽골족이 중국 영토를 점령해서 원나라가 형성되기 전까지 경교는 중국 변방에서 겨우 세력만 유지하는 신세로 전락하고 말았다. 경교가 당나라에 안착하고 번성한 이야기는 781년에 제작된 대진경교유행중국비(大秦景教流行中國碑)에 자세히 기록되어 있다.

그 옛날 중국인들은 한나라 때부터 로마제국을 '대진(大秦)'이라고 불렀다. 대진경교유행중국비는 당나라 제9대 황제 덕종(재위 : 779~805년) 때 제작되었다. 하지만 제15대 황제 무종(재위 : 840~846년) 통치 때 대대적인 불교 탄압이 단행되던 중 외지에서 들어온 종교들이 덩달아 탄압받았다. 이 때문에 경교 신자들은 혹여 대진경교유행중국비가 파손될까 우려해서 땅에 묻어버렸다. 높이 3m, 폭 1m, 두께 30㎝인 대진경교유행중국비는 오랜 기간 땅속에 묻혀있다가 800년가량이 흐른 1623년 햇빛을 보게 된다.

이슬람교 성립한 무함마드 네스토리우스파 수용했나

성모 마리아의 신성(神性)을 부정하면서 정죄된 네스토리우스파 그리스도교는 7세기 당나라로 가서 새로운 선교의 길을 열었다. 다행히 당나라의 두 번째 황제 태종이 종교에 대한 선입관이 없었기에 경교는 당나라에서 뿌리내릴 수 있었다. 이 시기 아라비아반도에서는 유대교를 근간으로 하는 새로운 종교가 탄생했는데, 바로 무함마드(영어명 마호메트, 570~632년)가 효시인 이슬람교이다.

그리스도교를 이야기할 때 이슬람교를 빼놓을 수는 없다. 이베리아반도에서 711년부터 이후 800년 가까이 일어난 레콩키스타는 이슬람 세력을 향한 그리스도교 세력들의 국토회복운동이었다. 또 11세기 말부터 200년 가까이 진행된 십자군 원정은 그리스도교 세력과 이슬람교 세력의 거대 충돌이었다. 그런데 무함마드가 이슬람교를 성립할 수 있었던 계기는 유대교와 그리스도교가 있었기 때문이다. 갑작스럽게 이슬람교가 생겨난 것이 아니라는 말이다. 특히 그리스도교가 이슬람교 탄생에 적잖은 영향력을 끼쳤다.

그리고 크리스천 중 다수는 이슬람교에 대해 적대적이다. 오늘날에도 유럽 사회에서 이슬람교는 거대한 테러리스트 집단으로 간주 되고 있다.

하지만 이는 유럽의 관점에서 저술된 역사서가 원인이다. 조금만 더 생각해보면 그리스도교가 배척해야 할 종교는 유대교이다. 그 이유는 유대교의 경우 예수 자체를 부정하고 있다. 예수를 죽이고자 한 사람들은 강경파 유대인들이었다. 반면 이슬람교는 예수를 존중한다. 그런데도 오랜 기간 역사에서 보여주듯이 그리스도교와 이슬람교의 극한 갈등은 현재도 진행 중이다.

네스토리우스파 그리스도교 신자들이 당나라로 선교활동을 떠나던 무렵인 610년 아라비아반도 메카에서 마흔 살의 무함마드가 하늘의 계시를 받는 일이 생긴다. 무함마드는 상인이었다. 어릴 적 할아버지 손에서 자란 무함마드는 할아버지가 세상을 뜬 이후에는 삼촌 아부 탈리브(549~619년)의 손에서 자랐고, 무함마드는 삼촌을 따라다니면서 무역을 배웠다. 카라반(caravan) 즉, 대상(大商)인 무함마드는 시리아에 갔을 때 유대교와 그리스도교를 접하게 된다.

당시 사산 왕조 페르시아제국 영토였던 시리아에서는 동방교회로도 불린 네스토리우스파 그리스도교가 자리 잡고 있었다. 유대교와 동방교회에 푹 빠졌던 무함마드는 360여 가지의 우상을 믿는 다신교 사회였던 아랍 사회를 바꾸겠다고 마음먹었다. 이로써 스물다섯 살 때부터 히라산 정상에 있는 동굴에서 시간 날 때마다 명상으로 수행했다. 그러다가 마흔 살이 되던 때 천사 가브리엘로부터 신의 계시를 받게 된다.

무함마드는 교육을 제대로 받지 못해서 글을 읽고 쓸 줄 몰랐다는 이야기가 전해진다. 그는 알라로부터 받은 계시를 암기했고, 그의 제자들과 추종자들이 기록해서 탄생한 것이 꾸란이다. 영어로 코란(Koran)이라고 부르는 꾸란은 '읽기'와 '낭송'이라는 뜻이 어우러진 말이다. 또한 '알라'는 아랍어로 '신(神)'이라는 뜻이다. 영어로 신(神)을 'God'이라고 말하는 것처럼 이슬람교를 믿는 무슬림들에게 알라는 오직 구약성경에 나오는 유일신이다. 유대교의 여호와가 곧 무슬림들에게 알라로 불리는 것이다. 혹자는 '알라신'이라고 말하는데, 이는 틀린 표현이다. 그냥 '알라'이다.

참고로 구약성경에서 약 4,000년 전 믿음의 조상 아브라함이 여호와에게 번제(燔祭)로 바치려고 했던 아들이 유대교와 그리스도교 관점에서는 '이삭'이고, 이슬람교 관점에서는 '이스마엘'이라는 큰 차이가 있다. 이스마엘은 아브라함이 아내 사라의 몸종 하갈을 통해 낳은 장남이다. 그리고 이삭은 그 이후에 정실 사라가 낳은 자녀이다. 두 사람 모두 아브라함의 자식이지만, 이스마엘은 첩의 자식이다. 과연 아브라함은 여호와로부터 믿음에 관한 시험을 받을 때 이스마엘을 제물로 바치려고 했을까, 아니면 이삭을 제물로 바치려고 했을까. 이 부분은 각자 믿음의 영역으로 남겨두겠다.

어쨌든 '이슬람(Islam)'이라는 단어의 뜻은 '신에게 복종한다'라는 아랍어이다. 당시 메카는 다양한 신을 향해 기도하는 사람들이 모이는 장소였다. 그런데 무함마드는 계시받은 이후 유일신을 설파했다. 당연히 아랍인들은 무함마드를 미친 사람 취급했다. 무함마드의 유일신 설파는 쉽지 않았다. 무함마드는 스물다섯 살 때 자기보다 열다섯 살 많은 부유한 상인이자 미망인이었던 카디자(555~619년)와 결혼했다. 그리고 첫 번째 무슬림은 무함마드의 부인 카디자였고, 남자 중에서 첫 무슬림은 사촌 동생 알리(600~661년)였다. 알리는 무함마드가 어릴 적 돌봐줬던 삼촌의 아들이다. 알리는 훗날 무함마드를 잇는 4대 칼리프(Khalifah)가 된다.

무함마드가 공식 석상에서 이슬람교 전파를 할 수 있었던 때는 계시받은 3년 후인 613년부터다. 그러나 그의 설교는 대중에게 통하지 않았고, 부인 카디자가 죽은 후에는 의지할 사람마저 사라졌다. 무함마드는 그의 추종자들과 함께 622년 메카를 떠나 400㎞ 떨어진 메디나도 이주했다. 이슬람 사회에서는 이를 '헤지라'라고 부른다. 그리고 이때가 '이슬람력의 원년'이다.

메디나에서 신자 수를 늘린 무함마드는 서로 미워하고 반목하던 분위기를 탈피해 서로 감싸주는 따뜻한 형제 의식을 중심으로 종교공동체 '움마'를 탄생시켰다. 움마의 외형은 날이 갈수록 커졌고 무함마드는 신도들을 이끌고 624년 메디나를 떠나 메카를 공격해서 결국 630년 메카를 정복했다. 드디어 이슬람제국의 신호탄을 쏘아 올린 것이다.

부연 설명하면, 대다수 역사가는 무함마드가 이슬람교를 '창시'했다고 말한다. 창시라는 말의 뜻은 '특정 사상을 처음으로 내세운다'라는 뜻인데, 무함마드는 '창시'라는 말을 좋아하지 않았다. 무함마드 입장에서 이슬람교는 이미 태초부터 있었다. 우리는 유대인들이 유대교를 창시했다고 말하지 않는다. 유대인들 시각에서 유대교는 태초부터 있었다. 또한 크리스천 시각에서 그리스도교는 새로운 약속, 즉 신약(新約)이지 창시라는 단어는 사용하지 않는다. 결국 무슬림들 시각에서 이슬람교는 무함마드를 통한 새로운 약속일 뿐 '창시'가 아니다. 창시라는 단어는 유럽 사회의 작위적인 해석인 셈이다.

무슬림의 이베리아반도 침략과 레콩키스타의 시작

이슬람교 사회는 무함마드 사후 그 뒤를 이어갈 종교 지도자 겸 정치 지도자를 뽑았는데, 바로 칼리프이다. 제1대 칼리프는 무함마드의 친구이면서 장인이기도 한 아부 바크르(재위 : 632~634년)가 이었다. 그리고 제2대부터 제4대 칼리프까지는 우마르(재위 : 634~644년), 우스만(재위 : 644~656년), 알리(재위 : 656~661년)가 계승했다. 알리는 무함마드의 사촌 동생이다.

제1대부터 제4대까지 이 시기를 '정통 칼리프시대'라고 부른다. 하지만 그 이후부터는 칼리프를 무함마드의 혈족으로 뽑을지 아니면 혈족과 상관없이 능력 있는 인물로 뽑을지를 두고 이슬람교 내에서 마찰이 빚어졌다. 이 같은 갈등이 수니파와 시아파로 갈리게 된 배경이다. 수니파는 능력 있는 사람이 칼리프가 되어야 한다고 주장했고, 시아파는 무함마드의 혈족이 칼리프로 선출되어야 한다고 주장했다. 수니파는 현재 무슬림의 다수인 약 80%를 차지하고 나머지 20%가량은 시아파이다.

이슬람교는 정통 칼리프시대 때 아라비아반도에 국한되어 있던 영토를 넓혀가기 시작했다. 특히 이슬람교 세력은 642년 사산 왕조 페르시아를 니하완드 전투에서 크게 무찌른 뒤 영토를 대거 넓힐 수 있었다. 한때 강성했던 사산 왕조 페르시아는 국경을 맞댄 비잔티움제국과 허구한 날 전쟁을 치르면서 국력이 약해질 대로 약해졌기 때문에 이슬람교 세력에게 적수가 되지 못했다. 사산 왕조 페르시아는 결국 명맥만 유지하다가 651년 역사에서 사라지는 비운을 맞이했다.

무슬림들은 또 정통 칼리프시대인 646년 비잔티움제국으로부터 이집트와 팔레스티나 등을 완전히 빼앗았다. 이어서 제5대 칼리프인 무아위야(재위 : 661~680년)는 자신의 가문 이름을 딴 우마이야 왕조를 개창했고, 우마이야 왕조는 이슬람교의 영토를 북아프리카 일대까지 넓혀나갔다. 무아위야는 제3대 칼리프 우스만의 6촌 동생이었는데, 애당초 칼리프가 될 인물이 아니었다. 무아위야는 우스만에 의해 시리아 총독직을 수행하고 있을 시기 제4대 칼리프로 알리가 선출되자 발끈하고 나섰다. 무아위야는 자신이 칼리프 승계 자격이 있다고 주장한 것이다.

무아위야와 알리의 마찰은 초반 알리에게 유리한 형국이었다. 그런데 "무슬림들끼리 피를 흘리기 싫다."라는 유연한 자세를 취하면서 직접적인 충돌은 발생하지 않았다. 알리의 이 같은 태도에 알리 지지자들이 불만을 품었고 결국 알리로부터 등을 돌린 자들이 661년 알리를 살해했다. 이로써 칼리프 자리가 무아위야에게 넘어갔다. 무아위야가 개창한 우마이야 왕조는 711년 지중해 서쪽 지브롤터해협을 건너 이베리아반도로 쳐들어갔고, 서고트족이 세운 서고트왕국을 괴멸 직전까지 몰아세우면서 이베리아반도 대부분을 차지했다. 이 때문에 레콩키스타가 전개된 것이다.

무슬림들이 이베리아반도로 쳐들어갈 당시 북아프리카를 다스리던 우마이야 왕조의 총독은 무사 빈 누사이르(640~716년)였는데, 서고트왕국 세우타 총독의 부탁을 받고 7,000명가량의 무슬림 군사를 이베리아반도로 보냈다. 이때 무슬림 군사를 이끈 장군은 타리끄 이븐 지야드(?~720년)였다.

타리그 이븐 지야드가 이끈 무슬림들의 공세는 파죽지세였다. 무슬림들이 강했다고도 말할 수도 있지만, 이미 서고트왕국 내에서 자중지란이 일어나고 있던 터라 제대로 된 대응을 하지 못했다. 그렇게 해서 서고트왕국의 고위층들은 밀리고 밀려서 이베리아반도의 최북단 아스투리아스로 내몰렸다. 무슬림들의 이베리아반도 장악은 711년부터 715년까지 4년에 걸쳐 진행되었다. 무슬림들은 이베리아반도를 '알 안달루스'라고 부르기 시작했다. 오늘날 스페인 남부의 자치 지역 안달루시아가 이렇게 해서 생겨난 이름이다.

서고트족은 이대로 가만히 있을 수만은 없었다. 복수의 칼을 갈던 중 718년 돈 펠라요(재위 : 718~737년)가 아스투리아스왕국을 개창하고 잃어버린 국토를 되찾기 위한 국토회복운동을 벌이기 시작했다. 이것이 바로 레콩키스타의 신호탄이다. 서고트족이 아스투리아스왕국을 만들었다는 소식을 접한 우마이야 왕조는 돈 펠라요를 없애기 위해 군대를 파견했고, 양측은 722년 코바동가에서 전투를 벌이게 되는데 서고트족이 승리했다. 이로써 역사가들은 돈 펠라요를 '레콩키스타의 개시자'라고 평가하고 있다. 서고트족은 코바동가 전투 승리 이후 서서히 영토를 넓혀가기 시작하면서 800년에 달하는 기나긴 세월 동안 '그리스도교 세력의 국토회복운동', 즉 레콩키스타를 전개했다.

9세기 프랑크제국이 분열된 모습. 점선은 843년 베르됭조약에 따른 영토 분리,
실선은 870년 메르센조약에 따른 영토 분리.

6장

프랑크왕국 분열 그리고 프랑스·독일 탄생

교황의 기습 대관으로 황제가 된 카롤루스 대제

프랑크왕국은 5세기 말 클로비스에 의해 건국되었다. 이후 상속과정에서 영토 분할이 지속되는 와중에 혼란기를 겪었다. 클로비스는 프랑크왕국 건국 초기 할아버지의 이름을 따서 메로베우스 왕조라고 명명했다. 하지만 메로베우스 왕조는 8세기 중엽 궁재였던 피핀 3세가 왕을 폐위시키고 스스로 왕이 되면서 역사의 뒤안길로 사라졌고 카롤루스 왕조가 시작되었다.

피핀 3세에 이어 그의 두 아들 카롤루스 1세와 카를로만(재위 : 768~771년)이 768년 왕국을 분할 상속받았다. 두 형제는 어릴 적부터 사이가 좋지 않았다. 왕이 된 후에도 갈등을 빚었다. 그러던 중 동생 카를로만이 스물한 살이던 771년 갑작스럽게 세상을 떴다. 일각에서는 카롤루스 1세가 동생을 암살했다는 음모론도 제기했으나 의혹 수준에 머무르고 있다. 카를로만이 죽은 뒤 미망인 게르베르가(생몰 미상)가 어린 아들을 대신해 영토를 다스리려고 시도했다. 하지만 시아주버니인 카롤루스 1세에 의해 제지당했다. 이로써 카롤루스 1세는 동생의 영토까지 다스리는 프랑크왕국의 단독 왕이 되었다.

카롤루스 1세는 단독 왕이 된 이후 영토 확장작업에 나섰다. 774년에는 로마가톨릭의 교황 하드리아누스 1세(재임 : 772~795년)의 부탁을 받고 이탈리아반도 북쪽에 있던 랑고바르드왕국을 공격해 멸망시켰다. 오늘날 이탈리아의 북부가 프랑크왕국에 귀속된 것이다. 이어 778년에는 피레네산맥에 자리 잡고 있던 무슬림들을 공격해 이베리아반도로 밀어냈다. 당시 이베리아반도는 711년부터 무슬림들에 의해 점령된 상태였다. 카롤루스 1세는 또 분리독립을 원하는 작센지방의 반란을 진압해 완전히 복속시켰고, 오늘날 오스트리아와 헝가리에 거주하던 아바르족을 공격해 조공을 바치도록 만들었다.

카롤루스 1세는 781년 아들 3명(피핀 카를로만, 카롤루스 이우니오르, 루도비쿠스 1세)에게 통치방식을 가르쳤다. 살리카법에 의해 아들 3명이 왕국을 분할 상속받게 될 터여서 미리 후계자 수업을 진행한 것이다. 카롤루스 1세 아들들 이야기를 잠시 한다면, 피핀 카를로만(771~810년)과 카롤루스 이우니오르(772~811년)는 아버지 카롤루스 1세가 살아있을 때 세상을 떴다. 결국 막내 루도비쿠스 1세(778~840년)가 814년 단독으로 왕국을 물려받았다. 시간이 흘러 루도비쿠스 1세의 아들 3명에 의해 프랑크왕국이 3등분 되어 상속되는데, 그 이후에는 이들 3개 지역이 합쳐지는 일 없이 자기들만의 길을 걸으면서 오늘날 프랑스, 독일, 이탈리아가 탄생하는 토대가 된다.

다시 카롤루스 1세 이야기를 하면, 카롤루스 1세에 의해 프랑크왕국의 영토가 점점 커지니 그 옛날 서로마제국과 비교해도 전혀 뒤처지지 않는 존재감을 드러냈다. 국왕 카롤루스 1세는 로마가톨릭을 국교로 삼았다. 이와 함께 오늘날 이탈리아 영토 중에서 앞서 아버지 피핀 3세가 로마가톨릭 교황에게 바친 라벤나 외에도 베네벤토, 토스카나, 코르시카, 롬바르디아 등 중부 지역의 적잖은 땅을 교황에게 헌납하는 등 로마가톨릭에 신실한 모습을 보였다.

카롤루스 1세는 군사 활동 외에도 문화정책에도 힘을 쏟았다. 카롤루스 1세를 이야기할 때 아헨(Achen)이라는 지역을 빼놓을 수 없는데, 현재 독일의 서부 노르트라인베스트팔렌주에 있는 작은 도시이다. 벨기에와 거의 맞닿아 있고 네덜란드와도 가깝다. 이곳은 카롤루스 1세가 수도로 삼은 곳이다. 아헨에는 현재 카롤루스 1세의 이름을 딴 온천도 있다. 카롤루스 1세는 아헨에 8세기 말 대성당을 지었다. 훗날 신성로마제국의 황제들은 황제즉위식을 아헨 대성당에서 치렀다. 아헨 대성당에서의 황제즉위식은 1531년까지 이어졌다. 아헨 대성당은 독일 최초로 1978년 유네스코 세계문화유산에 등재되었다. 카롤루스 1세의 유해가 현재 이곳에 잠들어 있다.

아무튼 카롤루스 1세는 프랑크왕국 전역에 200여 개의 로마가톨릭 교구를 만들어 그 숫자만큼의 왕령 수도원과 궁전을 지었다. 수도 아헨의 왕궁으로 각지의 인재들을 불러 모아 고전문학을 정리하도록 했고 인재들도 육성했다. 그리고 아헨에서 육성한 인재들을 왕국 전역의 수도원에 보내 신민들에게 지식과 신앙을 퍼뜨리도록 했다. 당시 프랑크왕국 백성

중에서 게르만족들은 문맹이 많았다. 그런데 카롤루스 1세의 문화운동 덕분에 게르만족들의 문화 수준이 올라갔다. 이로써 후대인들은 이 시기를 '카롤루스 르네상스'라고 부른다.

그 어느 시기보다 막강해진 프랑크왕국을 바라보던 교황 레오 3세는 이참에 프랑크왕국을 로마가톨릭의 확실한 보호국으로 만들고 싶어 안달이 났다. 그러던 800년 12월 25일 성탄절 때 교황 레오 3세는 로마에 있는 성 베드로 대성당으로 예배드리러 온 카롤루스 1세에게 기습적으로 황제의 관(冠)을 씌워주면서 "부활한 서로마제국의 황제가 탄생했다."라고 선언했다. 카롤루스 1세는 어리둥절했지만, 속으로는 기뻤다. 그동안 동쪽의 비잔티움제국에 밀려 '왕'으로 머물러 있던 직책이 '황제'로 올라가는 순간이었다. 역사가들은 "이때부터 황제가 되기 위해서는 교황의 승인을 받아야 한다."라는 중세적 질서가 자리잡히기 시작했다는 분석이다.

그리스도교를 우대하는 정책과 함께 높은 수준의 문화정책을 펼친 카롤루스 1세는 스스로 대제(라틴어 마그누스)라고 불렀다. 그가 살아있을 때 당대인들은 물론 그의 사후 후대인들도 그렇게 불렀다. 라틴어 '마그누스(Magnus)'는 '위대한, 큰, 풍부한'이라는 뜻이다. 특히 카롤루스 대제는 프랑스와 독일을 태동시킨 시조로 여겨지고 있다. 카롤루스 대제는 프랑스어로 '샤를마뉴(Charlemagne)', 독일어로는 '칼 데어 그로세(Karl der Grosse)'이다. 일각에서는 '샤를마뉴 대제'라는 표현을 쓰는데 이는 잘못된 표현이다. '마뉴'가 곧 '대제'라는 뜻이기 때문이다.

부연 설명하면 카롤루스 대제는 중세 유럽에서 사용하던 공작(DUX), 백작(COMES), 남작(BARO)이라는 명칭을 본격적으로 사용했다. 시간이 흘러 백작에서 후작(MARKGRAF)이 파생되어 백작 앞에 자리 잡고, 백작을 보좌하는 자작(VISCOUNT)이 파생되었다. 귀족의 순서를 나열하면 왕(REX)이 가장 높고 이어서 공작-후작-백작-자작-남작이다. 이들 모두 토지를 소유한 영주(領主)이다. 그리고 기사 역시 영주이면서 귀족이기는 해도 귀족 중에서 가장 낮은 단계의 하급 귀족으로 분류되었다. 더불어 성직자들은 귀족과 같은 위치에 있었다.

카롤루스 대제 손자 때 프랑크제국 3등분 되다

프랑크왕국은 카롤루스 대제 때 왕국에서 제국이 되었다. 그리고 문화정책을 펼친 카롤루스 대제는 814년 세상을 떴다. 그 이후 프랑크제국은 그의 막내아들 루도비쿠스 1세에게 상속되었다. 참고로 '루도비쿠스'는 라틴어이다. 프랑스에서는 '루이', 독일에서는 '루트비히'라고 불린다. 프랑스인들이 말하는 '루이 1세'와 독일인들이 말하는 '루트비히 1세'는 같은 인물이다. 영어권에서는 '루이스'라고 부르다. 부연 설명하면 라틴어 '카롤루스'는 프랑스어로 '샤를', 독일어로 '카를', 영어로 '찰스'가 된다.

루도비쿠스 1세는 816년 새로 취임한 교황 스테파누스 4세(재임 : 816~817년)로부터 축성(祝聖)과 함께 황제의 관(冠)을 받았다. 축성식은 오늘날 프랑스에 있는 랭스 대성당에서 거행되었다. 이때 교황 스테파누스 4세는 황제 루도비쿠스 1세에게 충성의 표시로 세 번 절을 했다고 전해지고 있다. 이를 계기로 이후 프랑스왕국의 왕들은 랭스 대성당에서 교황으로부터 왕관을 받는 축성식을 열게 된 것이다.

루도비쿠스 1세는 마흔 살이 되던 817년 궁정의 지붕이 무너지면서 죽을 뻔한 아찔한 사고를 경험했다. 이로써 행여 모를 사태에 대비하고 안정적인 왕위 계승이 이루어지도록 아들 3명(로타리우스 1세, 피핀, 루트비히 2세)에게 미리 분할상속을 해놓고 후계자 수업을 진행했다. 루도비쿠스 1세는 로타리우스 1세(795~855년)를 공동 황제로 선포했고, 추후 로타리우스 1세가 프랑크제국의 대부분을 상속받도록 구상했다. 그리고 나머지 아들 2명에게는 제국의 변방 지역을 조금 떼어서 주기로 상속을 결정했다. 이 같은 불평등한 분할상속 이유는 장남 로타리우스 1세에게 힘을 실어주면서 나머지 두 형제가 도전하지 못하도록 하기 위해서였다. 참고로 라틴어 로타리우스는 독일어로 '로타르'이다. 많은 이들에게는 로타르로 알려져 있다. 이 책에서는 로타르라고 하겠다.

하지만 상속과정에 문제가 발생했다. 이는 루도비쿠스 1세가 새로 맞이한 황후로부터 마흔여섯 살의 나이에 얻은 늦둥이 아들 샤를 2세(823~877년) 때문이다. 이미 앞서서 상속받기로 약속된 아들 3명은 어머니가 같았다. 이들 세 형제의 어머니 에르망가르드(생몰 미상)는 루도비쿠스 1세의 두 번째 부인이었다. 그런데 네 번째 아들 샤를 2세는 루도비쿠스 1세의 세 번째 부인 유디트(797~843년)가 823년에 낳은 자식이었다. 루도비쿠스 1세는 상속내용을 변경하면서 샤를 2세에게도 영토를 나누어주기로 결정했다. 상황이 이렇게 되자 두 번째 황후에게서 낳은 세 아들이 반발했다.

그리고 이때 황후 유디트가 계략을 꾸미는데, 분할상속에 불만을 가진 피핀(797~838년)과 루트비히 2세(802~876년)를 꼬드겨 계략을 꾸민 것이다. 유디트는 이들 2명에게 "프랑크족 전통에 따라 동등한 분할상속이 이루어지지 않고 장남 위주로 상속이 결정되었다."라고 부추겼고, 피핀과 루트비히 2세는 동요했다. 그러면서 세 아들 사이에서 갈등이 일어났다. 세 아들의 갈등으로 루도비쿠스 1세는 한때 권좌에서 내려오는 수모도 겪었다. 루도비쿠스 1세는 권좌 복귀 후 로마가톨릭의 신을 더욱 강력하게 믿게 되는데, 이로써 후대인들은 그에게 '경건왕'이라는 별칭을 붙였다. 시간이 흘러 루도비쿠스 1세의 아들 피핀이 838년 죽고, 2년 후인 840년 프랑크제국의 황제 루도비쿠스 1세가 세상을 뜨면서 남은 세 아들 장남 로타르 1세, 3남 루트비히 2세, 이복형제 샤를 2세의 갈등은 본격적으로 진행되었다.

이들 3명은 영토 분할을 놓고 극심한 갈등을 빚었다. 심지어 내전이 일어났다. 840년부터 843년까지 형제들은 끊임없는 전투를 벌였다. 제국 내에서 총 10만 명가량이 내전으로 목숨을 잃었다. 계속해서 피를 흘리는 것은 무의미했다. 루도비쿠스 1세의 아들 3명은 843년 오늘날 프랑스 북부에 있는 베르됭에서 만나 영토를 3등분 하기로 협약했다. 베르됭조약이 체결된 것이다. 이로써 프랑크제국은 서프랑크왕국, 중프랑크왕국, 동프랑크왕국으로 분열되고 이들 3개 왕국은 각각 샤를 2세(재위 : 843~877년), 로타르 1세(재위 : 843~855년), 루트비히 2세(재위 : 843~876년)가 다스리게 되었다.

시간이 흘러 로타르 1세의 차남인 로타르 2세(재위 : 855~869년)가 869년 후사 없이 사망하자 샤를 2세와 루트비히 2세는 두 국가 사이에 낀 중프랑크왕국의 영토를 놓고 또다시 싸움을 벌였다. 로타르 1세는 죽기 직전 왕국을 3등분 후 장남 루도비쿠스 2세(이탈리아 왕 재위 : 855~875

년), 로타르 2세 등 아들 3명에게 분할상속했는데, 로타르 2세는 중프랑크왕국의 북부를 차지하고 있었다. 결국 샤를 2세와 루트비히 2세는 두 왕국 사이에 낀 중프랑크왕국의 북부를 나눠 갖기로 870년 협약을 맺었다. 메르센조약이 체결된 것이다. 베르됭조약에 이어서 메르센조약에 의해 오늘날 프랑스와 독일, 이탈리아의 영토가 구분되는 토대가 된 것이다.

동프랑크, 독일왕국에 이어 신성로마제국이 되다

프랑크제국은 9세기에 3등분 되었지만, 동쪽과 서쪽 두 국가의 왕위 계승은 카롤루스 왕조인 루도비쿠스 1세의 혈족들이 이어갔다. 직계 후손들이 왕위를 계승한 것이다. 그러던 중 동프랑크왕국은 911년 직계가 아닌 콘라트 1세(재위 : 911~918년)가 왕이 되면서 방계시대가 열렸다. 이로써 동프랑크왕국에서는 카롤루스 왕조가 종식되었다.

그런데 콘라트 1세는 자신을 승계할 아들이 없었다. 그 때문에 친족이면서 작센의 공작인 하인리히 1세(재위 : 918~936년)를 후계자로 지목했다. 하인리히 1세는 매를 이용하는 사냥을 즐겼는데, 하루는 사냥도구를 손질하던 중 궁정의 신하들이 찾아와서 왕위를 계승해야 한다는 어명을 전한 것이다. 이로써 하인리히 1세에게는 매사냥꾼이라는 별칭이 생겼다. 갑작스럽게 왕이 된 하인리히 1세는 왕좌에 오른 뒤 국호를 '독일어(Theodiscus)의 왕국'으로 고쳤다.

하인리히 1세가 다스리게 될 동프랑크왕국의 국민 다수는 게르만족이다. 그들은 고대 로마인들의 언어가 아닌 자기들만의 언어를 사용했다.

고대 게르만족은 자기네 스스로 '테우다(Þeuda)'라고 불렀고, 고대 로마인들은 이를 라틴어화시켜서 '테오디스쿠스(Theodiscus)'라고 불렀다. 이 단어가 훗날 '독일어'라는 뜻의 '도이치(Deutsch)'로 변형된다. 결국 하인리히 1세가 처음 사용한 국호 '독일어의 왕국'은 오랜 세월이 흘러 19세기 프로이센이 통일을 이룬 뒤 '독일어의 나라' 즉 도이칠란트(Deutschland)가 된다.

하인리히 1세는 왕이 된 후 서프랑크왕국의 땅 로트링겐을 공격해 독일왕국의 영토에 편입시켰다. 로트링겐은 현재 프랑스 땅인데 로렌이라고 불린다. 이로써 독일왕국은 슈바벤, 프랑켄, 작센, 바이에른, 로트링겐 등 5개의 공작령이 생겼다. 하지만 공작 모두가 하인리히 1세를 왕으로 떠받들지는 않았다. 공작 개개인들이 소유한 토지는 광활했고, 휘하에 있는 기사들의 전투력도 만만하지 않았기에 자기네들끼리 알력 다툼이 심했다. 그로 인해 작센의 공작이면서 독일의 왕인 하인리히 1세는 로트링겐을 제외한 나머지 3개 공작령을 지배하는 대신 그들의 존재를 인정했다. 그러면서 자기 소유의 작센을 다스리는 것에만 치중했다. 그러나 때로는 여타 공작령과 전투를 벌이면서 군신 관계를 재정립해 나가는 정치력을 발휘했다.

하인리히 1세는 죽기 전에 그의 아들 오토 1세(독일왕국 왕 재위 : 936~973년, 신성로마제국 황제 재위 : 962~973년)를 독일왕국의 공동 왕으로 선임했다. 왕위 계승을 위해서는 공작들의 동의가 필요했는데 슈바벤, 프랑켄, 로트링겐 등 3개 지역 공작들은 동의했다. 반면 바이에른은 동의하지 않았다. 비록 만장일치는 아니어도 오토 1세는 아버지 덕분에 무난하게 왕위를 계승할 수 있었다. 시간이 흘러 오토 1세는 왕에게 충성하지 않는 바이에른을 938년 공격해서 에버하르트(?~939년)를 공작에서 폐위시켰다.

이와 함께 오토 1세와 이탈리아왕국에 관한 이야기이다. 오토 1세 통치 때 중프랑크왕국은 갈기갈기 찢어져 있었다. 앞서 설명한 대로 국왕 로타르 1세가 죽기 직전 왕국을 3등분 후 아들 3명에게 상속했기 때문이다. 그중의 하나가 855년 루도비쿠스 2세에 의해 생긴 이탈리아왕국이다. 오토 1세 통치 때 이탈리아왕국은 경건왕 루도비쿠스 1세의 방계인 베렝가리오 2세(재위 : 950~961년)가 950년부터 다스리고 있었다. 이탈리아반도에는 이탈리아왕국 외에도 교황령을 비롯해 남부에는 831년 무슬림이 세운 시칠리아 토후국도 있었다. 이탈리아반도의 양상이 상당히 복잡한 상태였다. 참고로 유럽인들은 중동에 거주하던 무슬림들을 사라센(Saracen), 북아프리카의 무슬림들을 무어인(Moor)이라고 불렀다.

그런데 베렝가리오 2세가 961년 교황령의 북부를 점령하는 일이 발생하는데, 교황 요한 12세(재임 : 955~964년)는 오토 1세에게 도움을 요청했다. 이로써 오토 1세는 군사를 일으켜 이탈리아왕국을 쳐들어가서 베렝가리오 2세를 격파했다. 오토 1세는 베렝가리오 2세를 봉신으로 삼은 후 스스로 이탈리아왕국의 왕으로 즉위했다.

교황 요한 12세는 고마움의 표시와 더불어 이참에 든든한 정치세력을 갖겠다는 의지의 표명으로 962년 오토 1세에게 황제의 관(冠)을 씌워주었다. 프랑크제국 분열 후 사라지다시피 한 황제가 또다시 탄생한 것이다. 위기에 빠진 교황을 도왔다는 이유로 훗날 크리스천들은 오토 1세를

'오토 대제'라고 부르고 있다. 오토 1세가 황제로 등극하면서 독일왕국은 황제의 국가로 승격되었다. 우리가 잘 알고 있는 신성로마제국이 탄생한 것이다.

그런데 교황이 변덕을 부린 것이다. 해가 거듭 갈수록 커져만 가는 오토 대제의 권력을 두려워한 나머지 이웃한 비잔티움제국과 마자르족에게 사절을 보내 "오토 1세에게 대항해 달라."라고 촉구한 것이다. 마자르족은 훗날 헝가리왕국을 건국하게 된다. 이 같은 사실을 알게 된 오토 대제는 963년 11월 교회 회의 즉, 시노드(Synod)를 소집해 교황 요한 12세를 폐위시키고 레오 8세(재임 : 964~965년)를 새 교황으로 선출했다.

참고로 신성로마제국이라는 국명은 오토 1세 통치 당시에 사용된 용어가 아니다. 당대에는 그냥 독일왕국 또는 동프랑크왕국, 프랑크인의 왕국 등으로 불리었다. 오토 대제 역시 특별한 명칭 없이 '제국(Imperium)'이라고 불렀다. 그러던 중 시간이 흘러 12세기 중엽 역사가들에 의해 '신성제국'이라는 국명이 사용되었고, 12세기 말부터 '신성로마제국'이라는 국명이 등장했다. 하지만 프랑스의 소설가이면서 철학자인 볼테르(1694~1778년)는 신성로마제국에 대해 이렇게 비꼬았다. "신성하지도 않고 로마도 아니며 제국도 아니다."

위그 카페, 프랑크에서 프랑스로 국명 바꾸다

동프랑크왕국에 이어 서프랑크왕국 역시 국명이 바뀌는데, 987년 왕이 된 위그 카페(재위 : 987~996년)가 국명을 프랑스왕국으로 변경했다. 위그 카페는 경건왕 루도비쿠스 1세의 직계가 아니라 방계였다. 위그 카페의 할아버지이자 서프랑크왕국의 왕을 지낸 로베르 1세(재위 : 922~923년)는 루도비쿠스 1세의 외손자이다.

로베르 1세 역시 방계여서 카롤루스 왕조의 대(代)가 단절되었다고 말할 수도 있으나, 로베르 1세 차차기 왕부터 다시 카롤루스 왕조의 직계인 루이 4세(재위 : 936~954년), 로테르(재위 : 954~986년), 루이 5세(재위 : 986~987년)로 승계되었기에 새로운 왕조가 생겨났다고 말하지 않는다. 그리고 위그 카페를 이야기하기 위해서는 서프랑크왕국에서 펼쳐진 다양한 왕들을 소개할 필요가 있는데, 다소 복잡하더라도 참고삼아 알아두면 좋을 것 같다.

서프랑크왕국의 왕 루이 5세가 987년 후사 없이 세상을 떴고, 왕위를 계승한 인물은 루이 5세의 먼 친척뻘인 파리의 공작 위그 카페였다. 위그 카페가 왕이 되면서 서프랑크왕국에서 카롤루스 왕조가 막을 내리고 카페 왕조시대가 열렸다. 참고로 카페 왕조는 약 340년가량이 흘러서 샤를 4세(재위 : 1322~1328년)의 재위가 끝나는 1328년까지 이어진다. 위그 카페가 서프랑크왕국의 왕이 될 수 있었던 이유는 외삼촌이자 신성로마제국의 황제인 오토 대제가 위그 카페의 아버지인 파리의 대공 위그 르 그랑(898~956년) 즉, 위그 대공을 도왔기 때문이다. 위그 카페가 왕이 되기까지의 이야기에 대해서 알아보자.

오토 대제가 독일왕국의 왕이 되었을 때인 936년 그해 서프랑크왕국의 국왕에 루이 4세가 우여곡절 끝에 오르는데, 루이 4세의 나이는 고작 열여섯 살이었다. 루이 4세에게는 아픈 기억이 있는데, 부왕 샤를 3세(재위 : 898~922년)가 서프랑크왕국의 귀족인 베르망두아 백작 에르베르 2세

(880~943년)의 계략에 넘어가서 922년 포로가 되어 폐위되는 굴욕을 겪었다. 샤를 3세는 서프랑크왕국의 초대 왕 샤를 2세의 손자이다. 이때 고작 세 살 정도였던 루이 4세는 어머니를 따라 바다 건너 잉글랜드로 피신했다. 루이 4세의 어머니 에아드기푸(생몰 미상)는 잉글랜드 웨식스왕국의 왕 대(大) 에드워드(재위 : 899~924년)의 딸이었다. 어머니와 함께 피신 갔기에 루이 4세는 '해외왕'이라는 별칭이 붙었다.

루이 4세가 잉글랜드로 갔을 때 서프랑크왕국은 방계인 파리의 백작 로베르 1세에 이어 로베르 1세의 사위이자 부르고뉴의 공작 라울(재위 : 923~936년)이 이어갔다. 로베르 1세는 루도비쿠스 1세의 장녀 아델라이드(생몰 미상)의 아들이다. 그리고 로베르 1세는 위그 카페의 할아버지이다. 936년 국왕 라울이 죽자 서프랑크왕국의 귀족들은 잉글랜드로 피신간 루이 4세가 왕위를 계승해야 한다고 주장했고, 결국 루이 4세가 왕좌에 올랐다. 이때 루이 4세의 옹립을 강력하게 주장한 귀족이 위그 카페의 아버지 위그 대공이었다.

그런데 왜 위그 대공은 부왕에 이어 국왕이 되지 못한 것일까. 이 부분에 대해 조금 설명하자면, 위그 대공의 부왕 로베르 1세는 귀족들의 반란으로 샤를 3세가 922년 폐위된 후 귀족들의 추대를 받아 왕이 되었다. 국왕 샤를 3세는 이듬해 반격에 나섰고, 로베르 1세는 샤를 3세와 수아송 부근에서 싸운 전투에서 전사했다. 이번에는 귀족들이 로베르 1세의 사위이자 카롤루스 왕조의 방계인 라울을 왕으로 추대했다. 샤를 3세는 끝끝내 복위하지 못하고 감옥에 갇힌 채 유폐된 삶을 살다가 929년 세상을 떴다. 이어서 936년 라울이 죽자 이번에는 위그 대공을 비롯한 귀족들이 잉글랜드로 피신 간 루이 4세를 차기 왕으로 옹립했다.

결국 루이 4세는 왕의 자리에 올랐으나 자신이 왕이 될 수 있도록 큰 역할을 했던 위그 대공의 손바닥에서 놀아나는 꼭두각시 왕으로 전락하고 말았다. 그리고 루이 4세가 국왕이 된 그해 동프랑크왕국에서는 오토 1세가 왕이 되었다. 루이 4세는 위그 대공의 손에서 벗어나고 싶었으나 오토 대제가 위그 대공을 도왔기에 쉽지 않았다. 특히 오토 대제는 937년을 전후해 그의 누나 헤트비히를 위그 대공에게 시집보내면서 관계를 돈독히 했고, 헤트비히는 위그 대공과의 사이에서 939년 위그 카페를 낳았다.

그런데 오토 대제는 매형인 위그 대공의 세력이 날이 갈수록 커지는 것에 부담을 느끼게 되고 매형을 견제하기 위해 계략을 펼치게 된다. 그러면서 서프랑크왕국의 루이 4세에게 940년 여동생 게르베르가(생몰 미상)를 시집보낸 후 루이 4세를 도운 것이다. 이로써 루이 4세는 오토 대제의 도움으로 세력을 키울 수 있었다. 게르베르가는 루이 4세와의 사이에서 941년 로테르(재위 : 954~986년)를 낳았다.

위그 대공의 손에서 벗어난 루이 4세는 부왕 샤를 3세의 복수를 위한 실행에 나섰고, 943년 베르망두아 백작 에르베르 2세를 붙잡아 처형했다. 시간이 흘러 954년 루이 4세는 사냥을 나갔다가 말에서 떨어지는 낙상사고로 서른네 살의 젊은 나이에 죽었고, 그의 아들 로테르가 뒤를 이었다. 하지만 로테르는 986년 신성로마제국의 땅 로타링기아를 차지하기 위한 전쟁에서 전사했고, 로테르의 뒤를 아들 루이 5세가 계승했으나 루이 5세는 통치 1년 2개월여 만에 낙마 사고로 죽었다. 루이 5세의 나이 고작 스물한 살이었고 후사도 없었다.

이로써 서프랑크왕국의 귀족들은 머리를 맞대서 파리의 공작 위그 카페를 왕으로 추대했다. 위그 카페가 왕이 되었을 때 신성로마제국 황제 오토 대제는 이미 세상을 뜨고 없었다. 하지만 오토 대제가 누나의 아들, 즉 생질(甥姪)인 위그 카페가 서프랑크왕국의 왕이 될 수 있도록 큰 영향력을 행사한 것이다. 그리고 위그 카페는 987년 즉위 직후 국명을 프랑스왕국으로 바꾸었다.

프랑크왕국 줄기차게 괴롭힌 바이킹과 마자르족

프랑크제국이 843년 베르됭조약에 의해 3등분 된 이후 세 영역 중 서프랑크왕국과 동프랑크왕국은 10세기 들어 각각 프랑스와 신성로마제국으로 변모했다. 반면 중프랑크왕국은 강국으로 성장하지 못한 채 여러 작은 국가들로 분열된 후 소국들끼리의 땅따먹기로 인해 오랜 기간 몸살을 앓게 된다. 이처럼 프랑크족의 여러 국가가 내부적으로 극심한 혼란을 겪는 상황에서 외부에서는 바이킹족과 마자르족 등 이민족의 침략이 빈번하게 일어났다.

특히 이들 이민족 중에서 뛰어난 기동성을 앞세워 눈에 띄는 침략을 펼친 민족이 있었는데 바로 스칸디나비아반도에 거주하고 있던 바이킹이다. 고대 로마제국 사람들은 스칸디나비아반도에 거주하는 사람들을 북쪽에 사는 사람이라는 뜻으로 노르만족 또는 노르드족이라고 불렀다. 그리고 이들은 만(灣)에 사는 사람들이라는 뜻으로 바이킹이라고도 불리었다. '만(灣)'은 고대 노르드어로 'vik'이다. 바이킹들은 스칸디나비아반도 내에서 명칭이 달리 불리었는데 오늘날 스웨덴에 거주하던 스웨드인, 덴마크에 거주하던 데인인, 노르웨이에 거주하던 노르인으로 구분된다. 이들 중에서 프랑크왕국을 침략한 민족은 데인인이다.

우선 카롤루스 1세는 8세기 말부터 영토 확장작업에 나서면서 오늘날 덴마크의 남부지역인 프리기아를 수중에 넣으면서 데인인과 대치하게 된다. 이로써 데인인은 프랑크왕국을 향해 방어하는 차원에서 공격을 가했다. 하지만 양측간에 전면적인 충돌은 발생하지 않았다. 이어서 프랑크왕국은 800년 카롤루스 1세가 교황으로부터 황제의 관을 받아 제국이 되었고, 9세기 초 프랑크제국과 데인인 사이에 다양한 협정이 맺어졌다. 이때 데인인의 지도층 상당수가 프랑크제국의 국교인 로마가톨릭을 받아들여 개종했다. 이와 함께 바이킹들은 전략적 요충지에 그들의 정착촌을 건설하면서 프랑크제국의 외곽지대를 방어하는 역할을 맡는 오묘한 진풍경마저 연출되었다.

하지만 시간이 흘러 9세기 중엽 프랑크제국의 일부 지역에서 바이킹들의 약탈행위가 발생했다. 특히 842년에는 프랑크제국의 북서부 낭트에서 로마가톨릭의 주교와 휘하의 성직자들이 모두 바이킹들에게 살해당하는 끔찍한 사건이 일어났다. 이 시기는 루도비쿠스 1세 사후 그의 세 아들이 한창 영토를 둘러싸고 내전을 벌이고 있던 시기였다. 그렇다고 해서 프랑크제국을 향한 바이킹의 침략이 9세기 중엽부터 시작된 것은 아니다. 앞선 8세기 말 바이킹이 프랑크왕국을 침략했었고 카롤루스 1세가 바이킹들을 소탕한 적이 있었다. 프랑크왕국을 향한 바이킹의 공격은 8세기 말부터 시작된 것이다.

세월이 흘러 바이킹들은 885년 서프랑크왕국을 침략했다. 이때 앙주 지역 백작 외드(약 860~898년)가 바이킹들을 물리치는 공적을 쌓았다. 파리에서 일어난 이 전투는 훗날 파리 공성전으로 불린다. 참고로 외드 백작은 위그 카페의 할아버지인 로베르 1세의 형이다. 그리고 파리 공성전이 있었을 때 서프랑크왕국의 왕은 공석이었다.

서프랑크왕국 왕위가 비게 된 이유는 앞선 국왕 샤를로망 2세(재위 : 879~884년)가 열아홉 살의 나이에 사냥터에서 입은 부상이 덧나 죽었고 뒤를 이어 샤를로망 2세의 이복동생 샤를 3세가 승계해야 하는데 샤를 3세의 나이는 고작 다섯 살이었다. 이로써 서프랑크왕국 귀족들의 결정으로 샤를 3세의 먼 친척뻘인 동프랑크왕국의 왕 카를 3세(재위 : 876~887년)가 겸직으로 서프랑크왕국을 다스리고 있었다. '비만왕'이라고도 불리는 카를 3세는 그러나 서프랑크왕국에 별 관심이 없었다. 서프랑크왕국에 왕이 없는 것과 마찬가지였다.

이런 상황에서 외드 백작이 885년 바이킹을 물리친 것이다. 파리를 두고 바이킹과 서프랑크왕국 사이에 발생한 파리 공성전은 886년까지 이어졌다. 파리를 장악하는 데 실패한 바이킹은 886년 또다시 쳐들어왔다. 그런데 이번에는 카를 3세가 바이킹들에게 뇌물을 주고 물러나도록 하는 조약을 맺는 일이 발생했다. 굴욕적으로 바이킹과 협상했다는 사실이 발각되면서 동프랑크왕국 내부에서 반란이 일어났고, 카를 3세는 폐위되고 말았다. 동프랑크왕국에서 반란을 주도한 인물은 카를 3세의 친조카 아르눌프(재위 : 887~899년)였다. 아르눌프는 삼촌을 밀어내고 동프랑크왕국의 왕에 올랐다.

참고로 아르눌프에 이어 그의 아들 루트비히 4세(재위 : 899~911년),

또 루트비히 4세에 이어 그의 외조카 콘라트 1세로 왕위가 승계된다. 앞서 동프랑크왕국에 관해 설명할 때 다룬 바 있는 콘라트 1세는 후사가 없었고, 후계자로 작센의 공작 하인리히 1세를 선정했다고 이야기한 바 있다. 그리고 카를 3세가 폐위되자 서프랑크왕국에서는 귀족들이 바이킹을 물리치는 데 업적이 있는 앙주의 백작 외드를 888년 국왕으로 추대했고, 외드는 898년까지 통치 후 샤를 3세에게 왕좌를 물려주었다.

아무튼 서프랑크왕국을 향한 바이킹들의 침략은 10세기 초에도 계속되는데, 이때 유명한 바이킹의 두목이 바로 롤로(약 850년~932년)이다. 이 시기 서프랑크왕국의 왕은 샤를 3세이다. 바이킹의 약탈행위가 극심해지자 샤를 3세는 롤로에게 "땅을 떼어줄 테니 정착 생활을 했으면 좋겠다. 그리고 백작으로 임명해주겠다."라고 제안했고 롤로는 이를 받아들인다. 이때가 911년이다. 이로써 샤를 3세는 오늘날 프랑스의 북서쪽 루앙이라는 지역을 롤로에게 할양하는데, 시간이 흘러 루앙 일대의 이름은 노르만족이 거주하는 곳이라고 해서 훗날 노르망디(Normandie)로 변했다.

6장에서 다시 다루겠지만 롤로의 후손이 1066년 바다 건너 잉글랜드를 쳐들어가서 노르만 왕조를 여는 대사건이 벌어지게 된다. 잉글랜드의 시작을 알린 윌리엄 1세(재위 : 1066~1087년)가 롤로의 후손이다. 참고로 롤로라는 이름은 프랑스식이고 바이킹으로 활약했을 때 이름은 흐롤프이다.

바이킹 외에도 마자르족이 수시로 프랑크왕국을 괴롭혔다. 바이킹들이 주로 서프랑크왕국을 침략했다면 마자르족은 오늘날 헝가리에 정착해서 주로 동프랑크왕국을 침략했다. 그런데 마자르족은 바이킹과 비교해서 괴롭힘의 수위가 높지는 않았다. 유목민인 마자르족은 말을 타고 싸우는 기병술과 함께 기동성과 기습작전에 뛰어나서 상대하기가 여간 어려운 일이 아니었다. 하지만 바이킹과 달리 잔인함이 덜했다. 마자르족은 단발적으로 치고 빠지는 침략을 수시로 반복했다. 마자르족의 기동성은 4세기 말 게르만족의 대이동을 일으킨 훈족 그리고 13세기 유럽을 공포로 내몬 몽골족과 흡사했다.

그러던 중 동프랑크왕국과 마자르족이 큰 충돌을 빚게 된다. 899년과 910년 사이에는 동프랑크왕국의 군대가 마자르족과 싸워 대패하는 일이 발생했다. 그렇다고 동프랑스왕국이 마냥 당할 수만도 없었다. 오토 대제 통치 때인 955년에는 독일왕국이 레히펠트에서 마자르족을 대파하기에 이른다. 시간이 흘러 973년 마자르족이 오토 대제에게 사절단을 보내 안정된 삶을 살아가기를 원하면서 양측간에 평화 분위기가 형성되는 전기를 맞았다. 시간이 흘러 마자르족은 신성로마제국의 국경 밖 동쪽에 AD 1000년쯤 헝가리왕국을 세우게 된다. 오늘날 헝가리인들의 조상이 바로 마자르족이다.

참고로 마자르족은 앞선 4세기 말 게르만족의 대이동을 일으키고 동유럽을 평정했던 훈족의 후예들이라는 학설이 있다. 오늘날 헝가리(Hungary)의 국명에서 'Hun'이 훈족의 '훈'에서 기인했다는 이야기이다. 하지만 이에 대해 부정하는 역사가들도 많다. 그 이유는 헝가리 사람들의 다수가 백인 계통이라는 이유에서다. 그래서 헝가리 사람들을 훈족의 후예라고 단정할 수는 없다. 그런데도 적잖은 헝가리 국민은 그 옛날 이 일대를 훈족이 다스렸다는 역사적 사실에는 자긍심을 갖고 있다.

1. '목자들의 경배'.
   바르톨로메 에스테반 무리요 1650년 作.
2. '십자가 위의 예수'. 루벤스 1627년 作.
3. '기독교 순교자들의 마지막 기도'.
   장 레옹 제롬 1863년 作.
4. 디오니시우스 엑시구스.

7장

'예수의 해'가 시작되다 'Anno Domini'

그리스도교 박해한 황제가 싫어 탄생한 '서기(AD)'

올해는 2025년이다. 이 숫자의 의미는 예수 그리스도가 이 땅에 온 지 2025년이 흘렀다는 뜻이다. 우리는 크리스천이든 아니든 예수가 몇 해 전에 태어났는지를 무의식적으로 알고 있다. 그런데 엄밀히 따지면 2025년이라는 기간이 예수가 탄생한 지 정확히 2025년이 흘렀다는 이야기는 아니다. 몇 해의 오차가 있다. 예수는 최소 BC 4년에서 최대 BC 7년에 태어났다. 우리가 통상 알고 있는 것보다 길게는 7년, 짧게는 4년의 오차가 있다. 왜 이렇게 된 것일까.

'2025년'이 갖는 의미를 명확히 이해하기 위해서는 숫자 앞에 'AD'를 붙여서 'AD 2025년'이라고 해야 한다. AD는 'Anno Domini'라는 라틴어의 앞 글자만 딴 단어이다. 우리말로는 '예수의 시대'라는 뜻이다. 크리스천 중에는 '주님의 해'라고 풀이하는 이들도 있다. 이로써 기원후를 '주후', 기원전을 '주전'이라고 부른다. 'AD 2025년'의 정확한 의미는 '예수의 시대가 열린 지 2025년이 되는 해'라는 뜻이다.

'서기'는 서양에서 시작되었고 '서력기원(西曆紀元)'의 줄임말이다. 국립국어원 표준국어대사전에 나온 '서력기원'의 뜻은 '연대를 계산하는 데에 기준이 되는 해를 예수 그리스도가 태어난 해를 기준으로 삼은 책력'이다. '책력(冊曆)'은 '1년 동안의 월일, 해와 달의 운행, 월식과 일식, 절기, 특별한 기상 변동 따위를 날의 순서에 따라 적은 책'을 말한다. 결국 예수 탄생 이후 하루하루 계산된 달력들을 한데 모은 것이 서력기원이다.

그런데 예수가 탄생했을 시기 당대 사람들이 "올해는 AD 1년이다."라면서 지금처럼 서기를 사용한 것은 아니다. 서기는 예수가 태어나고 500

년가량이 흐른 뒤부터 사용되기 시작했다. 그렇다면 서기는 언제부터 사용된 것일까. 그 시작점은 예수 탄생 이후 500년 정도가 흐른 6세기 초부터이다. 유럽인들이 서기를 사용하게 된 배경에는 크리스천들에게 대박해를 가한 디오클레티아누스 황제가 있다. 이 이야기를 해보려고 한다.

지금으로부터 약 2070년 전 공화정 체제의 로마는 율리우스 카이사르가 통치하고 있었다. 카이사르는 BC 45년부터 1년을 365일로 하는 달력을 사용했는데, 그 이름은 '율리우스력'이었다. 그런데 1년은 정확히 365일이 아니라 조금 더 긴 365.2422일이다. 그래서 이를 해소하기 위해 4년에 한 번씩은 '2월'을 28일에서 하루 늘린 29일로 하는 윤년을 만들었다. 이로써 그동안 달력을 만드는데 발생했던 혼란과 착오가 대폭 줄어들었다. 참고로 달력에서 7월의 영어 'July'는 율리우스 카이사르(Julius Caesar)의 이름에서 따왔고, 8월의 영어 'August'는 아우구스투스(Augustus)에서 따왔다.

하지만 우리나라를 비롯해 서유럽과 미국 등 전 세계 대다수 국가에서 사용하는 달력은 율리우스력이 아니라 '그레고리우스력'이다. 그레고리우스력은 율리우스력에서 발생하는 오차를 줄인 것이다. 율리우스력은 매년 약 11분의 오차가 발생하기에 128년마다 하루씩 누적된다. 이를 해소하기 위해 교황 그레고리우스 13세(재임 : 1572~1585년)가 1582년 새로운 달력을 도입했다.

교황 그레고리우스 13세는 1년을 365.2425일로 계산하면서 윤년을 적용하는 규칙을 수정해 100년을 단위로 하는 기간 즉, 세기(世紀)의 해 중에서 숫자 400으로 나누어서 딱 떨어지지 않는 해에는 윤년에서 제외했다. 이것이 바로 '그레고리우스력'이다. 이로써 오차가 확연히 줄어들어서 약 4,909년마다 하루의 오차가 발생하게 되었다. 사실상 오차가 사라진 셈이다.

참고로 러시아 정교회, 세르비아 정교회, 예루살렘 정교회 등 정교회를 믿는 일부 국가는 성탄절과 부활절 등 그리스도교 주요 행사를 율리우스력으로 계산해 기념하고 있다. 1582년 로마가톨릭 교황이 새로운 달력을 고안했으나 일부 정교회는 기존 방식대로 성탄절과 부활절을 계산하고 있다. 이로써 율리우스력으로 성탄절 12월 25일은 그레고리우스력으로 볼 때 1월 7일이다.

아무튼 로마제국은 로물루스가 로마를 건국한 BC 753년부터 연호를 측정했다. 로마가 탄생한 연도를 'A.U.C 1년'으로 표기한 것이다. 'A.U.C'는 라틴어로 'Ab Ube Condita'의 줄임말로서 '로마 건설 이후'라는 뜻이다. 예를 들어 카이사르는 BC 100년에 태어났으니 로마력으로 계산하면

'A.U.C 654년'이 카이사르의 출생 연도이다. 쉽게 말해서 카이사르는 로마 건국 후 654년이 흐른 해에 태어난 것이다.

그러던 중 한창 세월이 흘러서 그리스도교에 대박해를 가한 디오클레티아누스 황제 통치가 끝나고 콘스탄티누스 황제에 의해 박해가 종식되었다. 그런데 크리스천들은 "박해로 숨진 순교자들을 잊지 말자."라고 생각하게 되었다. 그러면서 고안해낸 것이 크리스천들만이 사용하는 연호였는데, 순교자라는 뜻의 라틴어 '마르티르(martyr)'를 사용해 디오클레티아누스 황제의 제국 2분할 통치가 시작된 286년를 '마르티르 1년'으로 사용하기 시작했다. 이 연호를 사용하면 자연스럽게 로마제국의 마지막 그리스도교 대박해로 순교한 자들을 떠올릴 수가 있었던 것이다.

'마르티르'를 사용하는 연호는 그 이후 250년 가까이 사용되었다. 오랜 세월 동안 별다른 문제는 없었다. 그런데 갑자기 6세기에 활동한 수도사 디오니시우스 엑시구스(470~544년)가 이런 생각을 한 것이다. "대박해시대 순교자들을 기억하는 것은 좋은 취지이다. 하지만 잊고 싶은, 정말 떠올리는 것조차 싫은 디오클레티아누스 황제가 계속 생각나는 것은 정말 싫다!" 그렇다고 해서 엑시구스가 어느 날 갑자기 뜬금없이 자기 혼자서 이런 생각을 한 것은 아니었다. 엑시구스가 이렇게 생각하게 된 배경에는 "부활절 날짜를 계산하라."라는 교황의 지시가 있었기 때문이다.

예수의 시대 '서력기원(AD)' 이렇게 탄생했다

디오니시우스 엑시구스는 그리스도교 수도사이면서 신학자, 수학자, 천문학자였다. 그의 이름 뒤에 있는 엑시구스(Exiguus)는 라틴어인데 '작다(小)'라는 뜻이다. 후대인들은 그를 소(小) 디오니시우스라고 부른다. 엑시구스라는 명칭은 임의로 붙인 것이다. 이렇게 된 이유는 앞선 BC 4세기 고대 그리스 시칠리아 시라쿠사의 참주 디오니시오스(BC 약 430~367년)와 구별하기 위한 것이었다. 참고로 디오니시우스 엑시구스는 헬라어로 기록된 신약성경을 라틴어로 번역한 인물이다. 또 헬라어로 작성된 니케아공의회 신조와 콘스탄티노폴리스공의회 신조, 칼케돈공의회 신조도 엑시구스가 라틴어로 번역했다.

엑시구스는 책력 전문가였다. 천문학과 수학을 이용해 달력 날짜를 계산하는 사람이었다. 그리고 당시는 서로마제국이 멸망한 뒤였고, 게르만족의 일파인 프랑크족이 세운 프랑크왕국 시기였다. 그런데 525년 교황 요한 1세(재임 : 523~526년)가 엑시구스에게 "부활절을 계산하는 연대표를 작성하라."라고 명령했다. 주지하다시피 성탄절은 매년 12월 25일이다. 하지만 부활절은 매년 일정한 날짜가 아니라 해마다 다르다. 부활절은 '춘분이 지나고 보름달이 뜬 이후 직후의 일요일'이다. 다소 복잡하기는 해도 당시에는 이보다 더 좋은 부활절 계산법은 없었던 모양이다.

춘분을 이용한 부활절 계산법은 325년 니케아공의회에서 결정되었다. 이전까지는 부활절이 유대교 기념일인 유월절에 맞추어서 기리는 부활절과 춘분 계산법 등 2개가 존재했다. 유대교에서 빠져나온 크리스천들은 유대교의 기념일인 유월절에서 사흘째가 되던 날을 부활절로 기렸다. 이렇게 된 배경은 예수가 십자가에 매달리기 하루 전 12제자들과 가진 식사가 유월절을 기리는 기념행사였다는 것이다. 우리는 이것을 예수가 처형되기 전 '최후의 만찬'으로 알고 있다. 레오나르도 다 빈치(1452~1519년)

의 그림 때문이다. 레오나르도 다 빈치가 이탈리아 밀라노에 있는 산타 마리아 델레 그라치에 성당 수도원의 식당 벽화로 1498년 완성한 '최후의 만찬'은 유월절을 기리는 행사였다.

결국 유월절 다음날 예수는 처형되고, 처형된 날을 합쳐 사흘째 되던 날 예수는 부활했다는 것이다. 결론적으로 유대교를 버린 유대인 크리스천들과 비유대인 크리스천들의 부활절 계산법이 서로 달랐다. 이로써 니케아공의회 개최 전까지 그리스도교 사회 내에서 부활절은 춘분에 의한 계산법과 유월절을 근거로 삼은 계산법 등 2개가 동시에 사용되었다.

지역별로는 예루살렘을 중심으로 유월절 계산법을 사용해 부활절을 기렸고, 알렉산드리아를 중심으로는 춘분에 의한 계산법으로 부활절을 기리는 양상이 뚜렷하게 양분되었다. 이 같은 혼잡한 상황을 콘스탄티누스 황제가 니케아공의회를 통해 하나로 정리하면서 오늘날까지 춘분을 기준으로 부활절이 계산되고 있다. 참고로 당시 로마제국 사람들은 낮과 밤의 길이가 같아지는 춘분 때 '천지가 창조'되었다고 믿었다. 일종의 미신이었다.

교황의 명을 받은 엑시구스는 부활절 연대표를 작성해야 했는데 갑자기 기분이 나빴다. 앞서서 말한 대로 부활절 연대표를 만드는 과정에서 연호 '마르티르'를 사용해야 하는데 그리스도교를 박해한 디오클레티아누스 황제가 계속해서 떠오른 것이었다. 이로써 엑시구스는 교황에게 "굳이 계속해서 마르티르를 연호로 사용할 필요가 있습니까?"라고 물었다. 그러면서 새로운 방식의 연호 사용을 제안했는데, 그것이 바로 예수 그리스도 탄생 시점이었다. 교황 역시 엑시구스의 말을 들어보니 일리가 있었다.

그렇다고 연호 변경에 대한 제안은 엑시구스가 처음은 아니었다. 앞서

6세기 초 수학자 빅토리우스(생몰 미상)가 주장한 적이 있었다. 빅토리우스 역시 디오클레티아누스 황제가 떠오르는 연호를 사용하는 대신 예수 그리스도와 관련된 것으로 바꾸자고 제안했다. 하지만 빅토리우스는 예수 탄생 시점이 아니라 예수가 부활한 해를 원년으로 삼자고 주장했다. 그런데 빅토리우스의 제안에 대해 사람들은 별 관심이 없었다. 이 같은 선례가 있었기에 엑시구스의 연호 변경 제안은 거절당하지 않고 생각 외로 교황에게 쉽게 받아들여졌다.

이로써 엑시구스는 예수가 성녀 마리아의 몸을 통해 이 땅에 오신 '그 해'를 찾기 시작했다. 신약성경을 근간으로 삼아 각종 자료를 통해 계산한 결과 엑시구스가 내린 결론은 예수의 탄생 시기는 로마제국이 탄생한 지 754년이 흐른 'A.U.C 754년'이었다. 이로써 엑시구스가 그토록 찾으려고 했던 '그 해' 즉 '주님의 해(Anno Domini)' 첫 번째 연도 'AD 1년'이 탄생했다. 이러한 방식으로 계산해보니 엑시구스가 서력기원을 탄생시킨 해는 AD 525년이었다.

예수 그리스도는 AD 1년에 태어나지 않았다

엑시구스가 만든 연호 '서력기원(AD)'은 곧바로 유럽 사회 전역에서 사용된 것은 아니었다. 약 500년가량이 흘러 11세기부터 유럽 사회에서 사용된 것으로 추정하고 있다. 이미 'A.U.C'를 연호로 사용하고 있는데 새로운 연호를 쓴다는 것은 쉽지 않았다. '서기'는 18세기가 되어서야 서유럽을 뛰어넘어 전 세계적으로는 사용하기 시작했다. 18세기는 인류 역사에서 상당히 중요한 산업혁명이 영국에서 일어난 시기였기 때문이다.

참고로 18세기는 자본주의, 그중에서도 산업자본주의가 탄생한 시기이다. 결국 자본주의가 전 세계로 뻗어나가면서 국가 간 무역이 필요했고, 이로써 다양한 국가들 사이에서는 통일된 연호가 필요했다. 많은 국가가 서력기원을 받아들인 것이다. 그런데 우리나라는 생각보다 늦게 서기를 받아들였다. 대한민국은 1961년까지 '단군기원(檀君紀元)'의 약자인 '단기'를 사용하다가 그해 12월 2일 공포된 「연호에 관한 법률」에 의거해 1962년 1월 1일부터 본격적으로 서기를 사용했다.

그러던 중 후대 학자들은 엑시구스가 고안한 AD 연호법에서 치명적인 실수를 발견하게 된다. 그것은 바로 예수의 탄생 연도가 잘못 계산되었다는 것이다. 학자들은 예수가 고대국가 로마 탄생 후 754년째인 A.U.C. 754년이 아니라 그 이전인 A.U.C. 750년에서 A.U.C 747년 사이라는 것을 발견했다. 엑시구스가 어떠한 이유로 계산상의 착오를 일으켰는지는 그 누구도 알 수가 없다. 후대 학자들이 4~7년이라는 차이를 발견했으나 오랜 기간 사용하고 있던 AD 연호법을 갑자기 수정하는 것도 말처럼 쉽지 않았다. 그래서 오늘날처럼 4~7년의 오차가 생긴 상태로 사용하고 있다.

그렇다고 해서 예수의 탄생 연도가 성경 상에 정확히 기록된 것도 아니다. 예수 탄생에 대한 글은 신약성경에 기록되어 있다. 총 27권인 신약성경 중에서 예수 탄생 관련 글은 마태복음과 누가복음 단 2권에만 기록되어 있다. 성경 외에도 역사가인 요세푸스(약 37~약 100년)와 타키투스(56~120년)의 저서 등을 통해 예수의 탄생 연도를 추정할 수는 있지만, 정확히 "이때다!"라고는 단정할 수 없다. 특히 마태복음과 누가복음 등 2

권의 성경에도 예수 탄생과 관련해서 치명적으로 큰 차이를 보이고 있기에 오늘날 많은 사람은 성경에 대해서도 불신을 던지는 시각이 있다.

아무튼 성경과 여러 기록을 근간으로 예수 탄생 연도를 유추해본다면, 우선 예수는 유대인들의 분봉왕인 헤롯의 통치 때 태어난 것은 확실하다. 헤롯의 통치는 BC 37년부터 BC 4년까지이다. 그로 인해 예수는 최소 BC 4년에 태어났고, 그 이전에 태어났을 수도 있다. 신약성경 마태복음 2장 1절은 "헤롯 왕 때에 예수께서 유대 베들레헴에서 나시매 동방으로부터 박사들이 예루살렘에 이르러 말하되."라고 기록되어 있다. 하지만 이 부분도 오류가 있다. 그것은 바로 동방박사들이 베들레헴에 도착한 시기는 예수가 태어난 그해가 아니기 때문이다.

마태복음 2장 16절은 "이에 헤롯이 박사들에게 속은 줄 알고 심히 노하여 사람을 보내어 베들레헴과 그 모든 지경 안에 있는 사내아이를 박사들에게 자세히 알아본 그때를 기준하여 두 살부터 그 아래로 다 죽이니."라고 기록되어 있다. 이 말은 곧 동방박사들이 예수 탄생 2년 후에 베들레헴에 도착했다는 것이다. 이렇게 되면 예수는 BC 6년쯤 태어났을 수도 있다는 추론이다. 예수가 헤롯왕 통치 때 태어난 것은 맞지만 헤롯왕이 죽은 BC 4년인지 아니면 한 해 전인 BC 5년인지, 그것도 아니면 BC 6년, 또는 BC 7년인지 명확히 알 수 없다.

예수 탄생과 관련해 성경 상의 불일치는 또 있다. 누가복음 2장 1~2절은 "그때에 가이사 아구스도가 영을 내려 천하로 다 호적하라 하였으니, 이 호적은 구레뇨가 수리아 총독이 되었을 때에 처음 한 것이라."라고 기록되어 있다. 성경 상의 가이사 아구스도는 로마제국의 초대 황제 아우구스투스이다. 아우구스투스는 호구조사 명령을 내렸고, 이로써 요셉과 마리아는 그들이 살던 나사렛에서 150㎞가량 떨어진 요셉의 고향 베들레헴으로 가야만 했다.

그런데 당시 유다 지역을 다스리던 시리아의 총독은 구레뇨가 아니었다. 구레뇨는 라틴어로 퀴리니우스(BC 51~AD 21년)이다. 퀴리니우스가 시리아의 총독이 된 것은 AD 6년부터이다. 이로써 학자들은 누가복음의 기록이 잘못되었다고 결론 내렸다. 이에 대해 일부 학자들은 신약성경을 헬라어에서 라틴어로 번역하는 과정에서 실수가 있었다고 분석하기도 한다. 그것은 바로 누가복음 2장 2절 "이 호적은 구레뇨가 수리아 총독이 되었을 때 처음 한 것이라."에서 '처음'에 대한 오역이다.

헬라어로 처음이라는 단어는 '프로토스'인데, 이는 '처음(first)'과 '이전(before)'이라는 두 가지 뜻을 가진 '프로토스'를 '처음'으로 단정해서 잘못 해석했다는 것이다. 결국 한 단어의 오역으로 인해 예수가 퀴리니우스 총독 시절에 태어난 것으로 착각을 불러일으켰다는 것이다. 어쨌든 예수는 퀴리니우스 총독 때 태어나지는 않았다. 역사가 요세푸스에 의하면 헤롯왕 통치 말기부터 예수가 태어날 때까지 유다 지역을 다스린 로마제국의 총독은 푸블리우스 퀸크틸리우스 바루스(BC 46~AD 9년)였다. 누가복음의 기록이 잘못된 것이다.

예수가 AD 1년보다 몇 해 전에 태어났다는 사실은 로마가톨릭도 인정했다. 2012년 교황 베네딕토 16세(재임 : 2005~2013년)는 자신이 펴낸 「나사렛 예수, 유년기의 기술」이라는 책에서 "예수가 그리스도교에서 탄생 연도로 생각하는 서기 1년보다 몇 해 전에 태어났으며, 교회에서 사용해온 달력은 중세시대 수도사의 오류로 만들어진 것이다."라고 밝혔다. 그리고 그 오류는 6세기 수도자 디오니시우스 엑시구스 때문이라는 것이다. 이로써 예수의 탄생 연도는 최소 BC 4년에서 최대 BC 7년으로 봐야 한다는 것이다.

참고로 '기원전'이라는 영어 'BC'가 있다. 이는 영어로 'Before Christ'의 약자이다. '예수 그리스도가 태어나기 전(前)'이라는 뜻이다. 기원전을 라틴어가 아닌 영어를 사용하게 된 이유는 뭘까. 그것은 바로 BC를 사용한 지가 300~400년 정도밖에 되지 않았기 때문이다. 굳이 이 시기에 라틴어를 쓸 필요가 없었다는 이유다. BC가 뒤늦게 사용된 이유는 그 옛날 크리스천들은 예수 탄생 이전 시대를 한 덩어리로 뭉쳐서 그냥 '옛날'로 치부했기 때문이다. 세세하게 연도를 따질 필요가 없었다. 그러던 중 17세기에 접어들면서 역사학, 고고학 등의 학문이 발전하면서 서기 이전의 시대를 연도별로 계산할 필요가 생기면서 BC가 뒤늦게 생겼다.

9세기 바이킹의 대이동 경로.

8장

유럽의 판도 뒤흔든 무자비한 바이킹

게르만족에 이어 바이킹의 대이동 시작되다

4세기 말 게르만족의 대이동으로 서유럽의 판도에 대변혁이 일어났다면, 9세기에는 스칸디나비아반도와 유틀란트반도에 거주하고 있던 바이킹들이 대거 이동하면서 또다시 유럽 사회에 변화가 일어났다. 특히 바이킹의 대이동은 서유럽에만 영향을 미친 것이 아니라 동유럽에도 진출하면서 러시아를 태동시키는 주요한 역할을 했다. 또한 프랑스 북서쪽 노르망디에 자리 잡고 있던 바이킹들은 1066년 브리튼 섬으로 진출해 앵글로-색슨족이 세운 왕조를 무너뜨리고 영국 역사의 시금석을 놓는다. 바이킹의 대이동은 게르만족의 대이동 못잖게 중세 유럽의 판도 자체를 뒤집어 놓는 대사건이었다.

앞서서 언급했듯이 로마제국 사람들은 스칸디나비아반도와 유틀란트반도에 거주하던 사람들을 노르만족 또는 노르드족이라고 불렀다. 그리고 이들은 바이킹이라고도 불린다. 그러나 바이킹들은 저마다 지역별로 달리 불렸는데 오늘날 덴마크, 스웨덴, 노르웨이에 거주하던 종족은 각각 데인인, 스웨드인, 노르인이라고 불렸다. 이들은 거주지에서 부족 단위로 어업과 목축 및 상업활동을 하며 살고 있었다.

그러던 중 9세기에 대이동을 시작한 것이다. 그 이유는 기후변화에 따른 인구 증가라고도 말하고, 혹자는 왕권이 형성되면서 작은 영토를 가진 부족장들이 설 자리를 잃게 되자 어쩔 수 없이 자기만의 영역을 차지하기 위해 거주지를 떠났다는 분석도 있다. 부족장들은 왕 밑에서 굴종하기보다는 대장 노릇을 계속하기 위해 토지를 갖지 못한 사람들을 이끌고 여타 국가들에 대한 약탈을 선택했다는 것이다. 이유가 어쨌든 바이킹들의 약탈행위는 이렇게 시작되었다.

이들은 기동성이 뛰어난 가느다랗고 기다란 배(long ship)를 몰고 다니며 치고 빠지는 수법으로 약탈을 이어갔다. 바이킹들이 탄 배는 '긴 독사'라는 뜻의 'long serpent'라고도 불렸다. 이 배의 특징은 앞과 뒤가 따로 없었기에 전진하다가도 손쉽게 몸을 180도 틀어 후진할 수 있었다. 해안가에 도착하면 성직자이든 일반 시민이든 상관없이 죽이고 돈이 될 만한 것은 모조리 빼앗았다.

바이킹이라고 해서 무조건 약탈에 성공한 것은 아니다. 대이동의 초기인 8세기 말 프랑크왕국에 출몰했다가 카롤루스 1세에 의해 격파되기도 했다. 이후 프랑크왕국에 대한 약탈이 뜸해졌다가 9세기 들어 다시 약탈이 시작되었다. 급기야 842년에는 프랑크왕국 낭트에서 주교와 휘하 성직자들을 모조리 죽이는 끔찍한 사건까지 발생했다. 바이킹들 시각에서 다른 민족의 종교 따위는 아무런 가치가 없었다. 말 그대로 바이킹은 공포 그 자체였다. 프랑크왕국을 침략한 바이킹들은 주로 유틀란트반도에 거주하던 데인인이었다.

하지만 바이킹들이 진정 원했던 것은 정착이었다. 이러한 마음을 꿰뚫어 본 사람이 있었으니 서프랑크왕국의 왕 샤를 3세였다. 샤를 3세는 데인인을 이끌고 온 대장 흐롤프에게 약탈행위를 멈추고 정착을 권유했다. 흐롤프는 이를 받아들였고, 샤를 3세는 파리에서 북서쪽으로 센강 하류 지역의 땅 루앙을 제공했다. 흐롤프는 911년 샤를 3세에 의해 루앙백국의 백작에 봉해지면서 롤로가 되었다.

루앙 일대는 노르만족이 거주하게 되면서 향후 노르망디라고 이름 지어졌고, 루앙은 백국의 지위에서 공국으로 격상된다. 그리고 서프랑크왕국에 정착한 바이킹들은 빠른 속도로 서프랑크왕국의 문화를 받아들이면서 프랑크화(化)가 되었다.

바이킹 중 데인인의 일부는 9세기 중엽 북해를 건너 브리튼 섬으로 향했다. 당시 브리튼 섬은 게르만족의 일파인 앵글로족과 색슨족이 앞선 5세기 로마제국이 빠져나간 틈을 이용해서 장악한 뒤 7개 왕국으로 갈라져서 서로 물고 뜯은 7왕국시대였다. 그런데 브리튼 섬의 동쪽 해안가로 대규모의 바이킹들이 침략한 것이다.

이들은 앞서 브리튼 섬을 대상으로 소규모로 약탈행위를 일삼다가 "브리튼 섬이 살기 좋다."라고 판단해서 대침략을 감행한 것이다. 무려 300척이 넘는 배에 바이킹들이 나누어 타고 브리튼 섬으로 향했다. 앵글로-색슨족은 당시 7왕국시대여서 서로 치고받고 싸우고 있었는데, 침략해 들어온 바이킹과 맞서기 위해 이때만큼은 힘을 합쳐 대응했다.

그러나 7개 왕국은 하나둘씩 바이킹들에게 무릎을 꿇고 말았다. 결국 웨식스의 국왕 알프레드는 바이킹들과 협상했다. "브리튼 섬 동부 일대를 줄 테니 정착 생활을 하면 좋겠다."였다. 그로 인해 브리튼 섬 남부의 좌우로 앵글로-색슨족과 바이킹이 안착하면서 양분되었고 오랜 기간 불편한 동거가 지속되었다. 데인인들은 그들이 점령한 지역에서 그들의 법(law)에 따라 통치했는데, 이로써 그 지역이 데인로(Dane law)라고 불리었다.

이와 함께 바이킹 중 오늘날 스웨덴에 거주하던 스웨드인은 장차 러시아가 태동할 동유럽으로 향했다. 일설에 의하면 침략이 아니라 그곳에 거주하던 슬라브인의 초청을 받아서 갔다고 하는데, 이는 전설로 내려오는 이야기이다 보니 100% 믿을 수 있는 것은 아니다. 당시 슬라브인은 국가다운 국가를 형성하지 못하고 있었는데, 동유럽으로 건너간 바이킹들이 노브고로드에서 공국 형태의 국가를 만든 후 영토를 오늘날 우크라이나의 수도 키이우(러시아명 키예프)까지 넓혔다. 이로써 향후 전 세계에서 가장 큰 영토를 지닌 국가 러시아의 초석을 다지게 된다. 바이킹들이 영국과 러시아를 태동시킨 것이다.

반면 오늘날 노르웨이에 거주하던 노르인은 북서쪽으로 향해서 아이슬란드에 이어 그린란드를 개척했다. 아이슬란드에 도착한 바이킹은 에리크 토르발손(950~1003년)이다. 그의 별명은 '붉은 머리 에리크'인데, 그는 살인을 저질러 3년 동안 아이슬란드에서 쫓겨난 후 배를 타고 서쪽으로 가서 그린란드를 발견했다. 그곳에서 3년간 머문 뒤 다시 아이슬란드로 가서 사람들을 설득 후 350명을 데리고 그린란드로 돌아가서 정착하게 된다.

토르발손의 세 아들 중 한 명이 레이브 에리크손(970~1020년)인데, 탐험가였던 그는 '나무가 많은 땅이 있다'라는 소문을 듣고 AD 1000년쯤 35명을 이끌고 항해에 나서서 도착한 곳이 바로 북아메리카였다. 에리크손은 그곳을 빈란드(Vinland)라고 이름 붙였다. 비록 에리크손은 아메리카 선주민들과의 충돌로 땅을 포기하고 그린란드로 돌아갔다. 하지만 1492년 남아메리카를 발견한 크리스토퍼 콜럼버스(1450~1506년) 보다 500년가량 앞서서 아메리카 대륙을 발견한 유럽인이라고 평가받기도 한다.

프랑스 휘저은 바이킹이 잉글랜드 정복하다

영국 역사에 관한 이야기이다. 오늘날 영국은 잉글랜드를 중심으로 스코틀랜드, 웨일스, 북아일랜드가 연합을 이룬 단일 국가이다. 하지만 중세시대 영국을 이야기할 때는 잉글랜드에만 국한된다. 잉글랜드는 5세기에 브리타니아로 들어온 게르만족의 일파인 앵글로-색슨족에 의해 형태를 갖추게 되었다. 이들에 의해 잉글랜드라는 명칭도 생겼다. 그러나 오늘날 잉글랜드의 역사는 1066년을 시작점으로 보고 있다. 그 이유는 앵글로-색슨족이 세운 왕조가 이 시기 프랑스 노르망디에 있던 바이킹의 후손에 의해 전복된 후 현재까지 1,000년가량 이어져 오고 있기 때문이다.

잉글랜드는 앵글로-색슨족 혈통의 알프레드 대왕에 의해 통일의 초석을 다졌고, 그의 손자 애설스탠이 927년 통일 국가를 만들어서 잉글랜드왕국의 초대 왕에 등극했다. 그런데 시간이 흘러 애설레드 2세(재위 : 978~1013년, 1014~1016년) 통치 때인 1013년 또다시 덴마크에 있던 바이킹들이 잉글랜드를 침공해 들어와서 왕좌를 빼앗는 사태가 발생했다. 이때 애설레드 2세의 어린 아들 에드워드(1003~1066년)는 어머니 엠마(984~1052년)의 고향 프랑스 노르망디로 피신했다.

애설레드 2세는 그러나 왕좌를 빼앗겼다가 이듬해 복귀했다. 이로써 프랑스로 피신 갔던 에드워드도 잉글랜드로 돌아왔다. 그런데 애설레드 2세는 1016년 4월 세상을 뜨고 만다. 뒤를 이어 에드워드의 배다른 형 에드먼드 2세(재위 : 1016년 4~11월)가 왕위에 올랐는데 1016년 겨울 또다시 바이킹들이 쳐들어온 것이다.

국왕 에드먼드 2세는 바이킹에 맞서 용감히 싸웠으나 전쟁에서 패했고, 바이킹을 이끌고 온 크누트(재위 : 1016~1035년)가 잉글랜드 왕의 자리를 차지했다. 이로써 10대 초반의 나이였던 에드워드는 또다시 어머니의 고향 프랑스 노르망디로 피신 가는 신세가 되었다. 그런데 이번에는 에드워드만 프랑스로 갔고 그의 어머니 엠마는 잉글랜드에 남아서 크누트와 정략적으로 결혼하게 된다. 이때부터 잉글랜드는 1042년까지 바이킹들이 다스리게 되고, 에드워드는 노르망디에서 26년 동안 고향을 그리워하며 살아야만 했다.

에드워드가 다시 프랑스 노르망디로 갔을 때 노르망디공국의 공작은 리샤르 2세(재임 : 996~1027년)였다. 리샤르 2세 통치 때 프랑스의 노르망디가 백국에서 공국으로 승격했다. 그리고 리샤르 2세는 초대 노르망디의 백작이던 롤로의 증손자인데, 에드워드의 어머니 엠마는 리샤르 2세의 여동생이다. 결국 에드워드에게 리샤르 2세는 외삼촌이다. 에드워드는 외삼촌이 다스리던 노르망디공국으로 1016년 피신을 왔고, 고향 잉글랜드로 돌아가는 날을 손꼽아 기다렸으나 그날은 쉽사리 오지 않았다.

그렇게 세월이 흘러 노르망디공국의 공작은 로베르 1세(재임 : 1027~1035년)에 이어 그의 서자 기욤 2세(약 1028~1087년)가 공작이 된다. 에드워드에게 기욤 2세는 조카였다. 그런데 하루는 에드워드가 기욤 2세에게 이런 말을 한다. "내가 만약 잉글랜드 왕이 되면 차기 왕좌를 너에게 물려주겠다." 에드워드가 실제 이렇게 약속했는지, 언제 했는지는 정확히 알 수 없으나 기욤 2세의 주장은 이러했다.

그리고 잉글랜드에서는 크누트 왕이 1035년 죽고 그의 아들 헤럴드 1세(재위 : 1037~1040년)와 하르다크누트(재위 : 1040~1042년)가 뒤를 이었다. 그런데 헤럴드 1세와 하르다크누트는 배다른 형제였다. 하르다크누트와 에드워드는 아버지는 달라도 어머니(엠마)는 같았다. 에드워드가 프랑스로 피신 갔을 때 잉글랜드에 남았던 어머니 엠마가 크누트 왕과 결혼해서 1020년에 낳은 아들이 하르다크누트였다.

하지만 하르다크누트는 20대 초반에 심각한 병이 들었고 왕이 된 이듬해인 1041년 프랑스에 있던 에드워드를 잉글랜드로 불러들여서 왕위를 물려주겠다고 말했다. 하르다크누트에게는 자식이 없었다. 이렇게 해서 1016년 프랑스로 피신 갔던 에드워드가 26년이 흐른 1042년 잉글랜드 왕이 된 것이다. 독실한 크리스천이던 에드워드는 노르망디에 있을 때 "왕이 되면 로마 순례를 가겠다."라고 신에게 약속한 바 있었다. 그런데 실제 로마 순례는 가지 못했다. 대신 당시 자그마한 수도원이던 웨스트민스터 사원을 오늘날처럼 증축하는 등 로마가톨릭 발전에 심혈을 기울였다. 이로써 에드워드에게는 '참회왕' 또는 '고해왕'이라는 별칭이 붙었다.

참회왕 에드워드는 후사 없이 1066년 1월 세상을 떴다. 이어서 잉글랜드에서 막강한 힘을 가지고 있던 웨식스백국의 백작 헤럴드 2세(재위 : 1066년 1~10월)가 잉글랜드 왕의 자리를 차지했다. 헤럴드 2세의 아버지 고드윈 백작(재임 : 1020~1053년)은 에드워드가 왕이 될 때 강력히 후원했던 인물이었다. 고드윈은 앵글로-색슨족이 아니라 바이킹 출신이었다. 그리고 에드워드는 고드윈의 딸 에디스(생몰 미상)와 1045년 결혼했다. 그런데 에드워드와 장인 고드윈의 사이는 좋지 않았다. 고드윈은 에드워드의 동생을 죽인 인물이었기 때문이다. 에드워드가 죽자 처남인 헤럴드 2세가 왕위를 차지했다.

헤럴드 2세가 잉글랜드 국왕이 되자 프랑스 노르망디의 공작 기욤 2세가 발끈하고 나섰다. 앞서서 언급한 바대로 에드워드가 노르망디에 있을 때 기욤 2세에게 "내가 잉글랜드 왕이 된 이후 죽으면 왕좌를 주겠다."라고 약속했기 때문이다. 기욤 2세는 헤럴드 2세를 공격하기 위해 병사를 이끌고 1066년 10월 도버해협을 건넜다. 그리고 양측은 10월 14일 헤이스팅스에서 맞붙었다. 전투는 생각 외로 싱겁게 끝났다. 기욤 2세가 월등한 차이로 승리한 것이다. 이로써 잉글랜드에서 노르만 왕조가 문을 열었다. 기욤 2세는 잉글랜드에서 노르만 왕조의 초대 왕 윌리엄 1세로 등극했다.

덴마크 바이킹 침략으로 잉글랜드 7왕국 뭉치다

잉글랜드의 종교에 관한 이야기를 한다면, 브리튼 섬으로 그리스도교가 전파된 것은 6세기 말이었고 이때는 7왕국시대였다. 로마가톨릭의 교황 그레고리우스 1세는 597년 아우구스티누스(534~605년)와 40여 명의 선교사를 7왕국 중 켄트왕국의 켄터베리로 보내 복음을 전파하도록 명령했다. 다행히 켄트왕국의 왕비가 갈리아 출신이면서 크리스천이었기에 로마가톨릭 선교사들의 켄트 지역 복음 전파는 무난하게 진행되었다. 브리튼 섬에서의 그리스도교는 켄트를 기점으로 나머지 6개 왕국으로 서서히 전파되었다.

로마가톨릭 선교사들의 노력으로 브리튼 섬에는 켄터베리 대성당, 웨스트민스터 사원, 세인트폴 대성당 등등 오늘날까지 유명한 성당과 수도원들이 건립되었다. 선교사 아우구스티누스는 601년 켄터베리의 초대 대주교로 임명되었다. 특히 7세기부터 브리튼 섬의 왕국들은 로마가톨릭의 교회와 끈끈한 협력 관계를 맺었고 상호 부족한 점을 채워주면서 동반성장 했다. 이때부터 지금까지 그리스도교가 잉글랜드 사람들의 정신을 지배하게 된 것이다.

바다 건너 아일랜드의 경우 브리튼 섬에 앞서 그리스도교가 일찌감치 전파된 상태였다. 그 중심에 있던 인물은 성(聖, Saint) 패트릭(389~461년)이다. 아일랜드에서는 3월 17일이 '성 패트릭 데이'인데, 아일랜드의 수호자인 성 패트릭은 당시 그리스도교 전파를 위해 30년 가까운 세월 동안 각고의 노력을 기울였다. 그는 삼위일체를 쉽게 설명하기 위해 '세 잎 클로버'를 이용한 것으로 유명하다. 그 이유로 아일랜드 사람들은 '세인트 패트릭 데이' 때 클로버 색깔인 초록색 모자와 초록색 옷을 입고 지금도 성 패트릭을 추모하고 있다. 아일랜드와 브리튼 섬의 종교는 같은 그리스도교이나 조금의 차이를 보여서 한때 갈등도 빚었다. 하지만 7세기 중엽 아일랜드가 로마가톨릭의 방식을 따르면서 두 섬이 종교적인 통일성을 이루게 된다.

그러던 중 세월이 흘러 9세기 중엽 오늘날 덴마크에 거주하던 바이킹 중 데인인들이 대거 브리튼 섬을 침공하는 대사건이 발생했다. 당시 7왕국 중에서 중심 왕국의 왕은 '브레트왈다(Bretwalda)'라고 불렸는데, 웨식스왕국의 왕이 브레트왈다였다. 7왕국은 바이킹이 쳐들어왔음에도 불구, 힘을 합쳐 대응하지 않았다. 이로써 바이킹들에게 각개전투로 깨지기만 했다. 바이킹의 기세는 무서웠고 이스트 앵글리아, 이식스 그리고 노섬브리아의 남부, 머시아의 동부가 바이킹들의 손아귀에 들어갔다. 상황이 이렇게 되자 웨식스를 중심으로 나머지 6개 왕국이 똘똘 뭉치기 시작했다.

당시 웨식스의 왕은 알프레드였다. 알프레드에게는 형이 3명 있었는데 바이킹과의 전투에서 모두 전사했다. 그래서 왕위 계승 순위 밖에 있었던 알프레드가 왕이 된 것이다. 알프레드는 잉글랜드 영토 대부분을 바이킹들에게 빼앗기는 위기에 봉착하면서 자칫 앵글로-색슨족 출신 마지막 왕이 될 뻔했다. 그러나 알프레드는 잉글랜드를 구하기 위해 흩어진 나머지 6개 왕국과 힘을 합쳐 바이킹과 싸웠다.

특히 알프레드는 878년에는 운명을 건 에딩턴 전투에서 승리를 거두면서 앵글로-색슨족의 나라를 지키는 데 성공했다. 후대 역사가들은 알프레드가 없었으면 이 시기에 브리튼 섬은 바이킹들에게 장악됐을 것으로 분석하고 있다. 결국 885년 알프레드와 바이킹은 전쟁을 멈추기 위한 협상을 맺어 평화를 맞았다. 이로써 브리튼 섬 절반 아래의 북동부는 데인인들이 그들의 법으로 지배하는 데인로가 생겨난다. 그렇다고 양측간 충돌이 아예 없었던 것은 아니다. 890년 바이킹들이 협정을 무시하고 또다시 침략을 펼쳤으나 알프레드는 바이킹을 물리쳤다.

899년 알프레드 대왕이 세상을 뜨고 그의 장남 대(大) 에드워드는 바이킹들의 거주지 데인로의 대부분을 되찾는다. 이어서 화룡점정은 그의 아들 애설스탠이 찍는다. 애설스탠은 마지막까지 남아있던 바이킹들의 땅 요크를 점령하면서 북쪽 스코틀랜드와 남서쪽 웨일스를 제외한 브리튼 섬 남부 대부분 지역의 지배권을 장악했다. 이때부터 브리튼 섬 남부는 잉글랜드라는 국명을 사용하게 되고 애설스탠은 잉글랜드의 초대 왕으로 등극했다. 이후 바이킹들과 앵글로-색슨족은 한데 섞이게 되고 바이킹 대부분은 그리스도교를 받아들이면서 하나의 민족으로 살아가게 된다. 바이킹들의 침략이 흩어졌던 7개 왕국이 뭉치게 되는 계기를 안겨다 준 것이다.

바이킹, 동유럽 진출해 러시아 토대 이루다

9세기 중엽까지 오늘날 러시아 땅에는 이렇다 할 만한 국가가 형성되지 않았다. 당시 동유럽 일대에 거주하던 민족은 슬라브인이었는데, 이들은 문자가 없었고 미개한 수준에서 살고 있었다. 슬라브인들은 다른 민족들에게 붙잡혀서 노예로 전락하는 일이 빈번하게 발생하고 있었다. 그렇다 보니 서유럽 사회에서 슬라브인들은 하찮은 사람들이었고, 현재 영어권에서 '슬라브(slave)'라는 단어의 뜻은 '노예'로 사용하고 있다. 하지만 슬라브의 본뜻은 '영광'이다. 슬라브라는 멋진 단어가 서유럽 사람들에 의해 평가절하된 것이다.

이런 상황에서 슬라브인들 중에서 이 같은 상황을 바꾸고 싶어 하는 이들이 있었다. 그로 인해 슬라브인 일부가 스칸디나비아반도에 거주하던 바이킹들을 찾아가서 "여러분들이 우리를 좀 다스려주시오."라고 부탁했다는 것이다. 슬라브인들의 바이킹 초빙에 관한 이야기는 약 1,000년 전 작성된 「원초연대기」 라는 책을 통해 전해지고 있다. 하지만 일부 역사가들은 슬라브인들의 바이킹 초빙이 가공된 이야기라고 판단하고 있다. 실제는 바이킹들이 슬라브인들의 영토를 강제로 정복했는데도 마치 정당한 방법을 사용한 것처럼 꾸몄다는 주장이다. 어쨌든 바이킹들의 동유럽 진출은 9세기 중엽에 진행되었다.

동유럽으로 온 바이킹들은 오늘날 스웨덴에 거주하던 스웨드인이었고, 무리를 이끈 우두머리는 류리크(830~879년)였다. 류리크 일행이 자리 잡은 곳은 오늘날 상트페테르부르크 근처에 있는 라도가호수의 남쪽이었다. 류리크는 855년 이곳에 정착해서 국가의 기틀을 다진 후 세력을 넓혀가면서 결국 862년 국가를 세우는데, 이름은 노브고로드공국이다. 노브고로드공국이 러시아 태동의 씨앗이다. 이로써 류리크는 '러시아 건국의 아버지'로 불리고 있다.

당시 슬라브인들은 동유럽으로 온 바이킹들을 루스(Rus)라고 불렀다. 루스는 고대 노르만족 언어 로스(Rods)에서 왔는데, '노를 젓는 사람들'이라는 뜻이다. 루스라는 단어가 러시아라는 국가 이름의 근원이다. 러시아는 바이킹들에 의해 태동한 것이다. 루스라는 단어는 러시아 외에도 벨라루스에서도 찾을 수 있다. 벨라루스는 슬라브어 계열에서 흰색을 뜻하는 '벨라(bella)'와 '루스'가 합쳐진 말이다. 벨라루스는 옛 소련 시절 '백

러시아(White Russia)'라는 이름으로 알려져 있던 나라이다.

류리크는 879년 세상을 뜨는데, 그의 아들 이고리(878~945년)가 너무 어렸기에 류리크의 뒤는 친척인 올레그(879~912년)가 이어받는다. 올레그는 남쪽에 있는 키예프를 장악한 뒤 수도를 노브고로드에서 키예프로 옮기고 국명 역시 키예프공국으로 변경했다. 키예프는 러시아어인데 현재 우크라이나의 수도이다. 하지만 2022년 러시아·우크라이나 전쟁 발발 후 우크라이나의 젤렌스키 대통령(재위 : 2019년~현재)은 "키예프를 우크라이나 언어인 키이우로 불러달라."라고 국제사회에 호소했다. 그런데 이 글에서는 러시아의 역사를 말하는 것이기에 키예프라고 부르겠다.

올레그는 영토 확장과 더불어 국명을 바꾼 후 국가의 위상을 공국에서 대(大)공국으로 격상시켰다. 그러면서 군주의 지위도 공작에서 대공으로 올렸고, 국명을 '키예프루스'라고 명명했다. 올레그 통치 때부터 러시아의 어원이 되는 '루스'가 사용되었다. 이로써 일각에서는 러시아의 출발을 올레그로 보는 시각도 있다.

키예프 루스는 올레그가 세상을 뜬 후 류리크의 아들 이고리가 이어받는다. 이고리 1세(재위 : 912~945년)는 남쪽에 있는 비잔티움제국을 장악하기 위해 941년부터 944년까지 공격을 가하지만 실패했고, 양 국가는 945년 평화조약을 맺었다. 이고리 1세는 러시아 역사에서 큰 비중이 없으나 그의 아내 올가(945~963년)는 종교적인 면에서 비중이 있기에 살짝 다루겠다.

당시 동유럽 일대에는 슬라브인 외에도 다른 종족들이 있었는데, 이고리 1세는 세금 납부 방식에 불만을 가진 드레블랴네족에 의해 945년 살해되고 만다. 이어 그의 아들 스뱌토슬라프(약 942~972년)가 뒤를 이어야 했는데 나이가 너무 어려서 이고리 1세의 부인 올가의 섭정이 펼쳐졌다. 올가가 러시아의 종교 역사에서 중요한 이유는 비잔티움제국으로 가서 그리스도교를 받아들인 첫 번째 군주라는 점이다. 섭정에 들어간 올가는 우선 남편의 복수를 갚기 위해 드레블랴네족을 무려 4차례에 걸쳐 공격했다. 시간이 흘러 올가는 아들 스뱌토슬라프 1세가 성인이 된 963년 섭정을 끝내고 정치 일선에서 물러났다.

오늘날 러시아의 종교는 그리스도교 중에서도 정교회이다. 러시아는 정교회를 비잔티움제국으로부터 받아들였는데, 정교회를 러시아의 국교로 받아들인 군주는 블라디미르 1세(재위 : 980~1015년)이다. 블라디미르 1세는 스뱌토슬라프 1세의 아들이면서 섭정을 펼친 올가의 손자이다. 키예프루스는 이후 13세기 중엽 몽골인들에 의해 점령당하기 전까지 러시아의 중심 역할을 했다. 하지만 몽골제국이 지배하면서 러시아의 중심은 모스크바공국으로 이동했고, 몽골제국 지배가 끝난 15세기 말부터 모스크바가 러시아의 중심지로 급부상했다.

프랑스에 터 잡은 바이킹, 이탈리아 남부 장악하다

프랑크왕국을 휘젓고 있던 바이킹들은 911년 서프랑크왕국의 왕 샤를 3세로부터 루앙이라는 지역을 얻어 안착했다. 이때 바이킹의 우두머리는 롤로였다. 프랑크왕국에서 바이킹들이 터를 잡았다는 소식을 전해 들은 스칸디나비아반도의 바이킹들이 대거 루앙으로 이주했다. 루앙은 시간이 흘러 노르망디로 이름이 바뀐다. 이어서 노르망디에 안착해 살고 있던 바이킹 중 일부는 1040년 이탈리아반도 남부로 이동했다.

당시 노르망디공국의 오트빌 성에는 12명의 아들을 둔 탕크레드(980~1041년)라는 이름의 기사가 있었는데, 탕크레드의 아들 중 상속받지 못한 아들들은 외지로 나가서 자기들만의 영토를 개척해야 했다. 이 중 로베르 기스카르(1015~1085년)를 비롯한 8명의 아들이 이탈리아반도의 남부로 향했다. 로베르는 프랑스어 이름이고 이탈리아어는 로베르토이다. 후대인들은 로베르라는 이름 뒤에 '영리한, 교활한, 여우 같은'이라는 뜻을 가진 프랑스어 '기스카르'를 붙여 로베르 기스카르라고 부른다. 이탈리아반도 남부로 간 바이킹들은 주로 용병으로 활동했다.

이 시기 이탈리아반도 남부는 비잔티움제국과 게르만족의 일파인 랑고바르드족 그리고 사라센이 저마다 소국(小國)을 이루고 있었다. 특히 이탈리아반도에서 가장 큰 섬 시칠리아는 831년부터 사라센이 장악하고 있었다. 시칠리아를 비롯한 이탈리아반도 남부는 6세기 유스티아누스 대제 통치 때 비잔티움제국의 세력권에 들어왔지만, 그가 죽은 뒤 장악력이 약해지면서 이탈리아반도 북부에 자리 잡고 있던 랑고바르드족 그리고 남쪽에서 무슬림들이 침입해 들어온 것이다. 이로써 기스카르는 그의 형제들과 함께 이탈리아반도 남부를 개척하기 위해 들어갔고, 때로는 비잔티움제국의 용병으로 기용되어 시칠리아 사라센과 싸우는 일에도 앞장섰다.

이런 와중에 이탈리아반도 남부에 있던 바이킹 중 일부는 로마가톨릭 교황청이 있는 반도의 중부 지역에서 약탈행위를 저질렀다. 골머리를 앓던 교황 레오 9세(재임 : 1049~1054년)는 바이킹들을 공격하기 위해 신성로마제국의 황제 하인리히 3세(재위 : 1046~1056년)에게 군사 지원을 요청했고, 황제는 군사 약 700명을 보냈다. 교황은 이에 더해 교황청을 지키는 군사까지 합쳐 1053년 바이킹의 근거지가 있는 이탈리아반도 남부로 보냈으나 바이킹들에게 패배하고 말았다. 급기야 교황은 바이킹들에게 붙잡혀서 9개월 동안 인질 생활을 하는 굴욕을 겪게 된다.

다행히 바이킹들의 고향인 스칸디나비아반도에는 9세기 초부터 로마가톨릭이 전파되고 있었다. 또한 프랑스에서 이탈리아반도로 이동해 온 바이킹의 후예들도 프랑스에서 로마가톨릭을 받아들인 경우가 많았다. 결국 크리스천이 된 바이킹들이 많았다는 뜻이다. 이로써 바이킹들이 교황을 인질로 붙잡고 있었으나 대접에는 소홀함이 없었다. 인질이 된 교황은 신성로마제국 황제가 구원병을 보내줄 것으로 기대했으나 더 이상 황제의 군사적 지원은 없었다.

결국 시칠리아를 제외한 이탈리아반도 남부는 최종 바이킹들에 의해 평정되었다. 시간이 흘러 로마가톨릭의 교황 니콜라우스 2세는 바이킹의 수장 기스카르를 이탈리아반도 남부 풀리아와 칼라브리아의 공작으로 임명했다. 이탈리아반도 남부를 차지한 기스카르는 1060년 바다 건너 무슬림들이 장악하고 있던 시칠리아토후국까지 손아귀에 넣었다. 이것이 바로 이탈리아반도 남부에서 시칠리아왕국이 19세기까지 지속되는 계기가 된 것이다.

그리고 당시 이탈리아반도 남부는 비잔티움제국으로 향하는 방파제 역할을 했다. 그런데 이 지역이 바이킹들의 손에 들어간 것이다. 기스카르는 내친김에 비잔티움제국까지 노렸다. 그러나 원정을 준비하던 1085년 일흔 살의 고령으로 세상을 뜨고 말았다. 그를 이어 아들 루지에로 보르사(생몰 미상)가 공작이 되지만, 루지에로 보르사의 이복형 보에몽 1세(1054~1111년)가 이에 반발하면서 둘 사이에 내전이 벌어지는 등 혼란이 발생했다. 하지만 기스카르의 동생인 시칠리아의 백작 루지에로 1세(1031~1101년)의 중재로 원만하게 해결된다.

시간이 흘러 이탈리아반도 남부와 시칠리아는 백작 루지에로 1세의 아들 루지에로 2세(1095~1154년)가 차지하고, 루지에로 2세는 1130년 시칠리아왕국의 초대 왕으로 등극했다. 교황이 루지에로 2세를 시칠리아왕국의 왕으로 인정한 것이다. 시칠리아왕국은 1816년까지 존속했지만, 도중에 신성로마제국이 차지하면서 왕권이 넘어가는 등 우여곡절을 겪게 된다.

부연 설명하면 현재 이탈리아 국민은 남부와 북부의 사람들이 서로 무시하면서 융화가 잘되지 않고 있다. 그 이유는 남부의 경우 11세기부터 자리 잡은 바이킹과 비잔티움제국의 그리스 사람들이 조상이고 북부는 주로 게르만족, 그중에서도 랑고바르드족이 조상이기 때문이다. 남부와 북부의 민족 구성이 다르다 보니 비록 같은 나라의 국민이어도 기질과 문화가 달라서 남북 사람들이 성향 면에서 뚜렷한 차이를 드러내고 있다.

또한 밀라노, 토리노, 베네치아 등 공업지대가 위치한 이탈리아의 북부는 경제적으로 부유하다. 반면에 나폴리 아래쪽의 남부는 경제성장이 더뎌 가난한 사람들이 많은 것도 남북 갈등의 원인이다. 그로 인해 이탈리아는 오랜 기간 분리되어 있다가 1861년이 되어서야 통일을 이루게 되었음에도 불구, 남북의 갈등은 여전하다.

3부.

유럽과 아시아의 연결

콘스탄티노폴리스
니케아
비잔티움제국
셀주크제국
에데사 백작령
아르메니아 왕국
에데사
안티오키아
안티오키아 공작령
키프로스
트리폴리
트리폴리 백작령
다마스쿠스
아크레
야파
예루살렘
다미에타
가자
이스라엘 왕국
카이로

킵차크칸국
키예프
우구데이 칸국
카라코룸
크림반도
원(元)
차가타이칸국
칸발리크 (대도, 베이징)
고려
바그다드
일칸국
아라비아
인도
대월
참파
몽골제국의 최대 영역
4개 칸국(汗國)의 경계

위쪽 사진은 이탈리아 수도 로마 내 바티칸시티에 있는 성 베드로 대성당.
아래쪽 사진은 튀르키예 이스탄불에 있는 아야 소피아(舊 성 소피아 대성당).

9장

로마가톨릭과 정교회로 쪼개진 그리스도교

수위권과 필리오케 논쟁이 부른 그리스도교 충돌

그리스도교는 2세기부터 '가톨릭'이라는 단일 명칭을 사용했다. 그런데 4세기 초 로마의 주교가 '교황'이라는 명칭 사용과 함께 수위권을 주장해 동부와 서부의 교회는 갈등을 빚었다. 특히 로마 쪽에서 일방적으로 예배 방식에 변경을 주면서 동부 교회가 이에 반발, 동부 교회는 '정교회'라는 명칭을 사용하게 되었다. 이로써 서부 교회는 '로마가톨릭'이라는 명칭을 쓰게 되었다. 부르는 명칭이 달라졌어도 양쪽은 오랜 기간 왕래하면서 교류했다. 그리고 이 책에서는 서부의 경우 라틴교회, 동부의 경우 비잔티움 교회라는 용어를 함께 사용하겠다.

그러던 중 시간이 흘러 726년 비잔티움제국의 황제 레오 3세(재위 : 717~741년)는 갑자기 "예수든, 성모 마리아든, 성인이든 성스러운 존재를 그 어떤 모습의 조각으로 만드는 것 자체가 우상숭배이며 이단의 행위이다."라면서 '성상(聖像) 파괴령'을 공포했다. 하지만 로마가톨릭은 게르만족이 세운 프랑크왕국에 의지하고 있었던 터라 "문명화되지 못한 미개한 게르만족 선교를 위해서는 눈으로 직접 볼 수 있는 성상이 필요하다."라는 이유로 비잔티움제국 황제의 명령을 거부했다. 로마가톨릭의 이 같은 행동은 로마가톨릭과 정교회 사이의 갈등만 증폭시켰다.

여기에 더해서 9세기에는 '필리오케 논쟁'이 일어나면서 동서 그리스도교가 크게 충돌한다. 라틴어인 '필리오케(Filioque)'의 뜻은 '성자(聖子)로부터'인데 영어로는 'and the son'이다. 그리스도교는 325년 니케아공의회를 통해 삼위일체를 채택하면서 '성령이 성부(聖父)로부터 나온다.'라는 내용이 담긴 신경(信經)도 채택했다. 바로 '니케아신경'이다. 그런데 시간이 흘러 로마가톨릭의 일부 신자들이 자체적으로 니케아신경에 필리오케를 첨부하면서 '성령은 성부와 성자로부터 나온다'라고 해석한 것이다.

오늘날 대부분의 그리스도교 사회에서 신앙고백문으로 사용하는 니케아신경은 381년 개최된 콘스탄티노폴리스공의회에서 한층 발전된 내용으로 최종 결정되었다. 이때 결정된 것을 '니케아-콘스탄티노폴리스 신경'이라고 부른다. 일부에서는 니케아-콘스탄티노폴리스 신경을 줄여서 니케아신경이라고도 한다.

'필레오케 논쟁'의 발단은 이베이라반도에서 시작되었다. 589년 교황청 주최가 아닌 서고트왕국 내 로마가톨릭 주교와 수도원장 등이 참여한 톨레도공의회가 열렸는데, 이때 자체적으로 니케아신경에 필리오케를 첨부한 것이다. 톨레도공의회가 열린 배경은 서고트왕국 내 종교와 관련이 있는데, 6세기 말 당시 서고트왕국에서는 국민 대부분이 로마가톨릭이었으나 소수의 귀족은 아리우스파였다. 심지어 국왕 레카레드 1세(재위 : 586~601년) 역시 아리우스파였다. 그런데 레카레드 1세는 587년 아리우스파 대신 국민 다수가 믿는 로마가톨릭을 받아들이기로 결심했다. 레카레드 1세의 개종을 돕기 위해 589년 서고트왕국 자체적으로 열린 톨레도 공의회는 니케아신경에 필리오케를 첨부해버렸다.

그런데 시간이 흐르면서 서고트왕국이 작위적으로 필리오케를 첨가한 니케아신경을 이웃한 프랑크왕국에서 9세기 초부터 사용하기 시작한 것이다. 그러더니 프랑크왕국을 뛰어넘어 다른 국가에서도 암송되기에 이르렀다. 이에 대해 비잔티움교회가 라틴교회 측에 강력히 항의했다. 그러자 교황 레오 3세는 "헬라어를 라틴어로 번역하는 과정에서 발생한 실수였다."라고 한발 물러서면서 소란은 수면 아래로 가라앉았다.

하지만 9세기 중엽에 또다시 논쟁이 발생했다. 교황 니콜라우스 1세(재임 : 858~867년)가 오늘날 불가리아 지역에서 로마가톨릭의 지배권을 강화한다는 목적으로 필리오케가 첨가된 니케아신경을 퍼뜨린 것이다. 이로써 비잔티움교회 측이 강력히 반발하면서 필리오케 논쟁이 본격화되었다. 결국 오늘날 로마가톨릭은 필리오케가 첨가된 니케아신경을 신앙고백문으로 사용하고 있으며, 정교회는 필리오케가 없는 니케아신경을 신앙고백문으로 암송하고 있다.

참고로 로마가톨릭과 정교회는 많은 면에서 차이를 보이는데, 로마가톨릭은 구약성경이 46권이고 정교회는 49권이다. 또한 로마가톨릭은 사제들이 미혼이지만, 정교회는 기혼 남성도 사제가 될 수 있다. 이 밖에 정교회에는 조각상 대신 2차원적인 이콘(icon)을 사용하는데, 이콘이 오늘날 아이콘이라는 단어로 널리 사용되고 있다. 또한 정교회는 예배 장소에 의자가 없고 예배 때 악기를 사용하지 않는다.

로마가톨릭과 정교회, 1054년 완전히 분열하다

시간이 흘러 1053년 이탈리아반도 남부를 휘젓고 있는 바이킹들에 의해 교황 레오 9세가 인질로 잡혀 9개월 동안 감금되는 상황이 발생했다. 교황은 신성로마제국 황제가 구출해줄 것으로 기대했지만, 희망은 물거품이 되었다. 교황은 인질에서 풀려난 뒤에는 더 이상 신성로마제국에서 의지할 수 없다고 판단하고 비잔티움제국과 동맹 맺기를 원했다. 이로써 교황은 사절단을 보냈고, 비잔티움제국 황제 콘스탄티노스 9세(재위 : 1042~1055년) 역시 동맹에 대해 긍정적인 태도였다. 그런데 콘스탄티노폴리스 총대주교 미하일 케룰라리오스(약 1000~1059년)가 비잔티움제국 황제의 계획을 가로막고 나선 것이다.

당시 교황이 보낸 사절단의 대표는 추기경 훔베르투스(생몰 미상)였는데, 총대주교 케룰라리오스는 훔베르투스를 향해 로마를 중심으로 한 라틴교회의 문제점을 공개적으로 지적했고, 비잔티움제국 황제가 라틴교회와 동맹 맺는 것에 대해서도 강한 거부감을 표출했다. 상황이 이렇게 되자 훔베르투스는 케룰라리오스를 향해 '그리스도인들의 중상모략 반박'이라는 원색적인 제목으로 장문의 글을 통해 대응했다. 훔베르투스는 글에서 "그리스도교 공동체에 대한 수위권은 로마가톨릭 교황에게 있다." 라고 강력히 주장했다. 로마가톨릭 교황이 비잔티움제국과 동맹을 맺으려고 했던 것이 엉뚱한 방향으로 꼬이기 시작한 것이다.

이듬해인 1054년 훔베르트투스를 대표로 하는 사절단은 또다시 콘스탄티노폴리스를 찾아 교황의 서신을 총대주교에게 전달했다. 그런데 교황의 서신에는 고압적인 어조로 모욕적인 말이 잔뜩 담겨있었다. 총대주교 케룰라리오스는 격분했고 교황의 사절단 접견을 거부했다. 이에 대해 훔베르트투스는 콘스탄티노폴리스 신학자들과 가진 공개토론에서 "비잔티움제국 사람들이 로마가톨릭 교황에게 복종해야 한다."라면서 무례하고 공격적인 발언을 내뱉으면서 사태는 걷잡을 수 없이 악화일로로 치달았다.

콘스탄티노폴리스 총대주교가 계속해서 로마가톨릭 사절단을 인정하지 않자 훔베르트투스는 1054년 7월 17일 성찬 예배가 거행되던 성 소피아 대성당을 들이닥쳐 "케룰라리오스 총대주교를 파문한다."라는 내용의 교서(敎書)를 예배 단상에 올려놓는 극단적인 행동을 취한 뒤 떠나버렸다. 이에 대해 케룰라리오스 총대주교는 훔베르트투스를 대표로 하는 사절단 전체를 파문하는 것으로 대응했다.

이 같은 일이 비잔티움제국에서 전개되고 있을 때 로마가톨릭의 교황 레오 9세는 앞서 1054년 4월 19일 선종한 뒤였다. 그러나 교황 레오 9세는 만일의 사태에 대비해서 훔베르트투스에게 백지 위임장을 교황 교서의 형태로 발급해 준 상태였다. 교황의 권한을 부여받은 훔베르트투스는 더 이상 물러설 수가 없었기에 비잔티움교회 총대주교를 파문하는 극단적인 행동까지 취한 것이다. 훔베르트투스는 아무런 소득 없이 이대로 돌아간다면 새 교황 선출 이후 어떻게 진행될지 모른다고 판단하고 지나칠 정도로 대담하게, 한편으로는 어리석은 결정을 내렸다는 것이 후대인들의 평가이다.

동서교회가 서로를 파문하는 지경에 이르자 비잔티움제국 황제는 비잔티움교회 편을 들 수밖에 없었다. 라틴교회 측이 총대주교 케룰라리오스를 파문하고, 로마가톨릭 교황을 대표한 훔베르투스 역시 파문당하자 라틴교회가 비잔티움제국 황제와 동맹을 맺겠다는 계획은 온데간데없이 사라지고 말았다. 더 이상 돌아올 수 없는 강을 건너고 만 것이다. 훔베르투스는 이렇게 해서 별 소득도 없이 빈손으로 돌아가야만 했다. 이것이 로마가톨릭과 정교회가 영원히 분열되는 결과를 초래한 것이다.

라틴교회와 비잔티움교회의 수뇌부들은 파국을 맞이하면서 분열된 듯 보였으나 일부 지역에서는 여전히 양측의 교류가 이어졌다. 1054년 분열되었다고 해서 양 지역의 교회가 칼로 두부 자르듯이 완전히 단절된 것은 아니었다. 그러나 라틴교회 신자들과 비잔티움교회 신자들의 완전한 단절은 시간문제였다. 그러면서 양 지역 크리스천들의 귀에 "동쪽과 서쪽의 교회가 파국을 맞이했다."라는 소식이 들리면서 양측간 교류 역시 조금씩 줄어들기 시작했다. 그리고 오늘날까지 로마가톨릭과 정교회는 마치 다른 종교처럼 존재하고 있다.

그런데 이 대목에서 부수적인 설명을 한다면, "라틴교회의 교황은 왜 훔베르투스를 사절단으로 보냈느냐."라는 의혹이다. 특히 추기경 훔베르투스는 필리오케 논쟁에 대해 "비잔티움교회가 헬라어 원문에 있던 필리오케를 임의로 삭제했다."라고 주장한 강경파였다. 그런 사람을 사절단 대표로 선정한 교황 레오 9세의 의도가 무엇인지는 정확히 알 수 없지만, 어쩌면 라틴교회는 비잔티움교회와 결별하기 위해 고의로 계획을 세우고 강경파 훔베르투스를 사절단 대표로 보낸 것은 아닌지 의심을 제기하는 역사가들이 적지 않다.

1. '카노사의 하인리히'. 에두아르트 슈보이거 1862년 作.
2. '카노사의 굴욕'. 돈지오 1113년 전후 作.
   (사진 오른쪽부터 시계방향으로 토스카나 공작 마틸다,
   독일 국왕 하인리히 4세, 클뤼니수도원 수도원장 위그)
3. '클레르몽의 광장에서 제1차 십자군 전쟁을 설교하는 교황 우르바누스 2세'.
   프란체스코 하예츠 1835년 作.

10장

종교 넘어 세속 황제 꿈꾼 로마가톨릭 교황

교황권 대추락, 클뤼니수도원 교회 개혁 운동

프랑크제국의 카롤루스 대제 사후인 9세기 중엽 로마가톨릭 교회는 쇠락의 길을 걸었다. 870년 메르센조약에 따라 서프랑크왕국과 동프랑크왕국, 중프랑크왕국으로 갈라진 이후부터는 왕권 역시 급격히 하락하면서 반대급부로 지역 제후들의 힘이 날이 갈수록 커졌다. 특히 9세기 말에는 3등분 된 프랑크왕국들을 향해 북쪽에서는 바이킹, 동쪽에서는 마자르족, 남쪽에서는 사라센의 침략이 빈번하게 일어났다.

서유럽 사회가 볼 때 바이킹, 마자르족, 사라센 등 이들 이민족의 침략을 방어하는 것은 국왕 혼자서 할 수 있는 일이 아니라 변경 지대에 있는 제후들의 몫이었다. 제후들은 빈번히 발생하는 외세 침략에 대비해 전투에 나설 기사들을 대거 고용할 필요가 있었다. 당시 봉건제도의 계급구조 상 기사들도 자기 땅을 보유한 영주였다. 그런데 이때부터 기사들은 영주의 역할을 하는 대신 전문적으로 전투만 하는 전사(戰士) 집단으로 변모한다.

기사들이 아예 직업군인이 된 것이다. 제후들 휘하에 전투력을 갖춘 기사들의 수가 늘어나니 자연스럽게 제후들의 영향력은 커질 수밖에 없었다.

그리고 프랑크제국이 3등분이 된 이후 각 왕국에는 수많은 교회와 수도원들이 있었다. 교회 수장은 주교이고 수도원의 수장은 수도원장이다. 당연히 주교와 수도원장은 로마가톨릭의 최고 수장인 교황이 임명하는 것이 절차다. 그런데 9세기 중엽부터 교황의 힘이 떨어지고 분할된 프랑크왕국 제후들의 힘이 강해지니 제후들이 교회의 주교와 수도원장을 자기 입맛대로 임명하는 일이 발생하기 시작했다. 특히 제후들은 교회가 세금을 내지 않는다는 점을 악용해 자신들의 재산을 교회와 수도원에 헌납하는 꼼수를 통해 탈세까지 한 것이다. 제후들이 은닉한 재산을 자기 마음대로 사용하기 위해서는 주교와 수도원장을 자기 사람으로 심는 것은 당연한 일이었다.

주교는 사제 서품을 받고 오랜 기간 성직자로서 경험을 쌓아야 했다. 그런데 이 같은 규칙이 깨지니 속세의 삶을 살면서 결혼하고 자식까지 낳아 물질에 눈이 멀어 타락한 주교와 수도원장이 서프랑크왕국과 동프랑크왕국에 부지기수였다. 심지어 고위 성직자의 자리를 돈 주고 사고파는 행위까지 빈번하게 발생했다. 로마가톨릭 교황 역시 프랑크제국의 보호를 받던 시절이 지나고 로마라는 자그마한 도시에 있는 한낱 교회에 지나지 않는 형국이 되니 로마에 거주하는 귀족들이 자기 사람을 교황으로 세우려고 서로 싸우는 일까지 발생했다.

실제 제100대 교황인 발렌티누스(재임 : 827년 8~10월)는 스물여덟 살의 젊은 나이에 교황이 되었지만, 재임 40일 만에 갑작스럽게 선종한다.

또 제118대 교황인 레오 5세(재임 : 903년 7~9월)는 903년 7월 교황에 선출되지만, 주교가 아닌 신부에서 초고속으로 교황이 되면서 반대파가 생겼다. 레오 5세는 결국 재임 두 달이 지나 추기경 크리스토포로(생몰 미상)에 의해 체포되어 감옥에 갇힌 뒤 선종하는 비운을 겪게 된다. 교황의 위상은 사라진 지 오래였다.

교황권이 급격히 추락하는 사건은 10세기 초에 발생했다. 그 중심에는 '창부(娼婦) 정치'의 대명사인 마로치아(892~?)라는 여인이 있다. 마로치아는 제119대 교황인 세르지오 3세(재임 : 904~911년)와 '사악한 간음'을 통해 910년 아이를 낳았다. 그 아이는 훗날 제125대 교황 요한 11세(재임 : 931~935년)가 된다. 마로치아는 제122대 교황인 요한 10세(재임 : 914~928년)부터 그의 아들이 교황을 지낸 935년까지 20년가량 교황을 꼭두각시로 삼아 막후에서 교황을 쥐고 흔들었다.

마로치아는 교황 세르지오 3세와의 사악한 간음 이후 로마에 위치한 투스쿨룸이라는 지역의 백작 테오필락트(생몰 미상)와 정식으로 결혼했다. 하지만 마로치아는 자기 입맛에 맞는 라벤나 대주교를 억지로 교황으로 만들었고, 그 교황이 바로 '창부 정치' 서막을 올리는 요한 10세였다. 마로치아는 교황 요한 10세 재임 때부터 그의 아들 요한 12세 때까지 4명의 교황(요한 10세, 레오 6세, 스테파노 7세, 요한 11세)을 뒤에서 조종하면서 막강한 권세를 마음껏 누렸다. 로마가톨릭 교황청의 역사에서 가장 수치스러운 역사 중 손에 꼽히는 사건이 바로 마로치아에 의한 창부 정치이다.

이와 함께 황제에 의해 죽음을 맞이하는 '타락한 교황'에 관한 이야기이다. 주인공은 바로 교황 요한 12세(재임 : 955~964년)이다. 약 937년에 태어난 그는 채 스무 살이 되기도 전에 교황이 되었다. 철부지 교황은 도박과 술, 수렵과 사냥을 즐기면서 도덕적이지 못한 행동을 일삼으면서 당대에 비판이 끊이질 않았다. 독일왕국의 왕 오토 대제는 한때 위기에 빠진 교황 요한 12세를 구해주고 교황으로부터 962년 황제의 관을 받은 바 있었다. 하지만 교황 요한 12세가 오토 대제를 공격하기 위한 전략을 구상하다가 들키면서 교황직에서 쫓겨났다. 이어서 교황은 오토 대제가 보낸 자객들에게 죽임을 당하는 비운을 맞이했다.

오토 대제는 신성로마제국의 황제가 된 뒤 힘 키우기에 들어갔다. 그러면서 기존에 제국 내 왕과 제후들이 교회의 고위 성직자들을 입맛대로 선출하던 것을 뛰어넘어 교황 선출 때 황제가 개입할 수 있는 권한까지 교황 요한 12세로부터 받아냈다. 성직자 선출은 물론 교황에 대한 거부권도 황제가 거머쥐게 되니 교회의 위상과 더불어 교황의 권위도 땅바닥에 추락한 것이다.

이처럼 교회의 위상과 교황의 권위가 곤두박질치자 교회의 타락을 비판하며 교회 개혁 운동이 일어나는데, 이 운동을 이끈 곳이 바로 910년 생긴 클뤼니수도원이다. 서프랑크왕국 영토에 있는 클뤼니수도원은 두 가지 원칙을 세웠다. 우선 봉건 의무를 수행하는 토지를 소유하지 않는다는 것과 수도원장 선출 권한을 수도사들이 보유한다는 것이었다. 클뤼니수도원의 교회 개혁 운동은 동프랑크왕국과 바다 건너 잉글랜드로까지 번져나갔다.

이 같은 교회 개혁 운동에 힘입어 교황 레오 9세는 추기경단을 창설하고 교회법을 제정했다. 그리고 레오 9세는 교회뿐만 아니라 세상마저도 개혁하겠다는 의지를 드러냈다. 교회 개혁 운동 결과 교황의 권한이 되살아나기 시작했다. 그러면서 교황은 각국에 있는 교회의 주교 임명권을 되찾으려고 시도했다. 그러자 이번에는 왕들이 반발했다. 종전에는 주교를 임명할 때 주교의 권위를 상징하는 반지와 지팡이를 왕들이 직접 수여했는데, 이제는 교황이 직접 하겠다고 선포한 것이다. 참고로 1058년 교황이 된 니콜라우스 2세 때부터 추기경들이 콘클라베를 통해 교황을 선출하는 제도가 시행되었다.

성직자 서임권 놓고 교황과 황제 신경전 촉발

10세기 초 독일왕국에는 엄연히 왕이 존재했으나 각 지방의 제후들이 볼 때는 허울뿐인 왕이었다. 왕국 내에는 왕보다 더 넓은 영토를 보유하고 더 많은 군사력을 보유한 제후들이 수두룩했다. 얼마든지 마음만 먹으면 제후가 왕을 공격해서 왕권을 빼앗을 수 있었다. 이 같은 상황이 오토 1세에게는 골칫거리였다. 오토 1세는 제후들의 힘을 약하게 만들고 왕권을 강력하게 만들고 싶었다. 이를 위한 방안으로 로마가톨릭의 교회를 끌어안은 것이다. 그러면서 성직자를 임명하는 서임권도 손아귀에 쥔 것이다.

중세시대 교회들은 독자적으로 군사를 보유하고 있었기에 제후들 못잖은 힘을 갖고 있었다. 오토 1세는 교회들과 잘 지내기 위해 땅과 재산을 기부하면서 세금을 면제해주는 방식의 유화정책을 펼쳤다. 그러면서 교회의 주교와 고위 성직자들을 자신의 입맛에 맞는 사람들로 앉히기 시작했다. 이로써 오토 1세가 요청하면 교회는 언제든지 군사적인 힘을 보태는 체제를 구축했고, 날이 갈수록 왕권이 강해졌다. 오토 1세는 더 나아가

각 지역의 주요 직책에 친척들을 앉히면서 제후들을 견제해 나갔다.

상황이 이렇게 진행되던 중에 오토 1세는 위기에 빠진 교황 요한 12세를 구출해주면서 황제가 되었고 동시에 교황 임명에 대한 거부권까지 확보한 것이다. 하지만 교황은 아무런 대응을 할 수가 없었고 속으로만 분노를 가라앉혀야 했다. 그리고 요한 12세에 이어 교황이 된 레오 8세는 오토 대제가 임명했기에 별다른 돌출행동 없이 잠자코 있었다. 하지만 레오 8세 이후의 교황들은 그렇지 않았다. 신성로마제국의 황제에게 빼앗긴 서임권을 되찾기 위한 기회를 호시탐탐 노리기 시작했다.

교황의 불만은 신성로마제국 내 교회들이 교황에게 충성하기보다는 황제의 명령을 더 잘 따른다는 것이었다. 특히 성직자가 되길 희망하는 속세인들은 교황보다 황제에게 잘 보이는 것을 우선순위에 두고 있었기에, 이들이 실제 성직자가 되면 예수 그리스도의 말씀은 온데간데없이 세속에 찌들어 타락하는 것은 시간문제였다. 이 같은 문제는 중세나 근대나 현대나 동서양을 막론하고 그리스도교 사회에서 가장 큰 문제로 떠올랐다.

시간이 흘러 11세기 중엽 이탈리아반도의 남부에서 바이킹들이 교황청이 있는 도시 로마를 쳐들어와서 교회를 약탈했고, 바이킹 공격에 나선 교황이 바이킹들에게 붙잡혀 포로가 되는 수모까지 겪었다. 신성로마제국 황제가 교황 구출에 나서지 않자 교황 레오 9세는 비잔티움제국과 동맹 맺기에 나섰다가 되레 갈등만 키워 결국 1054년 로마가톨릭과 정교회가 완전히 이별하는 사태를 맞이했다. 신성로마제국 황제에게 서임권마저 빼앗긴 로마가톨릭 차원에서는 위기였다.

이러한 시기에 로마가톨릭의 위상 정립에 그 누구보다 열정을 쏟고 있던 추기경 힐데브란트(1020~1085년)가 1073년 교황직에 오르면서 그레고리우스 7세(재임 : 1073~1085년)가 된다. 힐데브란트는 추기경이 되기 전 클뤼니수도원의 일원이 되어서 교회 개혁 운동에도 적극적으로 참여했던 인물이다. 그리고 교황이 된 그의 앞에 중요한 과제가 있었으니, 바로 잃어버린 성직자 서임권을 신성로마제국의 황제로부터 되찾아오는 것이었다.

신성로마제국 황제 무릎 꿇은 '카노사의 굴욕'

그레고리우스 7세는 주교 시절부터 교황청 내에서 개혁 성향이 강한 것으로 명성이 자자했다. 그렇기에 교황으로 등극 후 그가 기필코 완수해야 할 과업은 신성로마제국 황제에게 빼앗긴 성직자 서임권과 교황 선출 권한을 되찾아오는 것이었다. 그레고리우스 7세에게는 역대 그 어떤 교황보다도 로마가톨릭의 위상이 중요했다. 단순히 교황의 자리만 꿰차고 앉아 있을 수 없었다. 이 같은 성향의 소유자가 교황이 되었다는 사실만으로 신성로마제국 황제와의 충돌은 예고된 셈이었다

힐데브란트가 교황이 된 1073년 신성로마제국의 황제는 하인리히 4세(독일왕국 왕 재위 : 1056~1106년, 황제 즉위 : 1084년)였다. 그런데 하인리히 4세는 엄밀히 따지면 1073년에 황제는 아니었다. 이때까지 하인리히 4세는 황제 대관식을 치르지 못하고 독일왕국과 이탈리아왕국의 왕으로만 등극한 상태였다. 황제 대관식은 1084년 그가 내세운 대립 교황에 의해 치러진다.

하인리히 4세는 여섯 살이던 1056년 부왕 하인리히 3세가 갑작스럽게 세상을 뜨면서 재위를 물려받았고, 한동안 모후 아그네스(생몰 미상)가

섭정을 펼쳤다. 그런데 아그네스는 정치력이 부족했던 터라 잦은 오판으로 앞선 황제들이 다져놓은 왕권을 귀족들에게 나누어주는 패착을 저질렀다. 이 말은 곧 황제의 힘이 약해졌기에 잃어버린 교황의 권한을 되찾아오는데 최고의 기회라는 뜻이었다.

1077년 이탈리아왕국의 밀라노 대주교를 새로 선출하는 일이 발생하는데, 교황 그레고리우스 7세는 독일왕국의 왕 하인리히 4세를 향해 "이번 일에 간섭하지 말라."라고 강력하게 주문했다. 어안이 벙벙해진 하인리히 4세는 신성로마제국 내의 여러 주교를 향해 "교황의 말을 따르지 말라."라고 지시 내리는 것으로 맞불을 놓았다. 이에 격분한 그레고리우스 7세는 하인리히 4세를 파문하는 극단적인 결정을 내렸다. 로마가톨릭 사회에서 파문당한다는 것은 죽어서도 천국에 갈 수 없을뿐더러 파문당한 황제의 명령에는 신민들이 따를 필요가 없다는 뜻이었다.

하인리히 4세가 섭정에서 벗어나 직접 정치 일선에 나섰을 때는 모후로 인해 왕권이 약해지고 귀족들의 힘이 강해진 뒤였다. 교황의 파문 결정에 신성로마제국 귀족들은 "이참에 왕을 교체해야 한다."라는 생각으로 환영했다. 귀족들의 도움을 받을 수 없게 된 하인리히 4세는 어쩔 수 없이 교황을 찾아가 "파문을 철회해 달라."라고 부탁하기 위해 교황청이 있는 로마로 향해야만 했다.

교황의 파문 결정으로 신성로마제국 내 귀족들과 주교들은 새로운 국왕 선출을 위한 시노드를 1077년 2월 2일 아우크스부르크에서 열기로 했다. 교황 역시 시노드 참석차 로마를 떠나 아우크스부르크로 향했다. 그런데 갈 길이 멀었기에 교황은 토스카나의 카노사성에서 잠시 머무르게 된다. 이때가 1077년 1월 25일이다. 토스카나는 당시 이탈리아왕국의 중간에 있던 지역으로 후작이 다스리고 있었다.

이 대목에서 짚고 가야 할 것이 있다. 그것은 바로 '교황은 왜 굳이 토스카나의 카노사성에서 머문 것일까?'이다. 일부 역사가들은 이렇게 분석하고 있다. "하인리히 4세가 교황을 만나기 위해 로마로 오고 있다."라는 소식을 접한 교황이 일부러 카노사성에서 머물 계획을 세웠다는 것이다. 이 같은 추론의 배경에는 토스카나 후작인 마틸다(1046~1115년)와 교황 그레고리우스 7세 그리고 앞선 신성로마제국의 황제 하인리히 3세와 복잡하게 얽힌 이야기 때문이다. 이 이야기를 해보려고 한다.

마틸다의 아버지는 토스카나의 후작 보니파시오(985~1052년)이다. 그런데 보니파시오 후작은 1052년 사냥을 하던 중 암살당했다. 영주가 갑작스럽게 죽자 이웃한 귀족들이 토스카나를 노리게 되고, 마틸다의 어머니 베아트리체(생몰 미상)는 난관을 극복하기 위해 친척인 신성로마제국 내 로렌의 공작 고드프리 3세(997~1069년)와 전략적으로 재혼했다. 그런데 고드프리 3세가 신성로마제국에게 빼앗긴 이탈리아왕국의 왕권을 차지하기 위해 1055년 이탈리아왕국 내 귀족들과 전투를 벌인 것이다. 이로써 하인리히 3세가 크게 노했다.

참고로 하인리히 3세와 마틸다의 어머니 베아트리체는 이종사촌 사이다. 두 사람의 어머니들이 자매였다. 그런데 황제 하인리히 3세는 베아트리체가 황제의 허락도 없이 재혼한 것도 모자라 고드프리 3세가 제국의 땅을 건드리자 불같이 화를 낸 것이다. 이로써 하인리히 3세는 고드프리 3세를 제거하기 위해 군사를 일으켜 토스카나로 향했다. 이 소식을 들은 고드프리 3세는 싸우는 대신 겁을 집어먹고는 고향 로렌으로 도망가버렸다. 목숨이 위태로워진 베아트리체는 하인리히 3세가 토스카나에 도착하기 전 잠시 머무르고 있던 피렌체로 가서 목숨을 구걸해야만 했다.

하지만 하인리히 3세는 인정사정 볼 것 없이 베아트리체와 장녀 마틸다를 신성로마제국으로 압송해서 1년간 감옥에 가두어 버린다. 당시 마틸다의 나이는 열 살이었는데, 감옥생활을 하던 중에 카노사성에 남아있던 마틸다의 동생 2명이 죽는 일이 발생한다. 마틸다는 황제가 동생들을 죽였다고 확신하면서 이때부터 복수를 결심했다. 하지만 마틸다가 복수하기 전에 하인리히 3세는 이듬해인 1056년 세상을 뜨게 되고, 마틸다의 복수 대상은 황제의 아들인 하인리히 4세로 바뀐 것이다. 마틸다의 복수 대상이 된 하인리히 4세가 1077년 교황을 만나기 위해 카노사성으로 오고 있다는 이야기를 마틸다가 전해 들은 것이다.

앞서서 마틸다의 어머니 베아트리체는 인질 생활에서 1년 만에 풀려난 뒤 재혼하는 대신 고향이 같은 주교 힐데브란트에게 의지하게 되고, 힐데브란트를 교황으로 만들기 위해 막후에서 부단히 애썼다. 베아트리체의 후원에 고마움을 느낀 힐데브란트는 아버지를 여읜 마틸다를 딸처럼 생각하면서 아꼈다. 결국 힐데브란트는 추기경에 이어 1073년 교황이 되고 마틸다의 복수를 익히 알고 있었다. 이 때문에 역사가들은 '마틸다가 그레고리우스 7세를 부추겨 하인리히 4세와 충돌하도록 미리 계획했다'라는 해석을 내놓기도 한다.

아무튼 하인리히 4세는 추운 겨울 카노사성을 찾았으나 카노사성의 주인 마틸다는 "교황이 만나려고 하지 않는다."라는 말만 반복했다. 하인리히 4세는 아버지 하인리히 3세를 겨냥했던 마틸다의 복수가 자신에게로 향해 있는 것을 알 리 없었다. 결국 하인리히 4세는 엄동설한에 장장 3일 동안 맨발로 서서 마틸다를 향해 "교황을 설득해달라."라고 애원했다. 3일이라는 시간이 충분했던 것일까. 교황은 못 이기는 척 모습을 드러냈고, 하인리히 4세는 교황 앞에 무릎을 꿇고 반성했다. 이 사건이 1077년에 발생한 '카노사의 굴욕'이다.

카노사의 굴욕은 표면적으로는 장차 황제에 오를 독일왕국의 왕이 교황 앞에서 무릎 꿇은 대사건이지만, 카노사의 성주 마틸다에게는 복수였던 셈이다. 교황이 하인리히 4세 앞에 나타난 것도 결국 마틸다가 허락했기 때문에 가능했을 것이다. 교황은 엄동설한에 맨발로 무릎 꿇고 있는 하인리히 4세를 향해 "파문을 철회하겠다."라고 말했다. 하인리히 4세의 얼굴은 환해졌으나 이때부터 하인리히 4세는 '기필코 교황에게 복수하겠다'라고 마음속으로 칼을 갈기 시작했다.

신성로마제국으로 돌아간 하인리히 4세는 절치부심, 잃어버린 귀족들의 신뢰를 쌓는 일에 매진했다. 3년 동안 지성을 들인 결과 귀족들의 신뢰를 얻는 데 성공했다. 하인리히 4세는 1080년 그레고리우스 7세를 폐위하고 대립 교황으로 클레멘스 3세(재임 : 1080~1100년)를 새 교황으로 임명했다. 그레고리우스 7세가 가만히 당할 수만은 없었다. 반격에 나선 그레고리우스 7세는 하인리히 4세를 파문하고 폐위 결정을 내렸다. 하지만 이번에는 귀족들이 하인리히 4세의 편을 들었다.

자신의 힘이 제대로 영향력을 발휘하지 않자 교황은 당황했다. 그렇다고 달리 방법도 없었다. 하인리히 4세는 아예 교황을 제거하기 위해 군사를 일으켜 로마 교황청으로 향했다. 그레고리우스 7세는 1081년부터 1084년까지 하인리히 4세와 싸웠으나 결국 로마 교황청을 빼앗겼다. 이로써 하인리히 4세는 1084년 대립 교황으로부터 황제의 관을 받고 신성로마제국의 황제로 등극했다. 이후 그레고리우스 7세는 이탈리아반도 남부를 장악한 바이킹들을 포섭해 반격에 나서려고 시도했으나 실패하고 1085년 선종했다.

십자군 원정의 도화선 1071년 만지케르트 전투

이번에는 십자군 원정에 대해서 알아보고자 한다. 십자군 전쟁이라고도 불리는 십자군 원정은 서유럽의 그리스도교 세력이 무슬림들로부터 예루살렘을 빼앗는 것이 목적이었다. 그리고 로마가톨릭 교황이 무슬림 정벌을 부추겼다. 하지만 그전에 중요한 사건이 있었다. 바로 십자군 원정의 도화선이 된 1071년 발생한 만지케르트 전투이다.

이 책에서 굳이 '십자군 전쟁'이 아닌 '십자군 원정'이라는 용어를 사용하는 것에 대해 잠시 설명하겠다. 십자군 전쟁이라는 말은 순전히 서유럽인들의 관점에서 사용되는 용어이다. 통상 전쟁을 일으키기 위해서는 상대국을 향해 선전포고가 선행되어야 한다. 하지만 그리스도교 세력은 아무런 예고도 없이 예루살렘을 무작정 쳐들어가서 무슬림들은 물론 유대인들, 심지어 크리스천들과 여타 무고한 시민 약 5만 명가량을 무자비하게 학살했다. 전쟁이 아니라 야만스러운 행위, 즉 만행이었다. 그래서 '정벌(征伐)'이라는 의미를 가진 '원정(遠征)'이라는 단어가 맞다. 이 책에서는 '십자군 원정'이라고 표기하겠다.

만지케르트 전투 패배로 비잔티움제국은 아나톨리아반도 영토 대부분을 잃었다. 이를 만회하기 위해 비잔티움제국의 황제 알렉시우스 1세(재위 : 1081~1118년)는 서유럽 사회에 구원요청 했다. 11세기 말 비잔티움제국의 영토는 보잘것없이 축소된 상황이었는데, 가뜩이나 제국의 영토가 줄어든 판국에 아나톨리아반도까지 무슬림들에게 빼앗기면서 그 어느 때보다 위기감이 엄습했다.

이와 함께 십자군 원정이 일어난 배경에는 교황의 개인적인 욕심 그리고 거짓말이 있었다. 교황의 거짓말에 속아 서유럽의 귀족과 서민들은 '신(神)의 명령'이라는 얼토당토않은 명분을 내세워 얼굴에 광기(狂氣) 가득한 표정을 짓고 머나먼 곳으로 가 살인을 자행한 것이다. '성지 예루살렘을 되찾겠다'라는 취지는 순전히 보여주기식 명분에 지나지 않았다.

십자군 원정을 본격적으로 알아보기 전에 우선 10세기부터 11세기까지 중동과 중앙아시아 정세를 살펴보자. 중동의 패권은 무함마드 통치 때인 7세기부터 이슬람교를 받아들인 아랍인들이 차지하고 있었다. 무함마드 사후 종파가 나뉘었는데, 우위를 점한 종파는 수니파였다. 그리고 소수는 시아파다. 중동과 북아프리카를 장악한 이슬람교 아랍인들은 8세기 중엽부터 분열하기 시작했고, 9세기부터 중심 세력이 아랍인에서 튀르크인들로 서서히 교체되었다. 우리나라에는 튀르크인들을 돌궐족이라고 부른다.

특히 튀르크인 중 오구즈족의 장수인 셀주크 베이(?~1009년)가 960년쯤 부족민을 이끌고 중앙아시아로 와서 독자적인 세력을 형성했다. 참고로 튀르크어인 베이(bey)는 제후나 군사령관이 사용한 칭호이다. 당시 튀르크인이 세운 카라한 왕조와 이슬람교 수니파 아랍인들이 세운 사만 왕조가 격렬하게 대치하고 있었는데, 셀주크 베이는 사만 왕조의 편을 들었다. 이로써 셀주크 베이는 사만 왕조로부터 오늘날 우즈베키스탄의 부하라와 사마르칸트를 얻을 수 있었다. 셀주크 가문은 986년부터 이곳에서 세력을 키워나갔다. 이후 셀주크의 손자 토그릴 베이(993~1063년)가 1037년 셀주크제국을 만들었다.

토그릴 베이는 이슬람교의 종교적 지도자 칼리프가 있는 아바스 왕조의 권위를 인정했고, 아바스 왕조는 토그릴 베이를 술탄으로 선언했다. 토그릴 베이는 이로써 셀주크제국의 초대 술탄 토그릴 1세가 된다. 토그릴 1세의 정복사업은 유프라테스강까지 이어졌고, 1055년에는 아바스 왕조의 수도 바그다드를 점령했다. 그가 죽은 뒤 그의 조카 알프 아르슬란(재위 : 1063~1072년)이 셀주크제국의 제2대 술탄에 올랐다. 알프 아르슬란 통치 때인 1071년 아나톨리아반도의 동쪽 반(Van) 호수 인근 만지케르트에서 셀주크제국의 군대와 비잔티움제국 황제 로마누스 4세(재위 : 1068~1071년)의 군대가 맞붙은 것이다. 만지케르트는 현재 말라즈기르트로 불리고 있다.

군사적인 면에서는 비잔티움제국이 5만 명가량, 셀주크제국은 3만 명 정도였다. 비잔티움제국은 수적으로 앞섰는데도 전투에서 대패했다. 심지어 황제 로마누스 4세는 포로로 붙잡히는 굴욕을 겪었다. 비잔티움제국이 패배한 이유는 병사들 대부분이 용병으로 채워졌기 때문이다. 용병들은 전투 양상이 불리해지면 도망치기 바빴다.

셀주크제국의 술탄 알프 아르슬란은 포로가 된 로마누스 4세를 죽이는 대신 비잔티움제국으로 돌려보냈다. 하지만 황제가 포로로 잡혔다는 소식에 비잔티움제국은 다른 인물을 황제로 옹립한 뒤였다. 로마누스 4세는 조국으로 돌아갔으나 설 자리가 없었다. 황제직을 박탈당하고 두 눈알이 뽑힌 채 프로티 섬으로 추방당한 뒤 그곳에서 생을 마감했다.

셀주크제국은 만지케르트 전투 승리 후 아나톨리아반도 대부분을 차지했다. 이 때문에 가뜩이나 영토가 줄어들고 있던 비잔티움제국은 볼품없이 영토가 축소되었다. 그 옛날 로마제국의 명성을 이어가던 제국이라고 말하기에는 민망할 정도였다. 이후 비잔티움제국 황제가 된 알렉시우스 1세는 셀주크제국에게 빼앗긴 영토를 되찾기 위해 묘책을 찾는다. 특히 비잔티움제국 국경 밖 서쪽과 북쪽에서도 이민족들이 수시로 침략해 왔고, 비잔티움제국 내부에서는 내란까지 발생하는 등 자체 방어 능력이 사라진 뒤였다. 이로써 서유럽의 로마가톨릭 교황에게 구원요청을 한 것이다.

알렉시우스 1세는 1095년 로마가톨릭 교황 우르바누스 2세(재임 : 1088~1099년)를 향해 "비잔티움제국이 멸망하면 예수 그리스도와 관련된 각종 성스러운 물건들이 약탈당할 것이다."라고 겁을 주는 내용이 담긴 서신을 보낸다. 교황은 가뜩이나 그리스도의 성지인 예루살렘이 이슬람 세력에게 빼앗긴 것도 분한데 예수와 관련된 성물까지 빼앗길 수 있다는 위기감을 느꼈다. 당시 비잔티움제국에는 예수가 십자가에 달리기 전에 입고 있던 옷과 머리에 쓰고 있던 가시 면류관, 로마 병사들에게 맞았던 채찍 등을 보관하고 있었던 것으로 알려졌다.

교황은 이참에 비잔티움제국을 돕고, 정교회가 중심이 된 동유럽 사회를 향해 로마가톨릭 교황이 우위에 있다는 점을 알리고 싶었다. 특히 당시 로마가톨릭 교황은 2명이었다. 그 이유는 앞선 교황 그레고리우스 7세

재임 때 신성로마제국의 황제 하인리히 4세가 1080년 대립 교황을 내세웠기 때문이다. 하인리히 4세가 작위적으로 황제 자리에 앉혔던 대립 교황 클레멘스 3세는 1080년부터 1100년까지 교황 자리에 있었다. 참고로 대립 교황은 로마 교황청이 아닌 다른 지역에서 거처했다.

교황 우르바누스 2세는 땅바닥으로 떨어진 교황의 권위를 예전처럼 되찾고, 또 정교회 중심인 동유럽 사회에서 로마가톨릭의 우위를 점하기 위해 비잔티움제국 황제의 구원요청을 긍정적으로 받아들였다. 교황 우르바누스 2세는 이로써 1095년 11월 27일 클레르몽에서 공의회를 열어 "이슬람 세력에게 빼앗긴 예루살렘을 탈환하자."라고 호소했고, 공의회에 참석한 고위 성직자들은 이에 동의했다.

십자군 원정 서막 "잃어버린 교황 권위 되찾겠다."

예루살렘은 그리스도교와 이슬람교 양측 모두에게 성지(聖地)다. 예수 그리스도가 복음을 전파하다가 유대교 제사장들의 미움을 사서 십자가형을 당한 지역이면서, 무함마드가 알라를 만나기 위해 하늘로 올라갔다가 지상으로 내려온 장소가 있는 곳이 예루살렘이기 때문이다.

무슬림들은 7세기 예루살렘이 포함된 팔레스티나를 정복했다. 그러나 예수의 무덤 위에 세워진 성묘(聖墓)교회는 그리스도교 측에서 관리하도록 허락했다. 무슬림들은 크리스천들이 예루살렘으로 성지순례 오는 것도 막지 않았다. 다만 입장료를 받았다. 그런데 이 일대를 셀주크의 후손이 이끄는 튀르크인들이 11세기 중엽 장악한 것이다. 튀르크인들은 이슬람교를 받아들였다. 그런데 튀르크인들은 예루살렘으로 성지순례를 오는 크리스천들을 약탈했다. 심지어 붙잡아서 고문까지 하는 일이 발생했다. 성지순례 오는 크리스천들의 일부는 행방불명이 되는 일도 생겼다.

성지순례를 갔다가 약탈에 고문에 심지어 실종하는 사건이 발생하는 시점에 비잔티움제국의 황제 알렉시우스 1세가 도와달라고 구원 요청까지 하니 교황 우르바누스 2세는 가만히 있을 수가 없었다. 그로 인해 1095년 11월 27일 클레르몽공의회를 통해 각 지역에서 모인 고위 성직자 그리고 바깥에 있던 민중들을 향해 '성전(聖戰)'을 부르짖은 것이다. 성직자들과 민중들은 일제히 외쳤다 "데우스 불트(Deus vult)!". 라틴어인 이 말은 "신(神)이 바란다."라는 뜻이다. 교황을 중심으로 로마가톨릭 신자들이 자기들 마음대로 신을 악용한 셈이다.

그런데 성경 그 어디에도 성스러운 전쟁 즉, 성전이라는 단어는 없다. 교황의 이 같은 선동은 그리스도교의 2,000년 역사상 가장 추악한 행태로 평가받고 있다. 특히 오늘날 그리스도교와 이슬람교가 적대적으로 변하게 된 원인을 제공한 잘못된 판단이 1095년 클레르몽에서 결정된 것이다. 여러분도 잘 아시다시피 예수는 "악한 사람을 대적하지 말라. 누구든지 네 오른쪽 뺨을 치거든 왼편도 돌려대며."라고 마태오가 쓴 복음서(5:39)에 적혀 있다. 참고로 신약성경의 앞부분은 4복음서인 마태복음, 마가복음, 누가복음, 요한복음이다. 이 책을 쓴 저자들의 당시 이름은 마태오, 마르코, 루카, 요한이다.

클레르몽공의회에서 교황의 말솜씨는 휘황찬란했다. 말 한마디 한마디가 귀에 쏙쏙 들어왔다. 교황은 특히 "튀르크인들이 크리스천들을 붙잡아서 배를 가르고 창자를 빼낸다."라는 거짓말로 공의회 참석자들을 선동했다. 참석자 대부분은 "당장이라고 쳐들어가서 예루살렘을 탈환해야 한다."라는 교황의 말에 동의했다. 클레르몽공의회에서 예루살렘 원정 출발일이 1096년 8월 15일로 결정되었다. 이제는 싸움에 나설 사람들이 필요했다. 공의회에 참석한 고위 성직자들은 저마다 자기 관할 지역으로 돌아가서 민중들을 모으기 위해 "예루살렘을 되찾으러 가자!", "데우스 불트!" 등 성전을 부르짖었다.

그런데 공의회 참석자 외에도 성전을 부르짖은 사람이 있었으니 은둔생활을 하며 수행하는 은수자(隱修者) 피에르(약 1050~1115년)였다. 프랑스 사람인 피에르는 프랑스 민중들을 향해 교황청과는 별도로 성전을 외쳤다. 혹자는 '피에르가 성지순례를 위해 예루살렘으로 갔다가 튀르크인들에게 붙잡혀 고문당했다'라고 말하는 이들도 있지만 확인된 바는 없다. 어쨌든 피에르의 설교는 프랑스 민중들을 흥분시키기에 충분했다.

은수자 피에르의 선동에 6만 명가량이 모여들었다. 훗날 '민중 십자군'이라고 불리는 이들은 교황이 이끄는 십자군 원정단과 함께 가지 않고 자기들만의 원정을 1096년 봄 출발했다. 하지만 이들 대부분은 가진 것 없는 가난한 사람들이었다. 없는 자들이 대규모로 이동하다 보니 물자가 턱없이 부족했다. 이들은 비잔티움제국의 수도 콘스탄티노폴리스를 향했는데, 가는 길에 헝가리를 경유했다. 하지만 조용히 지나가지 않고 돈 많은 유대인들을 공격해서 죽이고 금품과 음식을 약탈하면서 헝가리 사람들과 충돌했다. 민중 십자군이 콘스탄티노폴리스에 도착했을 때는 처음 숫자보다 절반 이하로 대폭 줄어들어 있었다. 그리고 원정 이후 고향으로 돌아온 숫자는 고작 2,000명에서 3,000명에 불과했다.

반면 교황이 끌어모은 십자군에는 프랑스의 제후들이 대거 참여했다. 향후 1099년 7월 예루살렘을 탈환한 뒤 예루살렘왕국의 초대 왕이 되는 로렌의 공작 고드프루아(1060~1100년)을 비롯해 베르망두아의 백작 위그(1057~1101년), 노르망디의 공작 로베르 2세(1051~1113년), 툴루즈의 백작 레몽 4세(1052~1105년) 등이 가세했다. 또 플랑드르의 백작 로베르(생몰 미상), 샤르트르의 백작 스테판(생몰 미상) 등도 십자군에 함께했다.

프랑스 외에도 이탈리아반도 남부에 자리 잡고 있던 바이킹의 후예 로베르 기스카르의 아들인 보에몽 1세도 가담했다. 보에몽 1세의 외조카 노르망디 오트빌 출신 탕크레드(1072~1112년)도 가담하는데, 탕크레드는 제1차 십자군 원정단에서 맹활약을 펼친다. 프랑스왕국과 이탈리아반도 외에도 신성로마제국에서도 민중들이 가세했다. 십자군 원정은 1270년까지 총 8차례 진행되었는데 제1차 원정단이 가장 화려했다. 처음이었기에 서유럽 사회 귀족들의 참여가 활발했다.

제1차 원정단의 정확한 숫자는 알 수 없지만, 실제 싸울 수 있는 전투 요원인 귀족과 민중들의 숫자는 최대 6만 명 정도로 추정된다. 그러나 전투 요원들 외에도 보급품을 나르고 음식을 만드는 등 병참 부대원들도 있어야 했고, 여성들도 적잖이 동행하였기에 총규모는 10만 명에 육박했다. 이들은 교황이 결정한 대로 1096년 8월 15일 원정길에 올라 비잔티움제국의 수도 콘스탄티노폴리스로 향했다. 교황 우르바누스 2세는 동행하지 않았다. 이들 제1차 십자군 원정대는 물자가 넉넉했기에 가는 도중에 민중 십자군처럼 약탈행위는 저지르지 않았다.

제1차 십자군 원정 후 팔레스티나와 시리아 등지에 형성된 십자군들의 영토.
생성 순서대로 에데사백작령(1098년) → 안티오키아공작령(1098년) →
예루살렘왕국(1100년) → 트리폴리백작령(1102년)

11장

광기 가득한 크리스천들의 십자군 원정과 여파

제1차 십자군 원정이 남긴 성지 탈환과 잔인한 학살

교황 우르바누스 2세가 꾸린 제1차 십자군 원정대는 1096년 8월 서유럽을 떠나 이듬해인 1097년 4월 비잔티움제국의 수도 콘스탄티노폴리스에 도착했다. 이들은 비잔티움제국의 황제 알렉시우스 1세의 도움으로 배편을 통해 보스포루스해협을 건넜다. 알렉시우스 1세는 십자군을 향해 "예루살렘을 제외하고 원정길에 차지하는 땅은 비잔티움제국에게 돌려달라."라고 부탁했고, 십자군은 그렇게 하기로 약속했다.

십자군이 최종 목적지 예루살렘으로 가는 길은 험난했다. 원정단 숫자가 워낙 많다 보니 대열이 흩어지는 경우가 많았고, 이 틈을 노린 튀르크인들의 공격이 수시로 이어졌다. 원정단은 또 더위와도 싸워야 했고, 부족한 식수와 식량과도 사투를 벌여야만 했다. 그러다가 추운 날씨가 시작되는 10월 시리아의 대도시 안티오키아에 도착했다. 참고로 이들이 십자군이라고 불리게 된 것은 후대인들에 의해서다. 이들이 성전을 외치고 옷과 전투 장비에 십자가를 표시하면서 십자군이라고 불리게 된 것이다.

안티오키아 점령은 쉽지 않았다. 하지만 안티오키아 거주자들의 상당수는 강압적으로 이슬람교를 받아들인 크리스천들이었다. 안티오키아는 사도 바울이 사역의 중심지로 삼았던 곳으로, 로마제국 시대부터 그리스도교의 중심지 중 하나였다. 시칠리아에서 온 보에몽 1세는 안티오키아 거주민 중 감시탑에서 근무하는, 억지로 이슬람교로 개종당한 크리스천들을 포섭하는 데 성공했다. 결국 새벽에 성안으로 들어가서 성을 함락할 수 있었다. 이때가 1098년 2월이다.

그런데 셀주크제국의 장군 카르부가(?~1102년)가 이끄는 60만 대군이 1098년 6월 안티오키아를 되찾기 위해 쳐들어왔다. 카르부가는 맘루크였다. 장군 카르부가는 십자군을 향해 '죽든지 노예가 되든지' 둘 중 하나를 선택하라고 엄포를 놓았다. 십자군들이 볼 때 싸우기에는 적의 숫자가 너무 많았기에 움직일 수 없었다. 참고로 맘루크는 아랍어로 '소유물'이란 뜻이다. 무슬림들이 튀르크인을 비롯해 슬라브인, 비잔티움인 등 어린 백인들을 노예로 삼은 뒤 전사로 키운 병사들을 맘루크라고 부른다. 맘루크들은 주로 칼리프와 술탄을 호위하는 최정예부대로 성장했다.

십자군은 한 달 가까이 성안에만 틀어박혀 있었다. 그런데 시간이 갈수록 식량은 서서히 바닥을 보였다. 마침내 굶어 죽어야 할지 아니면 싸우다 죽어야 할지 결정해야 하는 시기가 왔다. 십자군들은 마지막으로 그들의 신을 향해 기도하고 결사 항전을 치르기로 결심했다. 어차피 죽으면 신의 나라로 갈 수 있다고 믿었던 그들이었다.

그리고 이 시기에 십자군은 예수와 관련된 성물인 '롱기누스의 창'을 안티오키아 성에서 발견했다고 전해진다. 롱기누스라는 인물은 예수가 십자가에 매달려 있을 때 생사 확인을 위해 창으로 예수의 옆구리를 찌른 로마제국 군인이다. 롱기누스가 예수 옆구리를 찌른 창이 성물로 취급받던 '롱기누스의 창'이었다. 롱기누스의 창 발견으로 십자군은 힘을 얻어 싸우기로 결심했다는 이야기가 전해지고 있다.

십자군들이 죽을 각오로 덤벼드니 튀르크인, 아랍인, 맘루크 등 다양한 민족으로 구성된 무슬림들이 당황하기 시작했다. 급기야 상대 진열이 와해 되면서 십자군이 승리하는 기적이 일어났다. 십자군은 이렇게 해서 안티오키아 성을 지킬 수 있었다. 하지만 십자군의 피해는 막심했다. 안티오키아에 도착했을 때인 1097년 10월 수만 명이던 기병대는 고작 2,000명 정도만 남았다. 이 중에서도 대다수는 부상자였고, 전투가 가능한 숫자는 200명가량에 불과했다.

이어서 "안티오키아를 비잔티움제국 황제에게 넘겨줘야 한다."라는 목소리가 십자군 사이에서 제기되었으나 성 진입에 공을 세운 보에몽 1세는 자기 소유라고 주장했다. 특히 비잔티움제국의 병사들은 줄곧 십자군과 함께 있다가 안티오키아 성내 진입 전 지겨운 대치가 계속되자 황제 알렉시우스 1세의 명을 받고 철수한 뒤였다. 그 때문에 십자군 내부에서도 안티오키아를 비잔티움제국에게 넘겨줄 필요가 없다는 이야기가 나온 것이다.

결국 안티오키아 정복에 큰 공이 있는 보에몽 1세가 안티오키아공작령의 초대 공작이 되었다. 그리고 보에몽 1세는 십자군들이 예루살렘 탈환을 위해 떠날 때 함께 가지 않고 안티오키아에 남았다. 또한 앞서 언급한 귀족 중에서 베르망두아의 백작 위그와 샤르트르의 백작 스테판은 전쟁에 염증을 느껴 이미 프랑스로 떠난 뒤였다.

십자군들은 예루살렘으로 가기 위해 지중해 동쪽의 해안가를 따라 이동했는데, 트리폴리 항구에 도착하자 프랑스 툴루즈의 백작 레몽 4세는 예루살렘으로 향하지 않고 이곳에 눌러앉아 버렸다. 이렇게 해서 1102년 트리폴리백작령이 생겼고, 레몽 4세가 초대 백작이 되었다.

또한 신성로마제국 로렌의 공작 고드프루아의 동생 보두앵(1065~1118년)은 안티오키아의 동쪽 에데사를 이미 차지해 1098년 에데사백작령을 만든 상태였다. 이로써 정작 예루살렘에 도착했을 때는 보두앵의 형인 로렌의 공작 고드프루아를 비롯해 노르망디 공작 로베르 2세, 보에몽 1세의 외조카 탕크레드가 십자군을 이끌었다.

1099년 6월 드디어 성지 예루살렘에 도착한 십자군들은 가슴이 벅차올랐다. 십자군은 예루살렘이 한눈에 내려다보이는 언덕에 진을 치고 닷새가 지난 뒤 예루살렘 시내로 진입했다. 무슬림들의 저항이 만만치 않았으나 공성전을 펼쳐 1099년 7월 15일 예루살렘을 손아귀에 넣었다. 이슬람교의 정통 칼리프시대 제2대 칼리프 우마르가 앞선 639년 예루살렘을 차지한 지 460년 만에 크리스천들이 예루살렘을 되찾은 것이다.

그런데 십자군은 성내 진입 후 무자비한 학살을 저질렀다. 닥치는 대로 도시 안에 있는 사람들을 죽였다. 무슬림이든 크리스천이든 상관없이 마구 죽였다. 예루살렘에 거주하던 5만 명 남짓한 사람들이 십자군에 의해 무참히 살해되었다. 양민들마저 죽인 것이다. 광기의 십자군이었다. 이로써 교황 우르바누스 2세가 성전을 부르짖은 지 3년 8개월 만에 제1차 십자군 원정은 예루살렘 탈환 성공으로 막을 내렸다. 향후 1,000년 동안 그리스도교와 이슬람교가 철천지원수가 되는 서막이 오른 것이다. 그리고 공적이 큰 고드프루아 공작이 그리스도교 세력이 세운 예루살렘왕국의 초대 왕에 등극했다.

십자군 원정으로 탄생한 템플기사단의 급성장

서유럽 크리스천들은 1099년 7월 제1차 십자군들의 성과로 예전처럼 예수 그리스도의 성묘(聖墓)가 있는 예루살렘으로 마음 편히 성지순례를 갈 수 있었다. 그런데 튀르크인들을 위시한 무슬림들은 성지순례를 오는 크리스천들을 가만히 두지 않았다. 무슬림들은 배를 타고 항구 야파(Jaffa)에 도착한 성지순례객들이 예루살렘까지 도보로 가는 길에 수시로 나타나서 약탈행위를 일삼았다.

제1차 십자군 원정으로 예루살렘을 탈환한 뒤 대부분의 서유럽인은 고향으로 돌아갔다. 이로써 적은 수의 병사들만 성을 지키는 수준에 머물렀다. 만약 무슬림들이 대규모로 쳐들어온다면 언제 어떤 식으로 성이 함락될지 모르는 아슬아슬한 형국이었다. 이런 상황에서 성지순례자들을 향한 무슬림들의 약탈행위가 끊이질 않은 것이다. 그렇다고 십자군들이 성을 나와서 순례객들을 보호할 수도 없는 노릇이었다. 그런데 느닷없이 성지순례객들을 보호하겠다면서 1118년 한 무리의 사나이들이 나타나는데, 이들은 바로 프랑스 샹파뉴 출신의 위그 드 파앵(1070~1136년)를 비롯한 9명의 기사들이었다.

당시 예루살렘왕국의 왕은 보두앵 2세(1075~1131년)였다. 보두앵 2세는 예루살렘왕국의 초대 왕이던 로렌의 공작 고드프루아 그리고 고드프루아의 친동생이면서 에데사백작령의 초대 백작을 지낸 보두앵 1세의 6촌 동생이다. 예루살렘왕국은 고드프루아가 죽은 뒤 그의 동생인 에데사백국의 백작 보두앵 1세가 맡아 다스렸다. 이어서 6촌 동생 보두앵 2세가 뒤를 이었다. 그런데 프랑스 샹파뉴 출신의 위그 드 파앵이 이끄는 무리가 1118년 예루살렘왕국의 왕 보두앵 2세를 찾아가서 "성지순례객들을 보호하는 일을 우리가 할 수 있도록 허락해달라."라고 말한 것이다. 보두앵 2세는 두 팔 벌려 환영했다.

성지순례객 보호를 자청한 기사는 9명뿐이지만, 기사 1명당 보조 인력으로 보병이 5명가량 있었기에 이들의 전체 인원은 50명 남짓이었다. 많다면 많을 수도 있고, 적다면 적을 수도 있는 숫자였다. 보두앵 2세는 이들이 거처할 장소로 예루살렘 중심에서 남동부에 위치한 그 옛날 이스라엘왕국의 왕 솔로몬의 왕궁터를 제공했다. 이로써 이들의 이름은 '그리스도와 솔로몬 성전의 가난한 기사들'로 정해졌다.

이들은 기사이면서도 수도사들이었다. 청빈, 순결, 복종을 규칙으로 하는 베네딕토회의 규칙을 따랐다. 그로 인해 역사가들은 이들을 최초의 기사수도회로 보고 있다. 시간이 흐르면서 이들이 성전에 자리 잡았다고 해서 '예루살렘 템플기사수도회'로 바뀌는데, 줄여서 '템플기사단'이라고 불렀다. 템플(temple)이라는 단어는 성당, 교회, 모스크, 사찰 등등 신께 기도드리는 예배당을 말한다. 템플기사단은 다른 말로 성전기사단, 신전기사단, 기사수도회라고도 부른다.

참고로 솔로몬의 왕궁터 바로 옆에는 그 옛날 솔로몬이 언약궤 즉, 모세가 여호와로부터 계시받은 십계명을 적은 돌을 모셔두기 위해 지은 성전이 있었는데 지금은 이슬람교의 모스크가 들어서 있다. 유대교 성전이 있었다가 현재는 이슬람교 모스크가 있는 자그마한 산 이름을 영어권에서는 성전산(Temple mount)이라고 부르고 있다. 솔로몬이 지은 성전은 약 4,000년 전 아브라함이 여호와에게 번제를 드리기 위해 아들을 눕힌 바위가 있는 장소에 지어졌다.

유대인들은 성전산을 '경외, 빛'이라는 뜻의 모리아산이라고 부르고, 무슬림들은 '거룩한 땅'이라는 뜻의 하람 알 샤리프이라고 부른다. 유대교 성전은 BC 6세기 바빌론유수 때 한차례 파괴되었다가 바빌론유수가 끝난 뒤 재건되었고, BC 1세기 헤롯왕이 증축했다가 AD 1세기 유대·로마 전쟁 때 최종적으로 사라졌다.

그런데 7세기 무슬림들이 예루살렘 일대를 장악했고, 우마이야 왕조의 제5대 칼리프 아브드 알 말리크(재위 : 685~705년)가 691년 성전산에 모스크를 짓는데 지금의 황금돔사원이다. 황금돔사원은 바위돔사원이라고도 한다. 하지만 처음부터 지붕이 황금색은 아니었다. 황금 지붕이 된 것은 요르단의 3대 국왕 후세인(재위 : 1952~1999년)이 1993년 사비 650만 달러를 들여 24K 순금 80kg으로 1,200장의 금박을 지붕에 붙이면서 황금돔사원으로 변모했다.

템플기사단이 성지순례객들을 보호한다는 이야기가 널리 퍼지자 프랑스 클레르보수도원의 원장인 베르나르(1090~1153년)가 후원에 나섰다. 그런데 템플기사단은 성지순례객을 보호하는 일 외에도 예루살렘에서 그 무언가를 찾고 있었다. 이들이 무엇을 찾고 있었는지 정확히 알 수 없으나 예수 그리스도가 12제자들과 가진 최후의 만찬 때 사용한 성배(聖杯)

라는 이야기도 있고, 롱기누스의 창이라는 이야기도 있다.

템플기사단이 예수와 관련된 성스러운 물건을 찾는다는 소식에 서유럽 사람들은 템플기사단을 응원하기 위해 너도나도 땅과 재물을 기부했다. 이때부터 템플기사단의 재산이 급격히 늘어났다. 참고로 2017년 미국에서 제작된 드라마 '나이트폴 : 신의 기사단'에서는 템플기사단이 그토록 찾으려고 했던 것이 성배인 것으로 나온다. 드라마상에는 이들이 성배를 실제 발견한 것으로 나오지만 어디까지나 픽션이다. 드라마에서는 템플기사단이 1291년 마지막 근거지 아크레를 떠날 때 무슬림의 공격으로 배가 침몰하면서 성배가 바다 아래로 가라앉는 것으로 설정되었다.

제1차 십자군 원정으로 탄생한 템플기사단은 무럭무럭 성장하다가 1128년 교황 호노리우스 2세(재임 : 1124~1130년)에 의해 정식 수도회로 인정받는다. 이로써 템플기사단은 그 누구의 간섭도 받지 않고 오로지 교황의 명령만 따르는 단체가 되었다. 11년 뒤인 1139년에는 교황 인노켄시우스 2세(재임 : 1130~1143년)가 "템플기사단이 그리스도교 권역 내에서 자유롭게 통행하는 것은 물론 특정 국가법에도 구속되지 않는다."라는 치외법권도 보장하면서 템플기사단은 그 어느 때보다 강력해지는 계기를 맞았다. 템플기사단의 위상이 올라가자 단원이 되겠다는 지원자들이 늘어났다. 템플기사단은 이로써 규모도 커질 뿐만 아니라 부와 명예, 특권 모두를 거머쥐었다.

그런데 템플기사단이 한창 활동하던 1144년 팔레스티나에서는 에데사백작령이 이슬람 세력들에게 함락되는 사건이 발생했다. 이로써 이웃한 안티오키아공작령과 트리폴리백작령마저 무너지는 것은 시간문제였다. 상황이 이렇게 되자 예루살렘왕국은 교황 에우게니우스 3세(재임 : 1145~1153년)에게 새로운 십자군 파견을 요청하게 된다. 이것이 제2차 십자군 원정이 일어난 배경이다.

무슬림 영웅 살라딘, 십자군 장악 예루살렘 재탈환

에데사백작령을 공격한 이슬람교 세력은 셀주크제국이 쇠퇴하는 틈을 이용해 1127년 생겨난 장기 왕조 칼리프국이었다. 장기 왕조의 개창자는 이마드 앗 딘 장기(1085~1146년)다. 장기 왕조는 1250년까지 130년 남짓 존속했다. 장기 왕조를 언급하는 이유는 향후 이슬람교 사회에서 오늘날까지 영웅으로 칭송받는 살라딘(1137~1193년)의 등장과 관련이 있기 때문이다.

참고로 무함마드의 이슬람제국은 661년 우마이야 왕조에서 750년 아바스 왕조로 대체된 후 10세기 초부터 분열되기 시작했다. 특히 10세기 초 북아프리카에 있는 오늘날 튀니지에서는 무함마드의 딸 파티마(약 605~632년)의 자손들이 칼리프를 자처하면서 왕조를 세웠는데, 바로 시아파가 중심이 된 파티마 왕조 칼리프국이었다. 이슬람교 사회는 현재도 그렇지만 수니파와 시아파로 갈라진 탓에 오랜 기간 분열을 초래하고 있다.

파티마 왕조는 시아파 계열인 이스마일파 압둘라 알 마흐디(874~934년)가 10세기 초 오늘날 튀니지에서 봉기해 서쪽으로는 모로코까지, 동쪽으로는 이집트를 점령 후 예루살렘까지 장악하면서 영토를 확장했다. 파티마 왕조가 생겨났을 때 중동은 수니파인 아바스 왕조가 장악하고 있었다. 그런데 시아파 파티마 왕조가 수니파 아바스 왕조의 영토를 밀고 들어간 것이다. 제1차 십자군이 예루살렘을 탈환했을 때인 11세기 말 예루살렘은 파티마 왕조가 장악하고 있었다.

아바스 왕조의 영토가 파티마 왕조에 의해 잠식당하고 있던 11세기 중엽 중앙아시아에서는 셀주크의 튀르크인들이 1037년 국가를 만들고 한창 영토를 확장하고 있었다. 이로써 아바스 왕조는 국경 밖 서쪽으로부터는 파티마 왕조, 국경 밖 동쪽에서는 튀르크인들에게 위협을 받았다. 파죽지세로 밀고 들어간 튀르크인들은 이슬람교로 개종한 뒤였기에 이슬람교 종교 지도자인 칼리프가 있는 아바스 왕조를 인정했다. 이로써 아바스 왕조는 1055년 수도 바그다드가 튀르크인들에게 점령당했으나 왕조의 명맥은 오랜 기간 유지했다.

셀주크제국은 1071년 비잔티움제국과 싸운 만지케르트 전투에서 승리하면서 아나톨리아반도 대부분을 차지했다. 그런데 셀주크제국의 쇠퇴는 생각보다 빨랐다. 셀주크제국의 쇠퇴기 때인 11세기 말 제1차 십자군 원정이 일어난 것이다. 십자군들이 쳐들어왔으나 중동의 서부 이슬람교 사회는 아바스 왕조, 파티마 왕조, 셀주크제국 등으로 난립한 상태여서 힘을 합치지 못하면서 제대로 대응조차 못했다.

이어서 12세기 초 셀주크제국 지배하에 있던 바스라(오늘날 이라크 남부) 지역 총독이었던 이마드 앗 딘 장기가 쇠퇴기에 있던 셀주크제국의 영토인 시리아 북서쪽에 있는 알레포를 접수한 뒤 1127년 장기 왕조 칼리프국을 세워 영토 확장에 나섰다. 그러던 중에 1144년 그리스도교 세력이 다스리는 에데사백작령을 무슬림들이 공격해 손아귀에 넣으면서 제2차 십자군 원정이 일어나는 계기를 만들었다. 장기 왕조는 파티마 왕조의 영토까지 밀고 들어가서 이집트까지 장악하면서 파티마 왕조를 멸망 직전까지 몰아붙였다. 909년에 생긴 파티마 왕조는 1171년 멸망했다.

에데사백작령이 무슬림 장기 왕조 칼리프국에 넘어가자 예루살렘왕국의 여왕 멜리장드(1105~1161년)는 교황에게 군사 지원을 요청했다. 당시 예루살렘왕국의 왕은 여성이었다. 예루살렘왕국은 초대 왕 고드프루아부터 그의 친동생 보두엥 1세, 그리고 이들 형제의 친척 동생인 보두엥 2세가 왕위를 이어받았다. 그런데 보두엥 2세가 1131년 아들 없이 죽었고, 그 뒤를 장녀 멜리장드가 이어받은 상태였다. 예루살렘왕국의 여왕으로부터 지원요청을 받은 교황 에우게니우스 3세는 또다시 성전(聖戰)을 부르짖었다. 이때가 1145년이다.

이에 프랑스왕국의 루이 7세(재위 : 1137~1180년)와 독일왕국의 콘라트 3세(재위 : 1138~1152년)가 부응했다. 앞선 제1차 십자군 원정 때는 프랑스의 귀족들이 중심을 이루었지만, 제2차 십자군 원정은 왕들이 직접 나섰다. 참고로 통상 독일왕국의 왕이 신성로마제국의 황제를 겸직하고 있었는데 콘라트 3세는 직계가 아닌 방계인 탓도 있고, 왕위 계승으로 복잡한 상황을 맞이하다 보니 신성로마제국 황제로서 즉위식을 치르지 못했다. 이로써 콘라트 3세는 영원히 독일왕국의 왕으로 남게 되었다.

루이 7세와 콘라트 3세가 이끄는 제2차 십자군이 1147년 원정에 나섰으나 에데사백작령을 되찾기는커녕 대실패로 막을 내렸다. 원정단 규모는 제1차 십자군에 비교해도 전혀 손색이 없었다. 하지만 서유럽의 국왕들이 중동의 정세를 제대로 파악하지 않은 채 독단적으로 고집을 부리면서 전투에서 이렇다 할 만한 성과를 얻지 못했다. 병력과 물자만 낭비하는 결과만 초래했다.

이어서 이슬람교 사회에서 등장하는 인물이 살라딘이다. 아랍 사회에서는 살라흐 앗 딘으로 부르고 서유럽 사회에서는 살라딘이라고 부른다. 살라딘의 아버지는 나짐 앗 딘 아이유브 이븐 샤디(?~1173년)인데, 장기 왕조 개창자인 술탄 장기 밑에서 활동한 쿠르드족 용병이었다. 살라딘 역시 아버지에 이어 장기 왕조에서 군인으로 활동하다가 이집트에서 1171년 자기만의 칼리프국을 만드는데, 아버지의 이름을 따서 아이유브 왕조라고 이름 지었다.

살라딘의 아이유브 왕조는 서쪽으로 북아프리카 튀니지까지, 동쪽으로는 아라비아반도의 서쪽 해안가 그리고 시리아와 오늘날 이라크까지 영역을 확장했다. 이어서 예루살렘왕국을 장악한 십자군과 1187년 벌인 하틴 전투에서 승리하면서 예루살렘을 재탈환했다. 서유럽의 그리스도교 세력이 제1차 십자군 원정으로 1099년 탈환했던 성지 예루살렘이 100년도 되지 않아 다시 무슬림들의 손아귀에 들어간 것이다.

하틴 전투에서 십자군은 살라딘의 지략으로 제대로 된 전투도 치르지 못하고 약 1만 8,000명 중에서 1만 5,000명가량이 죽는 참패를 겪는다. 하지만 살라딘은 예루살렘 성에 있던 사람들을 죽이는 대신 떠나고 싶은 사람들에게 선택권을 주는 아량을 베푼다. 제1차 십자군이 1099년 예루살렘 장악 당시 성안에 있던 약 5만 명을 무참히 학살한 것과는 사뭇 비교된다.

살라딘과 십자군이 맞붙은 하틴 전투에 관한 이야기는 2005년에 개봉한 리들리 스콧 감독의 '킹덤 오브 헤븐(Kingdom of heaven)'을 통해 만나 볼 수 있다. 살라딘에 의해 성지 예루살렘이 무슬림들의 손에 들어가자 예루살렘을 되찾겠다고 1189년 일어난 것이 제3차 십자군 원정이다.

'사자심왕 리처드' 절반의 성공 제3차 십자군 원정

무슬림들이 예루살렘을 정복했다는 소식에 로마가톨릭의 교황 우르바누스 3세(재임 : 1185~1187년)는 극심한 스트레스를 받다가 그해 10월 20일 선종하고 만다. 뒤를 이어 교황이 된 그레고리우스 8세(재임 : 1187년 10~12월)는 성지 탈환을 위해 십자군 결성을 촉구했다. 교황의 요구에 프랑스왕국의 국왕 필리프 2세(재위 : 1179~1223년), 잉글랜드왕국의 국왕 리처드 1세(재위 : 1189~1199년), 신성로마제국의 황제 프리드리히 1세(재위 : 1055~1190년)가 호응했다.

1189년 시작된 제3차 십자군 원정은 신성로마제국이 선발대 형식으로 다른 국가들에 앞서 그해 5월 원정길에 올랐다. 프랑스와 잉글랜드는 1년 정도가 흐른 1190년 7월 원정에 나섰다. 제3차 십자군 원정단은 총 8차례 진행된 십자군 중에서 최대 규모를 자랑했다. 규모나 위세를 봤을 때 예루살렘 탈환은 그다지 어렵지 않아 보였다.

신성로마제국의 황제 프리드리히 1세는 아나톨리아반도에 도착 후 1190년 5월 이코니움 전투에서 승리하며 기세를 드높였다. 그런데 이후에 대참사가 발생한다. 프리드리히 1세가 아나톨리아반도의 남동쪽 살레프강을 건너던 중 타고 있던 말에서 떨어져 익사한 것이다. 당시 프리드리히 1세는 일흔 살을 목전에 두고 있었는데, 그다지 깊지도 않은 강물에 빠졌고 세상을 뜬 것이다. 심장마비로 인해 죽은 것으로 추정되고 있다. 제3차 십자군에게는 최악의 사고가 발생한 것이다.

제3차 십자군에 나선 3개 국가를 통틀어 신성로마제국의 병사들이 가장 많았다. 그런데 황제의 갑작스러운 죽음으로 신성로마제국의 병사들

대부분은 본국으로 돌아가 버렸다. 프리드리히 1세와 함께 원정에 나선 아들 슈바벤의 공작 프리드리히(생몰 미상)가 계속해서 예루살렘을 향해 나아갔지만, 공작과 함께 한 병사들의 숫자는 5,000명 남짓이었다. 그해 7월 프랑스의 베즐레에서 프랑스와 잉글랜드의 십자군들이 출발했다. 그들은 이탈리아반도에 도착 후 육로 대신 바닷길을 선택했고, 시칠리아에서 배를 타고 건널 계획이었다. 프랑스 배들은 손쉽게 시칠리아에 도착했다. 하지만 잉글랜드의 배들은 아프리카를 돌아서 오느라 많은 시간이 소요되었다.

그런데 시칠리아에서 배를 기다리던 중에 필리프 2세와 리처드 1세 사이에 마찰이 발생했다. 원인은 신성로마제국 황제 하인리히 6세(재위 : 1191~1197년)가 시칠리아왕국의 왕위를 노렸고, 시칠리아왕국에서 어수선한 상황이 펼쳐지던 중 리처드 1세가 시칠리아의 북동부에 있는 메시나를 점령해버렸기 때문이다. 필리프 2세와 리처드 1세는 원정에 나서기 전 획득한 영지를 똑같이 나누기로 약속했는데, 필리프 2세는 리처드 1세가 약속을 지키지 않았다고 주장했다.

갈등의 싹이 남아있는 상태에서 2명의 왕은 바닷길을 통해 팔레스티나에 도착했다. 하지만 예루살렘 탈환이라는 공동의 목표가 있었기에 힘을 합쳐 공성전을 통해 항구도시 아크레 점령에 성공했다. 그런데 두 왕은 또다시 갈등했다. 리처드 1세가 배를 타고 오던 중 폭풍우를 만나 키프로스 섬에 도착한 뒤 섬을 장악한 것이다. 이에 필리프 2세는 리처드 1세에게 키프로스 섬의 절반을 달라고 요구했다. 리처드 1세가 이에 응하지 않자 필리프 2세는 아크레 점령 후 병사들을 데리고 프랑스로 가버렸다.

리처드 1세가 대적해야 할 적장은 살라딘이었다. 하지만 살라딘은 리처드 1세의 기세를 쉽사리 꺾지 못했다. 무슬림들 사이에서는 적진을 용맹하게 휘젓는 리처드 1세를 '사자의 심장'이라고 부를 정도로 공포의 대상이었다. 오늘날 많은 이들은 리처드 1세를 '사자왕'이라고 부르는데, 정확히는 '사자심왕(獅子心王)'이다. 그런데 프랑스로 돌아간 필리프 2세는 잉글랜드에 남아있던 리처드 1세의 동생 존(1166~1216년)을 향해 "형이 죽었을지도 모른다."라며 꼬드겨서 왕위에 오르도록 부추겼다. 이 소식을 전해 들은 리처드 1세는 더 이상 십자군 원정을 이어갈 수가 없었다. 살라딘에게 휴전을 요청했고, 살라딘 역시 계속된 전투로 지친 탓에 휴전 요청을 받아들였다. 그러면서 살라딘은 크리스천들의 예루살렘 방문을 허용했다.

리처드 1세는 이로써 잉글랜드로 철군했다. 이때가 1192년이다. 리처드 1세는 고향으로 가서 자신 앞에 무릎 꿇은 동생 존을 용서하고 다시 왕의 자리에 올랐다. 제3차 십자군 원정은 비록 예루살렘 탈환은 실패했지만, 끊겼던 성지순례가 가능해지면서 '절반의 성공'이라는 결과를 낳았다. 제3차 십자군 원정은 서유럽 사회에서 '사자심왕 리처드'라는 영웅만 남긴 채 제4차 십자군 원정을 기약해야만 했다. 살라딘은 제3차 십자군 원정이 끝난 이듬해인 1193년 세상을 떴다. 그리고 재개된 크리스천들의 예루살렘 성지순례는 이후 26년 동안 이어지다가 또다시 단절된다.

최악의 오점 제4차 십자군, 또다시 시작된 제5·6차 원정

광기에 휩싸인 서유럽 크리스천들이 벌인 총 8차례의 십자군 원정에서 가장 치욕적인 기록을 남긴 원정은 제4차 원정이었다. 결론부터 말하면

제4차 십자군은 성지 탈환을 위해 예루살렘으로 가기는커녕 같은 그리스도교 국가인 비잔티움제국을 공격해 수도 콘스탄티노폴리스 시민들을 학살하는 만행을 저질렀다. 십자군이라고 부르는 것도 민망한 이들은 콘스탄티노폴리스에 1204년 라틴제국까지 건설했다. 예수의 이름을 악용한 강도들의 국가가 이후 1261년까지 57년 동안 존재했다.

1202년 시작된 제4차 십자군 원정은 교황 인노켄티우스 3세(재임 : 1198~1216년)가 부르짖으면서 결성되었다. 프랑스, 잉글랜드, 신성로마제국에서 응했다. 3만 3,000명가량이 모일 것으로 예상되었지만 앞선 제2·3차 원정과는 달리 제4차 원정 때는 황제나 국왕 등 군주들이 움직이지 않았다. 이로써 기사들을 비롯해 농민, 범죄자 등등 실제 모인 인력은 예상치의 1/3 수준이었다. 제대로 된 지휘체계도 갖추지 않은 오합지졸이어서 출발 때부터 우려가 제기되었다.

이들은 이탈리아반도 베네치아를 통해 배를 타고 살라딘이 개창한 아이유브 왕조 술탄국의 중심지인 이집트로 향할 계획이었다. 그런데 배를 소유하고 있는 베네치아 사람들이 요구하는 수송비가 턱없이 비쌌다. 지나치게 비싼 뱃삯에 십자군이 재정상의 어려움을 토로하자 베네치아의 총독 엔리코 단돌로(1107~1205년)는 어처구니없는 제안을 한다. "그리스도교 도시 자라(Zara)를 약탈해서 돈을 마련하라." 자라는 오늘날 크로아티아에 있는 도시다. 십자군은 단돌로의 제안을 실제 행동으로 옮겨 자라를 약탈했다. 이때부터 제4차 십자군이 강도로 돌변한 것이다. 하지만 자라를 약탈했음에도 불구, 수송비 전체를 마련하지는 못했다.

앞서 12세기 말 비잔티움제국 내에서는 내분이 발생했는데, 황제 이사키우스 2세(재위 : 1185~1195년, 1203~1204년)가 친형 알렉시우스 3세(재위 :1195~1203년)에 의해 1195년 폐위된 후 감금된 것이다. 폐위된 이사키우스 2세의 아들 알렉시우스(1182~1204년)도 감금되었으나 어린 알렉시우스는 스무 살 성인이 된 1201년 풀려났다. 이후에는 서유럽으로 가서 부친의 복위를 위해 사람을 끌어모으려고 노력하던 중 제4차 십자군의 진영으로 간 것이다. 그러면서 청년 알렉시우스는 십자군들을 부추겼다. "아버지가 다시 왕이 되도록 도와준다면 적잖이 보상을 해주겠다." 아버지 복위를 위해 알렉시우스가 십자군들을 비잔티움제국으로 끌어들인 것이다.

그런데 왕위 찬탈자인 비잔티움제국의 황제 알렉시우스 3세는 1203년 십자군을 피해 도망치는데, 이 과정에서 제국 내에 있는 금은보화를 모두 들고 달아난 것이었다. 이로써 청년 알렉시우스는 십자군에게 한 약속을 지킬 수 없게 되었다. 알렉시우스는 아버지 이사키우스 2세와 함께 1203년 8월 공동으로 왕이 되면서 알렉시우스 4세(재위 : 1203년 8월~1204년 2월)가 된다. 그리고 이듬해 1월 이사키우스 2세가 세상을 뜨면서 알렉시우스 4세가 단독 왕이 되었다. 알렉시우스 4세는 십자군과의 약속을 지키기 위해 시민들에게 높은 세금을 거두어들였다. 이에 화가 난 비잔티움제국 백성들이 알렉시우스 4세를 폐위시켜버렸다. 이로써 십자군은 약속된 돈을 받지 못하자 또다시 강도로 변했고 1204년 비잔티움제국 수도인 콘스탄티노폴리스의 시민들을 무차별적으로 학살했다.

제4차 십자군이 이 같은 만행을 저지른 뒤 시간이 흘러 1217년 제5차 십자군 원정단이 꾸려졌다. 이번에는 헝가리의 국왕 언드라시 2세(재위 : 1205~1235년)와 신성로마제국 내 오스트리아 공국의 제후 레오폴트(공

작 재임 : 1198~1230년)가 참가했다. 공작 레오폴트는 앞서 제3차 십자군 원정 때 물에 빠져 죽은 신성로마제국의 황제 프리드리히 1세의 아들이다. 헝가리 국왕 언드라시 2세는 우여곡절 끝에 왕이 되었는데, 즉위 20년 전 "내가 왕이 된다면 십자군에 참여하겠다."라는 서약을 한 인물이다. 독일 국왕 프리드리히 2세(독일 국왕 재위 : 1196~1250년, 황제 즉위 : 1220년)도 참여할 계획이었지만, 그는 병사들만 보내고 끝내 모습을 드러내지 않았다.

제5차 십자군은 1217년 지중해 동부 연안 항구도시 아크레에 도착했다. 아크레는 앞선 제3차 십자군의 선봉에 선 잉글랜드 국왕 리처드 1세와 프랑스 국왕 필리프 2세가 빼앗은 곳이었다. 하지만 제5차 십자군은 무슬림들의 공세에 예루살렘 탈환이 쉽지 않아 단념했다. 그런데 헝가리왕국의 국왕 언드라시 2세는 무슬림들과 몇 차례 작은 전투를 벌인 뒤 1218년 1월 돌연 철수해버렸다. 자신이 약속했던 십자군 참전을 이행한 것에 의미를 둔 것이었다. 제5차 십자군의 주력부대인 헝가리 군대가 빠져나가고 말았다.

예루살렘 탈환을 단념한 그리스도교 세력은 아이유브 왕조의 근거지인 이집트의 수도 카이로 공략을 새로운 목표로 잡았다. 하지만 카이로 공략은 실패했고, 나일강 하류의 삼각주에 있는 다미에타를 정복하는 데 만족해야만 했다. 다미에타는 고대 이집트어로 타미아트라고 불리는데, 지중해와 나일강을 잇는 요충지였다.

당시 아이유브 왕조의 술탄은 살라딘의 동생 알 아딜(재위 : 1200~ 1218년)이었다. 알 아딜은 다미에타를 빼앗기자 그 충격으로 죽고 말았다. 알

아딜을 이어 그의 아들 알 카밀(재위 : 1218~1238년)이 뒤를 이었고, 알 카밀은 십자군을 향해 화의를 요청했다. 그러면서 다미에타와 예루살렘을 교환하자고 제안했다. 그런데 십자군은 이 제안을 받아들이지 않았다. 애당초 십자군 원정의 취지가 성지 예루살렘 탈환이었는데, 십자군은 다미에타에 더 큰 관심을 가졌다. 십자군은 다미에타를 근거지로 삼아 이집트의 수도 카이로를 빼앗겠다는 계획이었다. 십자군은 1221년 카이로 공략에 나섰지만 완패했다. 이로써 제5차 십자군 원정은 마무리되었다.

1228년 개시된 제6차 십자군 원정은 앞선 제5차 원정 때 병사만 보냈던 신성로마제국의 황제 프리드리히 2세가 직접 나섰다. 그런데 프리드리히 2세가 진정 십자군 원정에 나서길 희망했던 것은 아니었다. 그는 예루살렘 탈환보다는 신성로마제국의 영토인 이탈리아반도 북부 영토에 더 큰 관심이 있었다. 당시 신성로마제국 황제는 제국 내 모든 영토를 차지한 것이 아니었기에 각 지역 제후들의 영향력이 황제를 위협할 정도로 막강했다. 이로써 프리드리히 2세의 관심은 예루살렘 탈환이라는 교황의 희망과는 달리 제국 내에서 벌어지는 일들에 관심이 더 컸다.

상황이 이렇다 보니 프리드리히 2세는 십자군 결성을 차일피일 미루었고, 이로 말미암아 교황과 마찰을 빚은 것이다. 교황은 십자군 원정에 관심 없는 프리드리히 2세를 파문했다가 철회하고 또다시 파문하고 철회하는 등 신성로마제국의 황제를 무려 세 번이나 파문하는 기록을 남겼다. 결국 신성로마제국 내에서 반란이 일어나면서 프리드리히 2세의 입지가 좁아지자 어쩔 수 없이 제6차 십자군 원정에 나섰다.

프리드리히 2세는 제국 내에서 인기가 없었다. 하지만 개방적인 성향의 프리드리히 2세는 이슬람교 사회의 선진문물을 수용하는가 하면 무슬림들과 적극적으로 교류했다. 심지어 그는 아이유브 왕조의 술탄 알 카밀과 편지를 주고받는 친밀한 사이였는데, 알 카밀로부터 천체 관측기까지 선물 받을 정도였다. 이 때문에 프리드리히 2세 입장에서는 무슬림들과 싸우는 것이 아무런 의미가 없었다. 하지만 어쩔 수 없이 제6차 십자군 원정에 나설 수밖에 없었다.

무슬림들과 싸울 생각이 없었던 프리드리히 2세는 1228년 친분이 있는 알 카밀과 만나 협상을 벌였다. 알 카밀 역시 프리드리히 2세의 상황을 잘 알고 있었기에 예루살렘을 넘겨주기로 약속한다. 대신 바위돔사원이 있는 성전산은 무슬림의 소유로 남겨두기로 했다. 프리드리히 2세가 이끄는 제6차 십자군은 피 한 방울 흘리지 않고 예루살렘을 이양받았다. 절반의 성공이었던 셈이다. 교황은 프리드리히 2세가 무슬림들과 협상을 벌인 것에 대해 분노를 느꼈으나 성전산을 제외한 예루살렘을 되찾은 것에 대한 공로를 인정하고 황제에게 내린 파문을 거두어들였다. 이렇게 해서 제6차 십자군 원정은 1229년 마무리된다.

루이 9세가 이끈 제7·8차 십자군 원정 그리고 맘루크

제6차 십자군이 오랜만에 성과를 냈으나 알 카밀에 이어 술탄이 된 그의 아들 앗 살리흐 아이유브(재위 : 1240~1249년)는 1244년 예루살렘을 정복해버렸다. 앗 살리흐 아이유브가 아버지 알 카밀의 뜻을 저버린 것이다. 후대인들은 앗 살리흐 아이유브를 살라딘 2세라고도 부른다.

이 대목에서 13세기 중동과 중앙아시아의 상황을 살펴보면, 셀주크제국은 이미 1194년 멸망한 상태였다. 그런데 셀주크제국이 쇠퇴기에 접어든 1077년 셀주크제국의 장군이던 아누시티긴(재위 : 1077~1097년)이 독립해서 국가를 만들었는데, 바로 호라즘제국이다. 아누시티긴이 근거지로 삼은 곳은 오늘날 우즈베키스탄의 우르겐치였다. 이어서 아누시티긴의 아들 쿠트브 웃딘 무함마드(재위 1097~1127)가 우르겐치를 수도로 삼아 호라즘제국의 영토를 확장해 나갔다.

오늘날 이란에서 동쪽을 바라볼 때 아프가니스탄 방향으로 걸쳐 있는 지역이 호라산(Khurasan)이다. 호라즘은 호라산 위쪽에 자리 잡았는데, 아랍인들은 호라산 위에 있는 국가를 후와리즘(Khwarizm)이라고 불렀고, 우리는 호라즘이라고 부른다. 호라즘은 영토 확장작업을 펼쳐 오늘날 우즈베키스탄에서 이란, 투르크메니스탄, 아프가니스탄으로 진출하면서 제국으로 성장했다. 그런데 몽골의 침략으로 1231년 멸망했다. 아이유브 왕조의 살라딘 2세는 아버지 알 카밀의 친그리스도교 국가정책을 무시한 채 호라즘제국 멸망 후 호라즘의 잔여 병력을 끌어모아 1244년 예루살렘을 빼앗은 것이다.

이로써 로마가톨릭 교황 인노켄티우스 4세(재임 : 1243~1254년)는 1245년 프랑스 리옹에서 시노드를 열어 제7차 십자군 원정을 부르짖었다. 특히 이 시기는 유럽의 시각에서 볼 때 동방으로부터 몽골제국이 밀어닥쳤기에, 이슬람 세력에 더해서 또 하나의 위험 요소가 추가된 시기였다. 교황의 성전 요구에 응답한 사람은 프랑스의 국왕 루이 9세(재위 : 1226~1270년)였다. 루이 9세는 서유럽의 그 어떤 왕들보다도 독실한 크리스천이었다. 로마가톨릭이 루이 9세를 성인(聖人)의 반열에 올릴 정도였다. 교황의 성전 외침에 루이 9세는 나 몰라라 할 수가 없었다.

1248년 8월 제7차 십자군을 이끌고 프랑스를 떠난 루이 9세의 목적지는 이집트 나일강 하류에 있는 요충지 다미에타였다. 다미에타는 앞선 제5차 십자군이 빼앗은 지역이었다. 중동의 정세가 몽골족의 침범으로 예전과 달라졌기에, 우선 다미에타에 도착해서 아이유브 왕조의 수도 카이로를 공략하겠다는 계획이었다. 루이 9세가 이끄는 약 2만 5,000명의 병력은 1249년 6월 다미에타에 도착했다.

그런데 술탄 살라딘 2세는 루이 9세를 향해 예루살렘과 다미에타를 맞바꾸자고 제안했다. 하지만 루이 9세는 이를 받아들이지 않았다. 루이 9세가 제5차 십자군의 패착을 답습한 것이다. 루이 9세는 1250년 카이로를 향해 진군했지만, 풍토병이 만연하고 바이바르스(1223~1278년)가 이끄는 맘루크 부대의 매서운 공격에 그만 항복하고 말았다. 정말 어처구니가 없는 결말이었다.

루이 9세는 예루살렘을 정복하기는커녕 카이로로 향하던 중에 아이유브 왕조의 맘루크 부대에 포로로 잡히는 굴욕을 겪게 된다. 다행히 루이 9세는 막대한 재물을 주고 풀려날 수 있었다. 그런데 당시 프랑스왕국의 재정이 좋지 않았기에, 루이 9세는 템플기사단으로부터 돈을 빌려서 몸값을 치렀다. 프랑스 국왕이 템플기사단에게 막대한 부채를 갖게 된 사건이 향후 루이 9세의 손자 필리프 4세(재위 : 1285~1314년)에 의해 템플기사단이 해체되는 계기가 된다.

그리고 제7차 십자군이 원정길에 나설 당시 중동의 정세를 보면 제1차 십자군에 의해 세워진 안티오키아공작령과 트리폴리백작령은 여전히 십자군이 차지하고 있었다. 반면 에데사백작령은 이미 1144년 무슬림의 손에 넘어갔다. 맘루크 부대에 항복한 루이 9세는 근거지를 안티오키아공작령으로 옮겨 1254년까지 머무르다가 아무런 소득 없이 프랑스로 철수했다. 시작은 화려했으나 끝은 보잘것없는, 쉽게 말해서 용두사미였다.

루이 9세가 철수한 뒤 이집트에서는 1259년 아이유브 왕조가 멸망하고 맘루크였던 쿠투즈(1221~1260년)가 맘루크 왕조 술탄국을 세웠다. 그리고 약 10년 뒤 그리스도교 세력의 안티오키아백작령이 1268년 맘루크 왕조에게 정복당했다. 이 소식을 접한 루이 9세는 1270년 또다시 십자군 원정에 나선다. 그런데 루이 9세는 방향을 엉뚱하게 북아프리카 튀니스로 잡았다. 루이 9세가 튀니스로 방향을 잡은 이유는 이렇다.

당시 시칠리아왕국의 왕이 루이 9세의 친동생 샤를 당주(이탈리아어 카룰루 1세, 1226~1285년)였는데, 샤를 당주는 북부 아프리카에 관심이 많았다. 루이 9세는 이로써 동생의 제안을 받아들여 방향을 예루살렘이 아닌 북아프리카 튀니스로 잡은 것이다. 뒤이어 샤를 당주도 응원군으로 도착하기로 약속했는데, 루이 9세는 그만 튀니스에 도착 후 풍토병에 걸려 세상을 뜨고 말았다. 십자군 원정치고는 너무나도 허망한 결말이었다. 이 원정이 공식적인 십자군들의 마지막 원정으로 기록된 제8차 십자군 원정이다. 약 30년이 흐른 1297년 교황 보니파키우스 8세(재임 : 1294~1303년)는 루이 9세를 시성(諡聖) 했다.

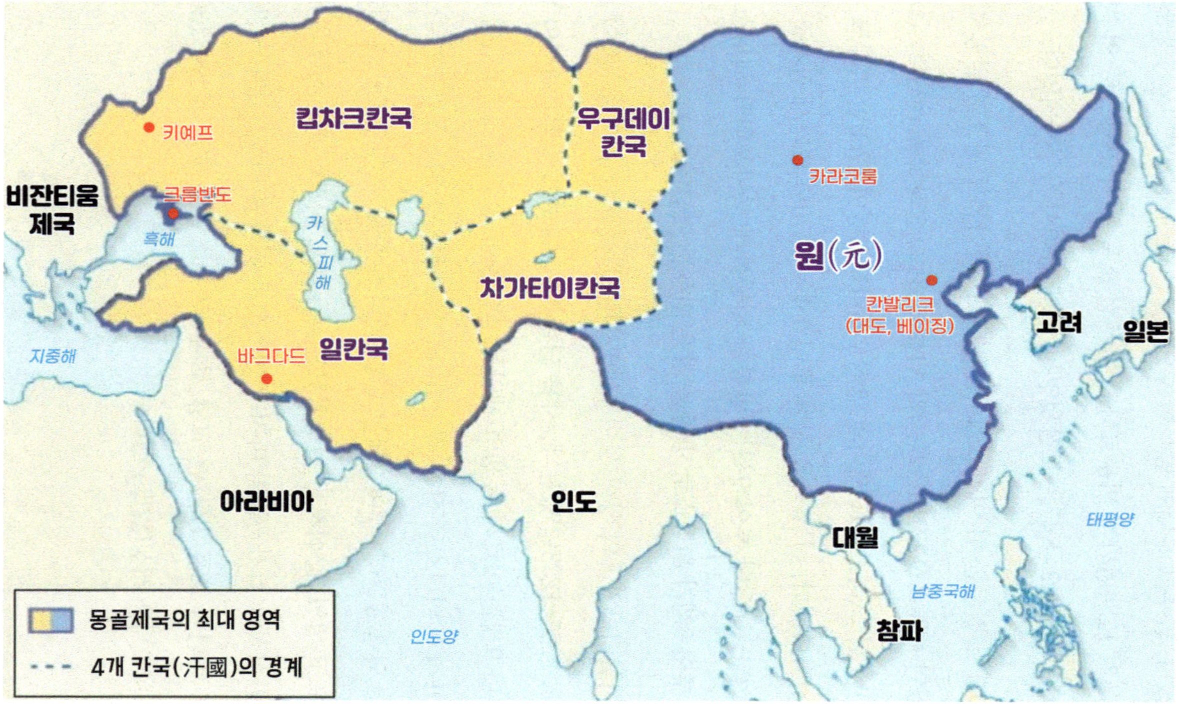

몽골제국의 최대 영역과 4개 칸국의 경계.

12장

유럽과 아시아 연결한 공포의 대상 몽골제국

'그리스도교 국가 왕' 찾기 위해 몽골제국 가다

십자군 원정이 한창이던 13세기 중엽 서유럽 사회에서는 "동방에 그리스도교 국가를 다스리는 사제이면서 왕인 프레스터 존(Prester John)이 있다."라는 소문이 나돌기 시작했다. 프레스터 존은 '사제 왕 요한'으로 풀이된다. 사제라는 뜻의 단어 'prester'는 구어(舊語)이고 현대어는 'priest'이다. 이 책에서는 프레스터 존이라고 표기하겠다. 서유럽인들은 무슬림들에게 빼앗긴 성지 예루살렘 탈환의 어려움을 프레스터 존과 힘을 합쳐 해결할 수 있을 것이라는 기대감에 한껏 부풀어 올랐다. 그러기 위해서는 우선 프레스터 존을 만나야만 했다.

프레스터 존에 관한 이야기는 12세기 중엽 신성로마제국 내 바이에른공국의 오토 주교(1114~1158년)에 의해 처음 언급되었다. 참고로 바이에른공국에서 1156년 오스트리아공국이 분리되어 나온다. 오토 주교는 오늘날 오스트리아의 수도 빈(Vienna) 근처에 하일리겐크로이츠 수도원을 설립한 인물이다. 역사가이기도 한 오토 주교가 1145년 편찬한 「연대기」라는 책에는 오늘날 레바논에서 만난 휴 주교(생몰 미상)로부터 전해 들은 네스토리우스파 그리스도교 왕에 관한 이야기를 남겼다. 휴 주교로부터 전해 들은 내용은 이렇다. "프레스터 존이 예루살렘을 무슬림들로부터 되찾기 위해 군사를 동원해 예루살렘으로 오던 중에 티그리스강에 막혀서 돌아갔다." 「연대기」라는 책은 「두 도시의 역사」라는 제목으로도 알려져 있다.

그러나 프레스터 존에 관한 이야기는 오토 주교의 책 편찬 초기에는 서유럽인들의 관심을 끌지 못했다. 그 이유는 이미 제1차 십자군 원정을 통해 성지 예루살렘을 탈환했기 때문이다. 하지만 예루살렘은 1187년 무슬림의 영웅 살라딘에게 다시 빼앗겼다. 이후 십자군 원정은 계속 전개되지만 예루살렘 탈환에는 실패했다. 그러던 중에 13세기 중엽 "동방에서 몰려온 세력에 의해 이슬람 국가들이 초토화되었다."라는 소식이 들려왔다. 서유럽 사회는 프레스터 존이 무슬림을 공격했다고 확신했다. 이로써 서유럽 사람들은 하루빨리 프레스터 존과 접촉해야만 했다.

그런데 이번에는 다소 이해하기 힘든 소식이 동유럽으로부터 들려왔다. 그것은 바로 그리스도교 세력으로 추정되는 사람들이 키예프루스를 점령했다는 것이다. 러시아의 모태 키예프루스는 그리스도교 국가였다. 더불어 그리스도교를 믿는 폴란드와 헝가리까지 쑥대밭으로 만들었다는 소식이 계속해서 들려왔다. 서유럽 사람들은 이미 이슬람교 사회를 공격한 사람들이 몽골인임을 알고 있었다. 그런데 크리스천일 것이라고 믿었던 몽골인들이 같은 그리스도교 국가를 공격한 것은 도무지 납득할 수 없었다. 그런데도 '프레스터 존으로 추정되는 몽골제국의 왕을 설득해서 함께 힘을 모아 무슬림을 공격해야 한다'라는 서유럽인들의 생각에는 변함이 없었다.

프레스터 존을 찾기 위해 발 벗고 나선 인물들은 제7차 십자군 원정을 부르짖은 교황 인노켄티우스 4세와 프랑스의 국왕 루이 9세였다. 교황 인노켄티우스 4세는 프란체스코회 수도사 지오반니 카르피니(약 1185~1252년)에게 1245년 4월 서신을 건네주면서 "동방의 프레스터 존에게 전달하라!"는 특명을 내렸다. 교황은 카르피니를 특사로 보낸 이후인 그해 6월 리옹공의회에서 뒤늦게 추인받았다. 선조치 후보고였던 셈이다. 카르피니는 프랑스 리옹을 출발해 이듬해인 1246년 7월 몽골제국의 수도 카라코룸에 도착했다.

당시 몽골제국의 칸은 공석이었다. 그 이유는 앞선 제2대 칸 우구데이(재위 : 1229~1241년)가 1241년 죽었는데 후임 칸을 선출하지 못했기 때문이다. 우구데이 칸은 징기스 칸(재위 : 1206~1227년)의 셋째 아들이다. 참고로 징기스 칸은 칭기즈 칸이라고도 표기한다. 카르피니는 한 달 정도 기다렸다가 제3대 칸 구유크(재위 : 1246년 8월~1248년)의 즉위식에 참석했고 1247년 11월 구유크 칸을 알현해 교황의 서신을 전달했다.

교황 서신에는 로마가톨릭의 교리와 더불어 몽골제국의 유럽 침공 중지를 권고하는 훈계 형식의 내용이 담겨있었다. 이 같은 내용에 구유크 칸의 기분이 좋을 리 없었다. 구유크 칸은 오히려 특사 카르피니에게 "교황 당신이 서유럽의 모든 왕을 이끌고 짐을 찾아오라."라는 내용을 골자로 한 답신을 손에 쥐어서 보냈다. 구유크 칸의 답신을 본 교황은 크게 낙담했다. 교황은 같은 그리스도교로서 말이 통하고 함께 힘도 모을 줄 알았는데 전혀 예상 못한 반응에 적잖이 충격을 받았다. 로마 교황청이 프레스터 존을 찾기 위한 시도는 이처럼 허무하게 막을 내렸다. 카르피니는 몽골제국을 가서 보고 듣고 느낀 점들을 「몽골인들의 역사」라는 제목의 책으로 남겼다.

그렇다고 해서 서유럽인들이 프레스터 존 찾기를 포기한 것은 아니었다. 이번에는 제7차 십자군 원정에 나선 프랑스의 국왕 루이 9세가 발 벗고 나섰다. 루이 9세는 제7차 십자군 원정 때 안티오키아공작령에 머무르고 있었는데, 이때 중동을 침공해 들어온 몽골제국의 존재를 알았다. 그리고 제7차 십자군 원정에는 플랑드르 출신의 프란체스코회 수사 빌럼 루브룩(1220~1293년)도 함께 했다. 루이 9세는 마냥 안티오키아에 머무를 수 없었기에 프레스터 존으로 추정되는 몽골제국의 칸을 만나기 위해 1253년 빌럼 루브룩을 특사로 몽골제국의 수도 카라코룸으로 보냈다.

루이 9세는 그러나 루브룩이 특사로서의 신분을 숨기도록 지시했다. 루브룩의 소임은 몽골제국의 칸을 로마가톨릭으로 개종하는 것이었다. 루브룩은 이로써 몽골제국 영토 진입 후 만나는 사람들에게 이렇게 말했다. “몽골족이 동유럽을 침략해서 노예로 잡아간 그리스도교 슬라브인들이 있는데, 그들을 위한 종교의식 집도를 위해서 온 것이다.”

루이 9세는 앞서서 교황 인노켄티우스 4세가 보냈던 카르피니가 특사로 갔다가 아무런 소득도 없이 돌아온 것을 익히 알고 있었기에 루브룩에게 종교적 소임을 강조하도록 지시했다. 루브룩은 신분을 위장했다가 기회가 되면 제4대 몽케 칸(재위 : 1251~1259년)을 알현 후 로마가톨릭으로의 개종 가능성을 타진 후 실제 개종시키는 것이 목표였다.

하지만 루브룩의 목표는 달성되지 않았다. 몽케 칸의 어머니는 케레이트 부족 출신 소르칵타니 베키(1190~1252년)였는데 경교 신자였다. 몽케 칸 역시 어머니의 영향으로 경교에 대해서는 호의적이었다. 하지만 당나라 때 들어온 경교는 300여 년의 시간이 흐르면서 토속신앙과 섞여 유럽의 그리스도교와는 사뭇 다른 모습으로 변해있었다. 그렇다 보니 몽케 칸은 로마가톨릭에 대해 별 관심이 없었다. 루브룩 역시 별다른 소득 없이 카라코룸을 떠날 수밖에 없었다. 루브룩은 「몽골 기행」 이라는 책을 남겼다. 「몽골 기행」 은 「순례기」 라고도 불린다.

교황 인노켄티우스 4세에 이어 프랑스의 국왕 루이 9세의 프레스터 존 찾기는 이렇게 허망하게 끝나는 듯 보였다. 하지만 시간이 흘러 15세기 포르투갈의 엔히크 왕자(1394~1460년)에 의해 다시 점화된다. 엔히크 왕자가 '신항로 개척' 즉, '대항해시대'를 열어젖힌 인물이다. 엔히크 왕자에 이어서 에스파냐의 이사벨 여왕이 크리스토퍼 콜럼버스를 지원하면서 아메리카 대륙이 발견되는데, 이 역시 프레스터 존 찾기의 연장선상이다.

중국으로 전파된 경교 몽골인들에게 스며들다

7세기 당나라로 가서 경교가 된 네스토리우스파 그리스도교는 당 태종에 의해 성장하다가 그의 아들 당 고종의 숭유(崇儒)정책으로 쇠퇴기를 맞았다. 경교는 그러나 당나라에서의 선교를 포기하고 북쪽으로 이동해 유목 민족을 선교 대상으로 삼았다. 이 시기는 징기스 칸이 초원을 통일하기 전이었고, 초원은 여러 부족으로 갈라져 있었다. 몽골족, 케레이트족, 나이만족, 메르키트족, 웅구트족, 타타르족 등등 다양한 종족들로 분파되어 있었다. 이 중에서 타타르족은 튀르크인에서 빠져나온 민족이다. 그런데 일부 부족들이 경교를 받아들였다.

그리고 시간이 한참 흘러 이들 부족을 하나로 뭉친 사람이 바로 징기스 칸으로 알려진 테무진(1162~1227년)이다. 테무진으로 인해 몽골고원에 살던 모든 종족이 '몽골족'으로 통칭해서 불리기 시작했다. 몽골제국이 탄생했을 때 이미 케레이트족, 나이만족, 메르키트족, 웅구트족은 부족 전체가 경교 신자였다. 그러나 징기스 칸의 부족인 몽골족에게는 경교가 닿지 않았으나 징기스 칸 후대에는 몽골족에게도 경교가 서서히 스며들기 시작했다. 그 이유는 제4대 칸인 몽케 칸과 그의 동생이자 제5대 칸인 쿠빌라이 칸(재위 : 1260~1294년)의 어머니 소르칵타니 베키가 케라이트족이었는데, 케라이트족 전체가 경교 신자였기 때문이다.

몽케 칸과 쿠빌라이 칸 형제의 아버지는 징기스 칸의 막내아들 툴루이(1191~1232년)다. 툴루이의 아내가 경교 신자였기에 징기스 칸에게는 막내며느리가 경교 신자였던 것이다. 그렇다 보니 징기스 칸 역시 경교에 대해 부정적인 생각을 갖지 않았다. 툴루이의 아내 소르칵타니 베키는 현명한 여성으로 소문이 나서 제2대 칸 우구데이가 자신의 아들 구유크의 신붓감으로 낙점했을 정도였다. 하지만 소르칵타니 베키는 스스로 구유크가 아닌 툴루이를 남편으로 선택했다. 그로 인해 이들 두 사이에서 몽골제국의 제4대 칸과 제5대 칸이 태어난 것이다.

이로써 쿠빌라이 칸이 1271년 북송을 멸하고 국호를 원(元)으로 바꾸었을 때 원나라의 신민들이 경교를 믿는 것에 대해 아무런 제재가 없었다. 앞선 제1대 징기스 칸부터 제4대 몽케 칸까지 몽골제국 내 지도부들은 경교에 대해 우호적이었다. 이로써 몽골제국의 영토가 커지면 커질수록 경교 예배당은 더 많이 지어졌고 신자들 역시 계속해서 늘어났다.

상황이 이렇다 보니 서유럽 사회에서는 "동방에 사제이자 왕인 프레스터 존이 다스리는 그리스도교 국가가 있다."라는 소문에 더욱더 신빙성이 더해졌다. 이 때문에 로마가톨릭의 교황 인노켄티우스 4세와 프랑스의 국왕 루이 9세는 동방의 프레스터 존으로 추정되는 몽골제국의 칸과 손잡고 이슬람교 사회를 동서 양쪽에서 공격하는 전략을 구상한 것이다. 하지만 이 같은 계획은 서유럽의 사제를 만난 구유크 칸과 몽케 칸의 부정적인 반응 때문에 수포로 돌아갔다.

「동방견문록」을 남긴 마르코 폴로(1254~1324년)는 잘 알려진 바대로 원나라에서 쿠빌라이 칸의 각별한 관심을 받아 1275년부터 1292년까지 무려 17년 동안 고위 관리로 생활했다. 그리고 마르코 폴로는 「동방견문록」에서 프레스터 존에 대한 기록을 남겼는데, 그는 징기스 칸이 몽골고원을 통일하기 전에 살았던 케레이트족의 마지막 부족장 옹 칸(1130~1203년)을 프레스터 존으로 묘사했다. 케레이트족은 부족민 전체가 경교 신자였다. 토오릴 칸으로도 불리는 옹 칸이 마르코 폴로에 의해 프레스터 존이 되면서 훗날 「동방견문록」에 심취한 포르투갈의 왕자 엔히크가 15세기 초 신항로 개척에 나선 계기가 되었다.

튀르크족 빠져나간 초원에서 몽골제국 탄생하다

몽골제국을 알아보기에 앞서 기원전 몽골 초원을 평정했던 흉노족 그리고 기원후 6세기부터 몽골 초원을 다스렸던 튀르크족에 대해 알아보고

자 한다. 그 이유는 몽골제국 태동은 앞서서 제국을 형성했던 기마 민족 흉노족과 튀르크족의 호전적인 성향이 영향을 미쳤기 때문이다. 어쩌면 몽골족, 흉노족, 튀르크족 이들 3개 민족은 시대와 거주지에 따라서 달리 불렸을 뿐, 뿌리가 같은 종족이라고 해도 무방하다.

우선 흉노족에 관한 이야기다. 흉노족의 등장은 BC 4세기로 보고 있다. 그런데 역사적 기록물에 등장하는 것은 BC 2세기 한나라의 학자 가의(BC 200~BC 168년)에 의해서다. 흉노(匈奴)라는 단어에는 '오랑캐'와 '노비'라는 부정적인 뜻이 담겨있다. 흉노족 스스로 '匈奴'라는 한자어를 사용한 것은 아니다. 이는 당대 중국인들이 그들의 귀에 들리는 흉노의 명칭에다가 부정적인 뜻을 가진 한자어 2개를 사용했기 때문이다. 기원전 중국에 거주하던 사람들은 북방에 있던 기마 민족을 싸잡아 '오랑캐'라고 지칭했다. 유럽에서 로마제국 사람들이 라인강 동쪽, 도나우강 북쪽의 민족을 게르만족이라고 통칭해서 부른 것과 같은 맥락이다.

흉노족이 등장한 BC 4세기 몽골 초원의 남쪽 즉, 오늘날의 중국은 전국시대였다. 흉노족은 BC 318년 한(韓), 조(趙), 위(魏), 연(燕), 제(齊)와 손잡고 진(秦)을 공격했으나 패배했다. 결국 전국시대는 BC 221년 전국 칠웅 중 하나인 진나라의 제31대 왕 영정(嬴政, BC 259~BC 210년)에 의해 평정된다. 그러면서 영정은 통일 진나라의 첫 번째 황제인 진시황제(재위 : BC 221~BC 210년)에 등극했다. 그런데 진시황제는 전국 칠웅을 통일했으나 흉노족은 복속시키지 못했다. 흉노족은 두려움의 대상이었다. 그래서 흉노족을 막기 위해 성을 쌓았다. 바로 만리장성이다.

다양한 민족들로 구성된 흉노족은 진시황제 사후 1년 뒤인 BC 209년 묵돌 선우(?~BC 174년)에 의해 통일된다. 이로써 동양 최초의 유목 민족 국가인 흉노제국이 탄생한다. 묵돌은 '용감한 자'라는 튀르크어 바야투르를 한자로 음차한 것이다. 그리고 선우(單于)는 우리말로 '왕, 임금, 황제'를 뜻한다. 결국 이름은 그냥 묵돌이다.

통일 진나라는 진시황제 사후 국력이 급격히 떨어졌다. 그 이유는 간신이면서 승상인 조고(BC 258~BC 207년)가 어리석은 황제 호해(재위 : 209~207년)를 손바닥에 올려놓고 좌지우지했기 때문이다. 결국 통일 진나라에 대항하는 세력이 각지에서 일어났고, 그 유명한 유방(한나라 초대 황제 재위 : BC 202~BC 195년)과 항우(BC 232~BC 202년)의 초한 전쟁이 펼쳐진다. 결국 유방이 최종 승리하면서 BC 202년 한나라가 탄생했다.

한나라 역시 흉노족을 두려워했다. '천고마비(天高馬肥)'라는 사자성어가 있다. '하늘은 높고 말은 살찐다'라는 뜻으로 가을을 뜻한다. 그런데 천고마비는 좋은 뜻이 아니다. 가을이 되면 기마 민족 흉노족이 살찐 말을 타고 곧 쳐들어온다는 두려운 마음이 담긴 사자성어이다. 통일 진나라에 이어 한나라 역시 북방의 오랑캐 즉, 흉노족은 공포의 대상이었다. 마치 중세 시대 서유럽인들이 바이킹을 두려워한 것과 비슷하다. 한 고조 유방은 BC 200년 공격해 들어온 흉노족과 맞서 싸웠으나 백등산에서 처참하게 패배했다. 이로써 한나라는 흉노제국에 조공을 바치는 신세가 되고 말았다.

하지만 한나라의 무제(재위 : BC 141~BC 87년) 통치 때 상황이 반전되었다. 한 무제는 BC 129년 흉노족과의 전쟁에서 승리하면서 조공 관계를 청산했다. 그리고 흉노제국은 한나라와의 계속된 전쟁으로 국력이 급격히 쇠퇴했다. 급기야 BC 60년 흉노제국은 선우 자리를 놓고 수십 개의 부족으로 분열되었다. BC 51년 한나라의 지원을 받은 호한야 선우(재위 : BC 58~BC 31년)가 흉노족을 재통일했고, 흉노제국은 한나라와 화친을 맺었다. 흉노제국은 그러나 AD 46년을 기점으로 또다시 분열했고 151년 선비족에 의해 거의 와해했다. 결국 흉노족의 나라는 431년 역사 속으로 사라졌다.

이 대목에서 흉노족이 유럽 사회에 끼친 영향력에 관한 이야기이다. 강력했던 흉노제국이 1세기 분열 후 일부 흉노족들은 서쪽으로 이동했다. 이들은 몽골 초원의 서쪽 끝 그리고 오늘날 카자흐스탄의 동쪽에 있는 알타이산맥에 머무르고 있다가 4세기에 또다시 서유럽으로 이동했다. 이들이 서유럽 게르마니아에 머무르고 있던 게르만족의 대이동을 일으킨 훈족이다. 훈족은 흉노족의 일파였고, 훈족의 대이동이 서유럽 사회에 큰 변화를 일으킨 것이었다.

흉노제국 멸망 후 몽골 초원 일대를 평정한 민족은 튀르크족이다. 튀르크족은 스스로 튀르크(Türk)라고 불렀지만, 당시 중국 땅에 있던 한족(漢族)은 돌궐(突厥)이라고 음차했다. 이 책에서 종족 이름은 튀르크, 제국 이름은 돌궐제국이라고 부르겠다. 돌궐제국은 위진남북조 말기인 552년 생겨났다. 그리고 위진남북조의 혼란기는 581년 수나라를 세운 선비족 출신 양견(541~604년)에 의해 589년 통일되었고, 양견은 통일 수나라의 초대 황제 문제(재위 : 589~604년)에 등극했다.

돌궐제국은 건국 초기 큰 땅덩어리를 동서로 나누어 다스렸는데, 동돌궐이 서돌궐을 다스리는 체제로 운영하다가 582년 서돌궐의 타르두(재위 : 575~603년)가 독립해서 떨어져 나가버렸다. 하지만 서돌궐은 603년 타르두의 사망과 함께 여러 부족이 독립하면서 힘이 급격히 약해졌고, 657년 당나라에 완전히 복속되었다.

그리고 동돌궐은 6세기 후반 최고 수장인 카간(Khagan) 선임 문제로 내부 혼란을 겪다가 583년 수나라의 공격을 받아 전쟁에서 패배했고, 동돌궐은 585년 수나라를 향해 신하의 나라임을 인정했다. 수나라는 그러나 고구려 침략에 매진하다가 번번이 실패하면서 급격한 국력 쇠퇴로 결국 618년 멸망했다. 동돌궐은 수나라 내부에서 반란을 도모한 수나라의 관리 이연(566~635년)과 그의 아들 이세민(598~649년)을 도와 수나라 멸망에 힘을 보탰다. 이로써 이연은 당나라 초대 황제가 되고, 당 고조 이연은 동돌궐을 향해 조공을 바치는 신하의 나라를 자처했다.

그런데 당 고조는 아들 이세민에 의해 626년 폐위되고, 제2대 황제 당 태종이 된 이세민은 동돌궐이 가뭄과 식량 부족 등의 문제로 국력이 약해지자 629년 동돌궐을 공격해 승리했다. 동돌궐은 이듬해 멸망했다. 이로써 552년 시작되어 630년에 끝난 돌궐제국을 제1돌궐제국 시기라고 부른다. 돌궐제국은 그러나 682년 재건되어 당나라의 속박에서 벗어난 뒤 687년 다시 제국을 세우고 745년까지 이어지는데, 이 시기를 제2돌궐제국이라고 부른다. 하지만 돌궐제국은 튀르크족 일파인 위구르족, 바스밀족, 카를룩족 등 세 부족의 연합에 의한 반란과 함께 당나라의 공격을 받아 745년 멸망했다.

그 이후 튀르크족은 중앙아시아로 이동했다. 8세기 중엽 중앙아시아는 이슬람 세력인 아바스 왕조가 차지하고 있었다. 튀르크족은 무슬림들을 위한 용병으로 활약했다. 그러던 중 751년 당나라와 아바스 왕조가 탈라스에서 전투를 벌였는데, 당나라가 패했다. 이 전투에서 당나라 군대를 이끈 장수가 고구려의 유민 고선지(?~755년)다. 탈라스 전투에서 튀르크족이 무슬림들을 위해 싸운 것이다. 그리고 탈라스 전투에서 당나라의 종이 만드는 기술, 즉 제지 기술이 이슬람 사회로 전파되었다.

아바스 왕조는 860년 이후 지방에 대한 통제력이 약해지기 시작했다. 이미 앞선 819년 무슬림 수니파가 중앙아시아에 사만 왕조라는 별도의 왕조를 개창했다. 이어서 9세기 중엽 중앙아시아에 있던 튀르크족이 카라한 왕조를 세웠고, 960년쯤 몽골 초원에서 셀주크 베이가 이끄는 튀르크족이 중앙아시아로 넘어왔다. 셀주크 베이가 이끈 튀르크족은 사만 왕조로부터 자그마한 영토를 얻어 터전을 잡을 수 있었는데, 이들이 향후 셀주크제국으로 성장하게 된다. 계속해서 10세기 말에는 튀르크족이 중앙아시아에 가즈나 왕조를 세웠다. 사만 왕조는 가즈니 왕조에 의해 999년 멸망했다.

아바스 왕조가 약해진 때인 934년 무슬림 시아파가 부와이 왕조를 개창하고 세력을 키워가고 있었다. 그런데 셀주크가 이끈 튀르크인들이 중앙아시아에서 터를 잡은 뒤 조용히 세력을 키워나가다가 이웃한 가즈니 왕조와 카라한 왕조를 멸망 직전까지 몰아붙였다. 셀주크제국이 서서히 모습을 드러낸 것이다. 가즈니 왕조와 카라한 왕조는 겨우 명맥만 유지하다가 각각 12세기 말, 13세기 초 역사에서 모습을 감추었다. 셀주크 베이 사후 셀주크제국은 계속해서 영토 확장에 나섰다. 결국 셀주크제국은 1055년 부와이 왕조의 수도 바그다드를 점령하면서 부와이 왕조를 멸망시켰고 중앙아시아와 중동의 새로운 강자로 자리매김했다.

그렇다고 아바스 왕조가 망한 것은 아니었다. 바그다드에서 명맥만 유지하던 아바스 왕조는 이슬람교의 종교적 지도자인 칼리프국의 지위를 유지하고 있었다. 그리고 셀주크의 튀르크인들은 이미 11세기 초 이슬람교로 개종한 터였다. 이로써 튀르크인들은 칼리프가 있는 아바스 왕조를 존중했다. 셀주크제국은 계속해서 1071년 아나톨리아반도 만지케르트에서 비잔티움제국과 싸워 승리하면서 아나톨리아반도 대부분을 차지했다. 만지케르트 전투가 십자군 원정을 일으킨 촉발제였다.

다시 몽골 초원으로 가보면, 돌궐제국이 평정했다가 빠져나간 초원을 몽골족의 테무진이 1206년 통일한 것이다. 튀르크족이 빠져나간 몽골 초원은 한동안 통일된 국가 없이 여러 부족으로 갈라진 유목민족들이 다채롭게 생활하고 있었다. 그러던 중 한반도의 위쪽에는 907년 거란족이 세운 요나라가 생겨났다. 당시 중국은 당나라가 907년 멸망하고 5호10국시대가 전개되다가 960년 생겨난 송나라에 의해 979년 5호10국시대가 막을 내린다. 그러면서 송나라의 북쪽에는 1032년 탕구트족의 서하가 생겨났다.

12세기 초 몽골 초원에는 카불 칸(약 1084~약 1146년)이라는 보르지긴족의 씨족장이 몽골 부족의 최초 칸으로 등극 후 주변 부족들을 통일하려고 시도했으나 뜻을 이루지는 못했다. 카불 칸이 바로 징기스 칸의 증조부이다. 이어서 송나라의 북쪽에 여진족이 세운 금나라가 1115년 생겨났는데, 여진족의 금나라는 1125년 거란족의 요나라를 멸망시킨 후 1127년 송나라의 북쪽을 차지했다. 요나라의 야율대석(1187~1143년)은 근거지를 서하의 서쪽으로 옮겨 1124년 서요를 건국했다.

이렇게 해서 튀르크족이 빠져나간 몽골 초원과 그 주변 일대는 몽골족을 위시한 다양한 종족 그리고 서하, 금나라, 서요 등 다양한 족속과 나라들이 우후죽순 자리 잡게 된다. 하지만 이 같은 복잡한 지형은 몽골족 일파 보르지긴족 카불 칸의 증손자인 테무친에 의해 1206년 평정되었다. 그리고 테무친은 '칸 중의 칸'이라는 칭호인 징기스 칸에 등극했다.

징기스 칸은 몽골 초원을 평정한 뒤 우선 아버지 예수게이(1134~1171년)의 원수인 타타르족을 뒤에서 지원한 금나라를 공격 대상으로 정했다. 징기스 칸은 1215년 금나라를 공격해 수도 베이징을 점령했다. 금나라는 1234년 멸망했다. 징기스 칸이 통일하면서 몽골 초원을 비롯해 그 일대에 있던 타타르족, 메르키트족, 웅구트족 등 여러 종족은 통틀어 '몽골족'이라고 불리기 시작했다. 아버지 복수를 끝낸 징기스 칸은 이어 아시아와 서방세계 정복에 나섰다. 징기스 칸이 이끄는 몽골족의 말발굽은 이후 동유럽까지 약 6,500㎞를 내달렸고, 인류 역사상 가장 큰 영토를 가진 몽골제국으로 성장했다.

몽골제국이 러시아 중심지를 모스크바로 바꾸다

징기스 칸은 아들 4명을 앞세워 세계 정복에 나섰다. 그의 아들들은 장남 주치(약 1182~1227년)를 비롯해 둘째 차가타이(1183~1242년), 셋째 우구데이(1186~1241년), 넷째 톨루이다. 이 중에서 징기스 칸의 뒤를 이어 대칸에 오른 인물은 셋째 우구데이다.

그런데 장남 주치는 징기스 칸의 친자 여부가 명확하지 않다. 그 이유는 징기스 칸의 부인 보르테(1161~1236년)가 메르키트족에게 납치된 적이 있었는데, 구출된 이후 9개월 만에 주치를 낳았기 때문이다. 납치 전에 주치를 임신했는지 아니면 납치된 이후 메르키트족에 의해 임신했는지 알 수가 없었다. 그런데도 징기스 칸은 주치를 친자처럼 여겼다. 하지만 둘째 차가타이는 주치를 사생아로 취급했다. 이로써 주치와 차가타이는 서방세계 정복 과정에서 심심하면 충돌하는 일이 발생했다.

참고로 테무친이 보르테를 구출할 때 징기스 칸의 아버지 절친이자 케레이트족의 마지막 부족장인 옹 칸 그리고 징기스 칸의 절친에서 앙숙으로 변한 자무카(1158~1206년)가 도와줬다. 옹 칸이 앞서서 말한 대로 마르코 폴로가 그의 책 「동방견문록」 에서 '프레스터 존'이라고 표기한 인물이다.

징기스 칸의 서방세계 정복은 매서웠다. 달리는 말 등에서 병사들이 몸을 180도 뒤로 돌려서 활을 쏘는 '파르티안 샷(Partian shot)'은 공포 그 자체였다. 또한 적들에게 형편없는 전투력을 보여주면서 적들이 마치 승기를 잡은 것처럼 긴장을 풀게 했다가 돌연 잠복해 있던 병사들과 합세해 역공을 펼치는 '망구다이(mangudai)'는 몽골군만이 보여준 전술이었다.

이와 함께 몽골군은 중앙아시아에 있는 무슬림 술탄국 호라즘 정복 당시 하루에 134㎞를 내달렸다고 전해진다. 임진왜란 당시 조선의 파발마는 하루에 105㎞를 달렸다. 이 말은 곧 "몽골군이 쳐들어온다!"라는 소식을 파발마가 전하기도 전에 이미 몽골군은 적진에 도착했다는 것이다. 전투력과 속도, 전략과 전술 등 모든 면에서 몽골군을 이겨낼 국가는 없었다.

몽골군은 징기스 칸이 살아있을 때 중앙아시아와 동토(冬土) 시베리아까지 세력을 넓혔다. 러시아까지는 정복하지 못했다. 당시 러시아는 지금처럼 세계 최고의 영토가 아니었다. 러시아의 시베리아 정복은 16세기 말에 진행된다. 그리고 13세기 초 러시아는 오늘날 우크라이나의 수도 키예프를 중심으로 한 키예프공국을 위시해 여러 공국이 난립한 느슨한 형태의 연맹체였다. 이들 공국을 한데 뭉쳐 키예프루스라고 불렀다. 몽골군은 징기스 칸을 이은 우구데이 칸 통치 때 키예프루스의 대부분을 정복했다.

키예프루스 정복의 선봉에 나선 인물은 징기스 칸의 장남 주치의 아들 바투(1205~1255년)였다. 그리고 징기스 칸의 최애(崔愛) 장수였던 수부타이(1175~1248년)가 함께했다. 참고로 수부타이는 영국 BBC가 2014년 전문가들을 대상으로 세계사 100대 명장(名將)을 뽑는 설문조사에서 당당히 1위를 차지한 인물이다.

몽골족은 키예프루스 정복 전 이미 호라즘을 정복했고 흑해에 있는 크름반도까지 장악한 상태였다. 크름반도를 장악할 때 중심을 이룬 부족이 타타르족이었다. 바투는 우구데이 칸의 명령으로 유럽 정복에 나섰고, 첫 타깃이 키예프루스였다. 몽골족은 1237년 11월 키예프루스의 동쪽에 위치한 블라디미르-수즈달공국을 시작으로 남쪽에 있는 랴잔공국을 쑥대밭으로 만들었다. 블라디미르-수즈달공국은 13세기 말 모스크바공국이 된다.

몽골족은 키예프루스 북부에 있는 노브고로드공국을 제외한 나머지 공국들을 모조리 점령했다. 키예프루스의 중심이던 키예프공국은 1240년 함락되었다. 이때부터 러시아의 전신 키예프루스는 1480년까지 240년 동안 몽골족의 지배를 받게 된다. 이 시기는 '타타르의 멍에'라고 불린다.

그런데 몽골족 지배 이후 키예프와 모스크바는 완전히 다른 태도를 보였다. 키예프공국 사람들은 강력히 저항했으나 블라디미르-수즈달공국 사람들은 몽골족에게 납작 엎드렸다. 몽골족은 저항하는 이들은 피도 눈

물도 없이 짓밟았고, 항복하는 민족에게는 한없이 아량을 베풀었다. 이로써 블라디미르-수즈달공국에 있던 작은 도시 모스크바는 몽골제국 통치 때 급성장하게 되고 '타타르의 멍에'가 끝난 이후 키예프루스의 중심지는 키예프에서 모스크바로 이동했다.

바투는 키예프루스 정복 이후 병력을 두 갈래로 나누어 1241년 4월 9일 레그니차 전투에서 폴란드, 이틀 후인 4월 11일 모히 전투에서 헝가리를 상대로 대승을 거둔다. 몽골군의 다음 타깃은 신성로마제국의 오스트리아 공국이었다. 서유럽이 긴장하기 시작했다. 그런데 수도 카라코룸에서 전보가 왔다. 대칸(大汗) 우구데이가 죽었다는 것이다. 바투 역시 차기 대칸이 될 수 있는 위치였다. 그로 인해 바투는 서유럽으로 진군하는 대신 대칸을 선출하는 쿠릴타이 참석을 위해 방향을 동쪽으로 틀었다. 이로써 서유럽에서는 "신이 우리의 기도를 들어주셨다."라면서 가슴을 쓸어내렸다.

몽골제국은 영토가 넓어지면서 징기스 칸에 의해 13세기 초 여러 울루스(ulus)로 나누어졌다. 튀르크족 언어인 울루스는 오늘날 '칸국(汗國)'이라고 불린다. 칸국들 저마다 칸이 생겼고, 이들 칸을 통솔하는 대칸은 쿠릴타이를 통해 뽑았다. 칸국들은 제4대 대칸 구유크 칸 통치 때 분열 조짐을 보이다가 제5대 대칸 쿠빌라이 통치 때부터 별도의 국가로 자리매김했다. 대표적으로 원(元)나라를 비롯해 우구데이칸국, 차가타이칸국, 일칸국, 킵차크칸국이다. 이 중에서 가장 오래 존속한 국가는 키예프루스를 정복한 킵차크칸국이었다.

우구데이 칸 사망 후 제3대 칸 선출까지는 5년가량이 소요되었다. 결국 몽골족은 쿠릴타이를 통해 우구데이 칸의 아들 구유크를 제3대 대칸으로 선출했다. 대칸 선출 공백기인 약 5년, 이 시기인 1245년 로마가톨릭의 교황 인노켄티우스 4세는 프레스터 존을 찾겠다고 수도사 카르피니를 몽골제국으로 보냈었다.

제3대 대칸 구유크는 재위 1년 8개월 만에 세상을 떴다. 구유크 칸은 평소 술을 좋아했는데, 술병으로 죽었다는 것이 정설이다. 이어서 제4대 칸이 된 인물은 징기스 칸의 막내 툴루이의 아들 몽케였다. 앞서서 언급한 대로 몽케 칸의 어머니 소르칵타니 베키는 케레이트 부족 출신인데, 케레이트 부족은 전체가 경교 신자들이었다.

마르코 폴로 동방견문록과 몽골인 프레스터 존

제4대 대칸 몽케 칸이 1259년 세상을 떴고 몽골족 수뇌부는 쿠릴타이를 통해 몽케 칸의 동생 쿠빌라이를 1260년 제5대 대칸으로 선출했다. 쿠빌라이 칸은 1271년 제국의 수도를 카라코룸에서 칸발리크, 즉 베이징으로 옮겼다. 칸발리크는 튀르크어로 '칸의 도시'라는 뜻이다. 쿠빌라이 칸은 그러나 수도명을 대도(大都)로 바꾼다. 그리고 국명 역시 원(元)으로 변경했다. 몽골인들이 서서히 중국화 되어가고 있다는 것을 보여준 것이다.

쿠빌라이 칸이 1271년 원나라를 건국했지만, 당시 중국 땅에는 남송(南宋)이 여전히 존재했다. 같은 땅에 2개의 왕조가 존재한 것이다. 쿠빌라이 칸은 1279년 남송을 공격해 멸망시켰다. 이로써 오늘날의 중국이 완전히 몽골인들의 지배하에 들어갔다. 그리고 쿠빌라이 칸의 어머니는 경교 신자였다. 쿠빌라이 칸이 경교를 수용한 것은 아니나 불교, 이슬람교 등 여러 종교에 대해 관용정책을 펼쳤다. 쿠빌라이 칸 외에도 그의 할아버지 징기스 칸 때부터 몽골제국은 특정 종교를 박해하지 않았다. 기록에 의하면 원나라 초기 대도에서만 경교 신자는 3만 명이 넘었다.

그러나 몽골족은 인종에 관해서는 차별했다. 몽골족과 색목인(色目人)이 지배층을 형성했다. 색목인은 눈동자 색깔이 검정이 아닌 다른 색을 가진 유럽인들과 중동, 중앙아시아 사람들을 일컫는다. 반면 중국 내 한인(漢人)들과 남인(南人, 대만과 홍콩 등 중국 남쪽 사람들)들은 피지배층을 형성했다.

원나라 시기에는 동서무역이 활발했다. 이때 이탈리아반도 베네치아공화국 출신 마르코 폴로가 원나라에 나타난다. 마르코 폴로는 열일곱 살이 되던 1271년 국제무역상이던 아버지 니콜로 폴로(1230~1294년)와 삼촌 마페오 폴로(1252~1309년)를 따라 동방으로 갔는데, 덩그러니 혼자 남겨졌다가 색목인에 대한 원나라의 우대정책으로 쿠빌라이 칸의 총애를 받았다. 마르코 폴로는 1275년부터 1292년까지 무려 17년 동안 원나라에서 고위 관리로 생활했다.

마르코 폴로는 원나라에 머무는 기간 동안 대륙 전역에서 보고 들은 내용들을 책으로 남겼다. 바로 「동방견문록」이다. 하지만 이 책의 저자는 마르코 폴로가 아니다. 책을 쓴 사람은 시인이자 작가였던 피사공화국 출신 루스티켈로(약 1249~약 1312년)이다. 마르코 폴로와 루스티켈로는 1296년 발생한 베네치아·제노바 전쟁에 참전했다가 나란히 포로로 붙잡혔다. 감옥에서 함께 생활하던 중 마르코 폴로는 원나라에서 보고 들은 이야기보따리를 꺼냈고, 루스티켈로는 기록으로 남겼다. 이후 루스티켈로는 「세계의 서술(Le divisament dou Monde)」이라는 제목으로 책을 발간했다.

책이 출판되자 유럽 사회에서 선풍적인 인기를 끌었다. 직접 가볼 수 없는 머나먼 동방의 신비한 이야기에 유럽인들은 열광했다. 특히 「세계의 서술」에는 현실과 동떨어진 채 잔뜩 부풀린 이야기도 많았다. 그래서 유럽인들은 더욱더 신기해했다. 다소 허황한 이야기가 담긴 이유는 마르코 폴로가 직접 눈으로 보거나 경험하지 않고 다른 사람에게서 전해 들은 이야기를 마치 사실인 것처럼 전달하다 보니 살이 더해지면서 부풀려진 것이다. 우리에게는 「동방견문록」 이라고 알려졌는데, 이 제목은 일본 사람이 사용한 용어이다.

동방견문록에는 특히 '이상적인 그리스도교 국가의 프레스터 존'을 몽골 초원에 있던 케레이트 부족의 마지막 부족장 옹 칸이라고 기록되어 있다. 앞서서 언급한 대로 몽골 초원에 있던 많은 부족 중에서 케레이트족, 메르키트족, 웅구트족, 나이만족은 부족 전체가 경교 신자들이었다. 옹 칸은 징기스 칸의 아버지 예수게이와 둘도 없는 절친이었는데, 징기스 칸이 몽골 초원을 통일하기 전에는 케레이트 부족이 초원에서 가장 강력한 세력이었다. 마르코 폴로 역시 프레스터 존에 관한 이야기를 익히 들었기에 '옹 칸이 프레스터 존'이라고 말한 것이다.

로마가톨릭 교황과 프랑스의 국왕은 쿠빌라이 칸 통치 전에 이미 수도사들을 몽골제국으로 보내서 프레스터 존 여부를 확인했다. 그러나 몽골제국의 칸이 꿈에도 그리던 프레스터 존이 아니라는 것을 알고 나서는 실망했던 터였다. 이로써 프레스터 존을 찾기 위한 유럽인들의 시도는 한동안 수면 아래로 가라앉았다. 그러면서 유럽인들은 프레스터 존이 다스리는 이상적인 그리스도교 국가가 인도 또는 아프리카의 동쪽 에티오피아에 있을 것으로 막연하게 생각했다. 이후 세월이 한창 흘러 또다시 프레스터 존을 찾겠다고 나선 인물이 포르투갈의 엔히크 왕자였다.

엔히크 왕자가 태어난 14세기 말 포르투갈에서는 레콩키스타가 끝난 상태였다. 그러나 남쪽으로 바다 건너 북아프리카는 여전히 이슬람교 세력이 장악하고 있었다. 또한 유럽의 동쪽, 그러니까 보스포루스해협 건너편 아나톨리아반도를 이슬람교 세력이 장악하고 있었기에 예전과 달리 동방의 국가들과 국제무역을 제대로 할 수 없었다. 이 같은 상황을 해결하기 위해 엔히크 왕자는 프레스터 존을 찾아 협공을 통해 이슬람교 세력을 몰아내겠다는 야심 찬 계획을 세운 것이다. 엔히크 왕자는 바닷길을 통해 인도로 가겠다고 생각했다.

물론 엔히크 왕자의 구상에는 프레스터 존을 찾는 것 외에도, 이슬람교 세력에 의해 동서 무역이 차단되면서 인도에서 수출되는 향신료의 가격이 천정부지로 치솟은 점이 한몫했다. 신항로 개척의 가장 주요한 원인이 우리가 교과서에서 배운 바대로 향신료 구입은 아니었다. 첫 번째 목적은 프레스터 존을 찾는 것이었다. 엔히크 왕자의 이 같은 종교적인 열망 때문에 당시 '죽음의 바다'로 인식된 대서양을 목숨 걸어서라도 개척하려고 했다.

4부.

혼돈의 유럽, 장악의 시대

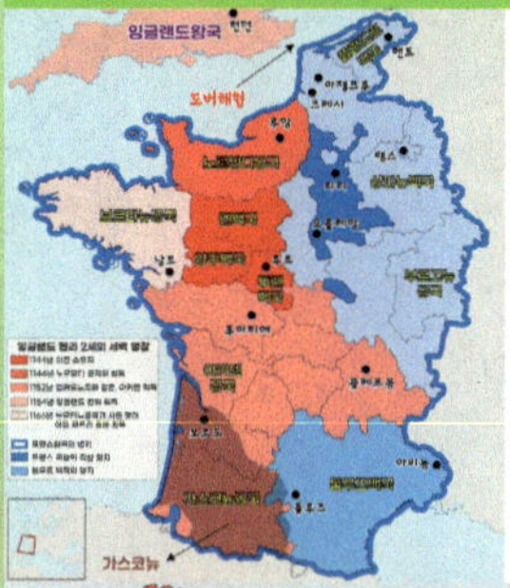

프랑스왕국
갈리시아 왕국
아스투리아스
나바라왕국
아라곤왕국
카탈루냐 군주국
바르셀로나
포르투갈 왕국
바야돌리드
카스티야연합왕국
마드리드
톨레도
이슬람 세력
리스본
코르도바
라스 나바스 데 톨로사
세비야
라고스
사그레스
팔로스
그라나다
지중해
대서양
지브롤터해협
세우타

대서양
포르투갈
에스파냐
오스만제국
무굴제국
명
아프리카
인도양
태평양
희망봉
잉카제국
아스테카제국
필리핀
1488년 바르톨로메우 디아스, 희망봉 발견
1492년 콜럼버스, 서인도제도 도착
1498년 바스쿠 다 가마, 인도 항로 개척
1502년 아메리고 베스푸치, 남아메리카 탐험
1519년 마젤란, 세계일주 시작 (~1522년)

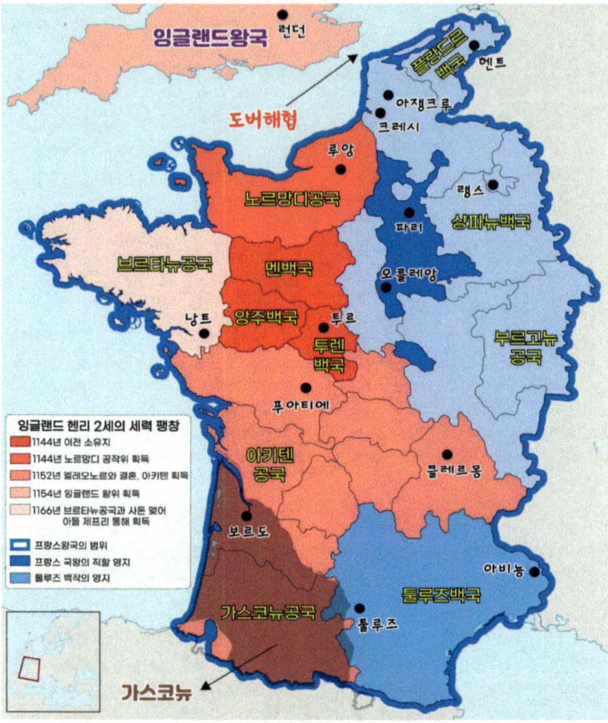

위쪽 그림은 12세기 프랑스 내 잉글랜드 왕실 소유 영토 변화 모습.
남서쪽에 별도로 표시된 영역은 가스코뉴.
아래쪽 그림은 15세기 말 이탈리아반도의 정세.

13장

십자군 원정 실패가 부른 교황권 대추락

봉건제도의 해체 그리고 프랑스 왕과 교황의 갈등

유럽의 중세시대 특징 중 하나는 봉건(封建)제도이다. 군주를 중심으로 그 아래에 제후와 기사, 일반 시민들이 있는 체제이다. 군주와 제후, 기사는 모두 영주(領主)에 속한다. 그런데 제후들은 군주로부터 땅을 하사받았고, 그 보답으로 충성을 맹세했다. 그리고 제후들은 저마다의 영지에서 스스로 정한 법으로 통치했고, 그들만의 군사도 보유했다. 기사들도 자기 소유의 땅이 있었으나 규모는 작았다. 제후들은 전쟁 발생 시 군주가 원하면 언제든지 군사들을 동원해야만 했다. 이것이 유럽의 봉건제도이다.

중국에서는 일찌감치 고대 주(周)나라 때부터 봉건제도가 실시되었다. 체계는 유럽 중세와 같았지만, 주나라의 경우 제후들이 군주의 혈연관계에 있는 형제 또는 친척들로 채워졌다. 혈연관계 여부가 유럽과 중국의 봉건제도의 큰 차이다. 유럽의 봉건제도는 476년 서로마제국 멸망 이후 게르만족의 일파인 프랑크족에 의해 시작되었다. 프랑크족은 프랑크왕국을 건국 후에도 기존에 갖고 있던 주종(主從)관계와 쌍무(雙務)적 계약 관계를 그대로 도입했다. 봉건제도는 프랑크족이 태동시켰다.

그런데 유럽이나 중국이나 세월이 흐르면서 주종관계가 느슨해졌다. 당연한 결과이다. 군주보다 더 많은 영토, 더 많은 군사를 보유한 제후들이 늘어났기 때문이다. 기사들은 어느 때부터인가 아예 직업군인으로 변했다. 제후들이 성장하는 만큼 군주의 위상은 축소되었다. 10세기에 시작된 신성로마제국만 보더라도 황제는 껍데기에 불과했다. 신성로마제국은 7명의 제후가 황제를 선출하는 권한까지 갖고 있었다. 황제 선출 권한을 가진 제후들은 '선(選)제후'라고 불린다.

이와 함께 봉건제도를 대표하는 사회 모습은 장원(莊園)이다. 광활한 영토를 가진 제후로부터 힘없고 가난한 서민들이 땅을 빌리고 토지 사용 임대료 즉, 지대(地代) 대가로 제후의 땅에서 일주일에 4일가량 일했다. 나머지 3일은 자신들이 제후로부터 빌린 땅에서 일하면서 농산물을 수확했다. 우리말에서 소작농(小作農)이 있는데, 이들이 소작농과 비슷했다. 큰 차이가 있다면 소작농은 땅을 빌린 대가로 수확량의 일정 부분을 임대료로 냈으나 유럽 사회에서는 제후의 토지에서 주 4일 농사짓는 것으로 대체했다. 몸으로 때운 것이다.

봉건제도 아래에서 서민들은 세금도 별도로 내야만 했다. 세금은 돈으로 낼 수 없고 농산물로 내야 했다. 명목은 제후들이 기사들을 통해 서민들을 보호해주었기 때문이다. 오늘날 국민이 국가에다가 세금을 내는 것과 같다. 중세시대 제후를 위해 일한 서민들은 그곳을 벗어날 수 없었다. 다른 곳을 가고 싶어도 먹고 살길이 막막했기 때문에 이주할 엄두가 나지 않았다. 마치 자유를 박탈당한 노예와 같은 신분이었다. 이 때문에 이들은 농사짓는 노예 즉, 농노(農奴)라고 불리었다.

참고로 농노의 형태는 하나의 형태도 규정되지 않았다. 농노들 사이에서도 다양한 형태가 있었기에 일일이 나열할 수 없는 수준이다. 실례로 자기 소유의 땅을 가진 농노도 있었고, 극심한 가난 때문에 자신의 몸을 팔아서 농노가 된 이들도 있었고, 전쟁에서 포로로 잡힌 농노들도 있었다.

그런데 십자군 원정 이후 이 같은 체제에 급격한 변화가 찾아왔다. 많은 농노가 십자군 원정에 참가하면서 목숨을 잃은 탓에 숫자가 급격히 줄어들었다. 또한 다른 세상을 접한 농노들의 시야가 넓어지면서 이들의 의식에도 변화가 찾아온 것이다. 이와 함께 종전에는 주4일 제후의 땅에서 일하는 것으로 임대료를 대신했는데, 육체적 노동이 아닌 화폐로 낼 수 있게 된 것이다. 이로써 농노들이 지대를 돈으로 내면서 자기 자신을 위해 더 많이 일할 수 있는 여건이 조성되었다. 자산이 불어난 농노들이 하나 둘씩 생긴 것이다.

엎친 데 덮친 격으로 유럽 사회에서는 14세기 중엽부터 흑사병이 창궐하면서 인구의 1/3가량이 목숨을 잃었다. 이로써 제후들을 위해 일할 수 있는 농노들의 숫자가 급격히 줄어들었다. 농노들에 대한 제후들의 대우가 예전과 달리 좋아질 수밖에 없었다. 그런데 일부 악덕 제후들은 농노들을 더욱 혹독하게 대했다. 결국 농민들이 봉기하면서 반란이 터졌다. 프랑스에서 1358년 '자크리의 난', 잉글랜드에서 1381년 '와트 타일러의 난'이 대표적이다. 이들 반란은 실패했으나 농노들의 지위는 예전 보다 훨씬 격상되었다.

상황이 이렇다 보니 제후 중에는 넓은 땅을 갖고 있음에도 농노가 없어서 노는 땅들이 많아졌다. 경작이 안 되니 수익이 줄어들면서 형편이 나빠지는 제후들이 생겨났다. 제후들 사이에서도 부익부 빈익빈 현상이 생긴 것이다. 이로써 욕심이 하늘을 찌르는 제후들이 힘이 없어진 제후들의 땅을 탐내기 시작했다. 제후들 사이에서 전쟁이 일어난 것이다. 이 같은 상황은 프랑스의 국왕이라고 예외는 아니었다. 프랑스의 국왕 역시 명목상 왕이나 제후와 별반 다를 바가 없었다. 돈이 없으면 왕 노릇도 제대로 할 수 없었다.

십자군 원정이 끝난 뒤 프랑스의 왕은 필리프 3세(재위 : 1270~1285년)였다. 부왕 루이 9세는 1270년 제8차 십자군 원정에 나섰다가 북아프리카 튀니스에서 객사했다. 부왕의 시신을 수습해 고국으로 돌아온 아들이 필리프 3세였다. 하지만 루이 9세는 앞선 제7차 십자군 원정 때 포로로 잡혔다가 막대한 몸값을 템플기사단에게 빌려서 치른 뒤 풀려난 바 있었다. 루이 9세는 빚을 갚지 못했다. 필리프 3세는 아버지의 빚을 고스란히 떠안았다. 필리프 3세는 통치 15년 동안 재정적인 어려움만 겪다가 세상을 떴다.

필리프 3세에 이어 그의 아들 필리프 4세가 즉위했다. 필리프 4세는 이 같은 상황을 해결하기 위해 왕국 내 교회와 수도원을 향해 세금을 거두기 시작했다. 십자군 원정 때는 왕들이 교황의 허락하에 원정에 나서는 비용 충당 목적으로 교회와 수도원을 대상으로 세금을 거두었다. 그런데 필리프 4세는 십자군 원정이 끝났는데도 불구, 교회와 수도원에 세금을 부과한 것이다. 교황 보니파키우스 8세가 반발했다. 하지만 필리프 4세는 이에 아랑곳하지 않았다. 십자군 원정 실패로 교황의 위상은 땅바닥에 떨어진 지 오래였다. 프랑스 국왕과 로마가톨릭 교황의 갈등이 본격화된 것이다.

교황에 대한 불신 '아나니사건'과 '아비뇽유수'

1096년 시작된 십자군 원정이 결국 1270년 예루살렘 탈환 실패로 막을 내리자 서유럽 사회에서는 "신(神)은 과연 우리 편인가?"라는 의구심이 서서히 고개를 들었고, "신이 원하신다!"라며 십자군 원정을 외쳤던 로마가톨릭 교황을 향한 불신도 차차 생겨나기 시작했다. 그 중심에는 프랑스가 있었다.

1285년 프랑스 국왕이 된 필리프 4세는 제7·8차 십자군 원정을 이끌었던 루이 9세의 손자다. 필리프 4세 역시 독실한 로마가톨릭 신자였다. 하지만 그는 종교에 앞서 정치와 경제적인 면에서는 그 누구보다 이해득실이 확실한 사람이었다. 필리프 4세에게는 왕권 강화와 부의 축적이 무엇보다 중요했다.

당시 프랑스의 영토 중에서 남서부 가스코뉴는 잉글랜드의 소유였다. 잉글랜드는 앞서서 프랑스 남서부 대부분을 차지하고 있었는데, 잉글랜드의 존 왕(재위 : 1199~ 1216년)이 프랑스에 있던 잉글랜드 소유의 땅 상당 부분을 빼앗겼다. 존 왕은 이로써 '실지왕(失地王)'이라는 별칭을 얻었다. 필리프 4세는 프랑스에 소규모로 남아있던 잉글랜드의 땅 가스코뉴를 차지하고 싶었다. 그래서 필리프 4세는 잉글랜드 국왕 에드워드 1세(재위 : 1272~1307년)와 전쟁을 개시했다. 참고로 가스코뉴라는 지역 명칭은 1789년 발생한 프랑스혁명 전까지 사용되었다. 현재는 프랑스 행정구역 중 하나인 누벨아키텐의 일부분에 해당한다.

그런데 프랑스 북동부의 플랑드르백국이 잉글랜드 편을 들었다. 필리스 4세는 우선 플랑드르와 전쟁을 치러야만 했다. 하지만 많은 돈이 필요했기에 전쟁 비용 마련을 위해 교회와 수도원을 향해 세금을 부과했다. 이에 교황 보니파키우스 8세가 반발하고 나섰다. 당시 교황은 성지 예루살렘 탈환을 위해 십자군 원정을 또다시 일으키길 원했다. 교황의 생각은 '프랑스가 여타 국가와의 전쟁으로 힘을 빼는 것보다 그 힘을 예루살렘 탈환을 위해 써야 한다'라는 것이었다. 하지만 필리프 4세에게 십자군 원정 따위는 머릿속에 없었다.

교황은 1296년 교황 칙령을 통해 교황 허락 없이 성직자들에 대한 세금 부과를 하지 못하도록 조치했다. 이에 열받은 필리프 4세는 프랑스 시민들을 향해 교회를 상대로 십일조 등 그 어떤 형태의 헌금도 내지 못하도록 맞받아쳤다. 당시 헌금은 세금 명목이어서 시민들이 의무적으로 내고 있었다. 상황이 이렇게 되니 교황이 한발 물러섰다. 그러던 중 필리프 4세는 평소 교황의 후광을 믿고 심심찮게 국왕의 심기를 건드리던 파미에르 주교 베르나르 세세(1232~1314년)를 1301년 이단으로 지목하고 국가 반역죄까지 뒤집어씌워 투옥해버렸다. 교황은 "그리스도교 국가의 단일체 내에서는 최고 판결권이 교황에게 있다."라는 교서를 발표했다. 그런데 필리프 4세는 교황이 보낸 교서를 읽은 후 찢어버렸다. 필리프 4세는 이어 1302년 삼부회를 소집했다.

삼부회는 소수 특권층인 제1부 사제를 비롯해 제2부 귀족, 제3부 평민 대표로 구성되었다. 그래서 삼부회이다. 필리프 4세가 최초로 소집했다.

이는 국왕의 결정에 대해 프랑스 전역의 동의를 구하기 위함이었다. 자칫 국왕의 독단적인 결정에 대한 국민적 반발을 우려했기 때문이다. 삼부회는 향후 국민의회로 정형화되었으나, 의회 소집권과 의제 제기권은 모두 국왕에게 있었다. 필리프 4세의 요청으로 회의를 연 삼부회는 "교회에 대한 세금 부과가 온당하다."라고 국왕의 결정에 동의했다. 국민의 지지를 얻은 필리프 4세는 교황에 대한 반격에 나섰다.

필리프 4세는 교황을 이단으로 몰아 재판에 넘길 계획을 세웠다. 이 같은 소식을 접한 교황은 필리프 4세를 파문하는 것으로 맞받아칠 계획이었다. 이 소식을 접한 필리프 4세는 격앙했고, 교황에게 겁을 주기 위해 1303년 9월 충직한 신하 기욤 드 노가레(1260~1313년)를 로마로 보냈다. 당시 교황은 별장 아나니에서 휴식 중이었는데, 기욤 드 노가레는 교황을 향해 "이단자로 고발하겠다!"라고 엄포를 놓으면서 교황의 뺨을 후려갈겼다. 이 사건을 후대인들은 '아나니사건'이라고 부른다.

교황의 정신적인 충격은 이만저만이 아니었다. 교황 보니파키우스 8세는 가뜩이나 결석(結石)으로 건강이 좋지 않았는데, 아나니사건 이후 정신적 충격이 더해지면서 시름시름 앓다가 한 달여가 흐른 10월 11일 선종했다. 보니파키우스 8세 선종 후 베네딕투스 11세(재임 : 1303년 10월 ~1304년 7월)가 즉위했으나 1년도 되지 않아 갑자기 선종했다. 이에 필리프 4세는 아예 자기 마음에 드는 사람을 교황 자리에 앉혔다. 그 인물은 바로 프랑스 출신의 추기경 클레멘스 5세(재임 : 1305~1314년)였다.

프랑스 국왕과 로마가톨릭 교황의 충돌 시기에 교황청이 있는 로마가 신성로마제국의 손아귀에 들어가는 일이 발생했다. 필리프 4세는 이를 핑

계로 교황이 로마로 가는 대신 프랑스에 머물 것을 요구했다. 클레멘스 5세는 국왕의 말에 순응했다. 그러면서 필리프 4세는 프랑스 아비뇽에 교황청을 새로 지었고, 1309년부터 교황은 프랑스 아비뇽에 머무르게 된다. '아비뇽유수'가 시작된 것이다.

교황이 3명 '서방교회 대분열'과 '콘스탄츠공의회'

프랑스 국왕 필리스 4세에 의해 시작된 아비뇽유수는 1309년부터 1377년까지 70년 가까이 이어졌다. 이 시기 교황은 클레멘스 5세부터 그레고리우스 11세(재임 : 1371~1378년)까지 총 7명이었고, 이들 모두 프랑스 출신이었다. 교황들은 프랑스 국왕의 손아귀에서 놀아날 수밖에 없었다. 그리고 아비뇽유수 기간인 1337년 프랑스와 잉글랜드 사이에서 백년 전쟁이 발발했다. 프랑스와 잉글랜드 모두 로마가톨릭 국가였지만 교황은 프랑스 편을 들었다. 백년 전쟁은 13장에서 다루도록 하겠다.

시간이 흘러 그레고리우스 11세는 교황의 권리와 자유 옹호에 적극적이던 성녀 카테리나(1347~1380년)의 조언을 받아들여 프랑스 아비뇽을 떠나 1377년 로마 교황청으로 돌아갔다. 이로써 70년 가까이 진행된 아비뇽유수가 막을 내렸다. 그레고리우스 11세는 로마로 돌아간 이듬해 선종했다. 차기 교황 선출을 위해 콘클라베가 진행되어야 하는데 로마시민들은 "이탈리아 출신 추기경이 차기 교황이 되어야 한다."라면서 콘클라베 현장까지 난입해 강력히 주장했다. 결국 나폴리왕국 출신 우르바누스 6세(재임 : 1378~1389년)가 차기 교황으로 선출되었다. 참고로 나폴리왕국은 1282년 시칠리아왕국에서 떨어져나왔다.

이번에는 프랑스에서 반발했다. 로마시민들의 입김이 작용해 선출된 우르바누스 6세를 인정할 수 없다는 것이었다. 그러면서 프랑스 추기경들은 자체적으로 프랑스 출신 추기경 로베르 드 제네바(1342~1394년)를 교황으로 선출했다. 바로 대립 교황 클레멘스 7세(재임 : 1378~1394년)이다. 이로써 로마가톨릭 사회에서 교황이 2명인 혼란한 시대가 펼쳐진 것이다. 이들 2명의 교황은 저마다 정통성을 주장하며 인사권을 남발했다. 그렇다 보니 혼선이 가중될 수밖에 없었다. 서유럽 국가들 역시 저마다 지지하는 교황이 달랐다. 급기야 두 교황이 상대를 향해 파문을 내리는 총성 없는 전쟁까지 펼쳐졌다.

'교황 2인 시대'를 해결하기 위해 1409년 피사공의회가 소집되었다. 피사공의회는 당시 로마 교황청과 프랑스 아비뇽에 있는 교황 2명 모두를 폐위하고 새로 교황을 선출했다. 그런데 기존 2명의 교황이 피사공의회의 결정을 인정할 수 없다고 반발했다. 이로써 새로 선출된 교황을 포함해서 교황이 3명이 되는 사상 초유의 사태가 로마가톨릭 사회에서 발생했다. '교황 3인 시대'는 1417년까지 이어졌다. 교황이 최소 2명, 최대 3명이 존재했던 이 시기를 후대인들은 '서방교회 대분열'이라고 부른다.

로마가톨릭은 이 같은 혼란을 해결하기 위해 또다시 1414년 콘스탄츠공의회를 소집했다. 콘스탄츠는 오늘날 독일의 남부, 스위스와의 경계에 있는 소도시이다. 각국의 군주, 추기경, 주교, 신학박사 등 여러 부류의 인사들을 포함해 약 10만 명가량의 군중들이 소도시 콘스탄츠로 모여들었다. 서유럽 최대의 종교회의로 역사에 기록된 콘스탄츠공의회는 1418년까지 진행되었다. 길고 긴 논의 끝에 공의회 종결 한 해 전인 1417년 교황

건에 대한 결론이 내려졌다. 공의회는 3명의 교황을 모두 폐위하고 새 교황을 선출하기로 결정했다. 이로써 마르티누스 5세(재임 : 1417~1431년)가 단독 교황이 되었다.

콘스탄츠공의회에서는 "교황 역시 신앙 및 교회 개혁에 관한 문제에 대해 공의회의 결정에 복종해야 한다."라는 '공의회 지상주의'가 천명되었다. 이 같은 결정으로 기존 3명의 교황 모두 콘스탄츠공의회의 결정을 받아들일 수밖에 없었다. 콘스탄츠공의회 개최 후 로마가톨릭의 교황 보다 공의회의 위치가 더 높아졌다. 공의회의 위상이 교황의 수위권 위에 자리매김한 것이다.

콘스탄츠공의회는 교황 난립 현상을 끝냈다는 역사적 의미도 있지만, 마르틴 루터의 종교개혁에 앞서 "부패한 로마가톨릭을 쇄신하자!"라고 목청껏 부르짖었던 잉글랜드의 존 위클리프(1320~1384년)와 보헤미아의 얀 후스(1370~1415년)를 이단으로 낙인찍은 공의회다. 콘스탄츠공의회가 열릴 당시 위클리프는 이미 세상을 뜨고 없었으나 공의회는 위클리프의 관을 땅에서 파내 부관참시(剖棺斬屍)하기로 결정했다. 그리고 후스는 공의회 결정으로 화형을 당했다.

참고로 보헤미아는 훗날 동쪽으로 영토를 확장 후 오늘날의 체코로 발전한다. 보헤미아(Bohemia)라는 명칭은 고대 로마인들이 부른 것이고, 당시 보헤미아의 주요 종족인 슬라브인들은 그들의 땅을 체히(Čechy)라고 불렀다. 이 책에서는 보헤미아와 체코라는 단어를 번갈아 사용하겠다. 그리고 존 위클리프와 얀 후스에 대해서는 16장에서 다루겠다.

프랑스 국왕 필리프 4세와 템플기사단 해체

1270년 십자군 원정은 공식적으로 끝났지만, 템플기사단은 이후에도 마지막 근거지인 아크레에 남아있다가 무슬림들에게 아크레를 빼앗긴 1291년 팔레스티나에서 완전히 철수했다. 그리스도교 세력은 아크레를 맘루크 왕조에게 빼앗겼다. 이로써 템플기사단은 눈물을 머금고 철수할 수밖에 없었다. 템플기사단 대부분은 프랑스 사람들이어서 전원 프랑스로 귀국했다.

템플기사단은 프랑스로 돌아와서 금융업을 시작했다. 돈을 빌려주고 이자를 받는 일을 한 것이다. 앞서서 십자군 원정 당시 성물을 찾는 템플기사단을 향해 프랑스, 독일 등 유럽 각지에서 헌금이 쏟아졌다. 이로써 템플기사단은 막대한 부를 쌓았었다. 그런데도 또다시 금융업을 통해 돈을 번 것이다. 템플기사단의 재산을 오늘날의 가치로 환산하면 수백조 원에 이를 것으로 추정된다. 이들에게 프랑스의 국왕 루이 9세가 몸값으로 막대한 돈을 빌렸었다. 그러나 그 부채는 루이 9세가 갚지 못했고, 아들 필리프 3세에 이어 손자인 필리프 4세에게까지 떠넘겨졌다. 그러나 필리프 4세는 템플기사단 측에 조부의 부채를 상환할 생각이 없었다. 오히려 템플기사단의 재산을 노렸다. 그렇다고 강제로 빼앗을 수는 없었다. 묘책을 고안했다. 템플기사단을 이단으로 만들어서 해체하는 것이었다.

필리프 4세는 가짜 뉴스를 만들어냈다. 템플기사단들이 악마와 우상을 숭배한다고 지어낸 것이다. 심지어 기사단 단원들끼리 동성연애를 하고 일부 기사들이 템플기사단의 돈을 횡령한다고 거짓말을 만들어냈다. 심지어 새로 들어온 신입 단원들을 향해 십자가에 침을 뱉도록 하는 의식을 치른다 등 말도 안 되는 이야기를 꾸며냈다. 템플기사단을 향해 덧씌워진 혐의는 무려 127가지였다. 이 때문에 1307년 프랑스와 서유럽 전역에서 활동 중인 템플기사단 단원들에 대한 체포 작전이 대대적으로 전개되었다.

템플기사단의 재산은 모조리 프랑스 국왕이 몰수했다. 몰수한 재산 일부를 필리프 4세가 유용했다. 하지만 엄연히 템플기사단은 성직자들이기에 교황청의 재산이었다. 국왕이 마음대로 사용할 수 없었다. 이로써 템플기사단의 재산 대부분은 요한기사단에게 승계되었다. 요한기사단은 요하네스 기사수도회라고도 부른다. 필리스 4세가 전부 갖겠다는 야망은 수포로 돌아갔다. 하지만 필리프 4세는 조부 루이 9세가 빌린 돈은 갚지 않아도 되었다. 이것으로 만족했다.

템플기사단을 향해 씌워진 혐의 중에서 가장 핵심적인 항목은 '이단'이었다. 그러나 확실한 물증은 없었다. 그런데도 필리프 4세는 교황 클레멘스 5세에게 "템플기사단을 해체하라!"라고 압박했다. 교황은 템플기사단 측에 덧씌워진 혐의의 진위를 가리기 위해 1311년 빈공의회를 열어 조사에 착수했다. 결론적으로 "이단은 아니다."라고 판명 났다. 그런데도 교황은 이렇게 말했다. "템플기사단은 이단이 아니다. 하지만 로마가톨릭이 이들을 고발한 프랑스 국왕 필리프 4세와 평화롭게 지내기 위해서는 템플기사단을 해체할 수밖에 없다."

이로써 템플기사단은 1312년 공식적으로 해체되었다. 그로부터 2년 후인 1314년 템플기사단의 최고 수장 즉, 그랜드 마스터인 자크 드 몰레(1243~1314년)를 비롯한 지도부들이 화형당했다. 자크 드 몰레는 화형으로 죽기 직전 필리프 4세를 향해 저주를 퍼부었다는 이야기가 있다. 그런데 신기하게도 필리프 4세와 교황 클레멘스 5세는 템플기사단 지도부들에 대한 화형이 집행된 1314년 2명 모두 죽었다. 필리프 4세는 사냥 중 낙마 사고로 죽었고, 클레멘스 5세는 병들어 죽었다.

그리고 1307년부터 시작된 템플기사단에 대한 대대적인 체포 당시 일부 단원들은 잉글랜드와 스코틀랜드로 몸을 피했다. 이들은 훗날 브리튼섬에서 새로운 단체를 만드는데, 오늘날 "전 세계를 배후에서 조종한다." 라고 많은 이들이 생각하는 프리메이슨(Freemason)이다.

그런데 1307년 서유럽에서 템플기사단에 대한 대대적인 체포 명령이 내려졌을 때 포르투갈은 비켜 갔다. 그 이유는 국왕 디니스(재위 : 1270~1325년)가 교황에게 "우리는 아직 카스티야왕국과 영토분쟁을 벌이고 있기에 기사단이 절실히 필요하다."라고 간청했고, 교황은 이를 받아들였기 때문이다. 포르투갈에서 템플기사단의 명칭이 '그리스도기사단'으로 바뀐다. 훗날 신항로 개척에 나섰던 엔히크 왕자가 그리스도기사단 단장이 된 것이다.

주종관계 프랑스와 잉글랜드가 벌인 '백년 전쟁'

1337년 프랑스와 잉글랜드 간 전쟁이 터졌다. 이 전쟁은 1453년까지 116년 동안 간헐적으로 진행되었다. 후대인들은 '백년 전쟁'이라고 부른다. 시종일관 프랑스가 수세에 몰리다가 "위험에 빠진 프랑스를 구하라!" 라는 신(神)의 계시를 받은 10대 소녀 잔 다르크(1412~1431년)에 의해 프랑스는 구사일생했다. 하지만 잔 다르크는 프랑스 국왕 샤를 7세(재위 : 1422~1461년)의 질투심으로 잉글랜드에 붙잡혀 갔고, 그곳에서 마녀라는 낙인이 찍혀 화형으로 죽었다. 이것이 백년 전쟁에 대한 개괄적인 상황이다.

백년 전쟁을 알아보기 전에 우선 프랑스와 잉글랜드 두 국가의 관계에 대해 살펴보자. 잉글랜드는 1066년부터 프랑스의 신하 국이었다. 프랑스 노르망디공국의 공작 기욤 2세가 1066년 잉글랜드로 쳐들어가서 왕권을 빼앗고 노르만 왕조를 개창 후 잉글랜드의 국왕 윌리엄 1세가 되었지만, 엄연히 프랑스 국왕이 볼 때 윌리엄 1세는 신하였다. 이로써 잉글랜드 국왕은 프랑스 국왕에 대해 신하로서 예의를 갖추었다. 그러나 시간이 갈수록 주군과 신하로서의 관계는 희미해지기 시작했다.

사건은 잉글랜드 국왕 에드워드 3세(재위 : 1327~1377년) 때 터졌다. 프랑스에서 필리프 6세(재위 : 1328~1350년)의 국왕 등극으로 카페 왕조가 끊기고 발루아 왕조가 시작되자 잉글랜드의 국왕 에드워드 3세가 프랑스 국왕 자리를 주장하고 나선 것이다. 프랑스는 어처구니가 없었다. 그런데 양 국가는 이보다 앞서서 오랜 기간 프랑스의 특정 영토를 둘러싸고 치열한 신경전을 펼치고 있었다. 영토 문제를 기폭제로 시작된 여러 가지 복잡하게 뒤엉켜 있던 일들이 어느 날 '왕위 계승'을 빌미로 폭발한 것이다.

두 국가의 영토 갈등 이야기의 시작은 이렇다. 프랑스 남서부의 광활한 땅 아키텐의 여공작 엘레오노르(1122~1204년)가 잉글랜드 왕가의 피가 섞인 헨리(1133~1189년)와 1152년 결혼했다. 헨리는 엘레오노르보다 열한 살 어렸다. 그런데 엘레오노르는 헨리와 재혼이었다. 앞서서 프랑스의 국왕 루이 7세와 1137년 결혼했으나 딸만 2명을 낳고 이혼했다. 하지만 프랑스의 아키텐은 여전히 엘레오노르 소유였다. 그 이유는 엘레오노르의 아버지 아키텐의 공작 기욤 10세(1099~1137년)가 죽기 직전 이렇게 유언을 남겼기 때문이다. “아키텐의 땅은 엘레오노르가 낳은 아들에게 승계될 것이다.”

이로써 루이 7세는 아키텐을 갖지 못했다. 그런데 엘레오노르는 뒤이어 잉글랜드의 헨리와 결혼했고, 헨리는 1154년 잉글랜드 국왕 헨리 2세(재위 : 1154~1189년)가 된다. 그러나 헨리 2세의 아버지는 왕이 아니었다. 헨리 2세의 아버지는 프랑스 노르망디 공작인 동시에 앙주와 뚜렌느, 멘 등 드넓은 영토를 가진 백작 조프루아 5세(1113~1151년)였다. 헨리 2세가 잉글랜드 사람이 된 이유는 조프루아 5세가 잉글랜드의 국왕 헨리 1세(재위 : 1100~1135년)의 딸 마틸다(1102~1167년)와 1128년 결혼했기 때문이다.

잉글랜드 국왕 헨리 1세에게는 큰 걱정이 있었다. 외아들이 1120년 사고로 죽었기 때문이다. 이로써 장녀 마틸다에게 왕위를 계승하려고 했으나 귀족들이 결사반대했다. “여성은 왕이 될 수 없다.”라는 것이었다. 헨리 1세는 밀어붙였으나 뜻대로 되지 않았고, 헨리 1세가 죽자 헨리 1세의 조카 스티븐(재위 : 1135~1154년)이 왕위를 차지해버렸다. 결국 마틸다와 스티븐 사이에 내전까지 발생했으나 마틸다가 왕위를 차지하지는 못했다.

시간이 흘러 마틸다의 아들 헨리가 엘레오노르와 1152년 결혼했고, 헨리는 왕위를 찾으려는 어머니 마틸다를 도와 프랑스에서 군사를 일으켜 잉글랜드로 와서는 5촌 아저씨 스티븐과 대치했다. 헨리는 아버지 소유의 땅과 아내의 땅을 합치면 프랑스 전체 국토의 절반에 가까울 정도로 어마어마한 힘을 가진 귀족이자 잉글랜드 왕가의 혈통이었다. 그런데 잉글랜드의 왕 스티븐은 5촌 조카와 싸우고 싶지 않았다. 그러면서 화해를 요청했고 헨리는 이를 받아들였다. 이어서 스티븐은 사촌 동생 마틸다와도 화해했다.

스티븐이 싸우지 않고 소극적인 자세를 취한 이유는 왕위를 물려주려고 했던 외아들이 사고로 죽은 것이 큰 몫을 차지했다. 결국 스티븐은 헨리를 향해 "내가 죽으면 왕위를 너에게 물려주겠다."라고 약속했다. 이로써 헨리는 스티븐이 죽은 1154년 잉글랜드 노르만 왕조 4대 왕에 등극했고, 이후 엘레오노르와의 사이에서 1157년 아들 리처드(1157~1199년)에 이어 존(1166~1216)까지 낳았다. 이로써 프랑스의 아키텐은 잉글랜드 왕실의 소유가 되었다. 프랑스 입장에서 볼 때 신하의 나라인 잉글랜드가 프랑스 국토의 절반 가까이 차지하는 형국이 된 것이다.

그런데 시간이 흘러 존 왕 통치 때 잉글랜드는 프랑스 남서부 가스코뉴를 제외하고 땅 대부분을 프랑스 필리프 2세에게 빼앗긴다. 이로써 존 왕은 후대인들에게 '실지왕'이라는 별명을 얻었다. 하지만 프랑스의 최대 와인 생산지 보르도가 있는 가스코뉴는 여전히 잉글랜드 소유였다. 프랑스는 가스코뉴마저 빼앗으려고 안달이 났다.

그리고 세월이 흘러 14세기 초 프랑스에서 왕위 계승 문제가 터졌다. 1328년 필리프 6세(재위 : 1328~1350년)가 즉위하면서 카페 왕조가 끊기고 발루아 왕조가 개창했는데, 잉글랜드의 에드워드 3세가 프랑스 국왕의 자리를 주장했기 때문이다. 그 이유는 자신의 어머니 이자벨

(1295~1385년)이 프랑스의 앞선 국왕 샤를 4세의 여동생이기에, 샤를 4세의 뒤를 이어 본인이 프랑스 국왕이 되어야 한다는 것이었다. 이 같은 주장에 필리프 6세는 어이가 없었다. 그런데 실상 에드워드 3세의 프랑스 국왕 자리 요구는 전쟁을 위한 명분에 지나지 않았다.

여기에 더해서 또 하나의 사건이 있다. 그것은 바로 양털을 재료로 상품을 만드는 모직물 산업이다. 당시 프랑스의 북동부에 있는 플랑드르는 프랑스 내에서 모직물 최대 생산지였고, 재료인 양털 대부분을 잉글랜드에서 수입했다. 그런데 프랑스 왕실이 잉글랜드의 양모 수출을 방해했고 그 타격은 고스란히 플랑드르에게 전가되었다. 프랑스 왕실보다 잉글랜드와 더 친했던 플랑드르는 화가 머리끝까지 나면서 잉글랜드를 향해 프랑스와 싸울 것을 종용했다. 결국 여러 가지 사안이 복잡하게 얽히고설킨 상태에서 잉글랜드의 에드워드 3세는 1337년 프랑스를 향해 선전포고했다.

백년 전쟁에서 중요한 전투는 크레시 전투(1346년), 푸아티에 전투(1356년), 아쟁크루 전투(1415년), 오를레앙 공방전(1428년) 등이다. 크레시전투는 에드워드 3세와 필리프 6세 사이에서 벌어진 전투였고, 푸아티에 전투는 이들 두 국왕의 아들인 흑태자 에드워드(1330~1376년)와 장 2세(재위 : 1350~1364년)간의 전투였다. 크레시 전투와 푸아티에 전투 모두 잉글랜드가 승리했다. 특히 잉글랜드는 푸아티에 전투 승리로 장 2세를 포로로 잡았다. 1360년 브레티니조약을 통해 장 2세는 풀려나지만 잉글랜드는 프랑스에 대한 주종관계를 벗어던졌다. 그리고 프랑스는 잉글랜드의 아키텐 소유를 인정했다. 그러면서 잉글랜드는 프랑스 왕위를 더 이상 요구하지 않기로 했다.

그 이후 유럽 사회에 흑사병이 창궐하면서 전투는 소강상태에 빠졌다. 시간이 흘러 1415년 아쟁크루 전투가 발발했다. 이 전투는 잉글랜드 헨리 5세(재위 : 1413~1422년)와 프랑스 샤를 6세(재위 : 1380~ 1422년) 통치 때 벌어졌다. 프랑스는 아쟁크루 전투에서도 맥없이 밀린다. 샤를 6세는 정신병 증세가 있었고, 헨리 5세에게 꼼짝하지 못했다. 1420년 트루아조약을 통해 샤를 6세는 "자신이 죽으면 왕위를 잉글랜드 측에 넘겨주겠다."라고 약속했다. 그러면서 헨리 5세는 샤를 6세의 딸 캐서린(1401~1437년)과 결혼하면서 양국 사이에 동맹을 맺었다.

이에 반발한 것은 샤를 6세의 아들 샤를 7세였다. 샤를 7세는 왕위를 넘겨주기도 싫었지만, 그렇다고 잉글랜드를 이길 힘도 없었다. 그러던 중 1421년 헨리 5세와 프랑스 공주 캐서린 사이에서 아들 헨리 6세가 태어나고, 이듬해인 1422년 8월과 10월에는 각각 헨리 5세와 샤를 6세가 세상을 뜬다. 트루아조약에 의하면 프랑스의 왕위는 헨리 6세에게 넘어가야 했다. 그런데 샤를 7세는 이를 받아들일 수가 없었다. 결국 잉글랜드는 1428년 또다시 프랑스를 공격했고, 잉글랜드는 오를레앙을 포위했다. 잉글랜드가 만약 오를레앙을 접수하면 프랑스는 잉글랜드 측에 넘어가는 풍전등화의 상황이었다. 이때 잔 다르크가 나타난 것이다.

"위험에 처한 나라를 구하라는 신의 계시를 받았다."라는 열일곱 살 소녀의 말을 믿는 사람은 없었다. 그런데 잔 다르크의 주장을 완전히 무시할 수만도 없었다. 대관식을 치르지 못한 샤를 7세는 반신반의하면서 잔 다르크에게 전투에 나가도록 허락했다. 잔 다르크의 확신에 찬 목소리 덕분에 프랑스군은 힘을 얻어 오를레앙 공방전에서 대승을 거두었다. 잔 다르크는 이로써 프랑스에서 구국의 영웅으로 떠올랐다. 잔 다르크가 이끈 프랑스군의 승리로 그동안 잉글랜드 측에 넘어갔던 프랑스의 여러 지역이 잉글랜드로부터 등을 돌리기 시작했다. 결국 샤를 7세는 잔 다르크 덕분에 1429년 랭스 대성당에서 대관식을 치를 수 있었다.

그런데 이후부터 샤를 7세의 마음이 바뀐다. 샤를 7세는 잉글랜드와 평화협정을 맺기 위해 골몰했다. 반면에 잔 다르크는 계속해서 싸우기를 원했다. 심지어 잔 다르크는 샤를 7세의 명령이 없는데도 계속해서 전투를 이어갔다. 갑자기 평화주의자로 변한 샤를 7세는 이로써 잔 다르크를 향한 군사 지원을 대폭 줄였다. 상황이 이렇다 보니 잔 다르크는 전투에서 매번 패배할 수밖에 없었다. 결국 행운이 다한 잔 다르크는 잉글랜드군에 포로가 되고 만다. 잉글랜드는 샤를 7세를 향해 잔 다르크의 몸값을 요구했으나 샤를 7세는 이를 거부했다.

잉글랜드로 압송된 잔 다르크는 5개월 동안 총 29회의 심문을 받고 스스로 마녀가 아님을 입증해야 했지만 그러지 못했다. 결국 잔 다르크에게 70여 가지의 혐의가 씌워졌고 1431년 5월 화형으로 죽었다. 이후 샤를 7세는 그동안 잉글랜드 편을 들었던 자국 내 부르고뉴파와 화해하면서 100년 넘게 진행된 전쟁은 1453년 마침표를 찍는다. 양 국가는 1456년 평화협정을 맺었고, 샤를 7세는 잔 다르크에게 씌워졌던 혐의를 없애면서 복권했으나 신의 계시를 받고 위기에 빠진 프랑스를 구한 영웅은 이미 신의 곁으로 가고 없었다.

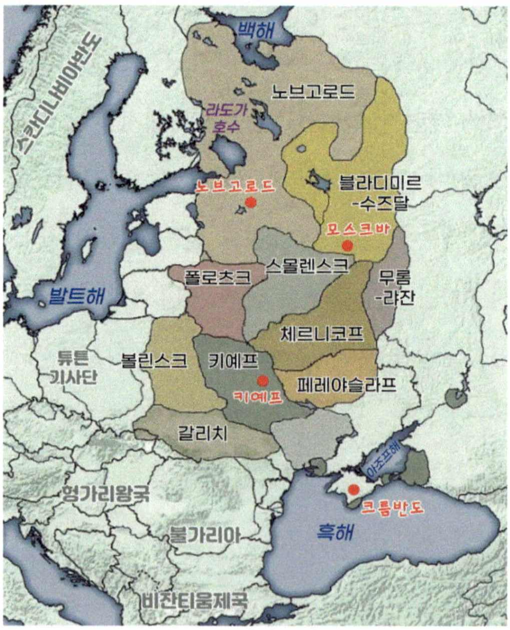

위쪽 그림은 12세기 중엽 이베리아 반도의 정세. 아래쪽 그림은 12세기 말 키예프루스의 여러 공국들.

14장

유럽의 암흑 중세 끝낸 르네상스 태동

1,000년의 역사 간직한 비잔티움제국의 멸망

프랑스와 잉글랜드가 100년 넘게 싸운 백년 전쟁이 1453년 끝났다. 그리고 그해 동유럽에서는 로마제국의 명성을 이어가던 비잔티움제국이 멸망했다. 로마의 시조 로물루스가 BC 753년 건국 후 왕정에서 시작해 공화정, 제정을 거치면서 드넓은 영토를 정복하고 화려한 세월을 구가했던 로마제국이 2,206년 만에 역사의 뒤안길로 사라진 것이다.

비잔티움제국은 6세기 유스티니아누스 대제 때 전성기를 누렸지만, 그 이후부터는 계속해서 쇠퇴기를 맞았다. 특히 동방에서는 사산 왕조 페르시아와 허구한 날 전쟁을 치르면서 국력 쇠진의 원인이 되었다. 사산 왕조 페르시아는 651년 이슬람 세력에 의해 멸망했지만, 비잔티움제국은 이슬람제국과도 물리적 충돌이 끊이질 않았다.

비잔티움제국은 또 11세기 중엽 생겨난 튀르크족의 셀주크제국과도 계속해서 전쟁을 치렀다. 상황이 이렇다 보니 비잔티움제국의 국력이 남아날 리가 없었다. 특히 십자군 원정 중 제4차 원정 때는 엎친 데 덮친 격으로 같은 크리스천들이 강도로 돌변해 수도 콘스탄티노폴리스를 쑥대밭으로 만들었다. 수많은 정교회 신자들을 비롯해 다양한 종교를 믿는 신민들이 강도로 변한 서유럽의 크리스천들에 의해 목숨을 잃었다. 이 시기 비잔티움제국의 학자들이 대거 이탈리아반도로 피신했다. 이탈리아반도로 간 학자들이 향후 르네상스를 일으키는 주인공들이다.

그리고 십자군 원정을 촉발한 것은 셀주크제국이 비잔티움제국으로부터 아나톨리아반도를 빼앗은 만지케르트 전투가 원인이었다. 하지만 셀주크제국은 생각보다 오래가지 않았다. 셀주크제국은 12세기 중엽 여러 국가로 분열되었다가 튀르크족인 오스만 가지(약 1255~1324년)에 의해 1299년 아나톨리아반도를 중심으로 오스만제국이 태동했고, 이후 오스만제국은 영토 확장을 통해 중동의 새로운 강자로 부상했다. 비잔티움제국은 오스만제국에 의해 1453년 멸망한 것이다.

비잔티움제국을 멸망시킨 오스만제국의 술탄은 메흐메트 2세(재위 : 1451~1481년)이다. 1451년 스물두 살의 젊은 나이에 술탄이 된 메흐메트 2세는 비잔티움제국의 수도 콘스탄티노폴리스를 노렸다. 이 시기 비잔티움제국은 산소 호흡기만 낀 채 근근이 숨만 쉬고 있는 수준이었다. 군사력은 볼품없었다. 비잔티움제국의 종말을 지켰던 병사들은 고작 5,000명 남짓이었다.

술탄 메흐메트 2세는 20대 초반에 술탄이 되면서 왕으로서의 위용을 드러낼 만한 업적이 필요했다. 이를 위해 로마제국 황제 콘스탄티누스 대제에 의해 330년 세워진 '신의 도시' 콘스탄티노폴리스가 눈에 들어온 것이었다. 결국 비잔티움제국의 수도 콘스탄티노폴리스는 메흐메트 2세에 의해 함락되지만, 당시 그 누가 쳐들어왔어도 멸망하는 것은 시간문제일 정도로 체력이 허약했다.

메흐메트 2세의 콘스탄티노폴리스 공격은 1453년 4월 2일 시작되었다. 당시 비잔티움제국은 보스포루스해협을 건너 골든혼(Golden Horn, 황금곶, 금각만)으로 들어오는 배를 막기 위해 쇠사슬을 장치했다. 쇠사슬을 들어 올리면 배들이 왕래할 수 없었다. 이로써 메흐메트 2세는 골든혼 옆 육지로 함선을 들어 올렸다. 산이 있으면 산을 깎아서 70여 척의 함선을 이동시켰다. 이 모습을 지켜본 비잔티움제국의 군사들은 겁에 질리고 말았다. 하지만 어찌할 방법이 없었다. 튀르크인들이 함선을 들어 올리는 모습을 멍하니 지켜만 봐야 했다. 운명의 먹구름은 그렇게 비잔티움제국을 향해 서서히 다가오고 있었다.

콘스탄티노폴리스의 육지면에는 3중으로 단단하게 형성된 테오도시우스 성벽이 버티고 있었다. 이 성벽을 무너뜨리기 위해 길이 8m, 무게 19톤짜리 초대형 철제 대포가 동원되었다. 오스만제국은 먼 거리에서 몇 날 며칠 대포를 쏘아댔다. 1,000년 넘게 버텼던 성벽은 야금야금 무너지기 시작했다. 결국 5월 29일 메흐메트 2세의 친위대인 예니체리 군단이 무너진 메소티키온 성벽을 돌파하면서 비잔티움제국의 수도는 함락되고 말았다. 이후부터는 잔인한 학살이 자행되었다.

한때 콘스탄티노폴리스의 인구는 100만 명이 넘었다. 하지만 최후의 날에는 고작 5만 명 정도였다. 나머지는 이미 피신 간 상태였다. 전투 중에 붙잡힌 사람들은 모조리 죽임을 당하거나 포로가 되었다. 비잔티움제국의 마지막 황제 콘스탄티누스 11세(재위 : 1449~1453년 5월 29일)의 행방은 어떻게 되었는지 명확하지 않다. 유럽의 역사 자료는 황제가 수도 함락 직전 몸에 있는 모든 휘장을 떼어냈기에 튀르크인들이 시신을 확인할 수 없었다고 전한다. 반면 튀르크인들의 역사 자료에는 콘스탄티누스 11세의 잘린 목이 메흐메트 2세에게 전달되었다고 기록되어 있다.

메흐메트 2세는 이때부터 이슬람 사회의 정치적 지도자인 술탄과 종교적 지도자인 칼리프 자격을 동시에 갖는 '파디샤'라는 명칭을 사용했다. 그리고 스스로 '로마제국의 계승자'라고 불렀다. 오늘날 튀르키예 국민은 오스만제국이 로마제국을 계승했다고 생각하고 있다. 이로써 오스만제국은 그 옛날 로마제국의 영토를 차지하기 위해 계속해서 유럽을 향한 정복 전쟁을 이어갔다. 발칸반도에 이어 헝가리와 오늘날 슬로베니아 등 동유럽의 여러 국가를 점령한 것이다. 하지만 유럽 사회는 오스만제국을 로마제국의 계승자로 인정하지 않는다.

비잔티움제국이 멸망하면서 유스티니아누스 대제가 531년 짓기 시작해 537년 완공한 정교회의 성 소피아 대성당은 이슬람교의 모스크로 변했다. 성 소피아 대성당은 현재 튀르키예어로 '아야 소피아'라고 불린다. 영어로는 '하기아 소피아'이다. 그리스도교 성당이 아니기에 '성당'이라는 단어가 붙지 않는다. 아야 소피아 옆에 있는 미나레트라고 불리는 4개의 탑은 튀르크인이 세운 것이다. 그리고 330년 완공되어 로마제국의 새 수도가 된 후 1,100년 넘는 역사를 간직한 콘스탄티노폴리스의 이름은 이스탄불로 바뀌었다.

신(神)으로부터 탈피 인간 중심의 '르네상스' 태동

중세 서유럽의 약 1,000년은 그리스도교의 신(神) 중심이었다. 그리스도교 중에서도 로마가톨릭이다. 교황의 말 한마디 한마디는 그 옛날 예수 그리스도가 말했던 것처럼 법이고, 진리이고, 생명이었다. 만약 그 누군가가 교황의 이념과 다르게 생각하면 이단으로 취급되었고, 심지어 종교재판을 통해 화형으로 처형되었다. 인간이 스스로 할 수 있는, 철학적 사고(思考) 따위는 중요하지 않았다. 유럽에서 중세가 끝나갈 무렵 철학적 사고의 물결이 신학의 영역을 무자비하게 침범하자 오죽하면 '철학은 신학의 시녀'라고 말할 정도였을까.

그런데 서유럽 사람들이 깨어나기 시작했다. 신보다는 인간이 중심이 되어야 한다는 의식을 갖게 된 것이다. 그러면서 서유럽의 학자들은 인간을 먼저 생각한 시대 즉, 고대 그리스 시대로 돌아가야 한다고 자각했다. 이탈리아반도에서 싹을 틔운 인간 중심의 사상은 알프스산맥을 넘어 프랑스, 독일, 영국, 북유럽 등으로 시나브로 전파되었다. 그러면서 서유럽은 '암흑의 시대'로 불리는 중세의 터널을 빠져나왔다. 바로 '르네상스(Renaissance)' 덕분이다.

르네상스라는 용어에 관해 설명하면 '재생', '부활', '새로운 시작'이라는 뜻의 프랑스어다. 영어식으로는 'rebirth' 또는 'new start'이다. 14세기 프랑스에서 종교적인 용어로 등장한 단어이다. 하지만 르네상스는 이탈리아반도에서 시작되었기에 이탈리아어 '리나시타(Rinascita)'로 표현해야 한다. 이 단어는 이탈리아의 화가 조르조 바사리(1511~1574년)가 그의 저서 「미술가열전」에서 처음 사용했다. 그런데 왜 프랑스어를 사용할까. 그 이유는 19세기 프랑스의 역사가 쥘 미슐레(1798~1874년)가 리나시타를 자국어인 프랑스어 르네상스로 번역하면서 학문적인 용어로 사용했고, 이후 영어권 나라에서 르네상스를 그대로 사용하면서 지금처럼 굳어졌기 때문이다.

르네상스를 이해하기 위해서는 13세기부터 서유럽 사회에서 일어난 주요 변화를 알아둘 필요가 있다. 우선 십자군 원정이다. 앞서서 언급한 바대로 제4차 십자군들이 강도로 돌변해 비잔티움제국의 수도 콘스탄티노폴리스를 1204년 장악하면서 라틴제국이 1261년까지 존재했다. 그런데 이 시기 콘스탄티노폴리스에 있던 학자들이 대거 이탈리아반도로 거주지를 옮겼다.

이어서 십자군 원정이 공식적으로 끝난 1270년부터 성지 예루살렘 탈환 실패로 서유럽인들은 교황에 대한 불신을 갖게 되었다. 이 때문에 교황의 권위에 눌려 있던 서유럽 각국의 군주들이 교황을 무시하는 분위기가 형성되었다. 대표적인 군주가 프랑스의 필리프 4세이다. 앞서 이야기한 대로 필리프 4세에 의해 '아나니사건'과 '아비뇽유수'가 발생했다.

특히 십자군 원정이 종반부에 다다른 1265년 이탈리아반도의 피렌체에서는 단테(1265~1321년)가 태어났다. 단테가 성장할 당시 이탈리아반도에서는 콘스탄티노폴리스를 떠나온 학자들에 의해 고대 그리스 철학을 공부하는 기조가 형성되었다. 고대 그리스 철학은 인간의 존재 자체에 고민했던 소크라테스(약 BC 470~BC 399년)와 그의 제자 플라톤(BC 427~BC 347년)의 사상이 중심이다. 그런데 십자군 원정 실패 이후 교황에 대한 불신이 만연해지면서 서유럽인들 사이에서 인간에 대해 고찰

하는 고대 그리스 학문이 널리 퍼지기 시작했다. 단테는 이런 영향으로 1308년부터 죽기 한 해 전인 1320년까지 역작 「신곡(神曲)」을 남겼다.

단테가 쓴 이 책의 원제목은 「단테 알리기에리의 희곡(La commedia di Dante Alighieri)」이다. 「신곡」이라는 제목은 일본에서 번역된 것이고 우리나라는 이를 그대로 사용하고 있다. 지옥편, 연옥편, 천국편 등 크게 세 부분으로 저술된 단테의 「신곡」은 로마가톨릭의 교황마저 죽어서 지옥에 떨어진다는 내용이 있을 정도로 파격적이었다. 독일의 철학자 괴테(1749~1832년)는 단테의 「신곡」에 대해 "인간이 만든 것 중에서 최고의 작품이다."라고 극찬했다. 후대인들은 단테의 「신곡」으로 유럽의 중세가 마감되고 르네상스의 문이 열렸다고 평가하고 있다.

이어서 단테의 영향을 받은 이탈리아반도 토스카나 출신의 계관(桂冠) 시인 페트라르카(1304~1374년)이다. 페트라르카의 아버지 세르 페트라코(1267~1326년)는 단테의 친구이다. 이 때문에 페트라르카는 자연스럽게 단테의 영향을 받았다. 페트라르카의 주요 저서는 그가 40년에 걸쳐 쓴 시(詩)들을 한데 모은 책 「칸초니에레」이다. 이 책은 중세 신(神) 중심의 세계관에서 벗어나 인간의 경험에 주목하면서 고전 인문주의를 새롭게 발견했다는 찬사를 받고 있다. 앞서서 단테가 르네상스의 문을 열었다면 페트라르카는 그 문을 활짝 열어젖혔다는 평가이다. 페트라르카는 이로써 '최초의 인문주의자', '인문주의의 아버지'라고 불리고 있다.

십자군 원정으로 이탈리아반도의 베네치아를 중심으로 여러 항구도시가 부유해진 것이 르네상스 활성화에 큰 역할을 했다. 당시 십자군의 상당수는 성지 예루살렘으로 가기 위해 육로 대신 바닷길을 이용했고, 십자군을 실어 나르는 일로 이탈리아반도에서 부자들이 대거 생겨났다. 막대한 부를 쌓은 이들이 생겨나면서 이탈리아반도의 경제도 덩달아 부흥했고 은행업으로 큰돈을 번 가문이 생겨나는데, 대표적으로 메디치 가문이다.

메디치 가문에서 가장 유명한 로렌초 데 메디치(1449~1492년)는 레오나르도 다 빈치, 미켈란젤로(1475~1564년)를 후원하면서 수많은 작품을 만들도록 도왔다. 르네상스가 미술적으로 부흥을 꾀하면서 유럽 전역으로 퍼질 수 있었던 것은 메디치 가문의 후원이 큰 역할을 했다. 특히 피렌체공화국 출신 사상가 마키아벨리(1469~1527년)는 강력한 통치자의 필요성을 강조한 「군주론」을 16세기 초 집필해 로렌초에게 바치려고 했다. 그런데 로렌초는 40대 중반의 젊은 나이에 세상을 뜨고 없었다.

고대 그리스 사회는 신(神)마저도 인간과 유사하게 표현되었다. 14세기에 시작된 르네상스의 가장 특징은 고대 그리스 시대처럼 신 중심이 아닌 인간을 중심에 둔 예술, 문학의 기조가 펼쳐진 것이다. 르네상스를 이끈 예술가들은 '비너스의 탄생'을 그린 보티첼리(1445~1510년)를 비롯해 르네상스의 3대 거장 레오나르도 다 빈치, 미켈란젤로, 라파엘로(1483~1520년) 등이다. 이들의 작품은 기존 중세시대 신(神) 중심의 평면적 작품에서 탈피해 인간 중심의 역동적인 작품들이 주류를 이루었다.

그리고 이탈리아반도에서 시작된 르네상스는 네덜란드를 기점으로 프랑스, 독일, 잉글랜드, 스페인 등 서유럽의 여러 국가로 전파되었다. 각 나라들은 저마다 그들만의 르네상스를 맞이하면서 예술과 문학에서 비약적인 발전을 꾀했다. 일부 국가들은 고대 그리스 문화의 '재생' 대신 '현실을 비판'하는 모습으로 르네상스가 전개되었다.

일례로 잉글랜드에서는 로마가톨릭 사제 에라스 뮈스(1466~1536년)가 교회의 허례 의식과 성직자들의 타락을 비판한 「우신예찬」을 집필했고, 토머스 모어(1478~1535년)는 부조리한 현실을 비판하면서 이상적인 국가상을 그린 「유토피아」를 저술했다. 또한 페트라르카의 영향을 받은 세계 최고의 극작가 셰익스피어(1564~1616년)도 르네상스에 힘입어 잉글랜드 문학과 문화를 발전시켰다.

레콩키스타 완성, 스페인·포르투갈의 탄생

오늘날 이베리아반도에는 스페인과 포르투갈이 있다. 스페인(Spain)이라는 단어는 영어이고, 현지어로는 에스파냐(España)이다. 이베리아반도의 약 86%는 스페인이 차지하고 있고 나머지 14%는 포르투갈 땅이다. 두 나라는 800년에 달하는 기나긴 세월 동안 펼친 레콩키스타를 통해 지금의 모습을 갖추게 되었다.

레콩키스타가 전개된 배경은 앞선 5장에서 개괄적으로 설명한 바 있다. 이번 장에서는 오늘날 스페인과 포르투갈이 탄생하게 된 과정과 함께 종족에 관해 알아보고자 한다. 세월을 거슬러 올라가서 기원전 시기부터 알아보자.

이베리아반도에 인류가 살기 시작한 것은 호모 네안데르탈렌시스가 출현한 약 40만 년 전부터로 추정된다. 그리고 호모 사피엔스는 약 30만 년 전에 모습을 드러냈다. 그러나 네안데르탈렌시스는 약 10만 년 전 사피엔스에 의해 멸종되었다. 이 시기는 구석기시대이다. 이어서 신석기시대는 약 1만 2,000년 전 마지막 빙하기가 끝나고 간빙기에 접어든 약 1만 년 전부터 시작된다. 그리고 청동기시대는 BC 3500년쯤 메소포타미아에서 시작되었다.

청동기시대는 청동의 발명, 문자의 발명 그리고 도시국가의 형성으로 시작되었다. 이베리아반도에 문명화된 사람들이 나타난 시기는 BC 12세기쯤이다. 지중해 동부 연안 즉, 레반트(오늘날 레바논, 이스라엘 북부, 시리아 서부에 해당)에서 도시국가를 형성한 페니키아인들이 배를 타고 나타나서 이베리아반도 남부를 장악했다.

그러나 한참 세월이 흘러 페니키아인들이 차지하고 있던 이베리아반도의 남부는 공화정 체제의 로마가 페니키아인들과 싸운 포에니 전쟁 승리로 로마의 영토로 변했다. 포에니 전쟁은 BC 264년부터 BC 146년까지 총 3차례 펼쳐진 큰 전투를 한데 묶어서 부르는 말이다. 그리고 영어 '페니키아(Phoenicia)'는 자주색이라는 뜻을 가진 헬라어 '포이닉스'에서 라틴어 '푸니쿠스(punicus)'를 거쳐 형성된 단어이다. 이어서 페니키아 사람을 '포에니(Poeni)'라고 부르게 된 것이다. 포에니 전쟁은 로마인들이 페니키아인들과 싸운 전쟁이라는 뜻에서 이름 붙여졌다.

이어서 BC 7세기를 전후해 서유럽에 있던 켈트족이 대거 이베리아반도로 들어왔다. 시간이 흘러 반도의 켈트족은 루시타니아인으로 불리게 되는데, 오늘날 포르투갈 국민의 다수가 루시타니아인이다. 그리고 이베리아반도의 남부를 장악한 로마인들은 BC 139년 반도에 대한 정복 전쟁을 벌여 BC 19년 반도 전역을 수중에 넣었다. BC 19년은 로마가 제국이 된 후였고 초대 황제 아우구스투스 통치 때였다. 참고로 로마인들은 이에 앞서서 BC 168년 고대 그리스를 장악했다.

로마제국은 그러나 395년 동서로 분열되고, 이때부터 이베리아반도에 대한 통치력이 급격히 약해졌다. 더불어 로마제국은 410년 브리타니아에서도 병력을 철수했다. 이어서 이베리아반도에는 북서부에 게르만족의 연합 부족이 수에비왕국을 만들었고, 북부에는 바스크족이 자기만의 영역을 구축했다.

이후 오늘날 프랑스 지역인 갈리아에서 418년 서고트족의 왕국이 탄생했고, 서고트족은 5세기 말 이베리아반도를 점령 후 585년에는 수에비왕국을 병합해 반도의 대부분을 수중에 넣었다. 그러나 수에비왕국의 지도층은 반도의 북서부 끝단에 갈리시아왕국을 형성했다. 이로써 이베리아반도는 서고트왕국을 중심으로 갈리시아왕국 그리고 바스크족의 영역으로 구분되었다. 이런 상황이 8세기 초까지 진행되다가 711년 북아프리카에서 무어인들이 쳐들어온 것이다.

서고트왕국의 왕족들은 밀리고 밀려서 이베리아반도 북부이자 바스크족의 영토 서쪽에 있는 아스투리아스에 근거지를 마련했다. 이어서 왕족인 돈 펠라요가 718년 아스투리아스왕국을 개창 후 본격적인 레콩키스타를 전개했다. 서고트족은 722년 무슬림들과 벌인 코바동가 전투 승리를 기점으로 잃어버린 영토 확장작업을 쉼 없이 펼쳤다. 아스투리아스왕국은 이웃한 갈리시아왕국을 점령해 세력을 키웠다.

그런데 세월이 흘러 피레네산맥 너머 프랑크왕국이 이베리아반도로 진입해 오늘날의 스페인 카탈루냐 그리고 바스크족을 점령하면서 프랑크왕국 영토인 바르셀로나백작령과 바스크공국이 801년, 806년 각각 생겨난다. 이들 2개 지역은 현재 스페인의 일원이지만, 카탈루냐와 바스크는 현재까지 스페인으로부터 분리독립을 요구하고 있다.

바스크공국은 얼마 가지 않은 824년 프랑크왕국에서 떨어져나와 팜플로나왕국을 건설했다. 팜플로나왕국은 905년 국명을 나바라로 바꾸는데, 922년에는 나바라왕국에서 아라곤백작령이 생긴다. 이와 함께 아스투리아스왕국에서는 860년 카스티야백작령이 생겨나는데, 카스티야백작령이 11세기 왕국이 된 후 15세기 말 스페인 탄생의 중심축이 된다. 결국 백작령으로 시작한 카스티야백작령과 아라곤백작령이 이베리아반도의 주인공으로 성장한 것이다.

그리고 아스투리아스왕국은 카스티야백작령을 제외하고 910년 아스투리아스왕국, 레온왕국, 갈리시아왕국 등 3개 국가로 분리되었다가 924년 다시 뭉쳐서 레온왕국이 된다. 바르셀로나백작령은 987년 프랑스왕국으로부터 독립해 군주국이 된 후 이름을 카탈루냐로 바꾼다. 이어서 1028년 나바라왕국의 국왕 산초 가르세스 3세(재위 : 1004~1035년)가 이웃한 카스티야백작령을 점령 후 1034년에는 레온왕국까지 수중에 넣는다. 훗날 산초 가르세스 3세는 '산초 대왕'으로 불리게 된다.

그런데 산초 대왕은 세상을 뜨기 전 아들 3명에게 왕국을 3등분해서 상속하면서 카스티야왕국, 나바라왕국, 아라곤왕국이 생긴다. 그리고 카스티야왕국은 페르난도 1세(재위 : 1037~1065년)가 죽기 전인 1065년 아들 3명에게 분할상속하면서 카스티야왕국, 레온왕국, 갈리시아왕국이 생겨난다. 페르난도 1세의 아들인 레온왕국의 국왕 알폰소 6세(재위 : 1065~1109년)는 1072년 카스티야왕국을 병합한다.

알폰소 6세는 그 옛날 서고트왕국의 중심지였던 톨레도를 무슬림들로부터 빼앗으면서 종전 영토에 비해 2배가량 영역을 넓혔다. 그리고 갈리시아왕국은 자체적으로 존재하는데, 갈리시아왕국에서 1139년 포르투갈왕국이 떨어져나오게 된다. 포르투갈왕국의 초대 국왕은 아폰수 1세(재위 : 1139~1185년)이다. 비록 오늘날의 영토에 비하면 보잘것없으나 드디어 포르투갈이 모습을 드러낸 것이다. 그리고 포르투갈왕국은 1143년 인접한 왕국들로부터 정식 국가로 인정받는다. 이와 함께 1164년에는 아라곤왕국이 이웃한 카탈루냐군주국과 연합을 이룬다.

이베리아반도에서 그리스도교 세력들의 세력이 점점 커지자 무슬림들은 위기감을 느끼면서 반격에 나서는데, 카스티야왕국은 로마가톨릭 교황청을 향해 구원 요청하면서 프랑스를 위시한 서유럽 국가들이 십자군을 이베리아반도로 보내게 된다. 1212년 십자군이 가세한 그리스도교 세력이 라스 나바스 데 톨로사 전투에서 승리하면서 이슬람교 세력은 크리스천들에게 더 이상 두려운 상대가 되지 못했다.

계속해서 크리스천들은 1236년 무슬림들의 근거지 코르도바를 점령했고, 무슬림들은 이베리아반도의 남부로 몰리게 된다. 이로써 이슬람교 세력은 이베리아반도에서 명맥만 유지하게 되었다. 크리스천들은 이때부터 한시름 놓게 되지만 카스티야왕국, 포르투갈왕국, 아라곤왕국은 13세기 중엽부터 자기네들끼리 알력 다툼을 벌인다.

세월이 200년가량 흐른 1469년 카스티야왕국의 차기 국왕인 이사벨 공주와 아라곤왕국의 차기 왕인 페르난도 2세(재위 : 1479~1516년)가 결혼하면서 드디어 스페인 탄생의 초석을 놓게 된다. 이들은 결혼식을 극비리에 올리는데, 그 이유는 이사벨의 이복오빠이자 카스티야의 국왕 엔리케 4세(재위 ; 1454~1474년)의 눈을 피하기 위해서였다.

엔리케 4세는 이복동생 이사벨을 이웃한 포르투갈왕국의 국왕 아폰수 5세(재위 : 1438~1481년)에게 시집보내려고 했다. 그런데 아폰수 5세는 이사벨보다 무려 열아홉 살이 많았다. 가뜩이나 재혼 자리였고, 아폰수 5세에게는 장성한 아들(주앙 2세)까지 있었다. 그래서 이사벨은 국왕의 명을 어기고 자신보다 한 살 어린 아라곤왕국의 페르난도 왕자에게 청혼해 결혼을 성사시켰다.

이어서 이사벨은 1474년 엔리케 4세가 죽은 뒤 카스티야왕국의 국왕에 오르고, 페르난도 2세는 1479년 아라곤왕국의 왕이 된다. 이어서 두 국왕의 딸 후아나(카스티야왕국 왕 재위 : 1504~1555년, 아라곤왕국 왕 재위 : 1516~1555년)가 2개 왕국의 왕위를 모두 이어받으면서 에스파냐라는 하나의 단일 국가의 초석이 다져졌다. 참고로 후아나의 아들은 신성로마제국의 황제가 되는 카를 5세(스페인 국왕 재위 : 1516~1556년, 황제 재위 : 1519~1556년)이다.

카를 5세의 가족 이야기를 조금 한다면, 카를 5세는 어머니 후아나가 살아있었음에도 불구, 1516년 스페인을 통치하고 있었다. 카를 5세의 아버지 펠리페 1세(1478~1506년)는 1496년 후아나와 결혼 후 자녀 6명을 낳고 1506년 스물아홉 살의 젊은 나이에 세상을 뜨고 말았다. 후아나는 어릴 적 정신질환 증세가 약하게 있었는데 남편이 죽자 증세가 심해지면서 국정을 제대로 보살피지 못했다.

결국 아들 카를이 스페인 국왕에 취임해 카를로스 1세가 되었고, 3년 후인 1519년 신성로마제국의 황제에 오르면서 카를 5세가 되었다. '광녀(狂女)'라는 별칭이 붙은 후아나는 1555년 죽을 때까지 수도원에 유폐되어 쓸쓸한 삶을 보내야만 했다. 후아나는 껍데기만 스페인의 국왕이었다.

참고로 나바라왕국은 1512년 스페인의 침략으로 나바라왕국 내 피레네산맥 아래쪽이 1515년 스페인에 흡수된다. 반면 피레네산맥 위쪽은 1620년 프랑스에 합병되었다. 결국 바스크족은 현재 스페인과 프랑스에 나뉜 상태로 살고 있으며, 이 같은 상황이 스페인 바스크족의 분리독립 원인이 된 것이다.

몽골 지배 벗어난 러시아가 시베리아 차지하다

역사가들 사이에서는 러시아의 시작을 노브고로드공국으로 보는 시각도 있고, 키예프루스로 보는 시각도 있으나 첫 출발은 노브고로드가 맞다. 일각에서는 노브고로드루스라고 지칭하기도 하는데, 루스를 처음 사용한 국가는 키예프루스이다. 키예프루스는 시간이 갈수록 영토가 커졌고 중세 서유럽 사회처럼 여러 제후가 다스리는 공국들이 생겨났다. 키예프루스의 중심 공국은 키예프공국이었고, 여러 공국의 공작들은 모두 노브고로드공국의 초대 공작 류리크의 후손들이었다.

하지만 몽골제국이 쳐들어와서 1240년부터 키예프루스를 지배하기 시작했다. 이때 키예프루스의 중심지인 키예프공국은 쑥대밭이 된다. 저항이 심했기 때문이다. 반면 동부에 있던 블라디미르-수즈달공국은 납작 엎드렸다. 블라디미르-수즈달공국의 중심 도시가 모스크바이다. 몽골족의 침략 초기에는 블라디미르-수즈달공국도 저항했다. 그런데 몽골족은 저항하면 할수록 심하게 짓밟았다. 이로써 블라디미르-수즈달공국의 신민들은 온순해졌고 몽골족은 이곳을 더 이상 짓밟지 않았다. 오히려 발전할 수 있도록 지원했다. 시간이 갈수록 모스크바를 중심으로 하는 블라디미르-수즈달공국은 번성했다.

러시아인들은 몽골제국의 점령기 약 240년을 '타타르의 멍에'라고 부른다. 그 이유는 이곳에 세워진 몽골족의 국가가 킵차크칸국이었는데, 당시 키예프루스를 공격한 몽골족 구성원 중에서 타타르족이 많았기 때문이다. 앞서 언급한 대로 몽골제국을 형성한 종족은 몽골족을 중심으로 타타르족, 메르키트족, 케레이트족, 웅구트족, 나이만족 등 다양했다. 타타르족은 대부분 튀르크인이었다.

1206년 몽골 초원을 통일한 징기스 칸의 유럽 공격에서 선봉에 선 인물은 징기스 칸의 장남 주치였다. 그리고 주치의 아들 바투가 1240년 키예프루스를 정복했다. 바투가 통솔한 주종족이 타타르족이었다. 키예프루스는 몽골제국 분열 이후 킵차크칸국이 다스렸다. 시간이 흘러 러시아는 1480년 몽골의 지배에서 벗어났다. 그리고 킵차크칸국은 1502년 멸망했다. 그러나 키예프루스 공략에 나섰던 타타르족 일부는 계속해서 크름반도에 남아서 거주했다. 오늘날 이들을 '크름 타타르인'이라고 부르고 있다.

타타르의 멍에가 끝난 이후 키예프루스의 중심지는 키예프공국에서 블라디미르-수즈달공국으로 바뀌었다. 이곳의 첫 번째 공작은 1125년 즉위한 류리크 가문의 유리 돌고루키(1099~1157년)이다. 모스크바라는 도시의 이름은 유리 돌고루키에 의해 1147년부터 사용되기 시작했다. 부근에 흐르는 모스크바강에서 이름이 유래했다. 유리 돌고루키는 모스크바강 삼각주에 울타리와 해자가 둘러싸는 도성의 원형을 만들었다. 도성의 크기는 축구장 1.5배 정도였다. 이것이 바로 오늘날 러시아 연방의 대통령궁이 있는 모스크바 크렘린의 기원이다. 러시아어 크렘린(кремль)은 '요새', '성채'라는 뜻이다. 크렘린은 러시아 곳곳에 있기에 대통령궁이 있는 곳은 '모스크바 크렘린'이라고 불러야 한다.

키예프루스를 향한 몽골제국 침략 당시 유일하게 북부에 있는 노브고로드공국은 침략받지 않았다. 그리고 노브고로드공국의 공작 알렉산드르 넵스키(재위 : 1236~1259년)의 아들 다닐 알렉산드로비치(1261~1303년)가 1283년 모스크바를 수도로 삼아 모스크바공국을 세웠다.

당시 모스크바는 노브고로드공국이 소유하고 있었는데, 알렉산드르 넵스키가 아들 다닐 알렉산드로비치에게 모스크바를 유산으로 물려준 것이다. 모스크바공국은 몽골족이 세운 킵차크칸국을 추종하면서 인근 지역으로 영역을 넓혀나갔다. 이후 다닐 알렉산드로비치의 아들 유리 3세(재위 : 1303~1325년)를 거쳐 유리 3세의 동생 이반 1세(재위 : 1325~1340년)는 1328년 인근 제후들보다 격이 높은 대공의 지위에 올랐다.

100여 년이 흘러 비잔티움제국이 1453년 오스만제국에 의해 멸망했다. 모스크바공국을 중심으로 하는 루스국은 그리스도교 중에서도 정교회였는데, 정교회의 수장인 총대주교가 있는 콘스탄티노폴리스가 이슬람교 세력에게 점령당한 것이다. 이로써 모스크바공국은 독자적으로 주교를 선임하면서 러시아정교회로 독립을 추진하게 된다. 이후부터 정교회는 러시아정교회, 그리스정교회, 세르비아정교회, 루마니아정교회 등 비잔티움제국 멸망 이후 각 국가의 이름이 붙은 정교회가 탄생했고, 지금까지 저마다 국가별로 총대주교를 선출하고 있다.

이후 1463년 모스크바 대공에 오른 이반 3세(재위 : 1463~1505년)는 비잔티움제국의 마지막 황제 콘스탄티누스 11세의 조카 조이 팔레올로기나(1449~1503년)와 결혼하면서 스스로 로마제국의 후계자임을 자청했다. 이때부터 이반 3세와 신하들은 모스크바를 고대 로마제국의 세 번째 수도인 '제3의 로마'로 불렀다. 독실한 정교회 신자인 이반 3세는 이탈리아반도 볼로냐의 유명한 건축가 아리스토텔레 피오라반티(1415~1486년)를 초대해 모스크바 크렘린 오른쪽에 우스펜스키 대성당을 지었다. 그리고 이반 3세 통치 때 몽골제국의 지배가 끝났다.

이반 3세에 이어 그의 아들 바실리 3세(재위 : 1505~1533년)를 거쳐 바실리 3세의 아들 이반 4세(루스 대공 재위 : 1533~1547년, 제1대 차르 재위 : 1547~1584년) 때 모스크바대공국은 러시아 역사에서 중요한 전환점을 맞이했다. 그것은 바로 이반 4세가 처음으로 1547년부터 차르(Czar)라는 명칭을 사용했기 때문이다. 차르는 라틴어로 카이사르, 영어로는 시저다. 그리고 이때부터 러시아차르국이라고 불렀다. 러시아차르국이 러시아제국으로 불리게 된 것은 1721년이다. 참고로 이반 4세 때 건축한 성당이 오락게임 테트리스에 나오는 성 바실리 대성당이다.

러시아 역사에서 또 하나 중요한 것은 이반 4세 통치 때 영토가 시베리아까지 확장된 것이다. 이반 4세는 러시아차르국 북부에 있는 노브고로드공국을 병합 후 인근에 있는 킵차크칸국을 계승한 아스트라한칸국 그리고 카잔칸국도 병합하면서 영토가 넓어졌다. 계속해서 시베리아로 향했다. 시베리아로 향하던 중에 튀르크인들이 세운 시비르칸국도 병합했다. 그런데 재미있는 사실은 러시아가 동토 시베리아를 차지하게 된 배경은 정복 전쟁이 아니라는 점이다. 족제비 과(科)의 동물인 담비를 잡으려는 목적이 시베리아를 차지하게 된 것이다.

유럽에서 중세가 끝나고 르네상스를 맞이한 16세기 서유럽 국가들의 귀부인들은 담비로 만든 모피 제품에 열광했다. 그리고 담비는 주로 시베리아에서 많이 잡혔다. 이 때문에 서유럽으로 수출할 값비싼 담비를 잡기 위해 수많은 사람이 동쪽으로, 또다시 동쪽으로 나아갔다. 러시아차르국은 전문 사냥꾼을 고용해 담비를 잡기도 하고, 현지인들이 잡은 담비를 사들이기도 했다. 그러던 중 저항하는 부족 또는 국가들과는 싸워나갔고 러시아차르국에 병합시켰다. 담비를 잡기 위해 동쪽으로 나아간 러시아차르국은 자연스럽게 시베리아를 품에 안은 것이다.

15~16세기 신항로 개척 방향도 및 아메리카 내 아스테카제국과 잉카제국 위치.

15장

"프레스터 존 찾아라." 대항해시대 개막

"프레스터 존 찾자" 포르투갈 엔히크 왕자의 꿈

르네상스가 태동하기 위해 한창 기지개를 켠 15세기 초 유럽 서쪽의 변방 포르투갈에서는 인류 역사에 큰 획을 긋는 일이 전개되고 있었다. 바로 '대항해시대'로 알려진 '신항로 개척'을 준비하고 있었다. 우리는 통상 '대항해시대'를 생각하면 이탈리아반도 제노바(영어 제노아) 출신 크리스토퍼 콜럼버스에 의한 '신대륙 발견'이 먼저 떠오른다. 하지만 그 이전에 대항해시대의 포문을 연 인물이 있었는데, 주인공은 바로 '항해왕'이라는 별칭을 가진 포르투갈의 왕자 엔히크 왕자이다.

참고로 '대항해시대'라는 용어는 일본 사람이 번역한 말이다. 유럽 사회에서는 '발견의 시대(The age of discovery)'라고 한다. 마르코 폴로의 「동방견문록」 처럼 일본 사람들이 번역한 단어를 그대로 사용하는 것은 못내 아쉬운 대목이다.

엔히크 왕자가 대서양 항로 개척에 나선 이유는 종교적인 목적과 무역

등 두 가지다. 통상 우리나라 교과서에서는 신항로 개척의 주요 이유가 인도에서 거래되는 향신료를 값싸게 사려고 한 것이라고 기술되어 있다. 일부 교과서는 종교적인 이유도 언급하는데, 향신료와 종교 둘 중 가장 우선되는 목적은 종교였다. 그런데 일부 교과서는 종교적인 목적은 뒤로 밀어둔 채 향신료만 언급하면서 신항로 개척을 설명하고 있다. 아쉬운 대목이다.

엔히크가 신항로 개척에 나선 배경은 이렇다. 아버지인 국왕 주앙 1세(재위 : 1385~1433년)는 서자의 신분으로 왕이 되었다는 약점을 극복하기 위해 지브롤터해협을 건너 북아프리카의 영토 세우타를 1415년 공격해서 차지했다. 이때 아들 3명이 참전하는데, 그중에서도 셋째 아들 엔히크 왕자가 주도적인 역할을 했다. 이로써 세우타 정복 후 엔히크는 세우타의 총독이 된다. 엔히크는 세우타에서 북아프리카에 자리 잡은 무어인들을 몰아냄과 동시에 그리스도교를 전파하겠다는 야심 찬 계획을 가슴에 품은 것이다.

세우타 총독직을 마친 엔히크는 포르투갈의 남서부 알가르브 지역 총독에 부임한다. 그러면서 이슬람교 세력을 밀어내는 데 도움을 줄 것으로 기대되는 프레스터 존을 찾기로 마음먹었다. 하지만 서유럽 사회는 앞선 13세기 몽골제국의 칸이 '이상적인 그리스도교 국가'의 지도자인 프레스터 존이 아님을 확인한 바 있었다. 그러나 엔히크는 "인도 아니면 아프리카의 동부에 프레스터 존이 있을지도 모른다."라고 판단한 것이다. 유럽의 신항로 개척은 엔히크의 이 같은 상상력으로 시작되었다.

엔히크 왕자의 '프레스터 존 찾기'에 큰 영향을 준 것은 마르코 폴로의 저서 「동방견문록」 이다. 엔히크의 바로 위의 형 페드루(생몰 미상)는 이탈리아어로 기록된 「동방견문록」 을 포르투갈어로 번역해서 평소 아끼던 동생 엔히크에게 선물했다. 이로써 엔히크가 「동방견문록」 을 탐독하게 되고 책에 언급된 인도를 찾아 대서양 항로 개척에 나선 것이다. 그런데 바닷길 개척에는 막대한 자금이 필요했다. 다행히 주앙 1세는 아들 엔히크를 전폭적으로 지원했는데, 특히 막대한 자본을 가진 그리스도기사단 단장에 엔히크를 앉힘으로써 신항로 개척에 힘을 실어주었다.

이때부터 그리스도기사단은 엔히크 왕자의 명을 받아 말을 타는 대신 배를 타고 신항로 개척에 열정을 쏟는다. 어차피 포르투갈에서는 레콩키스타가 이미 완성되었기에 기사단의 역할이 예전과 달리 대폭 줄어든 상태였다. 엔히크는 자신이 총독으로 다스리고 있는 알가르브의 남서부 끝자락 해안가 사그레스에 신항로 개척을 위한 전진기지를 설치했다. 이로써 포르투갈은 물론 국외에서 내로라하는 항해 전문가와 선박 전문가들이 사그레스로 몰려들었다.

참고로 15세기 초 서유럽의 경계 밖 동쪽을 살펴보면, 앞선 1299년부터 오스만제국이 둥지를 틀고 있었다. 오스만제국은 북아프리카까지 영역을 넓힌 상태였다. 특히 오스만제국은 서유럽인들이 육로 또는 지중해를 통해 인도로 향하는 것을 용납하지 않았다. 상황이 이렇다 보니 인도를 통해 전 세계로 수출되던 후추, 육두구, 정향, 후추 등의 향신료가 서유럽에 도착하면 마진에 마진이 더해져서 엄청 비싸게 팔렸다. 이로써 엔히크는 대서양을 통해 인도로 가려는 계획에 '프레스터 존 찾기'와 '향신료 구입'이라는 두 가지 목적을 두고 신항로 개척에 나선 것이다.

유럽의 변방 포르투갈 '대항해시대' 열다

후대인들에 의해 '항해왕'이라고 불리는 엔히크 왕자가 대서양 항로 개척의 전진기지로 삼은 사그레스는 툭 튀어나온 작디작은 반도의 모양새다. 역사가들은 당시 사그레스에 엔히크가 항해학교, 천문대, 연구소, 도서관을 지었을 것으로 추정하고 있다. 아쉽게도 당시 사그레스에 지어진 건물이 지금은 하나도 없다. 아무튼 사그레스는 1419년부터 엔히크 왕자의 대서양 항해를 위한 싱크탱크(think tank) 역할을 맡았다.

엔히크는 사그레스로 모여든 항해가, 탐험가, 지리학자, 천문학자, 수학자, 항해 기구 제작자 등과 함께 '공포의 바다'인 대서양으로 나가기 위한 준비를 차근차근해나갔다. 당시 유럽인들에게 대서양은 죽음의 바다였다. 그 이유는 대서양으로 나갔다가 살아 돌아온 사람이 없었기 때문이다. 무서운 바다 괴물이 산다는 상상에 더해서 대서양의 끝은 직각이어서 배가 갑자기 떨어진다는 상상이 더해졌다. 당대인 중 일부는 지구가 둥글다고 상상했지만, 실제 확인한 것은 페르디난드 마젤란(1480~1521년)의 세계 일주에 의해서다. 그런데도 엔히크는 대서양에서 항로를 개척하겠다는, 당시로서는 무모한 계획을 세운 것이다.

대서양이 죽음의 바다가 된 이유는 해풍 때문이었다. 아프리카 서쪽에 접해있는 대서양은 위도에 따라서 해풍이 급변했다. 특히 북위 26도쯤 위치한 아프리카 서부 보자도르곶(오늘날 서사하라 영토)의 경우 해풍이 편서풍에서 무역풍으로 갑작스럽게 변하기 때문에 배들이 침몰하기 일쑤였다. 그리고 당시에는 사각형 돛대의 카락이라는 배를 사용했는데, 카락은 갑작스러운 풍향 변화에 제대로 대응하지 못했다. 이를 해결하기 위해 엔히크는 삼각형 돛대가 3개인 카라벨(영어 캐러벨)선을 만들었다. 카라벨선을 만드는데 아랍인들의 공로가 컸다.

이제 대서양으로 나아갈 준비가 끝났다. 이때부터 엔히크는 무수한 인력을 대서양으로 보냈다. 배들이 출항한 곳은 포르투갈의 남단 항구도시 라구스였다. 앞서 엔히크가 선발한 선장들은 1419년 포르투갈에서 약 1,000㎞ 떨어진 주인 없는 마데이라제도를 차지했다. 참고로 마데이라제도 큰 섬의 중심도시 푼샬은 포르투갈의 축구 영웅 호날두의 고향이다. 이어서 1427년에는 본토에서 약 1,700㎞가량 떨어진 아소르스(영어명 아조레스)제도를 점령했다. 이들 두 제도는 대서양으로 나갔던 배들이 조난하면서 우연히 발견되어 포르투갈의 영토가 되었다.

엔히크 왕자에게 가장 중요한 것은 보자도르곶까지 갔다가 살아 돌아오는 것이었다. 엔히크는 매년 보자도르곶까지 선박을 보냈지만 살아 돌아오는 사람들은 없었다. 그러던 중 드디어 생환자가 1434년 나타났다. 바로 라구스 출신의 선장 질 이아네스(1395~?)였다. 사그레스에 전초기지를 세운 지 15년 만의 대업적이었다. 그리고 본격적인 개척에 나선 1424년 이후 총 15회의 항해를 하면서 얻어낸 결과였다. 이로써 엔히크의 선장들은 대서양에 대한 공포를 조금씩 극복하기 시작했다. 질 이아네스는 이듬해인 1435년 다시 한번 항해에 나서 보자도르곶에서 남쪽으로 240㎞를 더 내려갔다가 돌아왔다.

계속해서 1441년 안탐 곤살베스(생몰 미상)는 오늘날 서사하라의 블랑곶에 다다른 이후 엔히크 왕자를 기쁘게 하려는 목적으로 흑인 노예 남녀 각 1명씩을 현지에서 거래해 포르투갈로 돌아왔다. 이 일이 유럽인들의 아프리카 노예 수입의 신호탄이었다. 일각에서는 곤살베스가 아프리카에서 흑인들을 잡아 왔다고 말하는데, 이는 사실과 다르다. 당시 아프리카는 부족 간 전쟁이 심했는데, 흑인들 스스로 전쟁에서 패배한 부족을 노예로 삼았다. 그리고 흑인들이 돈을 벌기 위해 포로가 된 흑인을 유럽인들에게 판 것이다. 어쨌든 아프리카 역사에서 1441년은 암흑기의 시작이라고 볼 수도 있다.

당시 유럽은 흑사병 이후 인구의 1/3가량이 죽으면서 극심한 노동력 부족 현상을 빚었다. 이 때문에 이를 극복하기 위해 아프리카에서 노예를 사들이는 데 혈안이 되었다. 일부 역사가들은 엔히크 왕자가 '유럽 노예무역의 서막'을 연 부정적인 인물로 표현하기도 하는데, 이 같은 해석은 무리수가 있다. 노예무역은 이미 고대 로마제국 시기, 아니 그 이전부터 유럽 사회에서 흔히 진행되고 있었다. 오죽하면 러시아의 중심 종족인 슬라브족은 여타 국가에 의해 많이 잡혀가서 '영광'이라는 슬라브의 본뜻이 '노예(slave)'라는 단어로 자리 잡을 정도였을까.

엔히크의 선장들은 1460년 아프리카 서안의 시에라리온까지 내려갔다. 그런데 그해 엔히크 왕자는 세상을 뜨고 만다. 그토록 원했던 프레스터 존을 찾기 위해 인도를 찾아 나섰던 최종 꿈을 이루지 못하고 두 눈을 감은 것이다. 이때 포르투갈의 국왕은 엔히크의 조카인 아폰수 5세였다. 아폰수 5세는 대서양 항로 개척 대신 북아프리카 정복에 관심이 많았고, 실제 아프리카의 일부 지역을 손아귀에 넣었다. 이로써 아폰수 5세는 '아프리카의 정복자'라는 별칭을 갖고 있다.

아폰수 5세 통치 때 엔히크 왕자가 세상을 떴으나 대서양 항로 개척은 계속되었다. 그리고 아폰수 5세에 이어 그의 아들 주앙 2세(재위 : 1481~1495년)가 국왕이 되었는데, 주앙 2세는 엔히크가 못다 이룬 대서양 항로 개척을 이어받아 열성적으로 지원했다. 이로써 주앙 2세는 "전설적인 그리스도교 국가로 알려진 아프리카의 에티오피아를 발견하라."라는 명령을 리스본 출신의 탐험가 바르톨로메우 디아스(약 1450~1500년)에게 내렸고, 디아스는 1488년 아프리카의 남단 희망봉을 발견하는 업적을 남기게 된다.

그런데 희망봉 발견은 우연이었다. 디아스는 폭풍으로 인해 2주가량 표류하던 중 희망봉을 돌게 되었는데 선원들의 폭동으로 인도를 향해 더 나아가지 못하고 되돌아올 수밖에 없었다. 디아스는 이곳을 '폭풍의 곶'이라고 이름 붙였다. 하지만 주앙 2세는 부정적인 의미가 강하다는 이유로 '희망봉(포르투갈어 : Cabo da Boa Esperança, 영어 : Cape of Good Hope)으로 변경했다. 현재 이곳은 남아프리카공화국의 도시 케이프타운에 있다. 참고로 콜럼버스가 1485년 주앙 2세를 찾아가서 항해 지원을 요청했으나 주앙 2세는 콜럼버스의 지원요청을 거절했다. 이로써 콜럼버스는 카스티야왕국의 이사벨 여왕을 찾아간 것이다.

스페인 이사벨 여왕, 콜럼버스 항해 지원하다

유럽인들 시각에서 아메리카 대륙을 찾은 것은 '신대륙 발견'이다. 하지만 이미 그곳에는 선주민들이 살고 있었다. 선주민들 시각에서 콜럼버스 일행의 도착은 '유럽인들의 침략'이다. 역사는 누구의 관점에서 바라보고 서술하느냐에 따라 확연히 달라진다. 이 말을 하는 이유는 특정 사건을 지칭하는 용어 때문이다. 물론 이 책에서 '콜럼버스의 신대륙 발견' 대신 '유럽인들의 남아메리카 침략'이라고 표현할 수도 있다. 그러나 이 책은 유럽 중심의 역사를 서술하기에 우리에게 익숙한 '신대륙 발견'이라는 용어를 사용하겠다.

신대륙을 발견한 사람은 이탈리아반도 제노바공화국 출신의 크리스토퍼 콜럼버스이다. 크리스토퍼 콜럼버스라는 이름은 영어식 표현이다. 이탈리아어로는 크리스토포로 콜롬보다. 그런데 콜럼버스는 이탈리아보다는 미국에서 유명하다. 콜럼버스가 남미를 발견하지 않았어도 그 누군가는 발견했겠지만, 어쨌든 콜럼버스의 신대륙 발견은 미국이 탄생하는 데 큰 역할을 했다. 오죽하면 미국에서 10월 14일을 '콜럼버스의 날'로 지정할 정도일까. 이 때문에 콜럼버스라는 영어식 이름이 널리 통용되고 있다.

콜럼버스의 아버지 도메니코 콜롬보(1418~1496년)는 직조공이었다. 실을 엮어내 직물을 만드는 일을 한 것이다. 그리고 콜럼버스의 아버지는 자신이 만든 직물을 팔러 다녔는데, 콜럼버스는 열네 살 때부터 아버지와 함께 배를 타고 직물을 팔기 위해 유럽 이곳저곳을 돌아다녔다. 그런데 콜럼버스는 아버지가 하는 직조보다는 배 타는 것에 관심이 더 많아졌다. 이로써 장남 콜럼버스는 가업을 잇지 않고 뱃사람이 되기로 결심했다.

콜럼버스는 성인이 된 1477년 고향 제노바를 떠나 포르투갈의 리스본으로 갔다. 리스본으로 간 명확한 이유는 전해지지 않는다. 혹자는 뱃사람 콜럼버스가 항해 도중 포르투갈 리스본 앞바다에서 해적의 공격으로 타고 있던 배가 난파당했고, 바다에 빠졌다가 극적으로 노를 부여잡고 리스본에 도착했다는 이야기가 있다. 과정이 어쨌든 콜럼버스는 리스본에 도착했다. 그런데 리스본에는 콜럼버스의 동생 바르톨로메오 콜롬보(생몰 미상)가 이미 자리 잡고 살고 있었다. 이로써 극적으로 만난 두 형제는 지도 만드는 일을 함께하면서 생계를 이어갔다.

콜럼버스가 리스본에 도착한 1477년 그해 포르투갈은 아폰수 5세 통치 시기였다. 그리고 대항해시대를 연 엔히크 왕자는 이미 17년 전 세상을 뜨고 없었다. 특히 이 기간에 대서양 항로 개척 사업은 예전과 달리 주춤했다. 그 이유는 국왕 아폰수 5세의 관심이 다른 곳에 있었기 때문이다. 시간이 흘러 아폰수 5세가 죽고 아들 주앙 2세가 1481년 국왕이 되면서 대서양 항로 개척에 다시 활기가 붙는다. 이로써 콜럼버스의 마음 한편에 담아두었던 항해에 대한 꿈이 다시 싹트기 시작했다.

콜럼버스도 엔히크 왕자처럼 마르코 폴로의 「동방견문록」을 읽었다. 이로써 책에 적힌 황금의 나라 지팡구를 가겠다는 꿈을 꾸게 된 것이다. 지팡구는 일본을 말한다. 그리고 지팡구는 인도에 있었다. 인도 중에서도 작은 인도 즉, 소(小)인도에 있었다. 「동방견문록」에는 인도가 대(大)인도, 중(中)인도, 소인도 등 3곳으로 묘사되어 있다. 대인도는 오늘날의 인도를 말하고, 중인도는 아라비아반도와 아프리카 동부에 있는 에티오피아를 지칭했다. 또 소인도는 지팡구를 비롯해 인도네시아, 말레이시아, 필리핀, 태국, 베트남 등 동남아시아 지역이다.

콜럼버스가 항해 목적지로 잡은 곳은 지팡구가 있는 소인도였다. 우리가 지금 알고 있는 인도가 아니었다. 그래서 콜럼버스는 금을 찾아 지팡구가 있는 소인도에 가려고 했고 남아메리카에 도착한 후 선주민들을 인디오라고 불렀던 것이다. 인디오(Indio)는 스페인어이고, 영어로는 인디언(Indian)이다. 콜럼버스는 소인도로 가겠다는 계획을 세우고 1485년 포르투갈의 국왕 주앙 2세를 찾아가서 항해 지원을 요청했다. 하지만 주앙 2세는 대서양 항로 개척에 힘을 쏟고 있었기에 지팡구로 가려는 콜럼버스를 별도로 지원할 생각이 없었다. 콜럼버스는 이로써 다른 후원자를 찾아 나섰다.

콜럼버스는 이듬해인 1486년 이웃한 카스티야왕국으로 건너갔다. 당시 카스티야왕국은 이사벨 여왕이 다스리고 있었다. 그리고 카스티야왕국과 이웃한 아라곤왕국의 국왕 페르난도 2세는 이사벨 여왕의 남편이었다. 카스티야와 아라곤은 연방 형태의 한 지붕 두 국가 체제였다. 콜럼버스는 수도사의 도움을 받아 이사벨 여왕 부부를 만날 수 있었다. 하지만 국왕 부부는 선뜻 후원을 약속하지 않았다. 그 이유는 이사벨 여왕에게는 레콩키스타의 마무리 즉, 카스티야왕국 남쪽에 남아 있는 무슬림들을 밀어내는 일이 남았기 때문이었다. 또한 후원 거절의 이유 중 콜럼버스에 대한 페르난도 2세의 불신이 한몫했다고 전해지고 있다.

그렇지만 이사벨 여왕은 단박에 거절하지 않고 여지를 남겨두었다. 그 이유는 이미 대서양 항로 개척에 나선 포르투갈이 괄목할만한 성과를 냈다는 것을 잘 알고 있었기 때문이다. 이사벨 여왕은 레콩키스타 완료 후 대서양 항로 개척에 나설 계획이었다. 그래서 콜럼버스에게 이렇게 말했다. "시간을 좀 달라." 그렇게 해서 시간은 하염없이 6년이나 흘렀고, 결국 이사벨 여왕은 1492년 1월 레콩키스타 완료 후 콜럼버스를 다시 찾아 항해를 후원하기로 약속했다. 콜럼버스는 이사벨 여왕의 부름을 기다리던 6년 동안 프랑스, 잉글랜드 등지에 가서 후원을 요청했으나 번번이 거절당했다.

1492년 1월부터 진행된 이사벨 여왕과 콜럼버스의 협상은 쉽게 끝나지 않았다. 두 사람의 목적이 너무나도 달랐기 때문이다. 이사벨 여왕의 최우선 과제는 한 때 전설 속의 그리스도교 국가로 여겨졌던 몽골제국의 칸을 로마가톨릭으로 개종하는 것이었다. 그 이후에는 몽골제국의 칸과 힘을 합쳐 북아프리카에 있는 이슬람교 세력을 몰아내는 것이 최종 목표였다. 이사벨 여왕 역시 포르투갈의 엔히크 왕자처럼 종교적인 목적이 신항로 개척을 후원한 배경이었다. 그런데 15세기 말 당시 몽골제국은 존재하지 않았다. 이사벨 여왕은 그 사실을 알지 못했다. 하지만 이사벨 여왕은 몽골제국의 칸을 만나야 한다는 생각을 머릿속에서 지우지 못했다.

두 사람의 의견은 4월 17일 최종 합의에 도달했다. 이사벨 여왕은 콜럼버스에게 중요한 임무를 부여했다. 그것은 바로 "몽골제국의 칸에게 서신을 전달하라." 이것이 이사벨 여왕이 항해를 지원한 첫 번째 이유였다. 그 외에는 콜럼버스가 말한 것처럼 혹여 지팡구를 찾아서 막대한 황금을 가져온다면 금상첨화였다. 또 대인도에서 향신료를 값싸게 사서 온다면 더할 나위 없었다. 그런데 콜럼버스의 목적은 지팡구로 가는 것이 일순위였다. 그러고 나서 몽골제국의 칸에게 여왕의 서신을 전달하고 향신료를 사기 위해 대인도로 가는 것이었다. 두 사람의 입장 차가 너무 뚜렷했기에 합의가 생각만큼 빨리 이루어지지 않은 것이다.

합의에 도달 후 선박을 준비하고 선원을 모아야 했다. 최종적으로 산타마리아호, 핀타호, 니나호 등 3척의 배가 마련되었고 선원은 콜럼버스를 제외한 88명이 모였다. 콜럼버스는 1492년 8월 3일 팔로스항을 떠났다. 그러나 방향은 포르투갈과 달리 동쪽이 아닌 서쪽이었다. 당시 콜럼버스는 지구가 둥글다고 믿었기에 서쪽으로 가면 지팡구가 있는 소인도로 갈 수 있다고 믿었다. 물론 맞는 말이다. 하지만 거리 계산에 착오가 있었다. 콜럼버스는 이베리아반도에서 지팡구까지 약 7,000㎞라고 생각했으나 실제 거리는 2만㎞가 넘었다.

항해 두 달여가 흐른 10월 12일 새벽 콜럼버스 일행은 육지에 닿았다. 콜럼버스는 이곳이 지팡구가 있는 소인도라고 굳게 믿었다. 하지만 그곳은 오늘날의 바하마제도였다. 남아메리카 대륙에 인접한 섬 중 하나였다. 콜럼버스는 처음 도착한 섬의 이름을 '신성한 구세주의 섬'이라는 뜻의 산살바도르라고 지었다. 그리고 그곳에서 만난 선주민들은 인도에 사는 사람이라는 뜻에서 '인디오'라고 불렀다. 문제는 이제부터였다. 콜럼버스는 아무리 눈을 씻고 찾아봐도 황금으로 치장된 왕궁을 찾을 수가 없었다.

콜럼버스의 머릿속에는 온통 황금밖에 없었다. 시간이 갈수록 안달이 났다. 그렇다고 시간만 지체할 수도 없었다. 콜럼버스는 우선 남미에서 선주민들이 갖고 있던 금으로 만든 장식품 그리고 유럽에서는 볼 수 없는 진귀한 동물들, 더불어 몇 명의 선주민들을 데리고 1493년 3월 귀국했다. 이사벨 여왕 부부는 콜럼버스를 극진히 환대했다. 이사벨 여왕 부부는 콜럼버스를 '신세계의 부왕'으로 임명했다. 여왕은 비록 콜럼버스가 몽골제국의 칸을 만나지는 못했으나 나름대로 성과가 있었기에 만족했다.

이어서 1493년 9월 2차 항해가 진행되었다. 규모는 1차 때보다 훨씬 컸다. 17척의 선박에 1,200명 정도가 콜럼버스를 뒤따랐다. 함께 한 이들 모두 콜럼버스의 말을 믿고 황금에 미쳐있는 사람들이었다. 콜럼버스가 황금을 미끼로 사람들을 유혹한 것이다. 그런데 다시 남아메리카 땅에 도착했을 때 상상하지 못했던 일이 이미 벌어진 뒤였다. 콜럼버스의 충격은 이만저만이 아니었다.

콜럼버스가 쏘아 올린 유럽의 아메리카 정복

콜럼버스의 1차 항해 때 이야기다. 콜럼버스가 처음 도착한 바하마제도의 산살바도르 섬을 현지인들은 '과나하리'라고 불렀다. 콜럼버스는 산살바도르 섬에 이어서 오늘날의 쿠바 그리고 히스파니올라 섬을 탐험했다. 오늘날 히스파니올라 섬에는 아이티와 도미니카공화국이 있다.

그리고 콜럼버스의 1차 항해 당시 산살바도르 섬에서 쿠바로 향하던 중 산타마리아호가 좌초되었고 핀타호와 니나호만 남았다. 콜럼버스는 쿠바에서 탐험했지만, 황금이 가득한 지팡구는 물론 향신료가 거래되는 인도는 발견하지 못했다. 결국 콜럼버스는 이듬해인 1493년 히스파니올라 섬에 40명의 선원을 남기고 귀국길에 올랐다. 이때 남미의 진귀한 물건과 현지인들 그리고 담배가 유럽으로 들어왔다. 당시 인디오들은 담뱃잎을 재배하고 있었다.

콜럼버스가 1,200명가량의 인원과 함께 신대륙에 다시 도착했을 때 비극은 이미 일어난 뒤였다. 1차 항해 때 남미에 남았던 선원들이 선주민들에 의해 모조리 학살당한 것이었다. 콜럼버스의 분노는 극에 달했다. 이때부터 인디오들을 향한 무자비한 약탈과 성폭행이 자행되었다. 비극이 시작된 것이다.

1496년까지 황금과 향신료를 찾기 위한 탐험은 계속 진행되었으나 소득은 없었다. 이 때문에 콜럼버스는 선주민들을 노예로 부리기 시작했다.

콜럼버스는 열네 살이 넘는 선주민 남자들은 3개월에 한 번씩 황금을 바치도록 명령했다. 본격적인 노예제도가 시행된 것이다. 특히 콜럼버스는 1495년 초 현지인 즉, 타이노족 500명을 4척의 선박에 실어 유럽으로 보내 노예로 팔아버렸다. 이 같은 콜럼버스의 만행이 묻힌 채 신대륙 발견에만 초점이 맞추어진 것에 대한 반성이 오늘날 미국에서 일어나고 있다. 미국의 일부 지역에서는 콜럼버스 동상이 시민들에 의해 철거되기도 했다.

콜럼버스가 2차 항해를 끝내고 1496년 스페인으로 돌아갔으나 이사벨 여왕의 반응은 1차 때와는 사뭇 달랐다. 콜럼버스가 몽골제국 칸에게 서신을 전달하지 못했을 뿐만 아니라 지팡구도 찾지 못했고, 향신료가 거래되는 인도 역시 발견하지 못했기 때문이다. 이사벨 여왕은 그래도 콜럼버스를 다시 한번 믿기로 했다. 이로써 콜럼버스는 1498년 3차 항해를 떠날 수 있었다.

그런데 콜럼버스의 조급증은 2차 항해 때보다 더욱 심해졌다. 히스파니올라 섬에 도착하자마자 선주민들을 가혹하게 대한 것이다. 이 때문에 총독 자리에서 물러나야만 했다. 별다른 성과 없이 3차 항해를 마치고 1500년 귀국했는데, 이사벨 여왕 부부의 반응은 싸늘해진 뒤였다. 1502년 시작된 마지막 4차 항해 지원은 고작 선박 4척이었다. 이때 콜럼버스는 자메이카에 도착했으나 1년간 해안에 갇혀 고생하는 등 별다른 소득 없이 1504년 귀국했다. 그런데 스페인에서는 이사벨 여왕이 세상을 뜨고 없었다. 이사벨 여왕의 남편 페르난도 2세는 4차 항해를 마치고 돌아온 콜럼버스를 아예 만나주지도 않았다. 이로써 콜럼버스의 항해는 막을 내렸다. 그리고 콜럼버스는 1506년 5월 21일 초라한 삶을 살다가 세상을 떴다.

참고로 콜럼버스의 항해가 한창 진행 중이던 1498년 포르투갈의 바스쿠 다 가마(약 1460~1524년)가 희망봉을 돌아 인도 캘리컷(오늘날 코지코드)에 도착했다. 결국 대항해시대의 포문을 연 포르투갈이 인도에 먼저 도착한 것이다. 비록 스페인은 후발주자였으나 아메리카라는 거대한 대륙을 발견하면서 식민지시대의 서막을 열었다. 유럽인들에게는 행운이었고 아메리카 선주민들에게는 비극이었다.

이와 함께 이탈리아반도 피렌체공화국의 탐험가 아메리고 베스푸치(1454~1512년)는 콜럼버스가 인도라고 주장한 대륙으로 1497년부터 1503년까지 총 세 차례 탐험을 떠났다. 그런데 아메리고 베스푸치는 1502년 친구에게 보낸 편지에서 "이곳은 인도가 아니라 신대륙이다."라고 표현했다. 이 내용은 1503년 책으로 발간되어 큰 인기를 끌었다. 이후 독일의 지도 제작자 마르틴 발트제뮐러(약 1470~1520년)는 이 책을 근간으로 1507년 지도를 제작하면서 아메리고 베스푸치가 신대륙이라고 표현한 땅을 아메리고 베스푸치의 이름을 따서 '아메리카'라고 표시했다. 만약 콜럼버스가 이 땅을 인도라고 생각하지 않았으면 콜럼버스의 이름이 신대륙에 붙여졌을지도 모를 일이다.

남아메리카는 이렇게 해서 유럽인들, 그중에서도 스페인 사람들에 의해 조금씩 조금씩 점령되어갔다. 그러던 중 스페인은 1511년 쿠바를 식민지로 만들었다. 이때 스페인 출신의 하급 귀족 에르난 코르테스(1485~1547년)가 활약했다. 코르테스는 쿠바 점령 후 쿠바 초대 총독인 벨라스케스(약 1465~1524년) 밑에서 비서관으로 일하게 되었다. 그러던 중 코르테스는 총독의 명을 받아 1518년 중앙아메리카 원정대 대장직을 맡았고, 이때 수상도시 테노치티틀란이 있다는 것을 알게 되었다. 그러면서 코르테스는 이곳을 점령하겠다는 야망을 품었다. 테노치티틀란을 중심으로 형성된 지역은 훗날 아스테카제국이라고 불리게 된다.

코르테스는 중앙아메리카 원정대 대장직에서 내려왔는데도 테노치티틀란 원정에 나서는데, 그동안 번 돈을 탈탈 털어서 660명을 거느리고 1519년 2월 테노치티틀란에 도착했다. 그리고 아스테카제국을 경멸한 인근 틀락스칼라 부족의 도움을 받을 수 있었다. 특히 스페인 사람들의 손에는 천둥소리를 내는 14자루의 화승총이 쥐어져 있었다.

코르테스는 수적 열세를 극복하고 선제기습을 통해 아스테카제국의 황제 몬테수마 2세(재위 1502~1520년)를 감금하고 아스테카제국을 장악했다. 그런데 원정대 대장이 아닌데도 규칙을 어기고 원정에 나선 코르테스를 체포하기 위해 쿠바 총독이 군대를 보낸 것이다. 결국 양측은 전투를 벌이게 되고, 아스테카 주민들의 반란까지 생기면서 코르테스는 퇴각하고 말았다. 하지만 코르테스는 1521년 8월 테노치티틀란을 완전히 장악했다. 그런데 유럽인들에 의해 아스테카제국에는 천연두가 퍼지기 시작했다. 수많은 아스테카제국의 사람들이 목숨을 잃었고, 결국 아스테카제국은 코르테스에 의해 지구상에서 사라졌다.

남아메리카에는 아스테카제국 외에도 오늘날 페루에 잉카제국이 있었다. 잉카제국은 해발 약 2,437m 고지에 있는 고산도시 마추픽추로 유명하다. 마추픽추는 잉카제국 황제의 휴식처 겸 긴급 대피소 등의 목적으로 지어진 것으로 추정된다. 잉카제국은 프란시스코 피사로(약 1475~ 1541년)에 의해 멸망했다. 피사로는 1513년 유럽인 최초로 태평양을 발견한 바스코 누녜스 데 발보아(1475~1519년)가 꾸린 발보아원정대의 총 27명 중 한 명이었다. 참고로 '태평양'이라는 이름은 마젤란이 '평화로운 바다'라는 뜻으로 이름을 지었다. 발보아 사망 후 피사로는 발보아의 후계자가 되면서 식민도시 파나마의 관리자가 되었다. 피사로는 이후 원정대를 꾸려 남아메리카 탐험에 나서 잉카제국의 존재를 확인했다.

피사로는 파나마로 돌아와 총독에게 남아메리카 원정을 요청했으나 거절당했다. 피사로는 스페인 국왕에게 남아메리카 원정을 직접 허락받기 위해 귀국했고, 세비야에서 우연히 아스테카제국을 정복한 에르난 코르테스를 만나 조언을 받을 수 있었다. 이어서 스페인의 국왕이면서 신성로마제국의 황제인 카를 5세를 설득해 원정 허락을 받아냈다. 피사로는 1530년 카를 5세가 하사한 이권을 갖고 파나마로 돌아온 뒤 원정대를 꾸려 1531년 1월 기마 37두를 비롯해 총 180명의 군사를 이끌고 잉카제국을 향했다.

이듬해인 1532년 잉카제국에서 왕위 계승 문제로 인해 내란이 발생했고, 피사로는 이 같은 상황을 십분 활용했다. 잉카제국의 황제 아타우알파(약 1502~1533년)를 접견하게 되는데, 그 자리에서 황제를 체포 후 스페인 국왕에게 충성을 요구했다. 또한 몸값으로 막대한 금과 은을 받고 8개월 만에 풀어줬다. 피사로는 그러나 아타우알파가 반역을 꾀했다는 이유로 1533년 처형했다. 이로써 피사로는 딱히 전투다운 전투도 치르지 않고 잉카문명의 수도 쿠스코를 점령해버렸다. 잉카제국이 멸망한 것이다. 피사로는 1535년부터 새로운 수도 리마를 건설하기 시작했다. 마추픽추는 천연두 확산으로 인구가 줄어들면서 버려진 도시가 된 것으로 추정되고 있다.

참고로 화약 기술에 관해 이야기하면, 화약은 중국에서 당나라 때 발명되었다. 하지만 중국인들은 화약을 발명하고도 제대로 된 무기로 발전시키지 못했다. 아랍인들이 화약으로 대포를 만들었고, 오스만제국이 비잔티움제국의 수도 콘스탄티노폴리스의 삼중 벽을 깨부술 때인 1453년 거대한 대포를 사용했다. 화약은 15세기 초 유럽으로 전해졌고, 유럽인들은 최초의 화기 '화승총'을 발명했다. 화승총은 남아메리카 정복에 큰 역할을 했다. 특히 화승총은 1543년 포르투갈인에 의해 일본으로 전파되었다. 그리고 일본인들은 1592년 발발한 임진왜란 때 화승총을 들고 와서 수많은 조선인을 학살했다.

15세기 유럽에서 발명된 화승총은 초창기 '아퀴버스(arquebus)'로 불렸다. 그런데 시간이 흘러 개량되면서 '머스킷(musket)'으로 불리게 되었다. 그러니까 아퀴버스와 머스킷은 모두 화승총이다. 그리고 조선에서는 '나는 새를 떨어뜨린다'라는 뜻의 조총(鳥銃)으로 불렸다. 조총이라는 단어는 명나라에서 처음 사용했다. 또한 일본인들은 화승총을 '뎃포(철포, 鐵砲)'라고 불렀다.

실패한 프레스터 존 찾기, 성공한 대서양 항로 개척

포르투갈의 국왕 주앙 2세는 작은할아버지인 엔히크 왕자의 뜻을 이어받아 프레스터 존을 찾기 위해 투 트랙(two track) 방식을 사용했다. 하나의 방식은 바닷길을 이용하는 것이고, 또 다른 방식은 육로를 이용하는 것이었다. 바닷길로 나선 주인공은 바르톨로메우 디아스이고, 육로로 간 주인공은 페루 다 코빌량(1460~1536년)이었다. 코빌량은 세계사에서 크게 다루지 않는 인물이다. 코빌량은 당대 인물치고는 드물게 아랍어와 스페인어를 구가할 수 있어서 주앙 2세가 낙점했다.

리스본 출신의 탐험가 바르톨로메우 디아스는 1487년 8월 선박 3척에 160명에 달하는 선원들을 태우고 인도를 향해 나아갔으나 목적 달성에는 실패했다. 항해가 너무 힘들어서 선원들의 반발이 워낙 거셌기 때문에 중도 포기할 수밖에 없었다. 대신 디아스는 1488년 오늘날의 남아프리카공화국의 희망봉을 발견하는 업적을 세웠다. 디아스가 이루지 못한 목표는 10년 후인 1498년 5월 20일 바스쿠 다 가마가 이루게 된다.

코빌량은 아폰수 드 파이바(1443~1490년)와 함께 1487년 5월 7일 포르투갈을 떠났다. 그들은 우선 이슬람 세력의 땅으로 가기 전에 무역상으로 위장할 필요가 있었다. 이로써 물품을 사기 위해 스페인 바르셀로나를 거쳐 이탈리아반도의 나폴리왕국까지 갔다. 나폴리에서 메디치 가문으로부터 교환 어음을 거래해 현금을 확보한 뒤 그리스 로데스 섬에서 꿀을 샀다. 이어서 배편으로 이집트 알렉산드리아로 향했다. 나일강을 거슬러 카이로에 도착한 코빌량과 파이바는 홍해를 앞두고 헤어졌다. 코빌량은 인도로 향했고, 파이바는 에티오피아로 향했다. 두 사람은 카이로에서 다시 만나기로 약속했다.

코빌량은 배편으로 홍해를 건너 낙타를 타고 페르시아만 호르무즈에 도착 후 또다시 배를 타고 호르무즈해협을 건너 1488년 인도 서부의 캘리컷과 고아를 방문했다. 이 시기 바르톨로메우 디아스는 인도까지 가지 못하고 희망봉만 발견한 뒤 고국으로 돌아갔다. 코빌량은 인도에서 프레스터 존을 찾기 위해 노력했다. 그러면서 그곳의 정치 상황과 항로, 풍향 등 다양한 자료들을 꼼꼼하게 기록했다. 그런데 아무리 수소문해도 인도에는 그리스도교를 믿는 국가는 존재하지 않았다. 실망한 코빌량은 파이바를 만나기 위해 다시 카이로로 돌아갈 수밖에 없었다. 이때가 1491년이었다.

그런데 카이로에 도착한 코빌량은 에티오피아로 갔던 파이바가 도중에 죽었다는 사실을 알게 되었다. 슬펐지만 어쩔 도리는 없었다. 대신 코빌량 자신이 에티오피아로 가기로 마음먹었다. 그러면서 코빌량은 그동안 선박을 이용해 인도양을 건너면서 알게 된 다양한 정보들을 기록해서 고국 포르투갈로 보냈다. 향후 포르투갈은 코빌량의 정보를 토대로 뱃길을 이용해 인도 캘리컷에 도착할 수 있었다. 1498년 인도 캘리컷에 도착한 바스쿠 다 가마가 크게 도움받은 것이다.

에티오피아에 도착한 코빌량은 그곳의 에스켄데르(재위 : 1478~1494년) 왕에게 주앙 2세의 서신을 전달했다. 에티오피아 국민 다수는 그리스도교를 믿는 크리스천들이었다. 하지만 포르투갈이 믿는 로마가톨릭과는 사뭇 달랐다. 고대 이스라엘왕국 왕인 솔로몬의 후예라고 스스로 믿는 에티오피아 국민은 세월이 흘러 그리스도교를 받아들였다. 그런데 토속신앙와 버무려지면서 종교적인 색채가 많이 달라진 것이다. 그런데도 에티오피아 왕은 코빌량을 반겼다. 결국 포르투갈이 그토록 찾았던 이상적인 그리스도교 국가는 에티오피아에도 없었다.

에스켄데르 왕은 코빌량에게 토지와 함께 귀족의 칭호까지 내려주면서 극진히 환대했다. 하지만 코빌량에게 포르투갈로 돌아가는 것은 허용하지 않았다. 에스켄데르 왕이 코빌량의 귀국을 허락하지 않은 이유는 정확히 알 수 없다. 에스켄데르가 죽고 후임 왕들도 코빌량의 귀국을 막았다. 코빌량은 그러나 자신의 여행 정보를 기록해서 고국 포르투갈로 또다시 보냈다. 코빌량 덕분에 이후 포르투갈과 에티오피아는 외교관계를 맺고 교류를 시작했다. 향수병에 시달렸던 코빌량은 결국 프레스터 존이 인도와 에티오피아에 존재하지 않는다는 것을 확인하고 1526년 예순여섯 살의 나이로 에티오피아에서 눈을 감았다.

코빌량이 에티오피아에 억류되어 살아가던 1498년 5월 20일 드디어 포르투갈의 바스쿠 다 가마 일행이 인도 캘리컷에 도착했다. 선원은 168명, 선박은 4척이었다. 다 가마는 국왕 마누엘 1세(재위 : 1495~1521년)의 명을 받아 항해에 나섰다. 하지만 이제는 프레스터 존을 찾는 것이 목표가 아니었다. 인도와의 무역협정이 목적이었다. 캘리컷의 통치자 자모린(생몰 미상)을 만난 바스쿠 다 가마는 준비해 간 선물을 건넸다. 하지만 당시 인도에는 각국의 진기한 물건들이 모여들고 있었기에, 캘리컷의 지도자는 바스쿠 다 가마의 선물에 시큰둥했다. 자모린의 반응에 바스쿠 다 가마도 실망했다. 그래도 무역만 할 수 있다면 그만이었다.

그런데 인도 현지에 있던 무슬림 상인들이 복병이었다. 포르투갈인들에게 적대감을 드러낸 것이다. 포르투갈은 무슬림들의 반대로 인해 캘리컷과 무역협정을 맺지 못했다. 바스쿠 다 가마는 무역협정 대신 향신료만 배에 가득 싣고 1499년 9월 포르투갈로 돌아와야만 했다. 돌아오는 길은 갈 때 보다 더 험난했다. 많은 선원이 괴혈병으로 죽으면서 배 2척을 불태울 수밖에 없었다. 도착했을 때는 55명에 불과했다. 그러나 국왕 마누엘 1세는 인도로 가는 길을 개척했다는 것에 감격했다.

마누엘 1세는 곧이어 두 번째 항해를 지시했다. 이번에는 규모가 컸다. 총 13척의 대함대를 꾸렸다. 사령관은 페드루 알바레스 카브랄(약

1467~1520년)이었다. 카브랄은 1500년 3월 9일 리스본을 떠났다. 그런데 당시 평온한 바닷길을 선택하기 위해 적도 아래부터 아프리카 서해안에서 멀리 떨어져서 가는 항로를 선택했는데 뜻하지 않게 브라질을 발견했다. 이렇게 해서 포르투갈이 브라질을 점령하는 계기가 된 것이다. 브라질을 떠난 카브랄 일행은 9월 13일 인도 캘리컷에 도착했다.

카브랄 일행은 캘리컷을 다스리는 지도자 자모린과 순조롭게 협상을 진행해 요새화된 상관(商館) 설치를 허가받았다. 상관은 규모가 큰 상업을 할 수 있는 상점을 말한다. 하지만 현지의 무슬림 상인들은 또다시 포르투갈인들을 경계했다. 심지어 무슬림들이 물리적인 공격까지 가했다. 카브랄 일행 중 50여 명이 목숨을 잃었다. 이 때문에 1500년 12월 17일 인도 캘리컷에서 철수할 수밖에 없었다. 카브랄 일행은 앙갚음하기 위해 철수하던 도중 무슬림들의 배를 나포하고 사로잡은 선원들을 죽여버렸다.

카브랄은 캘리컷을 떠나 남쪽에 있는 코친으로 갔다. 그곳에서 향신료 교역 허가를 받아냈다. 코친은 캘리컷과 경쟁 관계여서 포르투갈인들을 환대했다. 카브랄은 6척의 선박에 향신료를 가득 싣고 1501년 1월 인도를 떠나 6월 리스본에 도착했다. 돌아오는 길이 험난했던 탓에 귀국했을 때는 선박이 4척뿐이었다. 그런데도 국왕 마누엘 1세는 무척 기뻐했다. 마누엘 1세는 계속해서 세 번째 항해를 준비하라고 지시했다. 1502년 세 번째 항해를 이끈 주인공은 바스쿠 다 가마였다.

그런데 이번에는 단순한 무역이 아니었다. 앞서 2차 항해에서 카브랄이 무슬림 상인들에게 당했기에 보복이 최우선이었다. 20척의 선박에는 총과 칼을 든 병사들이 동승했다. 이들은 인도 북부에서 이슬람 상인들의 배를 빼앗아 불태우고 수백 명을 죽였다. 캘리컷의 통치자 자모린은 무슬림들과 손잡고 반격에 나섰으나 포르투갈인들을 당해낼 수 없었다. 바스쿠 다 가마는 무고한 어부들과 상인들을 대거 죽였다. 포르투갈은 이로써 인도양에서의 제해권(制海權)을 차지하면서 독점적인 무역으로 엄청난 부를 쌓을 수 있었다.

마젤란의 세계 일주와 유럽의 동남아 식민 지배

세계 일주를 최초로 성공한 페르디난드 마젤란은 포르투갈 출신이다. 그런데 그의 항해는 스페인 왕실이 지원했다. 그 이유에 대해서는 두 가지 가설이 있는데, 우선 포르투갈의 국왕 마누엘 1세가 "서쪽으로 향하겠다."라는 마젤란의 항해 계획을 받아들이지 않았기 때문이라는 이야기가 있다. 마누엘 1세는 무려 세 차례나 거절했다고 한다. 이미 포르투갈에서는 마누엘 1세의 명을 받은 바스쿠 다 가마가 인도로 가는 항로를 개척한 뒤여서 굳이 마젤란에게 투자할 이유를 느끼지 못했다.

마젤란이 포르투갈을 등진 또 다른 가설은 북아프리카의 모로코에서 무어인들과 거래했는데, 이 거래가 불법이라는 포르투갈 국왕의 의심을 샀다는 것이다. 이로써 마젤란은 포르투갈과의 인연을 끊을 수밖에 없었다는 이야기가 전해진다. 아무튼 마젤란은 고국 포르투갈이 아니라 이웃한 스페인의 국왕이면서 신성로마제국의 황제인 카를 5세의 지원을 받아서 선박 5척에 약 270명의 선원과 함께 1519년 8월 10일 스페인 산루카르 데 바라메다항구를 출발했다.

스페인과 포르투갈은 앞서 1494년 토르데시야스조약을 통해 대서양에 있는 서경 46도를 기점으로 자기네들 마음대로 지구의 왼쪽과 오른쪽을 나누어 가졌다. 이 시기 스페인과 포르투갈 외에는 대서양 항로 개척에 관심을 가진 유럽의 국가는 없었다. 이 때문에 두 국가가 마음대로 지구를 나누어 가졌다. 특히 토르데시야스조약은 로마가톨릭의 교황 알렉산데르 6세(재임 : 1492~1503년)가 승인하면서 공식화되었다. 서유럽 사회에서 교황이 인정했다는 것은 곧 신(神)이 인정했다는 것이었다.

서경 46도에는 브라질 상파울루가 위치한다. 그 지역을 기점 삼아 남북으로 선을 그어 동쪽으로 향해 일본의 홋카이도 서부 연안까지는 포르투갈이 차지한다는 내용이다. 반면 서경 46도에서 태평양을 지나 일본 홋카이도 동부 연안까지 향하면서 도중에 발견되는 새로운 땅은 스페인의 차지라는 이야기다. 토르데시야스조약은 그러나 1600년대 초부터 네덜란드, 잉글랜드, 프랑스 등이 식민지 쟁탈전에 뛰어들면서 휴지 조각이 되어버린다. 이 조약으로 남아메리카의 브라질은 포르투갈이, 아르헨티나를 비롯한 남아메리카 서쪽의 영토는 스페인이 차지하게 된다.

다시 마젤란으로 돌아가면, 마젤란은 필리핀에 도착해서 현지 부족끼리의 전쟁에 개입하면서 전사했다. 하지만 마젤란은 필리핀을 그리스도교 국가로 만드는 데 성공했다. 오늘날 1억 2,000만 명에 달하는 필리핀 인구의 약 83%가량이 로마가톨릭 신자이다. 마젤란은 비록 항해 도중 죽었지만, 나머지 선원들은 계속해서 지구를 돌았다. 1522년 9월 8일 스페인 팔로스항으로 돌아왔을 때는 선박이 고작 1척에 생존자는 18명뿐이었다. 비록 마젤란은 없었으나 세계 역사에서 마젤란은 최초로 지구를 한 바퀴 돈 항해사로 기록되었다.

마젤란이 항해하던 시기인 1521년 스페인의 에르난 코르테스는 남미 아스테카제국을 멸망시켰다. 그리고 코르테스에 이어서 12년 후인 1533년에는 스페인의 프란시스코 피사로가 잉카제국을 지도상에서 없애버렸다. 그리고 포르투갈 원정대를 이끌었던 페드루 알바레스 카브랄이 인도로 가던 중에 1500년 우연히 브라질을 발견했는데, 포르투갈은 1530년 이 땅에 대한 식민지정책을 실시했다. 이어서 1548년 총독부를 설치하면서 본격적인 식민지화가 진행되었다.

이와 함께 바스쿠 다 가마에 의해 1502년 인도의 서쪽 해안가를 장악한 포르투갈은 1511년 해군을 보내 오늘날 말레이시아에 있는 중계무역항 믈라카(영어명 말라카)를 장악했다. 포르투갈의 믈라카 점령은 유럽인들에게 동남아 시장으로 향하는 진입로를 열어준, 역사적으로도 중요한 사건이었다. 이후 포르투갈은 1540년대에 그리스도교 전파를 위해 일본으로 향했다. 반면 스페인은 마젤란이 선교활동 후 죽음을 맞이한 필리핀을 1565년 식민지로 만들었다. 시간이 흘러 17세기 초부터 네덜란드와 잉글랜드가 동남아로 진출, 동인도회사를 건설하게 된다.

결국 15세기 초 포르투갈의 엔히크 왕자에 의해 시작된 유럽의 신항로 개척은 16세기 초 페르디난드 마젤란의 세계 일주 성공으로 마무리된다. 이후에는 포르투갈, 스페인, 네덜란드, 잉글랜드, 프랑스 등등 유럽의 여러 국가가 앞다퉈 아메리카와 아프리카, 동남아시아로 향해서 저마다의 식민지 확보를 위해 쟁탈전을 벌인다. 특히 유럽인들은 그리스도교 전파라는 종교적 사명을 앞세우기도 했다. 하지만 유럽인들이 식민지 곳곳에서 보여준 만행은 가히 이들이 크리스천이 맞는지 의구심을 갖기에 충분했다.

위쪽 그림은 14세기 중엽 여러 제후국과 자유도시들로 분열된 신성로마제국의 지형도.
아래쪽 그림은 오늘날 독일, 체코, 스위스, 오스트리아의 주요 도시들.

16장

"부패한 로마가톨릭이여 쇄신하라." 종교개혁

종교개혁 신호탄 쏘아 올린 새벽 별 존 위클리프

우리는 통상 '종교개혁'이라는 단어를 생각하면 독일의 마르틴 루터가 먼저 떠오른다. 그렇다고 해서 루터가 갑자기, 뜬금없이 로마가톨릭의 개혁을 부르짖은 것이 아니다. 그 누군가로부터 영향을 받았다. 바로 잉글랜드의 신학자이자 사제인 존 위클리프이다. 위클리프는 루터에 앞서 150년 전에 부패한 교황에게 반발했던 것이다. 이 때문에 훗날 프로테스탄트, 즉 개신교 신자들은 위클리프에게 '종교개혁의 새벽 별'이라는 별칭을 붙였다.

위클리프는 잉글랜드의 저명한 옥스퍼드대학교의 발리올칼리지를 졸업했다. 1372년 박사학위를 취득한 후에는 잉글랜드 국왕 에드워드 3세에 의해 왕실 전담 사제로 임명되었다. 참고로 에드워드 3세 통치 때인 1337년 프랑스와의 백년 전쟁이 발발했다. 그리고 백년 전쟁 전반기에 로마가톨릭의 교황은 로마에 있는 교황청이 아니라 프랑스의 아비뇽에 머무르고 있던 '아비뇽유수' 기간이었다. 그리고 프랑스 국왕의 꼭두각시였던 교황은 프랑스 편만 들었다.

이렇다 보니 잉글랜드는 교황청을 상대로 십일조 명목의 교회세를 교황청에 납부하지 않았다. 교회세를 내면 전쟁 중인 프랑스를 위해 사용될 것이 뻔했기 때문이다. 그리고 에드워드 3세는 앞서서 왕궁 전속 사제인 위클리프에게 교회세 납부에 대해 이렇게 물었다. "잉글랜드에서 성직자들이 거둬들인 세금이 교황청으로 흘러 들어가는 것을 막는 것이 합법적인가?" 이에 위클리프는 당연히 적법하다고 답했다. 이로써 에드워드 3세는 잉글랜드 국민을 향해 교회 측에 세금을 내지 못하도록 했다. 교황이 반발하는 것은 당연한 일이었다.

참고로 십일조 명목인 교회세는 구약성경시대부터 유대인들이 유대교 성전에 헌납했다. 십일조는 아브라함이 살았던 시대에 시작되었다. 그 전통이 중세시대까지 이어진 것이다. 십일조가 법적으로 의무는 아니었다. 그런데 프랑크왕국이 585년 제2차 마콘공의회에서 십일조를 그리스도교 신자들의 의무로 명문화했다. 이어서 프랑크왕국의 국왕 카롤루스 대제는 779년 "국민은 교회에 십일조를 내야 한다."라고 천명했다. 이때 의무사항이 된 것이다.

교회세는 각 지역에 있는 교회가 거두어들였다. 1/4은 주교에게 보내졌고 나머지 3/4은 교황청으로 보내져서 교회 운영, 건물 보수, 자선사업 등에 사용되었다. 교회세는 왕실이라고 해서 예외는 아니었다. 교회세가 여기저기에서 들어오니 로마가톨릭은 부유해지기 시작했다. 그런데 문제가 발생했다. 교회가 부유해지니 세속의 재미에 빠진 것이다. 특히 일부 귀족들은 교회세가 돈이 된다는 것에 착안, 교회가 없는 지역에 교회를 짓기 시작했다. 그리고 자기 입맛에 맞는 인물을 교회 책임자로 앉혔다. 심지어 성직자 자리가 돈으로 거래되기도 했다. 당시 교황은 신자들에게 면벌부를 팔고 있었으니, 교황 역시 각 교회에서 발생하는 문제를 제재하기는커녕 불법 행태에 아예 눈을 감았다.

일각에서는 '면죄부'라는 말을 하는데, 종교적인 차원에서 인간이 인간의 죄를 없앨 수는 없다. 죄를 없애주는 것은 신의 몫이다. 대신 인간 세상에서 인간에게 가해지는 벌은 면제해줄 수 있다. 그렇다 보니 정확한 명칭은 면죄부가 아니라 면벌부이다. 이 책에서는 면벌부라고 지칭하겠다.

십자군 원정 실패 이후 교황권이 추락하자 군주들이 교황을 우습게 보면서 교회 성직자를 선출하는 서임권을 움켜쥐는 상황이 발생했다. 이로써 프랑스, 잉글랜드, 독일 등 서유럽 전역에서 로마가톨릭의 부패가 만연했다. 교회는 시간이 가면 갈수록 세금 걷는 데 혈안이 되었다. 서민들의 경우 교회에도 세금을 내야하고 자신들을 보호해주는 영주에게도 세금을 내야 하는 이중고로 힘든 나날을 보냈다. 이 때문에 프랑스에서 '자크리의 난', 잉글랜드에서 '와트 타일러의 난'이 발생한 것이다. 그런데도 잇달아 즉위하는 교황은 세속의 재미에 흠뻑 취해서 사치를 즐기고 방탕한 생활을 위해 재물에 눈이 멀고 말았다.

위클리프가 교황을 향해 적대적 감정을 가지게 된 것은 1374년이다. 교황 그레고리우스 11세가 잉글랜드를 향해 "도대체 왜 교회세를 제대로 내지 않는 것인가!"라고 격노하면서 국왕 에드워드 3세를 프랑스 아비뇽 교황청으로 불러들인 것이다. 위클리프는 에드워드 3세와 함께 프랑스로 갔다. 위클리프는 이때 탐욕에 찌든 교황의 모습을 두 눈으로 똑똑히 볼 수 있었다.

위클리프는 교구장, 즉 주교가 된 이후 로마가톨릭의 변화를 부르짖기 시작했다. 위클리프의 주장은 "교회는 교황 중심이 아니라 성경 중심이 되어야 한다."라는 것이었다. 교황에게 정면으로 도전한 것이다. 이로 말미암아 런던의 주교 윌리엄 코트니(1342~1396년)가 1377년 위클리프에 대한 죄를 묻기 위해 교회 재판을 열려고 시도했다. 하지만 위클리프가 잉글랜드 왕실의 보호를 받고 있었기에 실제 교회 재판은 열리지 않았다.

로마가톨릭의 변화를 원하는 위클리프의 주장은 계속되었다. 1378년 출판한 저서「성경의 진리에 대하여」를 통해 대중에게 교황이 아닌 성경 중심의 신앙생활을 호소했다. 위클리프는 이어 1379년「교황의 권력에 대하여」라는 저서를 통해 "세상의 권력을 거머쥐고 재물에 혈안이 된 교황은 선택된 자가 아니라 '적(敵) 그리스도'이다."라고까지 표현했다. 그러면서 성직자들이 청빈한 삶으로 돌아가야 한다고 강력히 주장했다. 또 1380년「성찬에 대하여」라는 책에서는 교회에서 미사 때 성도들에게 예수 그리스도의 피와 살이라면서 빵과 포도주를 나눠주는 '화체설(化體說)'을 비(非)신앙적이라고 부정했다.

이 같은 급진적인 발언으로 잉글랜드 내부에서는 위클리프를 옹호하던 세력조차 서서히 등을 돌려버렸다. 엎친 데 덮친 격으로 1381년 먹고살기 힘들다고 와트 타일러(1341~1381년)가 농민 반란을 일으키는데, 반란의 배후에 위클리프가 있다는 소문이 퍼지기 시작했다. 이로써 위클리프에게 등을 돌리는 귀족들이 급격히 늘어났다. 특히 켄터베리 대주교 사이먼

서드베리(재임 : 1375~1381년)가 반란을 일으킨 농민들에게 죽임을 당하고, 그 자리에 위클리프에게 적대적이던 런던의 주교 윌리엄 코트니가 대주교로 임명되면서 위클리프에게 위기가 찾아왔다.

윌리엄 코트니는 위클리프의 저서들에서 24개 명제가 거짓이라고 확정한 뒤 정죄했다. 이단이라고 못 박은 것이다. 이로써 위클리프의 입지는 급속도로 좁아지고, 이후에는 대중적인 활동을 하지 못했다. 위클리프는 죽는 그날까지 기존 라틴어로 적혀 있어서 잉글랜드의 대중이 읽지 못한 성경을 영어로 번역하는 일에 매진했다. 라틴어 성경은 다른 말로 불가타(Vulgata) 성경이라고도 한다.

위클리프의 활동이 멈추자 그를 대신해 수도사들이 전국을 돌며 위클리프의 정신을 퍼뜨렸다. 이들은 중세 네덜란드어로 '중얼거리는 자'라는 뜻의 '롤라드(lollaerd)'라고 불렸다. 위클리프는 1382년 성경의 영어판 번역을 완성했다. 그러나 이때는 금속활자 인쇄술이 없었기에 대중적인 보급은 되지 않았다. 교황과 교회의 핍박을 받아 오던 위클리프는 영어판 성경 번역 이후 쓰러져서 반신불수가 되고 힘들게 살아가다가 1384년 눈을 감았다.

하지만 위클리프의 정신은 사그라지지 않았다. 오랜 기간 롤라드가 이어갔다. 특히 보헤미아의 신학자 얀 후스가 이어받았다. 로마가톨릭 입장에서 위클리프의 죽음 이후 교황과 교회에 대해 도전하는 불순자가 보헤미아에서 또다시 등장한 것이다. 그러면서 교황은 얀 후스에 대한 이단 정죄를 위해 1414년 콘스탄츠공의회를 소집했다. 그리고 1415년 얀 후스를 이단으로 판결하고 화형에 처했다. 이와 함께 콘스탄츠공의회는 30년 전에 죽은 위클리프도 이단으로 판결했다. 로마가톨릭은 결국 시간이 흘러 1428년 위클리프의 유해를 땅에서 꺼내 부관참시하고 시신을 불에 태워 재를 강에 뿌리는 것으로 보복했다.

위클리프 정신 이어 로마가톨릭 쇄신 외친 얀 후스

잉글랜드 출신의 신학자이자 사제인 존 위클리프는 그토록 원했던 부패한 로마가톨릭의 쇄신을 이루지 못하고 생을 마감했다. 하지만 위클리프의 쇄신 운동은 바다 건너 유럽의 내륙인 보헤미아왕국에서 움트고 있었다. 체코공화국의 전신인 보헤미아왕국은 1198년 공국에서 왕국으로 격상되었지만 여전히 신성로마제국의 일부였다. 그리고 보헤미아의 국왕은 황제를 선출하는 7선제후 중 한 명이었다. 14세기 당시 보헤미아라는 국명도 썼고, 체코라는 국명도 사용했다. 이곳에서 1372년을 전후해 얀 후스가 태어났다.

얀 후스는 체코의 남쪽 도시 후시네츠(Husinec)에서 가난한 농부의 아들로 태어났다. 그의 이름에서 '후스(hus)'는 후시네츠라는 지역의 명칭에서 비롯되었다. '후스(hus)'는 체코어로 '거위'라는 뜻이다. 후스 역시 자기 스스로 거위에 빗대고는 했다. 후스는 집안이 워낙 가난해서 좋은 옷과 좋은 집에서 살고 싶은 생각으로 빨리 성직자가 되고 싶었다. 어릴 적 후스의 눈에는 성직자들이 부유해 보였다. 이 사실만 보더라도 당시 로마가톨릭 성직자들이 어느 정도 호의호식했는지 가늠할 수 있는 대목이다.

체코와 잉글랜드가 지리상의 거리를 극복하고 서로 교류하게 된 배경은 왕실 간의 결혼 때문이다. 잉글랜드의 국왕 리처드 2세(재위 : 1377~

1399년)가 체코 국왕 바츨라프 4세(재위 : 1378~1419년)의 이복동생 안나 체스카(1366~1394년)와 1382년 결혼하면서 양 국가는 교류를 텄다. 리처드 2세는 백년 전쟁을 일으킨 에드워드 3세의 손자이면서 에드워드 흑태자의 아들이다. 참고로 잉글랜드의 대문호 셰익스피어가 쓴 희곡 '리처드 2세'의 주인공이 바로 체코 왕실과 결혼한 리처드 2세이다. 리처드 2세는 안나 체스카를 열렬히 사랑했고 금슬도 좋았다고 전해진다. 하지만 두 사람 사이에 자녀는 없었다. 안타깝게도 안나 체스카는 1394년 흑사병으로 죽음을 맞이했다.

두 왕실의 결혼으로 체코 프라하대학교의 학생들이 잉글랜드 옥스퍼드대학교로 유학을 가면서 자연스럽게 옥스퍼드대학교 출신의 존 위클리프에 관한 자료들이 체코로 전파되었다. 프라하대학교는 카를로바대학교라는 이름으로도 불렸다. 얀 후스는 프라하대학교의 학생이었다. 얀 후스는 1393년 대학교를 졸업하고 1396년 인문학 석사학위를 받은 이후 1400년부터 프라하대학교에서 교양학부와 신학부 교수로 일했다. 그러면서 로마가톨릭의 사제가 되었다. 1409년에는 프라하대학교 총장까지 되었다.

당시 체코의 교회들 역시 프랑스와 잉글랜드처럼 부패하기는 마찬가지였다. 성직자들은 재물을 탐냈고, 성직자 자리를 사고팔았다. 교황은 돈을 벌기 위해 면벌부까지 팔았다. 얀 후스는 교회의 재산권을 빼앗아 청빈한 교회를 만들어야 한다고 대중에게 설교했다. 특히 1412년에는 로마교황청의 자금 축적 목적인 면벌부 판매를 공개적으로 비난하자 교회가 대응하고 나섰다. 바츨라프 4세는 교회 편을 들었고, 결국 목숨에 위협을 느낀 후스는 프라하를 떠나 남부 지역 코지흐라데크에서 귀족들의 보호를 받으며 지내야만 했다. 얀 후스는 그러나 코지흐라데크에서도 농민 계몽과 함께 교회 비판을 이어갔다.

얀 후스는 존 위클리프의 저서들을 체코어로 번역했다. 체코 국민의 대다수는 슬라브족이었기에 게르만족이 주류를 이룬 이웃한 신성로마제국과는 민족의식이 달랐다. 체코 국민은 언어를 중심으로 자신들만의 문화적 정체성에 자부심이 강했다. 이 때문에 체코 민중들은 얀 후스를 열렬히 좋아했다. 그런데 한번은 프라하에서 활동하던 사제 얀 밀리치(약 1320~1374년)가 체코어로 설교했다는 이유로 이단 시비에 휘말려 의문의 죽임을 당하는 일이 발생했다. 당시 설교는 라틴어로만 해야 했다. 그런데도 얀 후스는 체코어로 설교했다.

결국 교황청이 나설 수밖에 없었다. 로마가톨릭에서는 당시 교황이 3명(로마, 아비뇽, 볼로냐)이나 존재하는 '서방교회 대분열' 시기였다. 로마가톨릭은 이로써 혼란도 잠재우고 얀 후스에 대한 이단 정죄도 할 겸 1414년 10월 콘스탄츠공의회를 개최했다. 얀 후스는 공의회에 불참하려고 했으나 바츨라프 4세의 이복동생이면서 독일의 국왕 지기스문트(국왕 재위 : 1410~1437년, 황제 대관식 : 1433년)가 안전을 보장하면서 공의회에 참석했다. 참고로 신성로마제국의 황제는 주로 합스부르크 가문이 차지했는데, 지기스문트는 룩셈부르크 가문이다. 그리고 지기스문트는 1433년 황제 대관식을 치르는데 여기서는 그냥 시기와 무관하게 황제라고 칭하겠다.

얀 후스는 안전을 보장한다는 황제 명의의 보증서까지 갖고 공의회에 참석했으나 곧바로 체포되어 감옥에 갇혔고 1년 동안 고문을 당했다. 후스는 그러나 로마가톨릭의 쇄신을 바라는 절개를 굽히지 않았다. 결국 콘스탄츠공의회는 후스를 이단으로 정죄하고 1415년 7월 6일 화형에 처했다. 후스는 화형을 당하기 직전 대중을 향해 이렇게 외쳤다. "당신들은 지금 거위 한 마리를 불사르고 있지만 100년 후에는 불태울 수 없는 백조가 태어날 것이다."

후스의 말은 현실이 되었다. 102년 후 1517년 독일에서 백조가 나타난 것이다. 바로 마르틴 루터이다. 로마가톨릭은 얀 후스를 죽이는 것으로 쇄신을 주장하는 목소리가 더 이상 나오지 않을 줄 알았다. 하지만 약 100년 후에는 마르틴 루터에 의해 걷잡을 수 없는 쇄신 운동이 일어났고, 급기야 로마가톨릭에서 프로테스탄티즘이 파생하고야 말았다. 1054년 그리스도교가 로마가톨릭과 정교회로 분리된 이후 거의 500년 만에 또다시 로마가톨릭의 부패로 분열을 맞이한 것이다.

체코 대중으로부터 지지받고 있던 얀 후스가 화형을 당했다는 소식이 체코에 전해지자 대중은 강력히 반발했다. 이미 체코어로 설교를 듣고, 얀 후스가 체코어로 번역한 존 위클리프의 저서를 읽었던 체코의 민중은 로마가톨릭이 만들어 놓은 틀에서 빠져나와 서서히 깨어나고 있었다. 로마가톨릭에 대항하는 봉기의 조짐까지 일어났다. 결국 얀 후스를 따르는 후스파와 로마가톨릭 사이에 갈등의 골이 깊어지기 시작하더니 1419년 7월 프라하에서 대사건이 일어났다.

당시 체코에서는 의회가 존재했는데, 의원들은 강경한 후스파들을 체포하고 있었다. 그런데 후스파가 의회 건물로 쳐들어가서 체포된 동료들의 석방을 요구했는데 의원들이 이를 거부했다. 결국 후스파는 7명의 의원을 창밖으로 집어 던져서 모두 죽여버렸다. '프라하 창밖 투척 사건'이 발생한 것이다. 국왕 바츨라프 4세는 '프라하 창밖 투척 사건'으로 충격을 받아 쓰러진 후 세상을 떴다. 특히 이 사건으로 1419년 후스파와 교황의 권위를 추종하는 국가들 사이에서 전쟁이 발생했다. '후스 전쟁'이 터진 것이다.

후스 전쟁은 1419년부터 1434년까지 총 9회의 전투를 말한다. 교황 마르티누스 5세와 신성로마제국 황제 지기스문트는 1431년까지 총 5회에 걸쳐 십자군을 동원해 후스파 탄압에 나섰으나 번번이 실패했다. 로마가톨릭은 1431년 교황의 갑작스러운 선종으로 바젤공의회를 소집해 차기 교황을 선출함과 동시에 후스파를 상대로 평화협정 제안을 결정했다. 하지만 후스파 내부에서 강경파와 온건파로 갈리게 되고, 급기야 후스파 내부에서 1434년 내전이 발생했다. 로마가톨릭 군대와 연합한 온건파가 승리하면서 후스 전쟁은 막을 내렸다. 온건파는 1436년 로마가톨릭과 평화협상을 맺었다.

마르틴 루터와 프로테스탄티즘(개신교) 탄생

통상 우리는 '종교개혁'이라고 알고 있지만, 이는 지극히 서유럽의 관점이다. 세상에 종교가 하나만 있는 것이 아닌데도 마치 종교는 로마가톨릭 하나만 있다는 식이다. 지구상의 유일한 종교가 개혁된 것처럼 말하는 것은 잘못된 표현이다. '서방교회개혁'이 옳은 표현이다. 그러나 우리에게는 종교개혁이라는 단어가 워낙 대중적으로 사용되다 보니 익숙해졌다. 이 글에서는 종교개혁이라고 표현하겠다.

루터는 오늘날 독일 작센안할트주의 아이슬레벤에서 1483년 태어났다. 루터가 태어났을 때는 신성로마제국 내에 있는 만스펠트백국이었다. 신성로마제국은 인근 프랑스 그리고 바다 건너 잉글랜드와 달리 황제가 존재했으나 그 힘은 미약했다. 특히 300개가 넘는 제후국과 자유 도시들로 분할되어 있었기에 한목소리를 내는 것이 쉽지 않았다. 루터는 타락한 교회의 모습을 묵인하지 않는 아버지 한스 루터(생몰 미상)의 영향을 받았다. 광산업에 종사했던 아버지는 아들이 자기처럼 고생하지 않도록 법률가가 되기를 원했다. 루터는 아버지의 뜻대로 에르푸르트대학교에 입학해 문학과 법률을 공부했다.

1505년 7월 루터는 신기한 경험을 하게 된다. 하루는 수업이 없는 날 집에 갔다가 학교로 돌아가는 길에 대학교 근처에서 벼락이 떨어진 것이다. 너무 놀란 루터는 땅에 납작 엎드렸다. 그러면서 광부들의 수호성인 성(聖) 안나를 큰 소리로 불렀다. 그러면서 "나를 도우소서! 저는 사제가 되겠습니다."라고 약속했다. 참고로 성 안나는 성모 마리아의 어머니이다. 아버지의 반대에도 불구하고 루터는 아우구스티누스 수도회 소속 검은 수도원에 입회해 수사신부가 되었다. 루터는 항상 '죄인인 인간이 거룩하신 신과 바른 관계를 맺을 수 있는가'에 대해 고뇌했다. 수도회는 루터가 더 큰 대학교인 비텐베르크대학교에서 공부하도록 배려했다.

시간이 흘러 루터는 비텐베르크대학교 성서신학 교수가 되었다. 루터의 강의와 설교는 인기를 끌었다. 그러던 중 로마가톨릭에서 교황 레오 10세(재임 : 1513~1521년)가 성 베드로 성당의 증축공사를 위해 면벌부를 판매하기 시작했다. 면벌부를 사면 죽어서 천국과 지옥 중간에 있는 연옥에 가서 고통받지 않고 천국으로 갈 수 있다는 거짓된 논리였다. 당시 프랑스와 잉글랜드에서는 교황의 권위보다 왕권이 강했기에 면벌부 판매가 쉽지 않았다. 반면 신성로마제국은 수백 개의 제후국과 자유도시 등으로 쪼개진 상황이라 면벌부를 팔기에 최적의 장소였다.

당시 신성로마제국 작센의 마그데부르크 대주교이면서 할버슈타트 주교인 알브레히트(1490~1545년)는 마인츠 대주교직을 교황 레오 10세에게 돈 주고 샀다. 알브레히트가 지급한 액수는 지금의 가치로 약 80억 원이었다. 그런데 알브레히트는 교황에게 지급한 돈을 당대 부호 야코프 푸거(1459~1525년)한테서 빌렸고, 빌린 돈을 갚아야만 했다. 이로써 알브레히트는 교황에게 8년 동안 면벌부를 팔 수 있는 권한을 획득하면서 작센과 마인츠 등지에서 대중에게 면벌부를 판매했다.

그런데 알브레히트는 면벌부 판매에 속도를 내기 위해 면벌부 판매에 경력이 많은 도미니크회 소속 수도사 요한 테첼(1465~1519년)에게 판매 총책을 맡겼다. 테첼은 그러나 대중에게 필요 이상의 거짓말로 면벌부를 판매하기 시작했다. 일례로 “성모 마리아를 겁탈해도 면벌부만 갖고 있으면 연옥에서 고통받지 않고 천국으로 갈 수 있다.”라는 식의 거짓말이었다. 그런데도 대중은 테첼의 말만 믿고 면벌부를 샀다. 테첼의 이 같은 행동이 루터를 화나게 한 것이다.

루터는 1517년 10월 마인츠 대주교 알브레히트에게 면벌부 판매의 문제점 95개가 적힌 서한을 보냈다. 그러면서 루터는 비텐베르크대학교 인근 비텐베르크교회 정문에 ‘면벌부의 위력과 효험을 반박함’이라는 제목의 반박문을 라틴어로 게시했다. 루터가 원했던 것은 면벌부 판매 문제점을 놓고 토론을 벌이자는 것이었다. 당시 교회 정문에 사제들이 글을 게시하는 것은 통상적인 일이었다. 루터 역시 토론을 원했던 것이지 다른 목적은 없었다.

그런데 루터가 게시한 글을 본 작센의 한 인쇄업자가 루터의 글을 대량으로 인쇄해서 대중에게 배포한 것이다. 이미 독일에서는 구텐베르크(1398~1468년)가 금속활자 인쇄술을 발명한 뒤여서 루터의 '95개 조 반박문'은 인쇄업자에 의해 라틴어에서 독일어로 번역되어 독일은 물론 인근 국가로까지 급속도로 퍼져나갔다. 루터의 의지와는 다르게 상황이 흘러간 것이다.

루터는 이어 1520년 독일어로 '독일 민족의 그리스도교 귀족에게'라는 제목의 팸플릿을 제작했다. 핵심 내용은 "평신도 역시 성직자와 동등하다."라는 것이었다. 계속해서 "그리스도교 신자들은 만물의 주인이고 누구에게도 속박되지 않는다."라고 주장하기에 이르렀다. 루터가 이처럼 주장한 배경은 당시 독일은 물론 프랑스와 잉글랜드 등 로마가톨릭이 강세였던 지역에서는 라틴어 성경만 존재했고, 설교 역시 라틴어로만 가능했었다. 그렇다 보니 라틴어를 모르는 평신도들은 사제들이 말해주는 내용에만 의존할 수밖에 없었고, 종속되어 있었다. 쉽게 말해서 우주의 중심은 지구이고 지구의 중심은 교황이었던 셈이었는데, 이를 타파하려던 것이었다.

루터의 행동에 대해 초기에는 별다른 대응이 없던 교황은 루터의 주장이 점점 거칠어지자 "그동안 주장해온 것들을 철회하라."라고 루터에게 명령했다. 하지만 루터는 완강히 거부했다. 결국 독실한 로마가톨릭 신자였던 신성로마제국의 황제 카를 5세는 이단과 같은 행위를 일삼는 루터의 견해를 심의하기 위해 1521년 3월 보름스에서 제국회의를 소집해 루터를 소환 조치했다.

루터의 주변인들은 100여 년 전 체코에서 얀 후스가 이단으로 정죄되어 화형당한 전례를 들어 제국회의에 불참을 요구했다. 하지만 루터는 떳떳하다면서 제국회의에 참석했다. 특히 작센의 선제후 프리드리히 3세(1463~1525년)가 루터를 보호하고 있었기에 루터는 두려워하지 않았다. 프리드리히 3세는 황제 선출 권한을 가진 제국 내 7명의 선제후 중 한 명이었다. 결국 자신의 의지를 굽히지 않은 루터는 보름스회의에서 파문당했다. 참고로 7명의 선제후국 중 쾰른, 마인츠, 트리어는 성직자들이 선제후였고, 나머지 작센, 팔츠, 브란덴부르크, 보헤미아 등 4곳은 귀족들이었다.

황제 카를 5세는 회의장을 떠나는 루터를 죽이려고 시도했으나 당시 루터를 지지하는 사람들이 워낙 많아서 쉽사리 죽일 수가 없었다. 그런데 프리드리히 3세는 행여 모를 사태를 대비해 병사들을 시켜 루터를 납치하는 자작극을 벌였다. 이로써 루터가 죽었다는 소문이 신성로마제국 내에서 퍼지기 시작했다. 이후 루터는 바르트부르크성에서 1년가량 두문불출하면서 신약성경을 독일어로 번역하는 일에 매진했다. 당시 루터가 번역한 신약성경은 「우신예찬」으로 유명한 네덜란드의 에라스뮈스(약 1466~1536년)가 라틴어에서 헬라어로 번역해놓은 헬라어 신약성경을 기초로 삼아 독일어로 번역했다.

루터가 1522년 작업을 끝낸 독일어 성경은 초판으로 3,000부가 인쇄되었고 몇 주 만에 완판될 정도로 인기였다. 1년도 되지 않아 12쇄가 인쇄되었다. 독일을 중심으로 로마가톨릭을 부정하면서 루터를 따르는 크리스천들이 기하급수적으로 늘어났다. 그러던 중 1524년 독일 남부 슈바벤에서 예상치 않던 농민운동이 발생했다. 가뜩이나 영주 아래에서 힘든 생활을 하던 농민들이 "평신도와 성직자는 평등하다."라는 루터의 개혁 사상에 영향을 받아 봉기를 일으킨 것이었다.

시간이 흐르면서 농민운동은 폭력적으로 변했다. 폭도들은 귀족들의 성(城)과 주교들의 궁전을 파괴했다. 수많은 귀족과 성직자가 고문당했고 심지어 죽임을 당했다. 루터는 농민운동 초반에는 농민들의 마음을 이해하면서 동조했다. 하지만 농민운동이 점점 과격해지자 그들로부터 등을 돌렸고 오히려 그들을 비판했다. 농민운동은 진압에 나선 황제와 귀족들에 의해 1525년 5월 프랑켄하우젠에서 완전히 진압되었다.

그리고 루터는 농민운동이 진압된 그해 6월 13일 로마가톨릭 사제복을 벗어 던지고 결혼식을 올렸다. 결혼 상대는 열여섯 살 어린 마리엔트론 시토회 수녀원 출신의 카타리나(1499~1552년)였다. 결혼식에는 루터와 종교개혁을 함께한 동료 그리고 화가 부부 등 6명이 축복했다. 주례는 동료이면서 루터파 성직자인 요하네스 부겐하겐 목사(1485~1558년)가 맡았다. 신 앞에서 순결을 다짐했던 신부와 수녀가 신에게 했던 맹세를 스스로 내팽개친 아이러니한 순간이다. 루터 부부는 총 6명의 자녀를 낳았다.

신성로마제국 황제 카를 5세는 시대 흐름에 맞게 결국 1526년 독일 서남부 도시 슈파이어에서 제국의회를 소집해 제한적이나마 루터파에게 신앙의 자유가 부여했다. 그런데 이후 로마가톨릭 신자들이 루터파를 위협하는 일들이 계속해서 발생했다. 카를 5세는 급기야 1529년 슈파이어에서 또다시 제국의회를 개최해 루터파 선제후들과 영주들, 자유도시 대표들을 향해 "로마가톨릭으로 돌아오라."라고 강요했다. 그런데 루터파 제후들과 영주들은 루터의 파문 철회와 함께 루터의 자유로운 설교 및 저술 활동을 강력히 요구했다. 이때부터 '항의하는 사람', 즉 프로테스탄트(Protestant)라는 용어가 사용되었다. 그리고 개신교의 영어식 표현은 프로테스탄티즘(Protestantism)이다.

독일 내 루터파 제후들과 자유도시들은 종교의 자유에 위협을 느끼자 로마가톨릭에 대항하는 군사동맹, 즉 슈말칼덴동맹을 1531년 맺기에 이른다. 하지만 신성로마제국 내 루터파 반대 제후들이 로마가톨릭과 힘을 합쳐 1546년 슈말칼덴동맹국을 공격했고, 이듬해인 1547년 5월 19일 루터파 제후들이 전쟁에서 패배하면서 항복하고 만다. 이때 루터는 세상에 없었다. 한 해 전인 1546년 하늘나라로 떠났기 때문이다. 로마가톨릭은 세월이 흘러 1555년 프로테스탄트들에게 손을 내밀었다. 황제 카를 5세와 루터파 제후들이 아우크스부르크에서 갈등을 일시적으로 봉합한 것이다. 이것을 '아우크스부르크화의(和議)'라고 부른다.

마르틴 루터의 종교개혁 장 칼뱅이 완성하다

1555년 아우크스부르크화의로 신성로마제국에 있는 제후국들과 공국, 백국 그리고 자유도시들은 지도자의 결정에 따라서 종교를 선택할 수 있었다. 다만 개인에게는 종교 선택권이 없었다. '1국가 1종교' 체제였기에 다른 종교를 원한다면 그 지역을 떠나야만 했다. 종교와 관련된 16세기 중엽 신성로마제국의 상황은 이러했다.

루터의 교리는 프랑스와 잉글랜드 등 인근 국가로 서서히 스며들었다. 그러나 신성로마제국처럼 뜨겁게 타오르지는 않았다. 그러던 중 프랑스에서 변화가 일어났는데, 중심인물은 장 칼뱅(1509~1564년)이었다. 칼뱅은 10대 시절 신학을 공부하다가 변호사인 아버지의 권유로 법률을 공부했다. 칼뱅은 프랑스 국립대학교인 파리대학교의 인문학부 몽테귀대학교를 졸업했다. 칼뱅은 같은 학교 출신이면서 「우신예찬」을 쓴 네덜란드의 에라스뮈스 영향을 크게 받았다.

칼뱅은 1530년쯤 로마가톨릭에서 개신교로 개종의 기미를 보이다가 1533년 로마가톨릭의 개혁 필요성을 노골적으로 드러냈다. 그해 10월 니콜라스 콥(1501~1540년)이 파리대학교 학장으로 취임하면서 로마가톨릭 개혁의 목소리가 담긴 연설을 했는데, 이 연설문을 칼뱅이 작성했다. 칼뱅의 종교개혁이 시작된 것이다. 대학교 교직원들은 니콜라스 콥을 이단이라고 비난했고, 파리 시민대표들도 해당 연설에 이의를 제기했다. 니콜라스 콥은 소환당하기 직전 프랑스와 신성로마제국의 국경 지역인 바젤로 도망갔다. 이로써 프랑스의 국왕 프랑수아 1세(재위 : 1515~1547년)는 루터파를 박해하기로 결심했다.

이듬해인 1534년 10월 프랑스에서 '벽보사건'이 발생했다. 니콜라스 콥의 연설에 자극받은 프랑스 내 루터파들이 "로마가톨릭의 미사는 우상숭배이며 장난질이다."라고 지적하는 벽보를 파리는 물론 프랑스 전역의 도시에 붙인 것이다. 심지어 국왕의 거처인 성문에도 보란 듯이 붙였다. 국왕은 이로써 루터파 프로테스탄트 수백 명을 잡아들였고, 이 중에서 36명을 화형에 처했다. 이 때문에 신변에 위협을 느낀 칼뱅은 이듬해인 1535년부터 가명을 사용하면서 지인들의 집을 이리저리 옮겨 다니면서 거처했다. 그러면서 그의 역작 「그리스도교 강요」를 저술하게 된다. '강요(鋼要)'는 기본 가르침을 말한다.

칼뱅이 저술 활동에 집중하던 기간 프랑스에서는 국왕 프랑수아 1세에 의해 개신교도들에 대한 탄압이 날이 갈수록 심해졌다. 그러나 칼뱅은 집필에만 열중했고 결국 1536년 3월 「그리스도교 강요」를 출판했다. 이 책은 개신교의 기본정신과 교리를 체계적으로 정리했다는 평가를 받고 있다. 개신교 신자들은 "칼뱅이 이 책을 저술하면서 마르틴 루터의 종교개혁이 완성되었다."라고 평가하고 있다. 칼뱅은 프랑수아 1세가 루터파에 대해 조금이라도 긍정적으로 생각하기를 바라는 뜻에서 「그리스도교 강요」를 국왕에게 헌정했다.

스위스 바젤에서 출판된 「그리스도교 강요」는 유럽 전역으로 빠르게 퍼져나갔다. 이 책은 성서에 없는 교리는 따를 필요가 없다는 성서 지상주의, 신의 자의적인 뜻에 따라 구원이 결정되어 있다는 '예정설'을 강조했다. 교황으로부터 면벌부를 수백 장 사더라고 구원과는 관련이 없다는 것이었다. 또한 신으로부터 받은 소명을 세상 속 직업에서 근검한 생활을 유지하면서 성공할 때 구원받을 수 있다고 주장했다. 중세 유럽의 교회들이 부(富)의 축적을 경계했던 것과 달리 칼뱅의 주장은 정당한 부의 축적을 합리화시켰다.

칼뱅의 주장은 장사하는 사람들에게 큰 호응을 얻었다. 이것이 바로 개신교를 중심으로 근대 자본주의가 발전하는 계기가 된 것이다. 잉글랜드에서 종교적 박해를 피해 북아메리카로 건너간 오늘날의 미국인들이 칼뱅의 정신을 이어받았다. 특히 훗날 독일의 사회학자 막스 베버(1864~1920년)가 1904년 출간한 그의 저서 「프로테스탄티즘의 윤리와 자본주의의 정신」에서 칼뱅의 주장을 체계화했다. 막스 베버는 "지칠 줄 모르는 노동이야말로 신으로부터 선택받을 수 있는 선민(選民), 즉 구원받기로 예정된 무리에 속할 수 있는 확실한 방법이다."라고 강조했다. 현대 자본주의 사회는 칼뱅이 주장하고 막스 베버가 완성한 셈이다.

칼뱅은 1536년 조용히 공부할 생각으로 프랑스를 떠나 신성로마제국의 자유도시 스트라스부르로 가기 위해 제국 내 자유도시 제네바를 경유했다. 그런데 제네바에서 「그리스도교 강요」에 심취한 기욤 파렐(1489~1565년)를 만나면서 운명이 바뀐다. 당시 제네바는 루터파 프로테스탄트 도시였는데, 기욤 파렐이 제네바의 종교개혁 수행이라는 책임을 맡은 것이다. 그런데 자신감이 떨어진 기욤 파렐은 칼뱅을 찾아가 제네바의 종교개혁을 요청했다. 칼뱅이 이를 거부하자 "꽁무니를 빼면 신께서 저주를 내리실 것이다."라고 협박했다. 결국 칼뱅은 파렐을 돕기 위해 제네바에 정착하기로 결심했다.

그런데 칼뱅은 날이 갈수록 제네바가 도덕적으로 타락해지자 "악명높은 범죄자들이 교회에 참석하면 성찬식을 거행할 수 없다."라고 조치했다. 상황이 이렇다 보니 성찬식에 거부당한 사람들은 사회적으로 망신당하게 된 것이다. 제네바시(市)와 시의회는 종교개혁을 원하기는 했으나 이 같은 조치에는 반대했다. 결국 시의회는 "그 누구도 성찬 참여를 거부당해서는 안 된다."라고 조례를 공포하면서 칼뱅과 파렐은 시의회와 갈등을 빚게 되고, 칼뱅은 1538년 제네바에서 추방당했다. 이후 칼뱅은 처음 목적지로 잡았던 자유도시 스트라스부르로 갔다. 참고로 스트라스부르는 1681년 프랑스 루이 14세(재위 : 1643~1715년)가 선전포고도 없이 기습으로 침공해 점령하면서 프랑스 땅이 되었다.

하지만 제네바는 종교개혁이 제대로 되지 않고 혼란만 가중되었다. 이로써 제네바는 1541년 칼뱅을 다시 찾았고, 칼뱅은 전권을 위임받는다는 조건을 시의회에 요구해 관철되자 제네바에서 강도 높은 종교개혁을 진행했다. 칼뱅은 제네바에서 유흥으로 간주 되는 술을 마시지 못하게 했다. 심지어 춤도 출 수 없었고 음악도 틀 수 없었다. 극장도 없애버렸다. 지나칠 정도로 극단적인 조치였다. 규정 위반자는 종교법원에 넘겼다. 그런데도 초기에는 도덕적으로 타락한 제네바가 건전해지는 듯해서 시민들은 환영했다. 그러나 칼뱅의 종교개혁 4년 동안 무려 58명이 화형 또는 교수형으로 목숨을 잃는 비극이 발생했다.

특히 스페인 출신 신학자 미카엘 세르베투스(1511~1553년)는 삼위일체설과 관련해 칼뱅과 다른 주장을 펼쳤다는 이유로 화형당했다. 칼뱅의 동지였던 당대 인문학자 세바스티앙 카스텔리오(1515~ 1563년)는 세르베투스의 사형에 항거했고, 급기야 성서번역 과정에서 칼뱅과 다른 용어를 사용했다는 이유로 추방당하기까지 했다. 훗날 사람들은 칼뱅의 이 같은 통치방식을 종교와 정치가 결합한 '신정(神政)정치'라고 부르고 있다. 일각에서는 칼뱅이 신의 이름을 앞세워 독재정치를 했다는 비판적인 지적까지 하고 있다. 어쨌든 칼뱅에 의해서 '칼뱅파 프로테스탄티즘'이 생겨났다.

참고로 20세기 오스트리아 출신 철학자 슈테판 츠바이크(1881~1942년)는 자신의 저서 「다른 의견을 가질 권리」를 통해 세바스티앙 카스텔리오의 힘겨운 싸움을 서술했다. 특히 츠바이크는 히틀러(1889~1945년)의 나치 정권에 의해 1938년 오스트리아가 독일에 강제 병합당하자 망명 생활을 한 인물이다. 이로써 그 누구보다 카스텔리오의 마음을 이해했다. 오늘날 개신교 사회에서는 장 칼뱅을 위대한 종교개혁자로 간주하고 있다. 그러나 일부 개신교 신자들은 장 칼뱅이 무모하게 사람들을 죽이는 공포의 신정정치를 펼쳤다고 비난하는 목소리도 있다. 칼뱅은 1564년 제네바에서 눈을 감을 때까지 신정정치를 펼쳤고, 스코틀랜드의 존 녹스(약 1513~1572년)가 창시한 장로교회가 칼뱅의 정신을 기반으로 탄생했다.

루터파와 칼뱅파 프로테스탄트 유럽 전역에서 생기다

로마가톨릭은 부(富)의 축적을 경계했지만, 칼뱅은 부의 축적을 합리화하면서 상인들을 비롯한 서민들 사이에서 큰 인기를 끌었다. 반면 루터는 귀족의 보호를 받으며 성장했기에 가난한 기사들과 굶주린 농민들 그리고 소수를 차지하는 유대인들을 배척하는 모습을 보이면서 하층민들의 적극적인 지지를 받지 못했다. 이 때문에 개신교는 프랑스를 중심으로 퍼져나간 칼뱅파와 독일을 중심으로 퍼진 루터파로 갈라졌다.

칼뱅주의 개신교는 프랑스와 스코틀랜드, 잉글랜드 등지로 퍼져나갔다. 반면 루터주의 개신교는 독일을 중심으로 덴마크, 스웨덴, 노르웨이 등 주로 북유럽 등지로 퍼져나갔다. 우리나라에서는 인구의 약 32%가량 차지하는 그리스도교(로마가톨릭, 정교회, 개신교) 신자 중 개신교 신자가 전체 인구 가운데 약 20%로 가장 많다.

그리고 당시 유럽 각 지역에서 개신교 신자를 부르는 명칭도 달랐다. 우선 프랑스에서는 위그노(Huguenot)라고 불렀는데, 이들은 칼뱅주의자들이다. 위그노라는 단어는 프랑스의 로마가톨릭 신자들이 개신교 신자들을 '그리스도교 신자가 아닌 개인을 추종하는 집단'이라는 멸시적인 뜻으로 만든 단어이다.

프랑스에서 위그노의 숫자가 계속해서 증가하자 결국 1572년 로마가톨릭 신자들이 '성 바르톨로메오 축일'인 8월 23일 위그노들을 대량 학살하는 비극까지 발생했다. '성 바르톨로메오 축일의 학살'로 불리는 이 끔찍한 사건 이후 프랑스의 국왕 앙리 4세(재위 : 1589~1610년)는 1598년 위그노에 대한 신앙의 자유를 인정하는 '낭트칙령'을 발표했다.

이와 함께 바다 건너 잉글랜드에서는 이미 14세기 존 위클리프에 의해 로마가톨릭의 쇄신 목소리가 일어난 바 있었다. 그런데 특이하게도 잉글랜드에서는 국왕이 나서서 로마가톨릭과 결별하는 사건이 1534년 발생했다. 국왕 헨리 8세는 아들을 낳지 못하는 왕비 캐서린(1485~1536년)과 이혼하고 캐서린의 시녀 앤 불린(1501~1536년)과 결혼하려고 했으나 교황이 이혼을 반대했다. 결국 헨리 8세는 "잉글랜드 종교의 수장은 교황이 아닌 국왕이다."라는 수장령(首長令)을 선포했다. 이로써 잉글랜드의 종교는 국교회로 변모했다.

국교회는 수장만 바뀌었을 뿐 대부분 로마가톨릭의 의식을 따랐다. 그런데 잉글랜드 국민 중에서 국교회가 로마가톨릭에서 완전히 탈피하는 것을 요구하는 자들이 시간이 갈수록 늘어났다. 이유는 이들이 북쪽에 자리 잡은 스코틀랜드의 종교개혁자 존 녹스의 영향을 받았기 때문이다. 칼뱅의 영향을 받은 녹스는 개신교 중에서도 장로교를 창시한 인물이다. 애당초 녹스는 로마가톨릭 사제였지만 신성로마제국의 자유도시 제네바에서 신정정치를 펼치던 칼뱅으로부터 교리를 배웠다. 이후 고국으로 돌아와서 여왕 메리 스튜어트(재위 : 1542~ 1567년)와 투쟁해 개혁주의를 도입했다. 이로써 장로교가 잉글랜드로 전파되었다.

그리고 헨리 8세의 딸 엘리자베스 1세(재위 : 1558~1603년)는 국교회의 변화를 원하는 사람들을 향해 '아무것도 모르는 순진한 사람들(purist)'이라고 조롱했다. 이로써 잉글랜드에서는 개신교 신자들이 '퓨리턴(puritan)'이라고 불리게 되었다. 이 말이 중국에서 청교도(淸教徒)로 번역되어서 조선으로 유입되어 사용되기 시작했다. 잉글랜드의 종교에 영향은 끼친 존 녹스는 '청교도주의 창시자'라고도 불린다. 1620년 종교박해를 피해 잉글랜드를 떠나 북아메리카로 간 청교도들이 만든 나라가 바로 미국이다.

5부.

아시아로 뻗어나간 서양의 정신

마카오
홍콩
상하이
벵골만
남중국해
태평양
고아
첸나이
캘리컷
나가파티남
코친
콜롬보
말라카
말루쿠제도
인도양
암본
반다 섬
바타비아

노르웨이
스웨덴
스코틀랜드
북해
덴마크
발트해
잉글랜드
런던
네덜란드
비텐베르크
루터파의 전파
칼뱅파의 전파
잉글랜드 성공회
로마가톨릭(구교)
프로테스탄티즘(신교)
파리
신성로마제국
프랑스
제네바
대서양
교황령
로마
포르투갈
에스파냐
지중해

도산도
난카이도
호쿠리쿠도
산요도
도카이도
산인도
기나이
사이카이도
미노국
빗추국
스오국
히젠국
쓰시마국
오와리국
미카와국
사쓰마국

혼슈
규슈
시코쿠
미노국
빗추국
스오국
히젠국
쓰시마국
간토
간사이
미카와국
오와리국
사쓰마국

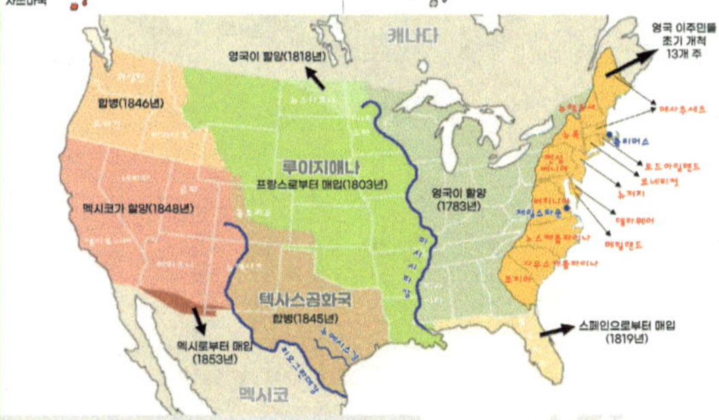
캐나다
영국 이주민들 초기 개척 13개 주
영국이 할양(1818년)
합병(1846년)
루이지애나
프랑스로부터 매입(1803년)
영국이 할양(1783년)
멕시코가 할양(1848년)
텍사스공화국
합병(1845년)
멕시코로부터 매입(1853년)
스페인으로부터 매입(1819년)
멕시코

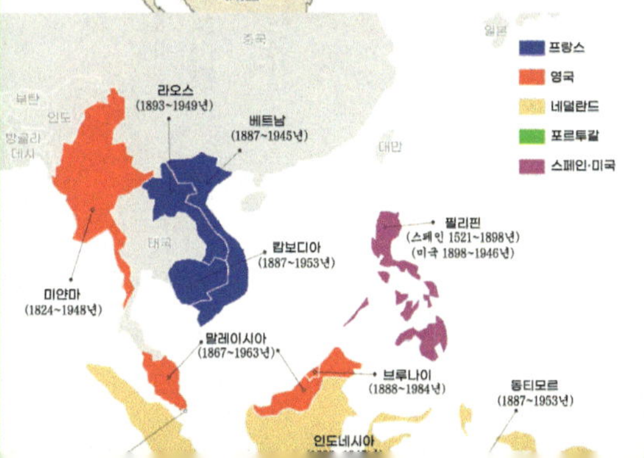
중국
일본
프랑스
영국
네덜란드
포르투갈
스페인·미국
라오스
(1893~1949년)
베트남
(1887~1945년)
부탄
인도
방글라데시
대만
태국
캄보디아
(1887~1953년)
필리핀
(스페인 1521~1898년)
(미국 1898~1946년)
미얀마
(1824~1948년)
말레이시아
(1867~1963년)
브루나이
(1888~1984년)
동티모르
(1887~1953년)
인도네시아

16세기 유럽 열강이 동남아시아(초록색), 인도(주황색), 중국에서 장악한 주요 도시들과 섬.

17장

세상의 판도 바꾼 유럽의 식민지 쟁탈전

'해가 지지 않는 제국' 포르투갈의 흥성과 몰락

우리는 통상 '해가 지지 않는 나라'를 영국으로 알고 있지만, 그 시작은 포르투갈이다. 이 사실을 잘 모르는 이유는 포르투갈이 짧은 최전성기를 누리고 너무나도 어이없게 제국이 몰락했기 때문이다. 그리고 대제국 포르투갈이 몰락한 후 역사의 뒤편으로 밀려난 배경에는 '잘못된 종교관'이 큰 역할을 했다. 어리석은 국왕은 제국이 쓰러져가는 것도 모를 정도로 아둔했고, 결국에는 후사가 끊기면서 이웃한 스페인에 1580년부터 1640년까지 60년간 병합되는 불운까지 맞이했다.

포르투갈에서는 1498년 바스쿠 다 가마가 인도 캘리컷으로 가는 항로를 개척했고 이어서 2차 항해는 페드루 알바레스 카브랄이 이끌었다. 그리고 카브랄은 우연히 오늘날의 브라질을 1500년 발견했다. 포르투갈은 1533년부터 브라질 개척에 나섰다. 국왕 마누엘 1세는 인도로 가는 3차 항해 임무를 바스쿠 다 가마에게 또다시 맡겼고, 이번에는 무력으로 1502

년 인도 캘리컷을 점령했다. 이로써 후추, 정향, 계피, 육두구 등 당시만 해도 같은 무게로 금값과 맞먹는 향신료를 독점으로 거래하면서 엄청난 부(富)를 축적하게 된다.

포르투갈은 계속해서 인도 고아(1510년), 믈라카(1511년), 호르무즈해협 해상권(1515년) 등 향신료 무역 중심지를 손아귀에 넣었다. 아프리카에서는 모잠비크(1498년)와 앙골라(1575년)를 점령했다. 이어서 1557년에는 명나라의 땅이었던 마카오의 영유권을 행사하기에 이르렀다. 대영제국처럼 포르투갈의 땅도 해가 지지 않을 정도로 지구상에 방대하게 펴졌다. 이런 가운데 16세기 초반 스페인에서는 에르난 코르테스가 1521년 아스테카제국을, 프란시스코 피사로는 1533년 잉카제국을 멸망시켰다.

포르투갈의 점령지가 넓어지다 보니 군인과 선원들이 해외로 대거 빠져나가는 것은 당연했다. 인구가 급격히 줄어들기 시작한 것이다. 그리고 브라질에서는 아프리카 흑인 노예를 이용한 대규모 플랜테이션 농업이 발전했고, 포르투갈 국내 자영농들은 가격 경쟁력을 잃으면서 몰락하기 시작했다. 농민들은 아예 농업을 포기하고 포르투갈의 해외 영토로 이주해 버렸다. 인구 감소 현상에 불이 붙은 것이다. 이런 상황에 포르투갈은 유대인들을 향해 개종을 요구하면서 개종하지 않으면 추방하는, 어처구니없는 결정까지 내렸다.

이미 유대인 추방령은 이웃한 스페인의 이사벨 여왕이 레콩키스타를 완성한 1492년 그해 3월 31일 공표했다. 바로 '알함브라칙령'이다. 이사벨 여왕의 유대인 추방령은 스페인 몰락의 신호탄이었고, 그 여파가 포르투갈의 국왕에게 전파된 것이다. 포르투갈의 유대인 추방 결정은 마누엘

1세의 욕심 때문이었다. 마누엘 1세는 스페인의 공동 국왕인 이사벨 여왕과 페르난도 2세의 장녀 이사벨 공주(1470~1498년)와 결혼해 차후 스페인의 국왕이 될 것이라는 야심을 품었다. 그런데 이사벨 여왕은 마누엘 1세에게 결혼 조건으로 유대인들을 추방할 것을 요구했다.

마누엘 1세는 내키지 않았으나 뜻한 바가 있어 순순히 따랐다. 우선 스페인은 3개월 만에 로마가톨릭으로 개종하지 않은 유대인 약 17만 명을 국외로 쫓아냈다. 앞서서 1480년부터 종교재판을 피해 약 9만 명가량의 유대인이 스페인을 빠져나간 뒤였다. 총 26만 명가량이지만, 일부 역사가는 이보다 훨씬 많은 약 80만 명의 유대인들이 스페인을 빠져나갔다고 말하기도 한다. 스페인에서는 로마가톨릭으로 개종한 유대인들을 '콘베르소'라고 불렀다. 콘베르소를 비하하면서 돼지 또는 지저분한 사람이라는 뜻의 '마라노'라고도 불렀다. 포르투갈의 국왕 마누엘 1세는 이사벨 여왕의 요구를 받아들여 1496년 12월 "개종을 원하지 않는 유대인들은 10개월 안으로 포르투갈을 떠나라."라고 명령했다.

스페인과 포르투갈에서 유대인들은 주로 상업, 금융업, 행정 등 사회 전반에서 중추적인 역할을 하고 있었다. 이들이 내는 세금은 국고를 살찌웠다. 그런데 종교 때문에 이들을 추방한 것이다. 이베리아반도를 떠난 유대인들은 프랑스 북동부 플랑드르를 비롯해 이탈리아반도, 북아프리카 등지로 이주했다. 이어 플랑드르로 간 유대인들은 현지 상황 악화로 인근 저지대(低地帶) 즉, 오늘날의 네덜란드로 이동했다. 당시 저지대는 신성로마제국의 황제를 배출한 합스부르크 왕가가 다스리고 있었다. 이곳은 훗날 독립 전쟁을 통해 네덜란드로 발전한다. 유대인들의 이주로 네덜란드가 부유해지고 강성해진 것이다.

급기야 포르투갈 리스본에서는 1506년 로마가톨릭 광신도들이 콘베르소 7,000명가량을 학살하는 끔찍한 사건도 발생했다. 가뜩이나 국내 인구가 줄어드는 판국에 집단적 광기가 발생하면서 포르투갈의 사정은 날이 갈수록 나빠졌다. 마누엘 1세가 죽고 뒤를 이은 주앙 3세(재위 : 1521~1557년) 통치 때 포르투갈제국은 급격히 침몰했다. 내수시장이 살아나지 않는데도 왕실은 돈을 흥청망청 썼고 급기야 지출이 수입을 넘어선 것이다. 이런 상황인데도 주앙 3세는 1536년 종교재판소를 세웠다. 30년 전 리스본에서 있었던 대학살 이후 잠잠했던 유대인 경멸이 또다시 고개를 든 것이다.

종교재판소의 힘은 막강했다. 국가보다 더 큰 힘을 발휘하면서 로마가톨릭에 반대하는 백성들을 가차 없이 이단으로 낙인찍어 처형했다. 이 때문에 어쩔 수 없이 로마가톨릭으로 개종하는 척 시늉했던 유대인들은 두려움에 떨면서 또다시 포르투갈을 떠날 수밖에 없었다. 그런데 주앙 3세는 1540년 예수회까지 받아들여 교육받았다. 예수회는 마르틴 루터로 인해 생겨난 신교에 맞서 싸울 목적으로 꾸려진 열성적인 로마가톨릭 조직이었다. 주앙 3세는 침몰하는 제국을 구할 생각은 고사하고 잘못된 종교관에 빠져서 선대 국왕들이 어렵게 이룩한 제국을 시원하게 말아먹고 있었다.

주앙 3세가 죽은 뒤 겨우 세 살인 세바스티앙 1세(재위 : 1557~1578년)가 즉위했다. 국왕이 너무 어려 한동안 할머니 카탈리나(1507~1578년)가 섭정했다. 카탈리나는 스페인 이사벨 여왕의 외손녀이다. 세바스티앙 1세는 어릴 적부터 예수회 소속 신부들로부터 교육받으면서 "그리스도교 군주에게 가장 중요한 것은 십자군 원정이다."라는 중세적인 교육을 받았다. 이것이 화근이었다.

열다섯 살이 되던 해부터 자기 정치를 할 수 있었던 세바스티앙 1세는 십자군 열정에 불타올라 결혼도 하지 않고 스물네 살이 되던 1578년 병력을 이끌고 무슬림들과 싸우겠다면서 북아프리카로 건너갔다. 당시 능력 있는 장군과 병사들은 대부분 해외 영토에 나가 있었기에 누가 봐도 패배는 불 보듯 뻔했다. 앞서 세바스티앙 1세는 외삼촌인 스페인의 국왕 펠리페 2세(재위 : 1556~1598년)에게 원군을 요청했으나 거절당한 바 있었다. 펠리페 2세는 신성로마제국 황제 카를 5세의 장남이다.

세바스티앙 1세는 훈련이 덜 된 병사들을 이끌고 내분에 휩싸인 모로코를 점령하겠다고 나섰으나 알 마카진 전투에서 1578년 전사하고 만다. 후사도 없이 허무하게 죽은 것이다. 이로써 포르투갈 차기 국왕은 세바스티앙 1세의 외삼촌이자 스페인의 국왕 펠리페 2세가 겸직하게 된다. 펠리페 2세는 포르투갈을 향해 자치를 인정하고 막대한 지원까지 약속하면서 포르투갈 귀족들을 포섭한 상태였다. 이로써 포르투갈은 1580년부터 1640년까지 스페인에 병합되었고, 제국은 한없이 침몰하기 시작했다. 이로써 포르투갈은 동남아시아에서 어렵게 구축한 해상무역권 대부분을 유대인 덕에 부강해진 네덜란드 측에 훗날 빼앗기는 상황을 맞게 된다.

성직자 주장으로 아프리카 노예 수입 시작되다

콜럼버스가 남아메리카에 도착했을 당시 그곳에는 사탕수수가 없었다. 그런데 콜럼버스가 2차 항해 때 아프리카 북서쪽에 위치한 마데이라제도에서 자라고 있던 사탕수수를 히스파니올라 섬으로 가져와서 심은 후 경작하기 시작했다. 사탕수수가 자라기에는 남미의 기후와 토양이 최적이었다. 마데이라제도는 포르투갈이 앞선 1419년 차지했는데, 대항해시대를 연 엔히크 왕자가 그곳에 사탕수수를 심어 경작하고 있었다. 하지만 생산량이 워낙 적다 보니 유럽에서는 설탕이 비싼 값에 팔리고 있었다.

히스파니올라 섬으로 이주해 온 스페인 군인과 이주민들은 사탕수수를 대규모로 경작하기 시작했다. 그리고 본국으로 보내서 이윤을 챙겼고, 스페인 왕실은 유럽 각국으로 설탕을 팔아서 막대한 부를 축적할 수 있었다. 남미에서는 처음으로 히스파니올라 섬에서 시작된 대규모 사탕수수 경작이 인근 쿠바로 확장되었다. 사탕수수 경작에 동원된 사람들은 선주민 타이노족이었다. 갑작스러운 유럽인들의 침략으로 인디오로 불리게 된 이들은 노예로 전락하고 만 것이다.

특히 스페인 사람들은 고대 그리스 아테네의 철학자 아리스토텔레스(BC 384~BC 322년)의 노예개념을 자의적으로 해석하면서 남미의 선주민들에 대한 노예화에 정당성을 부여했다. 아리스토텔레스는 "이성적 사고를 스스로 할 수는 없지만 다른 사람의 이성적 사고를 어느 정도 이해할 수준이 된다면 그 사람은 천성적으로 노예이다."라고 주장했다. 스페인 사람들은 인디오들이 스스로 이성적인 사고를 할 수 없다고 결론지은 것이다. 이들을 노예로 부리는 것에 대해 양심의 가책은 존재하지 않았다.

남미로 건너간 스페인 사람 중에는 종군 신부로 따라간 로마가톨릭의 성직자들도 있었다. 그런데 스페인 사람들이 인디오들을 대하는 모습이 지나칠 정도로 가혹했다. 이에 히스파니올라 섬에 있던 도미니코수도회의 사제 안토니오 데 몬테시노(1475~1540년)는 1511년 인디오들에 대한 가혹한 행위를 하는 스페인 군인들을 비판하는 강론을 펼쳤다. 몬테시노는 "이 무고한 사람들에게 잔혹 행위를 저지른 당신들은 모두 신께 죄를 지은 겁니다. 이 사람들은 인간이 아닙니까? 그들 역시 이성적인 영혼을 갖고 있지 않습니까? 당신들은 도대체 무슨 권리로 이 사람들을 가혹한 노예 상태로 묶어두는 것입니까?"라고 목소리를 냈다.

그리고 그 자리에는 몬테시노의 강론에 감명받은 20대 젊은 성직자가 있었는데 바르톨로메 데 라스 카사스(1484~1566년)였다. 라스 카사스는 성직자가 되기 전 콜럼버스의 4차 항해 때인 1502년 아버지와 함께 신대륙으로 와서 영지를 받았고 인디오들을 노예로 부리며 사탕수수 재배를 했었다. 그러던 중 잠시 스페인으로 돌아가 신학을 공부하고 다시 남아메리카로 돌아왔지만, 라스 카사스는 인디오들을 노예로 부리는 행위에 대해 죄의식을 느끼지 못했다. 그런데 1511년 어느 날 몬테시노의 강론을 듣고 충격을 받은 것이다. 이후부터 라스 카사스는 인디오 보호에 앞장섰다.

하지만 이미 사탕수수 농장은 대규모로 진행되고 있었기에 인디오들을 노예로 부리지 않는다면 대체할 인력은 없었다. 인디오들에 대한 착취는 근절되지 않았다. 라스 카사스는 그런데도 남미에서 벌어지는 가혹한 착취 행위를 계속해서 비판하고 스페인 당국에 고발했다. 1519년에는 스페인 의회에 참석해 스페인 국왕 카를로스 1세 앞에서 스페인 사람과 인디오가 협력하는 '자유 인디오 도시' 건설 계획을 발표해 승인받기도 했다. 하지만 이 계획은 스페인 사람들과 인디오 양쪽 모두의 반발로 1522년 실패로 끝났다.

라스 카사스는 이후 공적인 삶을 떠나서 10년 동안 도미니코수도회 교단에 들어가 수사가 되어 책을 쓰고 인디오들을 억압하는 인물과 기관을 고발하는 편지를 쓰는 등 인디오 해방을 위한 활동을 손에서 놓지 않았다. 급기야 스페인 본토에서는 신대륙에서 일어나는 가혹한 착취의 정당성을 두고 논쟁하는 일이 비일비재하게 일어났다. 결국 스페인 국왕은 더 이상 묵과할 수 없다고 판단하고 1550년 바야돌리드에서 훈타(junta, 심판단, 위원회)를 소집해 식민지 인디오에 대한 대우를 놓고 서로 다른 생각을 가진 두 사람을 불러 의견을 청취하기로 했다.

인디오 노예제에 찬성하는 대표로 학자인 후안 히네스 데 세풀베다(1494~1573년)가 나섰고, 반대하는 대표는 라스 카사스가 나섰다. 세풀베다가 먼저 나서서 3시간가량 노예제의 정당성을 설파했다. 그런데 라스 카사스는 무려 5일에 걸쳐 자신의 주장을 펼치며 세풀베다의 주장을 반박했다. 이 논쟁은 '바야돌리드 논쟁'이라고 부른다. 당국은 공식적으로 특정인의 손을 들어주지는 않았지만, 세풀베다의 주장에 무리가 있다는 식으로 의견이 모였다. 그런데 그때부터 문제가 생겼다. "인디오들을 노예로 부리지 않는다면 앞으로 사탕수수 대농장을 어떻게 경영하느냐."라는 문제였다.

라스 카사스 덕분에 인디오들은 '이성적인 존재'라는 인식이 스페인에서 자리 잡게 되었다. 그런데 라스 카사스는 대체 인력으로 엉뚱한 발상을 꺼내 들었는데, 바로 아프리카에서 흑인 노예를 사들여 대체해야 한다는 것이었다. 인디오를 보호하기 위해 아프리카 사람들을 혹사하자는 모순이었다. 결국 스페인은 이때부터 아프리카로 건너가서 현지에 있는 노예들을 대량으로 사서 남미로 데려오게 된다. 이로써 아메리카 흑인들이 남미로 유입되는 결과를 낳은 것이다. 라스 카사스는 '인디오의 수호자'라는 별칭과 함께 '아프리카 노예제 개척자'라는 상반된 평가를 받고 있다.

참고로 1521년 2월에는 히스파니올라 섬 타이노 부족의 추장 아투에이(1478~1512년)가 스페인 정복자들의 회유에 넘어가지 않고 그들과 용감히 맞서다가 처형되는 일이 있었다. 처형되기 직전 한 성직자가 아투에이에게 그리스도교의 유일신을 받아들일 것을 강요했다. 이때 아투에이는 사제를 향해 이렇게 물었다. "아무 잘못이 없는 나의 아내와 딸을 강간하고 죽인 군인들도 천국에 가는가?" 사제는 "당연히 이들은 예수를 믿고 세례를 받았으니 천국에 간다."라고 대답했다. 이에 아투에이는 "그렇다면 나는 그런 천국에는 가지 않겠다. 그것은 천국이 아니다. 이들이 없는 지옥이 바로 천국이다."라고 말했다. 아투에이의 이 말에 사제는 할 말을 잃고 말았다.

'잘못된 종교관' 어리석은 왕이 망친 스페인제국

1580년 포르투갈이 스페인에 병합당했다. 이로써 스페인은 앞서서 포르투갈이 장악한 동남아시아의 향신료 무역을 손쉽게 얻을 수 있었다. 남미와 동남아에서 금과 은, 향신료, 사탕수수 등이 대거 스페인으로 유입되면서 스페인은 유럽의 그 어떤 국가도 부럽지 않은 부국으로 성장했다. 그런데 대서양에서 금과 은을 실은 선박을 공격하는 해적들이 출몰하기 시작했다. 그리고 그 배후에는 잉글랜드가 있었다. 16세기 말 잉글랜드 엘리자베스 여왕이 부족한 국고를 채우기 위해 해적들을 고용해 스페인 선박을 대상으로 노략질하도록 지시한 것이다.

1572년 엘리자베스 여왕은 해적 출신의 존 호킨스(1532~1595년)를 해군 사령관으로 임명해 해군의 군사력을 키웠고, 존 호킨스는 1575년 무려 150만 파운드 분량의 금과 은을 스페인으로부터 약탈하는 성과를 올렸다. 이는 잉글랜드 왕실의 3년 치 수입액과 맞먹는 수준이었다. 결국 스페인은 해적들을 대항하기 위해 막강한 함대를 양성했다. 바로 '무적함대(Armada Invincible)'가 탄생한 것이다.

잉글랜드와 스페인 무적함대의 충돌을 알기 위해서는 저지대를 이해할 필요가 있다. 앞서 16세기 초 서유럽에서는 마르틴 루터에 의한 종교개혁이 일어났고 장 칼뱅에 의해 개신교가 계속해서 퍼지기 시작했다. 개신교는 스페인 영토인 저지대로까지 퍼져나갔다. 그런데 스페인은 로마가톨릭을 지키기 위해 1556년 순혈령(純血令)을 제정했다. 이단으로 의심되는 자들의 피에는 유대인의 피가 섞여 있기에 로마가톨릭을 받아들이지 않은 타 종교인들은 모두 추방한다는 것이었다. 그런데 스페인의 영토인 저지대에서 칼뱅파 신교를 믿는 사람들이 늘어난 것이다.

결국 1567년 스페인령 저지대의 총독으로 부임한 스페인의 대귀족 페르난도 알바레스 데 톨레도(1507~1582년)가 신교도들을 종교재판에 세우는 가혹한 법정을 열었고, 저지대 사람들이 반발해 1567년 3월 13일 독립 전쟁이 발발했다. 저지대 사람들은 목숨 걸고 스페인에 맞섰다. 그리고 이미 스페인에서 쫓겨났던 유대인들이 대거 안착한 곳이 저지대이기에 스페인에 대항하는 힘은 강력했다.

그런데 여기에서 변수가 생겼다. 잉글랜드가 저지대 사람들의 편에 선 것이다. 스페인이 저지대를 향해 군대와 자금을 보내기 위해서는 육상으로는 프랑스 땅을 이용해야 했고, 해상으로는 잉글랜드의 바다를 지나야만 했는데 잉글랜드의 등장으로 불가능해진 것이다. 상황이 이렇다 보니 스페인은 저지대의 반란을 쉽사리 제압할 수 없었다.

저지대 중에서도 오늘날 네덜란드 사람들은 1581년 자체적으로 독립을 선언했다. 시간이 흘러 1588년 스페인 국왕 펠리페 2세는 잉글랜드 침공을 위해 무적함대를 도버해협으로 보냈다. 하지만 결과는 무적함대의 패배였다. 저지대 사람들과 힘을 합친 잉글랜드가 칼레 앞바다에서 펼쳐진 해전에서 스페인의 무적함대를 상대로 대승을 거둔 것이다. 이때부터 스페인제국은 서서히 침몰하기 시작했다. 그리고 네덜란드는 무럭무럭 성장하면서 1595년부터 아프리카 남단을 돌아 인도양을 건넌 뒤 동남아로 가는 항로를 개척하기 시작했다. 그리고 네덜란드는 아시아 개척을 위해 1602년 동인도회사를 설립했다.

스페인에서는 1598년 펠리페 2세에 이어 그의 아들 펠리페 3세(재위 : 1598~1621년)가 즉위했다. 그런데 펠리페 2세가 나이 쉰 살이 넘어 귀하게 얻은 아들 펠리페 3세는 무능의 극치였다. 사냥과 연회, 연극에 빠져서 국정운영에는 관심이 없었다. 나라 살림을 발렌시아의 귀족 데니아의 후작 프란시스코(1553~1625년)에게 맡겼다. 프란시스코는 스스로 레르마의 공작으로 승격했다. 그러더니 전권을 쥔 레르마 공작은 1609년 네덜란드와의 전쟁을 재개했다. 스페인이 한창 전성기 때도 꺾지 못했던 네덜란드를 상대로 이긴다는 것은 거의 불가능이었다.

결국 전쟁다운 전쟁도 치르지 않고 네덜란드와 12년간의 휴전협정을 맺었다. 굴욕이었다. 스페인 내부에서 여론이 나빠졌다. 이를 타개하기 위해 레르마 공작은 1609년 '모리스코 추방령'을 내렸다. 모리스코는 로마가톨릭으로 개종한 무슬림들을 말한다. 앞서서 1492년 이사벨 여왕이 유대인들을 쫓아내더니 이번에는 개종한 무슬림들까지 쫓아낸 것이다. 이번 추방령으로 28만 명에 달하는 모리스코가 스페인을 떠났다. 대부분 하층민이었던 이들은 북아프리카에서도 환영받지 못하면서 대부분 굶어 죽거나 지쳐서 죽었다고 전해진다.

다시 네덜란드 이야기를 하면, 네덜란드의 동인도회사는 단순히 이익만 추구하는 회사가 아니라 전쟁을 선포할 수 있고 협정까지 맺을 수 있는 '국가 안의 국가'였다. 이 같은 힘을 가진 네덜란드 동인도회사는 서서히 포르투갈이 장악하고 있던 동남아의 향신료 무역거점을 하나둘씩 빼앗기 시작했다. 그러던 중 1640년 포르투갈은 스페인으로부터 독립해서 떨어져 나왔고, 네덜란드는 1648년 '30년 전쟁' 결과 완전한 독립을 인정받았다. 1567년 시작되어 1648년에 끝난 네덜란드 독립 전쟁은 '80년 전쟁'이라고도 부른다. 잘못된 종교관 그리고 어리석은 군주로 인해 스페인 제국은 그렇게 저물어 간 것이다.

동남아 향신료 무역 장악한 신흥강국 네덜란드

네덜란드의 탄생은 미국처럼 종교와 밀접한 관계가 있다. 15세기 말 단행된 로마가톨릭 수호 국가 스페인의 유대인 추방령으로 상업에 눈이 밝은 유대인들이 대거 저지대로 이주했다. 이어서 16세기에는 개신교가 저지대로 유입되면서 많은 사람이 신교를 받아들였다. 하지만 스페인은 신교를 받아들인 저지대 사람들에 대해 혹독한 종교 탄압을 가했다. 이 같은 조치는 오히려 독립에 대한 열망을 부추겼다. 이런 상황에서 스페인이 장악한 대서양 경제를 잉글랜드가 노렸고, 잉글랜드는 스페인에 적대적이던 저지대의 편을 들었다.

저지대는 일찍이 중세 초기부터 상업이 발달한 부유한 지역이다. 이곳을 차지했던 국가들은 저마다 국고를 살찌우는 저지대를 지키기 위해 부단히 애썼다. 하지만 저지대의 주인은 수시로 바뀌었다. 8세기 말 프랑크왕국이 차지했다가 프랑크왕국 분열 후에는 서프랑크에서 변모한 프랑스가 다스렸다. 그런데 10세기 신성로마제국이 플랑드르를 제외한 상당 부분을 빼앗아 갔다. 이후 저지대는 13세기까지 신성로마제국의 일부인 홀란트백국, 브라반트공국, 림부르크공국과 프랑스의 일부인 플랑드르백국 등으로 분할되었다.

시간이 흘러 백년 전쟁이 끝난 15세기 중후반 프랑스의 부르고뉴공국이 저지대 대부분을 차지했다. 그런데 1477년 신성로마제국의 황태자 막시밀리안 1세(독일 왕 재위 : 1486~1519년, 황제 재위 : 1508~1519년)가 부르고뉴공국의 여공작 마리(1457~1482년)와 결혼하면서 저지대는 합스부르크 가문의 영토가 되었다. 이후 막시밀리안 1세의 손자 카를 5세가 할아버지에 이어 황제직을 승계했고, 카를 5세는 신성로마제국과 스페인을 함께 통치했다. 카를 5세는 세상을 뜨기 전 저지대를 아들 펠리페 2세에게 상속했다. 황제직은 카를 5세의 친동생인 페르디난트 1세(황제 재위 : 1556~1564년, 황제 대관식 : 1558년)가 이어받았다. 그런데 1556년 스페인 국왕이 된 펠리페 2세는 저지대 개신교 신자들에 대해 모진 탄압을 가했다.

결국 저지대 내에서 1567년 3월 국왕 펠리페 2세를 향해 종교에 대한 관대한 정책을 요구하던 시위가 점점 커지더니 독립운동으로 변했다. 스페인은 독립을 향한 저지대 사람들의 희망을 꺾을 수가 없었다. 특히 육로를 이용한 군대 파견은 프랑스를 경유해야 했기에 불가능한 탓에 해상을 이용해야 했는데도 도버해협의 주인 잉글랜드는 저지대의 편이었다. 스페인은 1588년 잉글랜드 침공을 위해 무적함대를 보냈으나 결과는 대패였다. 이때부터 스페인은 서서히 몰락하기 시작했고, 스페인이 장악하고 있던 동남아의 향신료 무역거점을 네덜란드가 장악하기 위한 박차를 가했다.

네덜란드의 명칭은 영어로 '낮은, 아래의'라는 뜻을 가진 'nether'와 '땅'이라는 뜻의 'land'가 합쳐진 'Netherland'이다. 네덜란드는 그러나 스페인을 향해 반란을 일으킨 북부 7개 지역과 스페인에 충성하는 남부 지역이 힘을 합치기 위해 1576년 헨트(또는 겐트, Ghent)평화협정을 체결했다. 하지만 1579년 스페인이 공격해 들어오자 남부 지역은 자체적으로 아라스동맹을 체결하고 헨트평화협정을 일방적으로 파기했다. 이로써 북부 7개 지역은 남부의 아라스동맹에 대항하기 위해 위트레흐트동맹을 결성하고 2년 후인 1581년 자체적으로 독립을 선언했다. 오늘날의 네덜란드가 모습을 드러낸 것이다.

네덜란드에서는 14세기 중반 고기잡이를 하던 빌럼 뵈켈스존(생몰 미상)이 청어 절임 기술을 개발하면서 청어 무역으로 막대한 부를 거머쥐기 시작했다. 주로 유대인들이 청어 산업으로 막대한 부를 쌓았다. 그리고 네덜란드는 1581년 자체적인 독립선언 후 자본을 축적한 일반 시민들이 투자처를 찾기 시작했다. 이 시기에 네덜란드에서 동인도회사들이 하나둘씩 생겨나기 시작했고 1595년부터 아프리카 남단을 돌아 인도양을 건너 동남아로 가는 해상루트를 개척한 것이다.

그런데 동인도회사가 지나칠 정도로 우후죽순처럼 생겨났다. 이로써 7개 지역으로 형성된 네덜란드 연합정부는 단 하나의 강력한 동인도회사를 원했다. 이 때문에 1602년 3월 20일 통합된 동인도회사(VOC, Vereenigde Oost-Indische Compagnie)가 만들어졌다. 통합된 네덜란드 동인도회사는 자본가들로부터 투자받기 시작했고, 투자자들에게 종이로 만든 권리증서를 제공했다. 세계 최초의 '주식회사'가 탄생한 것이다.

연합정부가 만든 네덜란드 동인도회사는 군인을 보유할 수 있는 권한을 정부로부터 받았기에 국가나 다름없었다. 네덜란드의 동인도회사는 1605년 포르투갈이 점령 중이던 인도네시아 말루쿠제도의 암본을 공격해 차지했다. 네덜란드의 동남아 무역 장악의 신호탄이었다. 이어 1619년 인도네시아 자바섬의 바타비아(오늘날 자카르타)를 점령 후 총독이 업무를 보는 정청(政廳)을 세워 네덜란드령 동인도의 수도로 삼았다. 또 인도 남부 벵골만에 무역기지를 설치했다.

이 시기 포르투갈은 스페인에 병합된 상태였는데, 포르투갈의 동남아 향신료 거점이 네덜란드에 하나둘씩 점령당한 것이다. 그런데도 스페인은 수수방관했고 포르투갈 국민은 화가 나기 시작했다. 그러더니 결국 포르투갈에서 1640년 독립운동이 펼쳐져 자체 국왕을 내세우면서 스페인으로부터 독립했다. 포르투갈은 이제 신흥 강자 네덜란드에 대항해서 동남아 무역거점 사수에 나서야만 했으나 예전과 달리 힘이 약해진 상태였다.

네덜란드는 오늘날 말레이시아에 있는 향신료 무역거점 믈라카를 1641년 포르투갈로부터 빼앗더니 스리랑카의 콜롬보(1656년), 인도의 나가파티남(1660년)과 코친(1662년)도 잇달아 잠식해버렸다.

네덜란드가 포르투갈의 점령지를 생각보다 쉽게 차지할 수 있었던 것에는 종교가 한몫했다. 그 이유는 포르투갈은 점령지 주민들에게 로마가톨릭으로의 개종을 강요한 것과 달리 네덜란드 동인도회사는 선교활동을 하지 않았다. 이 때문에 현지 주민들은 네덜란드 사람들에게 우호적으로 반응했다. 이 같은 이유가 향후 일본에서 에도막부가 유일하게 네덜란드와 무역 거래를 하는 배경이 된다. 그런데 네덜란드가 동남아의 향신료 무역을 잠식해가던 중 경쟁자가 나타나는데 바로 잉글랜드였다. 스페인을 물리치기 위해 함께 힘을 합쳤던 네덜란드와 잉글랜드가 자본 앞에서 옛 우정 따위는 없었다.

잉글랜드의 동남아 진출과 네덜란드와의 전쟁

잉글랜드의 국왕 엘리자베스 1세는 네덜란드보다 2년 앞선 1600년 동인도회사를 세웠다. 이유는 앞서 네덜란드가 1595년부터 동남아 무역로 개척에 나섰기에 뒤늦게라도 따라잡기 위함이었다. 하지만 잉글랜드 동인도회사는 내실을 다지지 않고 조급한 마음에 세워지다 보니 체계적이지 않았고 효율성도 떨어졌다. 반면 네덜란드는 동남아 향신료 무역을 위한 항로 개척을 마친 이후 암스테르담을 중심으로 동인도회사들이 하나둘씩 생겨났기 때문에 잉글랜드보다 동남아 개척이 체계적이고 순조로웠다.

네덜란드가 동남아 무역을 장악해가던 17세기 초반 잉글랜드는 북아메리카로 눈을 돌리고 있었다. 잉글랜드는 콜럼버스의 신대륙 발견 이후 양모 수요가 급증하자 땅을 소유하고 있던 지주들이 밭에 울타리를 친 뒤 양을 키우는 데 집중했다. 바로 '인클로저(울타리 치기) 운동'이었다. 양이 얼마나 많았으면 "양이 사람을 잡아먹고 있다."라고 말할 정도였을까. 이 때문에 농민들의 일거리가 농촌에서 사라지면서 농촌을 떠난 이들이 대거 도시로 몰렸다. 그렇다고 해서 도시에서 일자리를 잡기도 쉽지 않았다. 이로써 1606년 국왕 제임스 1세(재위 : 1603~1625년)는 미래가 막막한 사람들을 대상으로 북아메리카 이주정책을 시행했다. 잉글랜드의 북미 식민지 개척은 20장에서 다루도록 하겠다.

잉글랜드는 17세기 중엽 뒤늦게 동남아 무역로 개척에 뛰어들었고, 이미 네덜란드가 포르투갈로부터 빼앗아 장악한 동남아 대신 인도로 눈을 돌렸다. 잉글랜드 동인도회사는 그러면서 1640년 인도 남동부에 있는 밀라포르(오늘날 첸나이)에 요새를 건립하기 시작해 1644년 완공했다. 이곳이 잉글랜드가 인도에 세운 최초의 식민지다. 그런데 육두구 때문에 네덜란드와 잉글랜드 사이에 긴장감이 조성되었다. 그 이유는 잉글랜드 의사들이 "육두구가 흑사병 예방과 치료에 효과가 있다."라고 주장했기 때문이다. 당시 유럽에서는 14세기 중엽 창궐한 흑사병이 17세기 초반에도 완전히 사라지지 않은 상황이었다. 이로써 잉글랜드는 육두구를 찾기 위해 오늘날 인도네시아를 형성하는 말루쿠제도로 향했다.

육두구는 말루쿠제도 중에서도 반다 섬에서만 자라고 있었다. 그런데 네덜란드 동인도회사가 현지인들을 잔혹하게 학살하면서 무력으로 반다 섬을 빼앗은 것이다. 잉글랜드는 반다 섬까지 네덜란드가 장악하자 화가 머리끝까지 났다. 그러던 중 잉글랜드에서는 1649년 국왕 찰스 1세(재위 : 1625~1649년)가 청교도혁명으로 처형당하는 격변이 일어났다. 이어서 올리버 크롬웰(재위 : 1653~1658년)이 정권을 잡았는데, 호국경 올리버 크롬웰은 네덜란드를 견제하기 위해 1651년 항해조례를 발표했다. 항해조례는 잉글랜드 선박만 도버해협을 항해할 수 있다는 조치였다.

이번에는 네덜란드가 발끈하고 나섰고, 급기야 1652년 양 국가 간에 전쟁이 발생했다. '영란 전쟁'이 발발한 것이다. 네덜란드는 한자어로 '화란(和蘭)'이다. 그래서 영란(英蘭) 전쟁이라고 부른다. 영란 전쟁은 1674년까지 간헐적으로 총 3차례 발생했다. 하지만 전쟁 결과는 특정 국가가 승리했다고 단정할 수 없었다. 그런데 전쟁 중에 흑사병은 사라지고 육두구의 경쟁력도 없어지면서 가격이 폭락했다. 네덜란드가 누렸던 호황도 옛날 같지 않게 되었다. 잉글랜드는 그러나 이 시기 인도에서 생산되는 면직물 수출로 큰돈을 벌었다.

면직물의 원산지는 인도로 추정되고 있다. 인도에서는 이미 고대부터 목화가 재배되었고, 면직물이 아시아 주변 국가와 중동, 로마제국까지 수출되었다. 그런데 로마제국이 동서로 분할된 이후 경제가 쇠퇴하면서 면직물의 유럽 수출이 신통치 않았다. 그러다가 17세기 잉글랜드가 면직물을 수입한 것이다. 초창기에는 유럽의 귀족들이 면직물에 대해 별달리 관심 없었다. 그런데 어느 때부터인가 면직물의 장점이 알려지면서 유럽의 각국에서 수요가 폭발적으로 급증했다. 네덜란드가 장악한 향신료를 대신해서 어쩔 수 없이 선택한 면직물이 잉글랜드에 부를 안겨다 준 것이다.

그렇다고 잉글랜드가 하염없이 면직물을 수입만 할 수는 없었다. 값싼

섬유를 수입해서 자체적으로 면직물을 만든다면 더 많은 이익을 낼 수 있다는 생각이 든 것이다. 하지만 수천 년 동안 전승되어온 인도 사람들의 직물 짜는 기술을 배우는 것은 어려웠다. 이를 해결하는 방법은 단 하나 '기계화'였다. 그러던 중 18세기 초 증기기관이 발명되고, 잉글랜드는 이 기술을 활용해 목화솜을 수입해서 직물을 짜는 과정을 기계화시켰다. 산업혁명이 시작된 것이다.

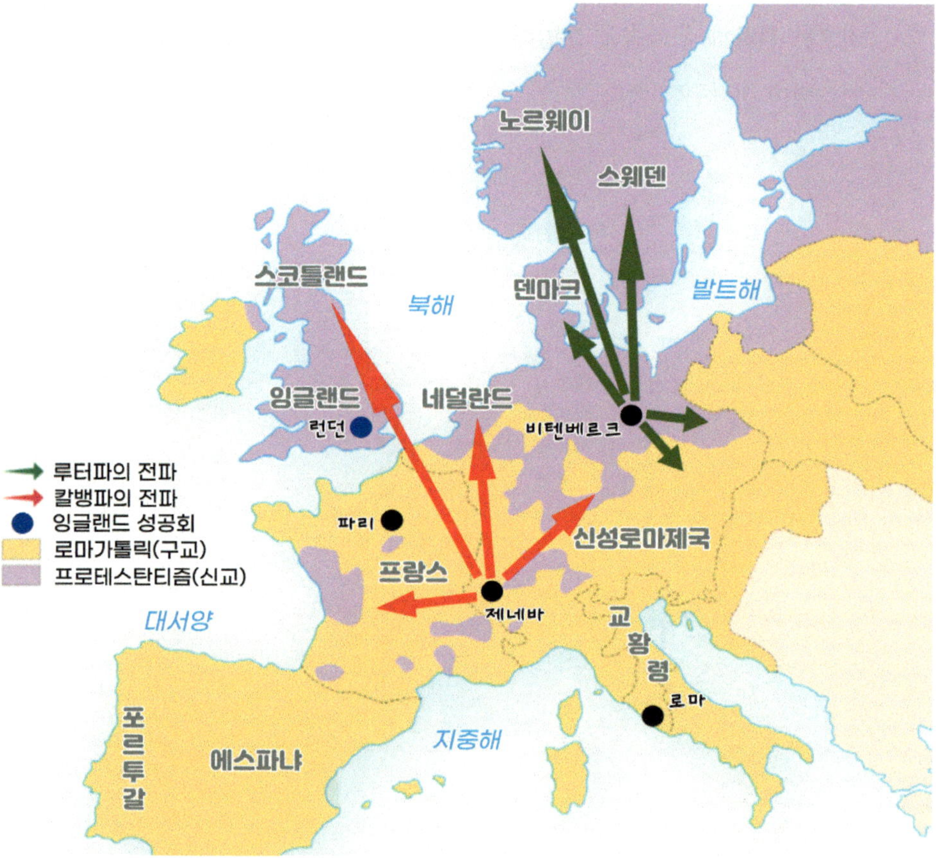

16세기 유럽 내 프로테스탄티즘의 전파 모습.

18장

대학살 부른 로마가톨릭과 개신교 극한 대립

프랑스 가톨릭 신자들의 신교도 위그노 대학살

16세기 초 유럽은 역동적으로 움직였다. 르네상스, 신항로 개척, 종교개혁이 동시에 일어나고 있었다. 특히 로마가톨릭의 쇄신을 요구하며 새로운 종파 프로테스탄티즘이 생겼다. 신성로마제국은 구교인 로마가톨릭 신자들과 신교인 프로테스탄티즘 신자들 간 충돌로 몸살을 앓았다. 결국 신성로마제국 황제 카를 5세는 1555년 아우크스부르크화의를 통해 신교를 인정했다. 하지만 프랑스는 달랐다. 국왕을 비롯해 구교도들이 신교도, 즉 위그노들을 도저히 용납할 수 없었다.

결국 사달이 났다. 1562년 3월 1일 프랑스 파리에서 동쪽으로 조금 떨어진 작은 마을 바시에서 위그노 500여 명이 곡물창고에서 예배를 드리고 있는데 중무장한 구교도 200여 명이 들이닥쳐 마구잡이로 칼을 휘두른 것이다. 신교도 수백 명이 부상했다. 이때 목숨을 잃은 위그노의 숫자는 최소 23명에서 최대 80명이다. 구교 측과 신교 측의 주장이 달라서 정확한 희생자의 숫자는 알 수 없다. 이 사건은 훗날 '바시 학살'이라고 이름 붙여졌다. 위그노들이 가만히 있을 리가 없었다. 프랑스에서는 이때부터 구교도와 신교도 간에 피를 부르는 충돌이 빈번히 발생했다. 그러던 중 1570년 양측은 협정을 맺고 싸우지 않기로 약속했다. 종교 갈등이 소강상태에 들어간 것이다.

하지만 위그노들에 대한 구교도들의 분노는 여전히 잠재해 있었다. 대참극은 1572년에 발생했다. '성 바르톨로메오의 축일'인 8월 24일 신교도들을 향한 구교도들의 무자비한 학살이 발생한 것이다. 위그노 3,000명 이상이 죽었다. 우리는 이 사건을 '성 바르톨로메오 축일의 대학살'이라고 부른다.

프랑스에서 대학살이 일어나기 직전까지 위그노들은 신교 탄압이 곧 사라질 것으로 기대했다. 그 이유는 국왕 샤를 9세(재위 : 1560~1572년)의 여동생 마르그리트(1553~1615년)가 신교를 믿는 나바라왕국의 국왕 헨리케 3세(재위 : 1572~1610년)와 결혼한다는 소식 때문이다. 결혼식이 열리는 8월 24일 루브르궁 마당에는 프랑스 내 고위층 위그노들이 대거 참석한 상태였다. 그런데 교회 종소리가 울리자 갑자기 누군가가 외쳤다. "신랑의 하객들을 모조리 죽여라!" 위그노들에 대한 대학살이 시작된 것이다. 파리 궁정에서 벌어진 학살 소식은 프랑스 전역으로 퍼져나갔고 보르도, 툴루즈, 오를레앙 등 프랑스 대표 도시에서도 학살이 벌어졌다.

결혼식이 이처럼 대학살로 이어진 배경에는 프랑스의 국왕 샤를 9세의 어머니 카테리나(1519~1589년)와 기즈의 공작 앙리(1550~1588년)가 있었다. 카테리나의 증조할아버지는 르네상스 시기 레오나르도 다 빈치와 미켈란젤로를 후원한 피렌체의 부호 메디치 가문의 로렌초이다. 그런데 결혼식이 있기 전에 기즈 공작 앙리는 모후(母后) 카테리나를 만나 “위그노들이 결혼식 축하연에 온통 신경이 가 있을 때 모조리 죽여야 한다. 그렇지 않으면 또다시 반란이 일어날 것이다.”라고 제안했다. 카테리나는 아무런 대답을 하지 않았다. 기즈 공작 앙리는 카테리나의 침묵을 긍정적인 반응으로 해석했다.

결국 결혼식 당일 대학살이 발생하고야 말았다. 카테리나는 과연 이 같은 대학살을 진정 원했을까? 일부 역사가들은 카테리나가 결혼을 통해 신교와 구교가 화합하기를 바랐다고 분석하고 있다. 역사가들 사이에서 해석은 분분하지만, 카테리나가 진정 화합을 원했다면 진작에 기즈 공작 앙리에게 위그노 학살 반대 의사를 표출해야만 했다는 아쉬움이 든다.

대학살이 자행될 때 신부 마르그리트는 신랑 헨리케 3세를 피신시켰다. 마르그리트는 프랑스 출신임에도 불구하고 로마가톨릭에 엄청 빠져있던 사람은 아니었다. 그리고 2년 후인 1574년 샤를 9세가 후사도 없이 스물네 살의 젊은 나이에 세상을 뜨고 말았는데, 차기 국왕은 그의 동생 앙리 3세(재위 : 1574~1589년)가 승계했다. 그런데 앙리 3세는 후사가 없었기에 프랑스 내에서 후계자 선임 문제가 대두되었다. 나바라왕국 출신 헨리케 3세는 자신이 후계자임을 내세웠고, 기즈 공작 앙리는 헨리케 3세의 숙부(샤를)를 후계자로 밀었다. 결국 헨리케 3세와 기즈 공작 앙리가 1587년 쿠트라에서 전투를 벌였고, 헨리케 3세가 승리했다.

프랑스 국왕 앙리 3세는 후계자 선임 문제가 피를 부르는 사태로까지 치닫자 가만히 두고 볼 수만은 없었다. 결국 앙리 3세는 기즈 공작 앙리를 없애버리기로 마음먹었다. 앙리 3세는 이듬해인 1588년 앙리 공작을 위로한다면서 입궁시켰고, 미리 대기하고 있던 경비병들이 앙리 공작에게 달려들어 죽여버렸다. 앙리 3세는 구교와 신교의 평화를 위해서 이 같은 결정을 내릴 수밖에 없었다.

프랑스의 구교도들은 기즈 공작 앙리의 암살 소식에 분노했다. 결국 로마가톨릭 수도사인 스물두 살의 자크 클레망(생몰 미상)이 국왕 앙리 3세를 암살했다. 1589년의 일이다. 그리고 프랑스의 차기 국왕은 나바라왕국 국왕 헨리케 3세가 이어받으면서 앙리 4세(재위 : 1589~1610년)가 되었다. 이로써 프랑스에서는 발루아 왕조가 막을 내리고 부르봉 왕조가 개창했다. 하지만 프랑스에서 앙리 4세를 반대하는 목소리가 끊이질 않았다. 또한 구교도와 신교도의 충돌도 계속해서 일어났다. 앙리 4세는 비록 신교도였으나 노골적으로 신교도 편을 들 수도 없었다. 앙리 4세는 중대한 결심을 해야만 했다.

앙리 4세는 본인 스스로 로마가톨릭을 받아들이기로 결심했다. 이로써 프랑스 내 로마가톨릭 동맹 도시들이 앙리 4세에게 복종하기로 결의했다. 그리고 앙리 4세는 신교도들이 자유롭게 신앙생활을 할 수 있도록 하는 칙령을 1598년 낭트에서 공포했다. 바로 '낭트칙령'이다. 이로써 1572년부터 시작된 위그노 전쟁이 막을 내렸다. 하지만 앙리 4세는 1610년 5월 14일 파리 광장에서 마차를 타고 가던 도중 로마가톨릭 광신도였던 프랑수아 라바이약(1578~1610년)에게 암살되는 비운을 맞았다. 그리고 낭트칙령은 앙리 4세의 손자인 태양왕 루이 14세가 1685년 폐지해버렸다.

유럽 국가 총출동, 가톨릭 vs 개신교 '30년 전쟁'

신성로마제국에서 1555년 아우크스부르크화의로 신교에 대한 자유 결정이 내려지면서 평화가 찾아왔다. 하지만 구교와 신교 간 갈등의 불씨는 여전히 존재했다. 특히 시간이 갈수록 신교도들의 숫자가 늘어나자 구교도들은 긴장했다. 17세기 초반 양측 사이에 갈등이 불거지기 시작했다. 결국 신교를 선택한 제국의 제후들이 1608년 개신교 연합을 결성했고, 이듬해에는 구교 제후들이 로마가톨릭 연맹을 결성했다. 양측은 서로를 견제하면서 세력 대결에 나섰다.

그러던 중 1617년 오스트리아의 대공 카를 2세(1540~1590년)의 아들이면서 독실한 로마가톨릭 신자인 페르디난트 2세(1578~1637년)가 보헤미아왕국의 국왕으로 즉위했다. 당시 체코라고도 불린 보헤미아는 마르틴 루터에게 큰 영향을 준 얀 후스의 고향이었고 신교의 영향이 강했다. 그리고 보헤미아 의회를 신교 귀족들이 장악한 상태였다.

그런데 페르디난트 2세가 의회를 무시한 채 신교 탄압정책을 추진한 것이다. 이에 화가 난 신교 의원들이 1618년 궁궐에서 국왕의 신임을 얻고 있는 관리 2명을 창밖으로 내던지는 사건이 발생했다. 관리 2명은 크게 다쳤다. 앞서 1419년 발생한 '프라하 창밖 투척 사건'의 재발이었다. 페르디난트 2세는 신교 의원들의 이 같은 행위를 왕에 대한 반란으로 간주하고 진압에 나섰고, 이에 신교 귀족들은 무장투쟁으로 맞서면서 '30년 전쟁'이 터지고 말았다.

이듬해인 1619년 신성로마제국의 황제 마티아스(재위 : 1612~1619년)가 후사 없이 세상을 뜨자 사촌 동생이던 보헤미아의 국왕 페르디난트 2

세(황제 재위 : 1619~1637년)가 황제 자리를 물려받았다. 페르디난트 2세는 신교와의 전쟁에 로마가톨릭 맹주국인 스페인을 끌어들였다. 당시 스페인 국왕은 펠리페 3세였는데, 점령지 네덜란드를 향해 종교 탄압을 가하고 있었다.

상황이 이렇게 되자 보헤미아의 신교 귀족들은 팔츠의 선제후 프리드리히 5세(1596~1632년)를 보헤미아의 새 국왕으로 추대하면서 구교와의 항전 태세를 갖추었다. 결국 두 진영은 1620년 11월 프라하의 서쪽에 있는 바이서베르크에서 부딪쳤다. 화이트마운틴 전투가 발생한 것이다. 이 전투는 백산 전투라고도 부른다.

결과는 신교 측의 참패였다. 프리드리히 5세는 네덜란드로 도망쳤다. 당시 스페인령 네덜란드는 스페인으로부터 종교 탄압을 겪고 있었기에 망명 온 프리드리히 5세의 마음을 잘 알고 있었다. 또한 바다 건너 잉글랜드는 이미 1534년 헨리 8세에 의해 로마가톨릭과 작별을 한 상태였다. 그리고 잉글랜드는 스페인의 탄압을 받는 네덜란드 편이었다. 프리드리히 5세는 네덜란드와 잉글랜드를 향해 신교도를 도와달라고 호소했는데 통했다. 이어서 신교 측에 덴마크까지 가세하면서 1625년 구교와 신교 간의 두 번째 충돌이 발생했다.

앞선 첫 번째는 신성로마제국 제후들끼리 싸웠다면, 두 번째는 유럽 내 국가들이 가세하면서 국제전 양상으로 확대되었다. 두 번째 충돌의 명분은 신교를 수용한 국가들이 독일의 신교도들을 돕는다는 것이었다. 하지만 전쟁에 가담한 여러 국가의 국왕들 마음에는 저마다 다른 속셈들이 자리 잡고 있었다. 우선 네덜란드는 스페인으로부터 독립을 쟁취하는 것이고, 잉글랜드는 서유럽에서 가장 잘나가는 합스부르크 가문의 로마가톨릭 친화정책을 견제하고 싶어 했다.

스페인을 끌어들인 신성로마제국의 총사령관에는 보헤미아의 귀족 알브레히트 폰 발렌슈타인(1583~1634년)이 발탁되었다. 그리고 신교 측은 덴마크의 국왕 크리스티안 4세(재위 : 1588~1648년)가 진두지휘했다. 전쟁의 결과는 구교도의 승리였다. 그리고 양측은 1629년 강화조약을 체결하고 전쟁을 끝냈다.

그런데 신성로마제국의 군대가 발트해까지 진출했고, 구교 측 총사령관 발렌슈타인이 1631년 스웨덴의 항구도시 슈트랄준트를 공격하는 일이 발생했다. 유럽 본토에 있는 슈트랄준트는 30년 전쟁 기간에 스웨덴이 신성로마제국으로부터 빼앗은 첫 점령지였다. 결국 스웨덴의 국왕 구스타브 2세 아돌프(재위 : 1611~1632년)가 신성로마제국 황제 페르디난트 2세에게 도전장을 던지면서 세 번째 충돌이 빚어졌다. 당시 스웨덴왕국은 구스타브 2세 아돌프 통치 시기 최대 전성기를 구가하고 있었다. 스웨덴의 참전으로 그동안 잠자코 있던 신교 국가들 다수도 전쟁에 가세하면서 신교 측의 규모가 커졌다.

양측은 라이프치히 근교 브라이텐펠트에서 충돌했는데 결과는 신교의 대승이었다. 구스타브 2세 아돌프의 무기 개량이 전쟁에서 빛을 발휘했다. 하지만 이듬해인 1632년 또다시 발생한 전쟁에서 스웨덴의 국왕 구스타브 2세 아돌프가 전사하고 말았다. 이어서 1634년에는 신성로마제국의 총사령관 발렌슈타인이 갑작스럽게 해임되는 일이 발생했다. 1635년 양측은 프라하조약으로 일단 전쟁을 멈추었다.

발렌슈타인의 해임은 뜻밖의 일이었다. 이유는 발렌슈타인이 사의직으로 신교 측과 화의를 시도하면서 신성로마제국의 황제 페르디난트 2세가 격노한 것이었다. 발렌슈타인은 애당초 신교도였는데, 돈 많은 구교 여성과 결혼하기 위해 전략적으로 개종했던 기회주의자였다. 발렌슈타인은 결혼 이후 부동산으로 상당한 돈을 벌었고, 신교와의 전쟁에서 이미 자기가 원했던 성과를 거둔 것이었다.

얻을 걸 다 얻은 발렌슈타인은 시간이 갈수록 안하무인이 되었고 결국 황제의 심기를 건드렸다. 그래서 총사령관직에서 파면당했다. 이후 발렌슈타인은 황제가 보낸 자객에 의해 암살되는 것으로 인생을 마감했다. 혹자들은 발렌슈타인과 황제의 갈등에 프랑스의 재상 리슐리외(1585~1642년)의 이간질이 작용했다는 해석도 내놓고 있다.

로마가톨릭의 추기경이기도 한 리슐리외는 프랑스의 작가 알렉상드르 뒤마(1802~1870년)가 쓴 「삼총사」에 나오는 인물이다. 그런데 리슐리외는 자국 프랑스의 이득을 위해 남몰래 독일 내 신교 세력을 지원하고 있었다. 그리고 리슐리외의 공작이 먹혀들어 황제 페르디난트 2세는 날로 커지는 발렌슈타인의 세력을 갑자기 견제하게 되고 결국 총사령관직에서 해임했다는 것이다.

그런데 전쟁을 멈춘 그해 프랑스가 뛰어들면서 전쟁이 속개되었다. 프랑스의 국왕 루이 13세(재위 : 1610~1643년)가 신성로마제국을 견제한다는 명목으로 전쟁에 나선 것이다. 프랑스는 스페인을 향해서도 선전포고했다. 프랑스는 스웨덴과 연합전선을 펼쳤다.

전쟁이 한창이던 1637년 신성로마제국의 황제 페르디난트 2세가 세상을 떴다. 구교와 신교 양측은 1641년까지 엎치락뒤치락 반복하면서 전사자만 속출했다. 지루한 전쟁이 계속되자 신성로마제국의 황제 페르디난트 3세(재위 : 1637~1657년)는 종전을 제안했다. 이어서 참전국들은 1644년 독일의 북서부 베스트팔렌에 모여 강화회의를 시작했다. 하지만 회의 결과가 쉽게 나지 않았다. 강화회의가 교착상태에 빠진 1648년 스웨덴이 보헤미아의 프라하를 강제로 점령해 버렸다. 이와 함께 프랑스 군대가 신성로마제국과 스페인의 군대를 격파해버리자 강화회의에 속도가 붙었다. 결국 그해 10월 24일 베스트팔렌에서 조약이 체결되었다.

베스트팔렌조약으로 프랑스의 영토는 라인강 유역까지 넓어졌고, 스웨덴은 발트해와 북해 대부분을 차지했다. 특히 베스트팔렌조약으로 네덜란드가 독립국 인정을 받았고 스위스도 독립적인 지위를 얻었다. 스위스는 앞서 1499년 합스부르크 가문과의 전쟁 승리로 독립적 지위를 얻었으나 여전히 신성로마제국의 일원이었다. 더불어 합스부르크 왕가의 영토는 30년 전쟁으로 급속히 줄어들어 유럽을 호령했던 옛 명성을 잃어버렸다. 이제 프랑스가 절대왕정시대를 열면서 유럽의 강자로 떠올랐고, 신성로마제국은 프로이센이 이끌게 되었다.

네덜란드 신교도의 성상 파괴 그리고 스페인의 탄압

신성로마제국 황제 카를 5세는 1555년 아우크스부르크화의를 통해 신교를 인정한 후 크게 낙담하고 이듬해 황제 자리에서 스스로 내려왔다. 그 후 자신이 다스리던 스페인을 아들 펠리페 2세에게 물려주었다. 제국의 황제직은 선출을 통해 카를 5세의 동생 페르디난트 1세가 물려받았다.

펠리페 2세는 이로써 콜럼버스에 의해 개척된 신대륙 중에서 남아메리카의 서부와 스페인 본토 그리고 오늘날 네덜란드와 벨기에 북부, 룩셈부르크에 해당하는 저지대를 다스리게 되었다. 펠리페 2세는 그러면서 스페인 국왕 즉위 그해에 순혈령을 공포했다. 결국 신교를 받아들일 수 없다는 조치였다. 저지대에 종교재판소가 만들어지고 혹독한 신교 탄압이 시작되었다.

앞서 1492년 카스티야왕국의 이사벨 여왕과 남편인 아라곤왕국의 페르난도 2세 공동명의로 공포된 '알람브라칙령'에 의해 로마가톨릭으로 개종하지 않은 유대인들이 대거 스페인 본토를 떠나 저지대로 유입된 상태였기에 펠리페 2세의 순혈령은 또 다른 반발을 예고한 것이었다. 저지대에서는 종교 탄압을 피해 이주한 유대인들 외에도 장 칼뱅의 교리를 받아들인 칼뱅파 신교도들이 대거 생겨난 터라 충돌은 불 보듯 뻔했다.

펠리페 2세는 저지대가 스페인 본토로부터 멀리 떨어져 있었기에 직접 통치가 어렵다는 이유로 누나인 마르가리타(1522~1586년)를 저지대로 보내 섭정으로 통치하도록 조치했다. 또한 신교 박해정책도 강화했다. 그러나 저지대의 7개 지역 대표들은 시간이 갈수록 엄격해지는 마르가리타의 종교박해에 노골적으로 불만을 표출했다. 그러던 중 저지대의 하급 귀족들이 종교박해 완화정책을 요구하기 위해 1565년 12월 연맹을 결성했고, 이듬해인 1566년 4월 수백 명의 하급 귀족들은 마르가리타가 있는 브뤼셀 왕궁으로 찾아가 종교재판소 폐지를 요구했다. 결국 섭정 마르가리타는 이들의 요구를 받아들여 칼뱅주의자들의 설교 집회를 허용했다.

그런데 이후 저지대 곳곳에서 신교도들에 의해 로마가톨릭 교회에 있는 성상이 파괴되는 일이 발생했다. 칼뱅주의 신교도들은 '성상을 향한 예배는 우상숭배'라는 칼뱅의 주장을 받아들였기 때문이다. 그러나 성상 파괴 행위는 저지대 곳곳에서 지나칠 정도로 과격하게 진행되었고, 급기야 종교 탄압 중지를 요구했던 하급 귀족들조차 성상 파괴 행위를 하는 신교도들로부터 등을 돌리는 결과를 초래했다.

물론 신교도 성직자들 역시 성상에 대해 부정적인 시각을 갖고는 있었다. 그러나 교회 내 성상 파괴는 국가적 차원에서 최종 결정이 내려져야 하는데도 불구, 일부 과격한 칼뱅주의 신교도들이 섭정 마르가리타의 설교 집회 허용을 자의적으로 확대해석해 성상까지 파괴하는 과격한 행동을 한 것이었다.

상황이 이렇게 되자 펠리페 2세는 이들에 대한 탄압을 위해 1567년 저지대 총독으로 스페인의 대귀족 페르난도 알바레스 데 톨레도를 부임시켰다. 톨레도는 신교도를 종교재판에 세우는 법정을 열었고, 결국 스페인에 항거하는 독립 전쟁이 1567년 3월 13일 발발했다. 신교를 지키기 위한 저지대 국민의 저항은 상당히 거셌다. 목숨을 바쳐서 스페인에 맞섰다. 특히 스페인에서 종교 때문에 쫓겨났던 유대인들은 더 이상 물러날 곳이 없었기에 맹렬히 저항했다. 펠리페 2세는 이들을 제압하기 위해 군대를 파견하려고 했으나 프랑스 영토를 경유해야 했기에 쉽지 않았다. 프랑스는 당시 스페인에 적대적이었다.

결국 스페인은 바다를 통해 군대를 파견해야만 했다. 그러나 스페인 함대는 잉글랜드 앞바다를 지나서 저지대로 가야 했는데, 엘리자베스 1세가 다스리던 잉글랜드 역시 스페인에 적대적이었기에 저지대 편을 들었다. 이로써 스페인은 잉글랜드를 선제공격할 계획으로 무적함대를 출동시켜 잉글랜드 해군과 전쟁을 치른 것이었다. 스페인 함대는 앞선 1571년 레판토 해전에서 오스만제국의 해군을 물리치면서 '무적함대'라는 별칭을 갖고 있었다. 그리고 스페인은 잉글랜드와 싸우기 위해 함대를 강화하면서 무적함대의 모습이 본격적으로 위용을 드러냈다. 하지만 예상과 달리 스페인의 함대는 잉글랜드에 적수가 되지 못했다. 이미 잉글랜드는 대서양을 주름잡던 해적들을 해군으로 고용한 뒤 사거리가 긴 대포를 만들어 스페인 함대에 비해 우위를 점하고 있던 터였다.

1588년 잉글랜드 해군에게 치욕적인 패배를 당한 스페인은 이때부터 바다에서의 제해권을 잉글랜드와 저지대 측에게 내주고 말았다. 그러면서 세계 최초로 '해가 지지 않는 제국'을 형성했던 스페인은 서서히 몰락의 길을 걸었다. 스페인으로부터 탄압을 벗어나려고 저항했던 저지대는 앞선 1581년 자체적으로 독립을 선언했던 터였다. 그리고 스페인 함대가 1588년 잉글랜드와의 해전에서 패배한 것이다. 스페인은 계속해서 저지대를 향한 공격을 감행하려고 했으나 뜻대로 되지 않았다. 저지대가 서서히 독립의 길로 향해 나아갔다.

네덜란드가 정식 국가로 인정된 것은 30년 전쟁을 종결시킨 베스트팔렌조약 체결 해인 1648년이다. 그러나 네덜란드는 앞서 무적함대 침몰 이후 더 이상 스페인의 눈치를 보지 않았다. 그러면서 1595년부터 동남아 향신료 무역을 위해 대서양과 인도양 항로 개척에 나섰다. 이후 돈 많은 사람들이 향신료 무역에 투자하게 되면서 1602년 동인도회사가 네덜란드 암스테르담에 생겨났고 세계 최초의 주식회사가 된 것이다. 그리고 네덜란드 동인도회사는 포르투갈이 점령하고 있던 동남아 무역거점을 하나둘씩 빼앗기 시작했다.

헨리 8세에 뿔난 잉글랜드 메리 여왕의 신교 탄압

16세기와 17세기는 신성로마제국, 프랑스, 스페인 등 서유럽 대부분 국가에서 신교인 프로테스탄티즘과 구교인 로마가톨릭 간에 극심한 충돌이 발생한 시기였다. 신교도를 향한 일방적인 공격인 '성 바르톨로메오 축일의 대학살'이 프랑스에서 발생했고, 유럽 내 여러 국가가 싸운 '30년 전쟁'도 신성로마제국을 중심으로 발생했다.

그런데 유독 잉글랜드만은 루터에 의해 생겨난 신교가 아니라 헨리 8세의 수장령 선포로 탄생한 신교, 즉 국교회에 대한 탄압이 일어났다. 국교회와 프로테스탄티즘은 신교라는 공통점은 있으나 성격 면에서 다소 차이가 있다. 똑같은 신교가 아니다. 그런데도 잉글랜드에서 로마가톨릭 수호자들이 국교회 신자들을 탄압했다는 점은 서유럽에서 빚어진 신교 탄압과 맥을 같이 하고 있다.

잉글랜드 내에서 국교회 탄압의 주인공은 헨리 8세의 장녀인 메리 여왕(재위 : 1553~1558년)이다. 300명이 넘는 국교회 신자들을 무자비하게 죽이면서 '피의 메리(Bloody Mary)'라는 별명을 가진 메리 여왕의 국교회 탄압은 단순히 종교적인 이유가 아니었다. 모친 캐서린이 헨리 8세에 의해 강제로 이혼당한 후 어머니가 힘든 삶을 살았던 모습을 두 눈으로 똑똑히 지켜보았다. 그리고 메리 여왕 본인 역시 3년 동안 열일곱 살 어린 이복동생 엘리자베스 공주(훗날 엘리자베스 1세)의 시녀 생활을 해야만 했던 시련과 고통, 아픔으로 인해 아버지를 향한 증오가 저변에 깔려있었다.

잉글랜드에서는 백년 전쟁이 끝나고 2년이 흐른 1455년 국왕의 통치에 불만을 가진 두 가문인 랭커스터 가문과 요크 가문이 30년 동안 전쟁을 벌였다. 두 가문은 농민들을 전쟁에 가담시키지 않고 귀족과 기사들만 싸우는 형태였기에 규모가 크지는 않았다. 그런데도 전쟁은 전쟁이었다. 18~19세기 작가 월터 스콧(1771~1832년)은 랭커스터 가문의 문장에 붉은 장미가, 요크 가문의 문장에 흰 장미가 사용되었다는 점을 이용해 '장미 전쟁'이라고 처음 명명했다. 결국 장미 전쟁의 승리는 랭커스터 가문이었다. 장미 전쟁이 끝나고 헨리 튜더(1457~1509년)가 어부지리로 1485년 국왕이 되면서 튜더 왕조시대가 열렸다.

튜더 왕조를 개창한 헨리 7세(재위 : 1485~1509년)의 아들이 바로 국교회를 만든 헨리 8세이다. 헨리 8세는 아들을 낳기 위해 무려 여섯 번이나 결혼했다. 심지어 다른 여인과 결혼하기 위해 전처를 처형까지 한 잔인한 인물이었다. 헨리 8세가 이처럼 아들 낳기에 집착한 이유는 아버지 헨리 7세가 장미 전쟁 결과 얼떨결에 왕좌에 오른 탓에 무조건 아들을 낳아서 튜더 왕조의 명맥을 이어가야 한다는 생각 때문이었다.

물론 우리는 지금껏 잉글랜드 여왕이 무려 3명이나 있었다는 것을 잘 안다. 하지만 이건 어디까지나 오늘날의 관점에서 바라보는 것이다. 헨리 8세는 1066년 잉글랜드 노르만 왕조 개창 이후 단 한 번도 여성이 왕좌에 오른 사례가 없다는 것을 잘 알고 있었다. 장녀 메리가 있었으나 왕위를 물려준다는 생각 자체를 하지 않았다. 그렇다 보니 "아들이 없으면 튜더 왕조가 단절된다."라는 헨리 8세의 강박관념이 잉글랜드 왕실을 결혼 문제로 복잡하게 만든 원인이었다.

헨리 8세의 첫 번째 부인은 스페인에서 시집온 카탈리나(1485~1536년)였다. 카탈리나의 아버지는 아라곤왕국의 페르난도 2세이고 어머니는 카스티야왕국의 이사벨 여왕이다. 카탈리나는 잉글랜드로 시집와서 캐서린으로 불리게 되었다. 이 결혼은 가뜩이나 지지 기반이 약한 헨리 7세가 위기 상황 때 스페인의 도움을 받기 위한 목적으로 추진한 정략결혼이었다. 그런데 캐서린은 애당초 헨리 8세의 다섯 살 많은 형 아서 튜더(1486~1502년)와 1498년 결혼했었다. 그런데 아서가 1502년 지독한 감기에 걸려 열다섯 살에 죽어버렸다. 이로써 헨리 7세는 캐서린을 스페인으로 돌려보내는 대신 차남 헨리와 결혼시켰다.

아서와 캐서린은 워낙 어린 나이에 결혼해서 4년이라는 결혼생활 동안 성(性)적인 접촉이 없었다고 전해진다. 그로 인해 동생 헨리와의 결혼이 아무런 문제가 없다는 결론이 잉글랜드 왕실 내에서 도출되었다. 비록 캐서린이 헨리 보다 여섯 살 많았지만 결혼 초반 두 사람은 서로 사랑했다. 1509년 헨리는 국왕이 되었고, 캐서린과의 사이에 1516년 아이가 태어나는데 바로 훗날 '피의 메리'라고 불리는 메리 공주였다.

그런데 헨리 8세에게는 아들이 필요했다. 캐서린은 메리를 낳기 전에 사내아이를 임신했으나 유산했고, 메리를 낳은 후에도 아들을 가졌으나 또 유산했다. 결국 캐서린은 마흔 살이 훌쩍 넘으면서 임신이 힘들어졌다. 이로써 헨리 8세의 마음은 캐서린의 시종 앤 불린으로 향했다. 이때가 1533년이었다.

헨리 8세는 캐서린과 이혼하고 앤 불린과 재혼하고 싶었다. 그러기 위해서는 로마가톨릭 교황의 허락을 받아야 했는데, 이혼 사유가 충분하지 않았기에 교황 클레멘스 7세(재임 : 1523~1534년)는 허락하지 않았다. 당시 로마가톨릭은 신성로마제국의 보호를 받고 있었는데, 신성로마제국의 황제가 바로 캐서린의 조카인 카를 5세였다. 또 카를 5세의 어머니는 스페인의 국왕 후아나였는데, 후아나는 캐서린의 언니였다. 그러니까 카를 5세에게 캐서린은 이모다. 이런 이유로 교황이 헨리 8세의 이혼을 허락한다는 것은 카를 5세의 심기를 건드리는 행위였다.

그런데 헨리 8세는 교황의 반대에 부딪히자 국왕의 종교 문제 최고 고문 토머스 크랜머(1489~1556년)에게 로마가톨릭 주요 대학교 측에 이혼에 관해 상의해 볼 것을 제안했다. 상의 내용은 이러했다. "과연 형수와 결혼한 것이 합당한가?" 헨리 8세는 형의 아내였던 사람과 결혼했기에 결혼 자체가 잘못이라는 당위성을 확보하고 싶었다.

토머스 크랜머는 잉글랜드 내 옥스퍼드대학교, 케임브리지대학교 그리고 프랑스의 파리대학교, 오를레앙대학교 등등 로마가톨릭 여러 유수 대학교에 물어본 결과 "헨리 8세가 형수와 결혼한 것은 애당초 불법이다."라는 답변을 받아냈다. 헨리 8세는 이를 근거로 캐서린과 이혼하고 로마가톨릭과 헤어질 결심을 하게 된다. 결국 잉글랜드 의회는 1534년 잉글랜드 국왕을 '영국 교회의 수장'으로 지명했고, 헨리 8세는 '수장령'을 발표했다. 이로써 국교회가 탄생한 것이다.

국교회는 로마가톨릭의 방식에서 상당 부분 벗어났다. 그리고 프로테스탄티즘 방식을 많이 흡수했다. 신교인데도 완전한 프로테스탄티즘은 아니고, 그렇다고 로마가톨릭도 아닌 중간 지대에 놓인 새로운 개신교가 탄생한 것이다. 성직자들의 결혼이 허용되었고, 교회 내부에 있던 성상들은 모두 철거되었다. 또한 기존 라틴어로만 적혀 있는 신약성경을 영어로 번역해서 대중들도 쉽게 성경을 읽도록 했다. 성경 번역작업은 왕실 종교 고문 토머스 크랜머가 맡았다. 토머스 크랜머는 특히 영어로 '공동 기도서'를 출판했다. 이로써 잉글랜드 백성들이 처음으로 영어로 된 예배 의식을 가질 수 있게 되었다.

헨리 8세는 로마가톨릭과 헤어지는 과정을 밟던 1533년 캐서린과 이혼하고 앤 불린과 재혼했다. 그리고 앤 불린은 그해 아이를 낳았는데 공주가 아닌 딸이었다. 이름은 엘리자베스. 훗날 대영제국의 기틀을 다지는 엘리자베스 여왕이다. 그런데 앤 불린은 당시 열일곱 살이던 메리 공주를 이복동생 엘리자베스의 시종 역할을 하게 했다. 메리 공주의 신분이 하루아침에 급추락한 것이다. 그런데 앤 불린은 아들을 낳아야만 했다. 엘리자베스를 낳은 후 앤 불린은 아들을 임신하기는 했으나 유산했다. 결국 앤 불린은 헨리 8세의 아들을 낳지 못했다.

다시 메리 이야기이다. 아버지 헨리 8세가 어머니 캐서린과 이혼하기 위해 탄생한 국교회가 마뜩할 리 없었다. 그리고 캐서린은 로마가톨릭의 성향이 강한 스페인 출신이다. 특히 캐서린의 어머니 이사벨 여왕은 레콩키스타가 완성된 1492년 로마가톨릭으로 개종하지 않은 유대인들을 추방하는 '알함브라칙령'을 공표했던 인물이다. 캐서린은 1536년 세상을 뜨기 직전 딸 메리에게 로마가톨릭을 지켜줄 것을 유언으로 남기기까지 했다. 헨리 8세를 향한 두 여성의 분노와 증오는 이로써 싹을 틔우기 시작했고, 훗날 국교회 신자들을 무자비하게 죽이는 탄압으로까지 확대된 것이다.

헨리 8세는 두 번째 부인 앤 불린으로부터도 아들을 얻지 못하자 결국 앤 불린과도 이혼을 결심했다. 그러면서 앤 불린을 향해 "뭇 남성과 관계를 맺었다."라는 혐의를 뒤집어씌워서 1536년 처형해 버렸다. 그러고 나서 헨리 8세는 앤 불린의 시종 제인 시모어(1508~1537년)와 결혼했다. 제인 시모어는 헨리 8세가 그토록 원했던 아들을 1537년 낳았다. 그 아들이 바로 에드워드 6세(재위 : 1547~1553년)이다. 그러나 제인 시모어는 산후 12일 만에 죽었다. 이후 헨리 8세는 세 번의 결혼을 더 하지만 아들을 얻지 못했다. 헨리 8세는 1547년 세상을 떴고 그 뒤를 에드워드 6세가 이어받았다. 그런데 병약했던 에드워드 6세는 스무 살이 되기도 전에 죽고 말았다.

헨리 8세는 죽기 전 후임자 순위를 에드워드, 메리, 엘리자베스 등의 순서로 정해놓았다. 그런데 난데없이 메리의 5촌 관계에 있는 제인 그레이(1537~1553년)라는 인물이 그녀의 부모 욕심에 의해 국왕에 올랐다. 제인 그레이는 원하지 않았다. 결국 제인 그레이는 메리에 의해서 9일 만에 퇴위당하고, 메리가 국왕에 등극했다. 메리는 제인 그레이를 런던탑에 가두는 것으로 끝내려고 했으나 주변의 강압으로 결국 처형하고 말았다.

참고로 제인 그레이의 임기가 워낙 짧아서 잉글랜드 국왕으로 취급하지 않는 역사가들이 상당수이다. 이로써 1553년 드디어 잉글랜드의 첫 여왕인 메리 여왕이 탄생했다. 메리 여왕은 잉글랜드의 종교를 로마가톨릭으로 복귀한다고 선언했다. 그러면서 아버지 헨리 8세의 종교 고문 토머스 크랜머를 비롯해 국교회 성직자와 평신도 300여 명을 처형해버렸다.

이 때문에 '피의 메리'라는 별명이 붙은 것이다.

잉글랜드의 종교가 다시 국교회로 전환되는 시점은 엘리자베스 여왕이 즉위하는 1558년이다. 비록 엘리자베스 여왕의 어머니 앤 불린도 아버지에 의해 처형되는 비운을 겪었지만, 이복언니와는 달리 아버지 헨리 8세의 유훈을 받들어서 국교회를 수용했다. 또 엘리자베스 여왕은 해군력을 강화해 대서양 경제를 주름잡던 스페인의 무적함대와 1588년 칼레 해전에서 승리하면서 유럽의 중심을 잉글랜드로 가져오는 초석을 마련하게 된다. 엘리자베스 여왕의 등극으로 국교회에 대한 탄압은 5년 만에 막을 내렸다.

가톨릭 교황 수호 '예수회', 아시아 선교 나서다

1517년 마르틴 루터의 95개 조 반박문에 의해 신교가 생겨나면서 구교인 로마가톨릭은 큰 위기에 빠졌다. 신교가 탄생한 원인 중 가장 큰 이유는 교황 때문이었다. 루터는 '성경에도 존재하지 않는' 교황의 존재 자체를 부정했다. 심지어 루터에게 영향을 준 14세기 잉글랜드의 신학자 존 위클리프는 교황을 '적(敵) 그리스도'라고 지칭하는 과격한 표현까지 사용했다. 루터의 눈에도 면벌부를 판매하는 교황의 모습은 '적 그리스도'나 다름없었다. 1,500년이라는 기나긴 세월 동안 로마가톨릭을 이끌어 온 교황의 존재가 흔들리기 시작한 것이다. 교황의 위기는 곧 로마가톨릭의 위기였다.

이 같은 위기감을 극복하려는 사람들이 있었으니, 바로 1540년 로마가톨릭 교황으로부터 정식 인가를 받은 '예수회'이다. 예수회는 앞선 1534년 8월 프랑스 파리의 몽마르트에서 도원결의한 파리대학교 학생 7명이 시작이었다. 중심인물은 스페인 북부 바스크의 귀족 출신인 이냐시오 데 로욜라(1491~1556년)였다. 이냐시오는 군인 출신이었는데, 1521년 전투에서 입은 부상으로 치료를 받던 중 로마가톨릭을 받아들였다. 이어서 성모 마리아와 아기 예수를 만나는 신비한 체험을 한 이후 대학교에서 철학과 신학을 공부했다. 이냐시오는 1534년 파리대학교에서 신학으로 박사 학위를 준비하던 중이었는데, 이때 예수회 초창기 멤버들을 파리대학교에서 만난 것이다.

예수회가 창립되기 1년 전인 1533년 프랑스에서는 장 칼뱅이 종교개혁 움직임을 시작한 때였다. 이미 신성로마제국에서는 신교 때문에 제국이 시끌벅적한 상황이었는데, 이냐시오는 이에 위기감을 느꼈다. 그러면서 대학교에서 만난 학생 6명을 설득해서 예수회를 만들었다. 예수회 초창기 회원은 이냐시오를 필두로 프란치스코 하비에르(1506~1552년), 베드로 파브르(1506~1546년), 시망 로드리게스(1510~1579년), 니콜라스 보바디야(1511~1590년), 디에고 라이네스(1512~1565년), 알폰소 사르메론(1515~1585년)이다. 이들 7명은 몽마르트 언덕에 있는 생드니 소성당 지하 묘소에서 '순결, 청빈, 순명'을 서원(誓願)했다. 이들은 스스로 '예수의 친구(JESUITS)'라고 불렀다. 영어로 '제수이트'라고 발음한다.

하지만 이들의 목적은 단순히 수도사가 되는 것이 아니었다. 궁극적인 목적은 교황을 지키는 것이었고, 교황에 대한 절대복종이었다. 예수회의 별명은 '반(反)종교개혁의 무서운 돌격대', '바티칸의 긴급 상비군'이었다.

시간이 지나면서 예수회에 가입하는 회원들이 늘어났다. 예수회는 1539년 교황 바오로 3세(재임 : 1534~1549년)에게 정식 모임이 될 수 있도록 인가를 요청했고, 교황은 1540년 9월 예수회를 인가했다. 신교도 증가로 위기감을 느낀 교황이 볼 때 '교황 수호'를 기치로 내건 예수회를 끌어안는 것은 당연한 결과였다. 교황은 그러면서 예수회를 그 어떤 교구에도 영향을 받지 않는 교황 직속으로 편성했다. 이어서 1541년 예수회 초대 총장으로 이냐시오가 취임했다.

그런데 이냐시오는 군인 출신이었다. 그의 군인 정신은 예수회의 규율에도 반영되었다. 예수회의 규율은 군대 조직에 버금갈 정도로 엄격했다. "교황이 지시하면 무슨 일이든지 실천하며, 어느 곳에라도 갈 수 있다."라고 맹세했다. 또한 교황이 하얀 색깔을 보면서 "검은색이다."라고 말하면 그대로 믿는, 절대복종의 규칙을 채택했다. 이들의 정신은 교황 한마디에 성지 예루살렘을 탈환하겠다고 광기의 전쟁을 벌인 십자군과 비교해도 전혀 손색이 없었다. 실제 예수회의 과격함은 시간이 흘러서 드러났고, 18세기 대부분의 유럽 사회가 예수회의 활동을 금지하고 추방하는 결과를 낳았다. 급기야 교황 클레멘스 14세(재임 : 1769~1774년)는 1773년 예수회를 공식 해산하는 명령을 내릴 정도였다. 하지만 예수회는 곧 되살아났다.

예수회는 초창기 학교 설립을 통해 선교활동을 펼쳤다. 1547년 대학교를 최초로 개설한 이후 오늘날 전 세계 100여 개 국가에는 220여 개의 대학이 운영 중이다. 우리나라에서는 1960년 설립된 서강대학교가 예수회 설립 대학교이다. 예수회는 1773년 교황 클레멘스 14세에 의해 해산 명령이 내려졌으나 40년이 흐른 1814년 교황 비오 7세(재임 : 1800~1823년)

에 의해 되살아나면서 지금도 전 세계에서 왕성한 활동을 전개 중이다. 교황 바오로 3세로부터 '교회의 수호자'라는 칭호를 받은 예수회는 영성훈련, 사회봉사활동, 교육사업에 주력하면서 로마가톨릭의 교황이 세계를 지배할 수 있도록 각국의 지도자들을 포섭하고 고위층 자녀들의 교육을 담당해왔다.

예수회가 결성된 16세기 서유럽에서 예수회를 적극적으로 지원한 국가는 포르투갈이었다. 포르투갈은 일찌감치 대항해시대를 열었고 마누엘 1세 통치 때인 1498년에는 바스쿠 다 가마가 인도 캘리컷에 도착하면서 대서양과 인도양 항로 개척에 성공했다. 그 이후 포르투갈은 동남아 일대의 향신료 무역거점을 하나둘씩 점령하면서 부국으로 성장했다. 세계 최초로 '해가 지지 않는 제국'이 된 포르투갈은 넘쳐나는 재화로 날로 성장했고, 그 어떤 국가보다 로마가톨릭 신봉 국가였기에 식민지로 만든 지역을 향한 포교를 원했다. 교황 역시 신교 발생으로 가뜩이나 로마가톨릭 신자가 줄어드는 상황에서 헌금이 줄어드는 것에 대해 위기감을 느꼈다. 식민지에서의 교회 건립과 확장은 교회 수익과도 직결되기에 식민지에서의 선교는 꼭 필요했다.

마누엘 1세에 이어 포르투갈 국왕이 된 주앙 3세 통치 때는 식민지 개척이 어느 정도 마무리된 시기였다. 이로써 주앙 3세는 선왕 때 개척한 동남아 식민지에서 로마가톨릭 선교에 본격적으로 시동을 걸었고, 그 임무를 예수회 측에 맡기기 위해 1540년 교황에게 부탁했다. 교황 바오로 3세는 주앙 3세의 부탁을 거절할 이유가 없었다. 교황은 동남아 선교 임무를 예수회 창립 회원인 시망 로드리게스와 니콜라스 보바디야에게 부여했다. 그런데 급박한 상황 변화로 인해 프란치스코 하비에르가 임무를 맡게 되었다. 그렇게 해서 하비에르는 그의 서른다섯 번째 생일이던 1541년 4월 7일 인도 선교를 목적으로 포르투갈 리스본에서 출항했다.

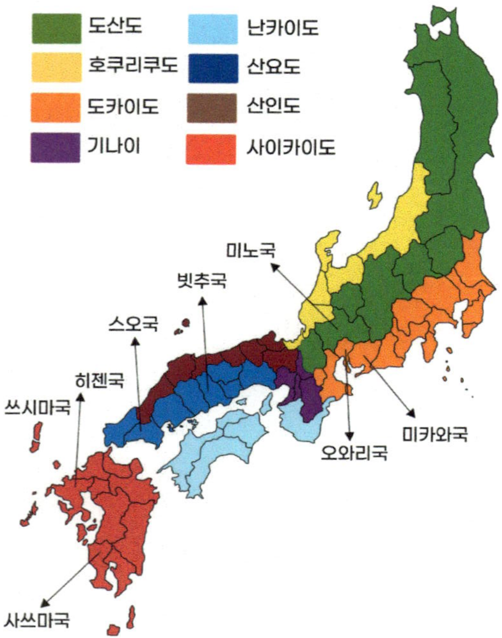

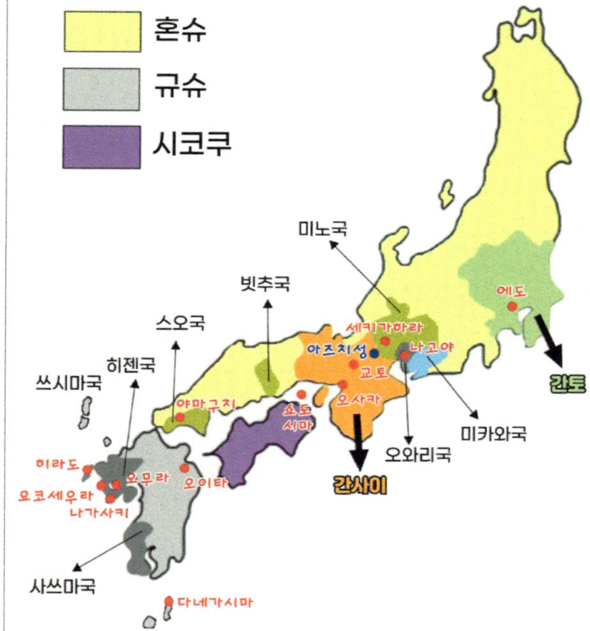

왼쪽 그림은 16세기 센고쿠시대 일본 내 66개 쿠니(國) 중 중요 쿠니들.
오른쪽 그림은 그리스도교와 관련된 주요 도시들과 당시 주요 도시들.

19장

센고쿠시대 일본 향한 유럽 열강의 도전

서유럽 대항해시대와 마주친 일본의 센고쿠시대

16세기 초 서유럽 국가들의 신항로 개척으로 남아메리카를 비롯해 동남아시아의 여러 국가는 유럽인들의 식민지로 전락했다. 특히 향신료가 생산되는 동남아는 그저 서유럽 국가들 입장에서는 그저 돈을 벌기 위해 정복해야 하는 대상일 뿐이었다. 그러면서 유럽인들은 향신료 무역거점을 확보한다는 이기심으로 현지인들을 무자비하게 학살하는 만행을 서슴지 않았다. 더불어 유럽인들은 그리스도교라는 그들의 유일신 사상을 현지인들에게 전파하는 작업을 병행했다. '잔인한 학살'과 '그리스도의 사랑 전파'가 공존하는, 도무지 이해할 수 없는 상황이 펼쳐진 것이다.

이 시기 한반도와 인접한 일본에서는 전국시대(戰國時代, 일본어 센고쿠지다이)가 한창이었다. 이 책에서는 '센고쿠시대'라고 하겠다. 일본 열도는 유럽인들의 정복 대상 항목에는 들어 있지 않았다. 향신료가 생산되지 않은 것이 이유 중 하나였으나 사무라이들이 한창 서로 죽이고 살리는 센고쿠시대인 탓에 유럽인들이 일본을 강제 정복하려 했다면 득보다는 실이 많았을 거라는 분석도 있다. 그리고 당시 일본은 총 66개의 쿠니(國)로 분할되어 있었다. 쿠니는 애당초 행정구역이었으나 센고쿠시대 때 하나의 국가로 자리매김했다. 중앙집권이 무너졌다는 얘기다.

그리고 유럽과 일본이 연결될 수 있었던 그 중간에는 그리스도교라는 매개체가 작용하고 있다. 하지만 현시대 일본인들 사이에서는 애써 센고쿠시대 당시 그리스도교와의 관계를 언급하지 않으려는 풍토가 짙게 자리 잡고 있다. 이로써 우리나라에서도 '일본과 그리스도교와의 관계'는 널리 알려지지 않은 상태이다.

일본에서는 1185년부터 사무라이들이 지배하는 막부(幕府, 일본어 바쿠후)시대가 열렸다. 막부는 정이대장군(征夷大將軍, 일본어 세이이타이쇼군)이 머무는 진지를 일컫는 말인데, 진지가 위치한 지역의 명칭이 막부 앞에 붙는다. 정이대장군은 쇼군이라고 지칭하겠다. 첫 번째 막부는 가마쿠라막부이고 이어서 1336년 시작되어 1573년까지 이어진 무로마치막부, 마지막으로 1603년부터 1867년까지 존속한 에도막부로 이어진다. 에도막부는 도쿠가와막부라고도 한다. 가마쿠라는 오늘날에도 존재하는 지역명이고, 에도는 현재 일본의 수도인 도쿄의 옛 이름이다. 그리고 무로마치는 지역명이 아니라 쇼군의 저택이 있던 한 구역을 말한다.

그렇다면 센고쿠시대는 어떻게 시작된 것일까. 무로마치막부 제8대 쇼군 아시카가 요시마사(재임 : 1449~1473년)는 뒤를 이을 아들이 태어나지 않았다는 이유로 승려였던 이복동생 아시카가 요시미(1439~1491년)를 1464년 환속시킨 후 양자로 삼아 차기 쇼군으로 낙점했다. 요시마사가 서른도 안 된 나이였는데 이복동생을 후계자로 정한 것은 지나치게 빠른 결정이었다. 분란은 이듬해인 1465년 요시마사의 정실인 히노 도미코(1440~1496년)가 아들을 낳으면서 촉발했다. 도미코는 아들 아시카가 요시히사(1465~1489년)를 쇼군으로 만들고 싶었다. 그리고 요시마사는 이복동생에 대한 쇼군 승계를 없었던 일로 해버렸다.

앞서서 쇼군 요시마사는 이복동생 요시미를 향해 "만약 나에게 아들이 태어나도 쇼군 자리는 너에게 물려줄 것이다."라고 약속했었다. 그런데 약속을 파기한 것이다. 요시미는 이에 반발했고, 세력 구축에 나서면서 자신의 후견인으로 호소카와 가쓰모토(1430~1473년)를 결정했다. 이에 맞서 요시마사의 아내 도미코는 가쓰모토와 대립 관계에 있던 야마나 소젠(1404~1473년)을 아들의 후견인으로 결정했다.

호소카와 가쓰모토와 야마나 소젠은 수호 대명(守護 大名, 일본어 슈고 다이묘)이었다. 가마쿠라막부시대 생겨난 슈고라는 직책은 쇼군이 각 지방에 파견한 무사 신분의 지방 행정관이다. 그리고 이들은 군사권, 경찰권 그리고 경제적 권리도 갖고 있었다. 마치 중세 유럽의 제후처럼 막강한 힘을 보유하고 있었다. 하지만 이들은 애당초 대명 즉, 영주(=다이묘)는 아니었다. 그런데 일본 정세가 혼란한 틈을 타서 각 지역에 있던 슈고들이 권력에 심취한 나머지 스스로 다스리는 지역에서 자기만의 영역을 구축하면서 다이묘로 자리 잡은 것이다. 새로운 형태의 다이묘가 나타난 것이다.

당시 일본에서 막강한 힘을 가진 두 세력 가쓰모토와 소젠 두 후견인이 앙숙 관계인 탓에 양측의 충돌은 불 보듯 뻔했다. 결국 양측은 후계자 문제를 놓고 1467년 전쟁에 돌입했다. 센고쿠시대가 시작된 것이다. 양측의 전쟁이 계속해서 펼쳐지자 쇼군 요시마사가 전쟁 중지를 명령했다. 하지만 소용이 없었다. 전쟁이 시작된 때가 무로마치막부시대 천황(天皇, 일본어 덴노) 고쓰치미카도(재위 : 1464~1500년) 통치 때 일어났다고 해서 덴노의 연호 오닌(応仁)을 사용해 '오닌의 난'이라고 부른다. '오닌의 난'은 10년이 흐른 1477년 야마나 소젠을 후견인으로 둔 도미코의 승리로 끝났다.

도미코의 아들 요시히사는 오닌의 난이 한창 진행 중이던 1473년 쇼군에 즉위했다. 요시마사가 스스로 쇼군 자리에서 내려왔기 때문이다. 그리고 오닌의 난은 1477년 진정되었으나 쇼군의 명성은 이미 땅바닥에 떨어진 뒤였다. 일본 열도의 여기저기에서 쇼군을 자처하는 사람들이 생겨났다. 1467년 시작된 센고쿠시대가 본격적으로 문을 연 것이다. 결론적으로 일본의 센고쿠시대는 이후 100년가량이 흐른 1573년 오다 노부나가(1534~1582년)에 의해 평정된다.

일본에서 센고쿠시대가 한창 전개될 때 서유럽의 상황을 살펴보면, 포르투갈의 바스쿠 다 가마는 아프리카 대륙을 돌아 1498년 인도 캘리컷에 도착했고, 이후부터 동남아에서 향신료 무역거점을 하나둘씩 점령하고 있었다. 그리고 약 20년 뒤인 1517년 독일에서는 마르틴 루터가 종교개혁의 신호탄을 쏘아 올렸다.

센고쿠시대가 시작된 후 76년이 흐른 1543년 명나라 닝보에서 출항해 마카오로 가던 명나라의 배 한 척이 폭풍우를 만나 표류하던 중 일본 규슈 남부 다네가시마에 표착하는 일이 발생했다. 이 배에는 포르투갈 상인들이 승선하고 있었는데, 그들의 손에는 신무기 화승총이 있었다. 이들 포르투갈 상인이 일본에 발을 들인 최초의 유럽 사람들이다.

참고로 일본은 현재 큰 섬인 혼슈(本州)와 홋카이도(北海道), 작은 섬인 규슈(九州), 시코쿠(四國) 등 4개의 섬으로 구성되어 있다. 하지만 홋카이도는 센고쿠시대 당시 일본 땅이 아니었다. 일본은 에도막부시대인 18세기 후반부터 홋카이도에 대한 지배권을 행사했다.

다네가시마의 젊은 다이묘 도키타카(1528~1579년)는 이들에게 거금 2,000냥을 주고 화승총 2자루를 샀다. 현시대 가치로 환산하면 15억 원 안팎의 큰 금액이었다. 도키타카는 이후 사무라이 검을 만드는 대장장이 야이타 킨베에 기요사다(생몰 미상)에게 화승총을 복제하라고 명령했다. 임진왜란 때 일본군이 한반도를 쳐들어올 때 들고 온 조총이 탄생하는 순간이었다.

그런데 당시 포르투갈은 명나라와 정식으로 무역하는 관계가 아니었다. 이로써 16세기 동중국해에는 일본인들이 해적행위를 하고 있었는데, 이들은 왜구(倭寇)라고 불리었다. 포르투갈 사람 중에서도 왜구가 되어서 노략질하거나 훔친 물건으로 밀무역하는 사람들이 많았다. 결국 일본에 처음 도착한 포르투갈 상인들은 해적들이었다. 이들이 일본으로 신무기 화승총을 갖고 온 것이었다.

그리고 일본에서는 화승총을 '뎃포(철포, 鐵砲)'라고 불렀다. 일본에서 뎃포가 본격적으로 생산된 시기는 1544년이다. 참고로 오늘날 우리나라에서 '무데뽀'라는 말을 사용하는데, '뎃포도 없이 무작정 덤비는 무모한 상황'을 일컫던 말이 '무데뽀'라는 말로 사용되고 있다.

일본, 서양의 유일신 사상 그리스도교 만나다

일본의 젊은 다이묘 도키타카가 포르투갈의 신무기를 자체 생산하는 데 성공하면서 일본에서는 종전 검으로만 싸우던 후진적인 양상에서 서서히 총을 앞세워 싸우는 방식으로 변하기 시작했다. 특히 각 지역의 다이묘 중에서 극소수는 신무기의 효용성을 일찌감치 간파하고 전투 방식을 착실히 바꾸어 나갔다. 그들 중에서 두드러진 인물이 바로 오다 노부나가였다.

노부나가는 열여덟 살에 아버지 오다 노부히데(1510~1551년)에 이어 오와리국(오늘날 아이치현 서부)의 다이묘가 되었다. 그런데 노부나가의 부친 노부히데는 애당초 오다 가문으로부터 볼품없는 작은 영지를 상속받았다. 다이묘라기보다는 오와리국의 장수였다. 그런데 반란을 통해 오와리국을 접수하면서 다이묘가 된 인물이었다. 오다 노부나가는 그런 아버지로부터 영지를 물려받았다.

그리고 오와리국에서는 일본 사무라이 3대 영웅 중 한 명인 노부나가 외에도 도요토미 히데요시(1537~1598년)도 태어났다. 3대 영웅 중 나머지 한 명은 오와리국 동쪽에 위치한 미카와국(오늘날 아이치현 동부)에서 태어난 도쿠가와 이에야스(1542~1616년)이다. 결국 일본 사무라이 3대 영웅은 모두 오늘날 아이치현에서 태어났다. 오다 노부나가 이야기는 조금 후에 다시 다루기로 하고, 일본과 그리스도교의 만남에 관한 이야기이다.

일본으로 화승총이 전래 되기 2년 전인 1541년 포르투갈의 리스본에서는 예수회 소속 사제 프란치스코 하비에르가 인도를 비롯한 동남아의 포르투갈 식민지에서의 선교를 위해 출항했다. 포르투갈은 16세기 초 동남아 향신료 무역거점인 인도 고아를 비롯해 말레이시아 믈라카와 호르무즈해협 해상권을 점령한 상태였다. 당시 포르투갈 외에는 동남아 향신료 무역기지 확보에 뛰어든 국가는 없었다. 동남아로 많은 포르투갈인이 이주해 왔기에 이들의 종교활동을 위해서도 로마가톨릭 사제들이 필요했다. 특히 로마가톨릭 교황청은 식민지에서의 포교 활동이 절실했다.

예수회 소속 하비에르와 사제들은 1542년 5월 인도 고아에 도착했다. 이들의 포교 대상지는 인도 고아를 비롯해 말레이시아 믈라카 등 동남아 일대였다. 조선과 일본, 중국에서의 포교는 애당초 계획에 없었다. 하비에르는 고아와 믈라카 등 포르투갈이 점령한 식민지들을 돌아다니면서 왕성한 포교 활동을 펼쳤다. 그 덕분에 예수 그리스도를 몰랐던 동남아의 선주민 중 로마가톨릭을 받아들이는 사람들이 날이 갈수록 늘어만 갔다. 하비에르가 인도 고아에 도착하기 전에도 동남아 일대에는 로마가톨릭 사제들이 있었다. 그러나 이들은 성문을 벗어나서 포교 활동을 하지는 않았다. 다소 소극적이고 한정적인 포교 활동을 펼쳤다. 그런데 예수회는 달랐다. 이들의 포교는 전투적이었다.

그러던 1547년 12월 하비에르는 믈라카에서 30대 중반의 일본인 야지로 안지로(Yajiro Angero)를 만나게 되면서 포교 방향이 급선회했다. 안지로는 사쓰마 지역(오늘날 가고시마현 서부)의 사무라이였는데 살인을 저질러서 도망친 상태였다. 안지로는 포르투갈 무역선에서 일할 수 있게 되면서 동남아 이곳저곳을 돌아다니던 중이었다. 그러면서 자연스럽게 포르투갈 사람들과 접하면서 그리스도교를 알게 되었다. 안지로는 하비에르 신부에 관한 이야기를 일찌감치 전해 들었고, 하비에르와 직접 만나기를 원했다. 결국 1547년 12월 믈라카의 한 교회에서 하비에르와의 운명적인 만남이 성사되었다.

하비에르는 안지로를 만나기 전까지 일본인을 만난 적이 없었다. 그렇다 보니 하비에르에게 일본은 신세계 그 자체였다. 안지로는 하비에르에게 평소 궁금했던 로마가톨릭에 대해 질문했고, 하비에르는 안지로에게 일본에 대한 궁금한 사항들을 물었다. 두 사람은 짧은 시기에 급속도로 가까워졌다. 안지로는 1548년 3월 인도 고아에서 하비에르로부터 세례를 받았다. 세례명은 파울로 데 산타페. 일본인 최초의 로마가톨릭 영세자가 탄생한 것이다. 일본에서는 그리스도교 신자를 '기리시탄(Kirishitan)'이라고 부른다.

당시 일본은 불교가 중심 종교였다. 그렇다고 타 종교에 대한 배척이 심한 것도 아니었다. 일본에는 수많은 신(神)들이 존재했고 오늘날에도 그렇다. 현재 일본에는 800만 개가 넘는 다양한 신이 존재하고 있다. 하비에르에게 그러한 일본은 당장이라도 유일신의 복음을 전해야 하는 대상지였다. 이 때문에 하비에르는 계획에 없던 일본을 새로운 포교 대상지로 삼았다.

하비에르는 안지로를 통해 일본 선교 계획을 꼼꼼히 준비했다. 그리고 안지로는 하비에르가 선교를 위해 1549년 4월 일본으로 갈 때 안내자 겸 통역사 역할을 했다. 당시 일본행 배에 오른 일행은 포르투갈인 3명과 일본인 3명이었다. 포르투갈인은 모두 예수회 소속으로 하비에르를 비롯해 코스메 데 토레스(1510~1570년) 신부와 후안 페르난데스(생몰 미상) 수사였다. 일본인은 안지로와 그의 동생 요한네스, 안지로의 부하 안토니오였다. 일본인 3명은 모두 기리시탄이고 세례명만 전해지고 있다. 하비에르 일행은 1549년 7월 사쓰마번에 상륙했다. 하비에르는 당분간 안지로의 집에 머물렀고, 안지로는 하비에르를 위해 로마가톨릭 교리서를 일본어로 번역했다.

하비에르는 1549년 9월 사쓰마의 다이묘 시마즈 다카히사(1514~1571년)의 초청으로 다카히사와 회견했고, 이때 하비에르는 환심을 사기 위해 화승총을 선물했다. 다카히사는 하비에르에게 사쓰마에서의 포교 활동을 허락했다. 그런데 이후 사쓰마의 불교 승려들과 토속 무사들은 그리스도교에 대해 부정적인 견해를 다카히사에게 설파했다. 이들은 "기리시탄이 되면 불교를 믿지 않고 불교를 버릴 것이다." 급기야 "기리시탄들이 절을 파괴할 것이다."라는 말로 다카히사를 설득했다. 결국 다카히사는 불교 승려들과 토속 무사들에게 설득당해 영지 내에서 그리스도교를 믿지 말라고 공표했다.

이로써 하비에르는 본섬인 혼슈로 건너가 수도 교토에 있는 덴노 고카시와바라(재위 : 1500~1526년)와 쇼군 아시카가 요시테루(재임 : 1536~1565년)를 만나 포교 허락을 받기 위해 시도했으나 면담 요청은 받아들여지지 않았다. 이에 실망한 하비에르는 사쓰마로 돌아오는 길에 스오국(오늘날 야마구치현 남부) 슈고 다이묘 오우치 요시타카(1507~1551년)를 만나 포교의 자유를 얻어냈다. 하비에르는 요시타카에게 화승총 외에도 망원경, 탁상시계, 거울 등 고가의 선물을 주면서 환심을 샀다. 이에 흡족한 요시타카는 하비에르에게 폐건물로 방치되어 있던 불교 사찰을 포교 시설로 이용하라고 제공했다. 일본에서 최초로 로마가톨릭 교회가 생겨난 것이다.

하비에르는 또 규슈 히라도의 다이묘 마쓰라 다카노부(1529~1599년)를 만나 포교 활동 허락을 얻어냈다. 다카노부는 그러면서 포르투갈 상선이 왕래할 수 있도록 허락했다. 다카노부는 포르투갈과의 무역을 통해 경제적인 이득을 원했기 때문이다. 이로써 1550년 포르투갈의 상선이 히라도에 정기적으로 들어오기 시작했다.

다카노부의 희망대로 포르투갈과의 무역은 히라도에 경제적인 부를 가져다주었다. 하지만 시간이 흘러 기리시탄들과 기존 불교도들 사이에서 충돌이 발생했고, 급기야 기리시탄은 사찰에 불을 질렀다. 반대로 불교도는 교회를 불태웠다. 심지어 포르투갈인들이 살해되는 사건도 일어났다. 이 때문에 포르투갈은 1562년 입항지를 히라도에서 인근 요코세우라(오늘날 나가사키현 사이카이시 북부 항구)로 옮겼다.

하비에르는 1551년 오이타의 다이묘 오토모 소린(1530~1587년)을 만나는데, 소린은 1578년 세례를 받고 가톨릭 다이묘가 된다. 참고로 일본에서 최초의 기리시탄 다이묘는 1563년 세례를 받은 오무라의 다이묘 오무라 스미타다(1533~1587년)이다.

하비에르는 인도와 일본을 왕래하며 유일신의 말씀을 부지런히 설파했는데 일본 선교 외에도 명나라에서의 포교도 희망했다. 하지만 명나라는 끝끝내 타 국가 종교를 향해 포교를 허락하지 않았다. 명나라 선교라는 하비에르의 꿈은 결국 현실이 되지는 못했다. 하비에르는 1552년 11월 명나라 본토로 들어가는 배를 기다리던 중 마카오 근교 섬인 상촨다오(上川島)에서 열병에 걸려 세상을 떴다.

그리스도교, 일본 센고쿠시대 때 최전성기 맞다

프란치스코 하비에르의 뒤를 이어 일본 포교에 핵심적인 역할을 한 사제는 하비에르와 함께 일본으로 건너온 예수회 소속 코스메 데 토레스 신부였다. 1552년 8월 야마구치의 다이묘 오우치 요시나가(1532~1557년)는 토레스에게 포교 시설로 불교 사찰을 제공하면서 안정적인 포교 활동을 약속했다. 요시나가의 아버지 오우치 요시타카는 슈고 다이묘였고, 요시타카는 앞선 2년 전인 1550년 하비에르에게 폐건물로 방치된 불교 사찰을 포교 시설로 제공했던 인물이었다. 일본에서의 포교 발판을 마련한 토레스는 이로써 다이묘를 비롯해 약 3만 명에게 세례를 줄 수 있었다.

이어 1556년에는 예수회 소속 신부 가스파르 빌렐라(1526~1572년)가 오이타에서 다이묘 오토모 소린의 허락을 얻어 포교 활동을 전개했고, 그해 예수회 인도 관구장 멜키오르 누네스(1520~1571년)가 일본을 방문하면서 일본에서의 포교 활동이 활발하게 진행되었다. 물론 일부 지역에서는 그리스도교에 반발하는 불교도들에 의해 교회가 불타기도 했고, 기리시탄들 역시 불교 사찰을 불태우는 등 양측간에 과격한 행동이 없었던 것은 아니다. 이에 포르투갈의 국왕은 오토모 소린에게 1558년 서한을 보내 일본 거주 선교사들의 보호를 요청하기도 했다.

이와 함께 1559년 11월 가스파르 빌렐라 신부는 하비에르가 만나지 못한 무로마치막부의 제13대 쇼군 아시카가 요시테루를 만났고, 쇼군 요시테루는 이듬해 5월 로마가톨릭 교회를 보호하겠다고 약속했다. 이로써 예수회 소속 신부들이 일본의 수도 교토에 머무를 수 있었다. 드디어 로마가톨릭을 보호하는 쇼군이 탄생한 것이다. 그해 6월 오다 노부나가는 오케하자마 전투에서 숙적 이마가와 요시모토(1519~1560년)를 무찌르면서 향후 일본을 장악할 수 있는 계기를 마련했다. 오케하자마는 오늘날 나고야에 있는 지명이다.

특히 주목할 점은 오케하자마 전투 때 열여덟 살의 도쿠가와 이에야스는 이마가와 가문의 인질이 되어 생활하던 중 전투에서 최선봉에 섰다. 요시모토의 전략은 이에야스를 앞장세워 오다 노부나가와 도쿠가와 이에야스 모두 피를 흘리며 쓰러지기를 바랐던 것이다. 하지만 전투에서 요시모토가 전사하자 이에야스는 재빨리 군사들을 이끌고 노부나가에게 투항해버렸다. 자신을 인질로 잡고 있던 다이묘가 죽었는데 굳이 죽기 살기로 싸울 필요가 없었다. 이로써 장장 14년 동안 이어진 이에야스의 길고 긴 인질 생활이 끝나고 노부나가 곁에서 미래를 준비할 수 있었다. 또한 노부나가는 명실상부 일본에서 가장 힘이 센 다이묘로 급부상했다.

1562년 예수회 소속 루이스 데 알메이다(1525~1583년) 신부가 개항지 요코세우라에 도착했다. 알메이다 신부는 오이타의 다이묘 오토모 소린으로부터 후원받는데, 포르투갈에서 의학을 공부한 알메이다 신부는 사비를 털어 히라도와 오이타의 후나이 등지에 병원, 교회, 보육원, 학교, 고아원 등을 건립하면서 포교 활동을 펼쳤다. 예수회 알메이다의 이 같은 업적은 일본에 양학이 뿌리내리는 계기가 되었다. 알메이다의 일본에서의 포교 활동은 마치 조선 후기에 개신교가 들어와서 병원, 학교 등을 지으면서 포교 활동을 한 것과 흡사했다.

그리고 1563년 2월 오무라의 다이묘 오무라 스미타다가 요코세우라로 가서 며칠 동안 로마가톨릭 교리를 들은 후 코스메 데 토레스 신부로부터 세례를 받았다. 스미타다가 일본 최초의 기리시탄 다이묘이다. 참고로 1563년 11월 오무라 가문의 내전으로 요코세우라 항구가 파괴되고, 오무라 가문은 새로운 포르투갈 선박 입항지로 나가사키를 개항했다. 일본의 첫 기리시탄 다이묘 스미타다의 신앙은 광적인 수준이었다. 우선 본인 영지 내 모든 주민을 강제로 개종시켰고 불교 사찰과 신사를 모두 파괴했다. 그리고 세월이 흘러 1578년 오이타의 다이묘 오토모 소린이 로마가톨릭으로 개종했으며, 1580년에는 히젠국(오늘날 사가현과 나가사키현)의 다이묘 아리마 하루노부(1567~1612년)가 개종했다.

일본 최초 기리시탄 다이묘 오무라 스미타다를 비롯해 오토모 소린과 아리마 하루노부는 1582년 기리시탄 소년 4명을 로마로 파견했다. 이들 소년을 당시 덴노 고요제이(재위 : 1586~1611년)의 연호인 덴쇼를 붙여서 '덴쇼 소년사절단'이라고 부른다. 이들이 로마 교황청으로 간 이유는 유럽인들에게 일본의 상황을 알리고 포교 활동에 필요한 자금을 지원받기 위해서였다.

이와 함께 임진왜란 때 선봉장으로 나서서 가장 먼저 조선에 도착한 다이묘 고니시 유키나가(1558~1600년)는 1584년 기리시탄으로 개종했다. 유키나가는 우리나라에서도 널리 이름이 알려진 장수이다. 우선 이순신 장군(1545~1598년)이 전사한 노량해전에서 유키나가의 부대는 전라남도 순천 왜교성에 있었는데, 이순신 장군은 일본의 철군 소식에도 불구하고 유키나가의 퇴로를 막고 있었다. 이로써 유키나가를 구출하기 위해 시마즈 요시히로(1535~1619년)가 함대를 이끌고 노량해협으로 왔고, 이때 벌어진 노량 해전에서 이순신 장군이 전사했다.

또한 유키나가는 2024년 개봉해 1,200만 명 가까이 본 한국영화 '파묘'에서 인간 말뚝으로 매장되어 있던 몸집이 큰 장군으로 묘사된다. 그리고 유키나가는 애당초 다이묘가 아니라 상인이었는데, 도요토미 히데요시에게 발탁되어 시코쿠 근처의 자그마한 쇼도 섬을 하사받고 다이묘가 되었다.

일본에서 첫 기리시탄 다이묘가 탄생하고 2년 후인 1565년 쇼군 아시카가 요시테루가 암살되는 일이 발생했다. 쇼군의 직위는 아시카가 가문이 계속 이어갔지만, 당시 일본에서 5만 명 이상의 사무라이를 동원할 수 있는 다이묘는 오다 노부나가가 유일했다. 이로써 노부나가는 일본을 평정하겠다는 야욕을 품게 된다.

특히 노부나가는 1570년 쇼군의 행동을 제약하는 문서를 발급하는 등 실질적인 지배자임을 일본 전역에 과시했다. 그리고 노부나가는 자신이 세웠던 쇼군 아시카가 요시아키(재임 : 1568~1588년)를 1573년 교토에서 쫓아냈다. 이로써 센고쿠시대가 끝났다. 그러면서 노부나가는 종전에 검으로만 싸우던 방식에서 탈피해 뎃포를 앞세운 부대를 편성했다. 이어서 1575년 나가시노 전투에서 다케다 가쓰요리(1546~1582년)를 물리치고 명실상부 일본의 일인자로 자리매김했다. 그리고 노부나가는 로마가톨릭을 보호하는 정책을 취했다.

가톨릭, 도요토미 히데요시 만나 위기에 빠지다

오다 노부나가가 일본의 일인자가 되기 10년 전인 1565년 5월, 지방의 다이묘들이 일으킨 '에이로쿠의 변'으로 로마가톨릭에 우호적이던 쇼군 아시카가 요시테루가 암살당했다. 로마가톨릭 사제들과 기리시탄들은 당혹감을 감추지 못했다. 특히 두 달 후인 7월에는 덴노 오기마치(재위 : 1557~1586년)가 일본에서 처음으로 로마가톨릭 신부를 추방하는 금교령(禁教令)까지 내렸다. 그나마 기리시탄들에게 다행인 것은 당시 덴노의 위상은 생각보다 크지 않았다. 무로마치막부 제13대 쇼군 요시테루 사망 이후 1568년까지 3년가량 쇼군 자리는 공백기에 들어갔다. 이 시기에 자연스럽게 일본의 실권은 오다 노부나가에게 집중되었다.

실권을 잡은 노부나가는 예수회 소속 포르투갈인들이 들여온 로마가톨릭 그리고 신무기 화승총에 대해 관심이 많았다. 이로써 노부나가는 허수아비 덴노의 금교령을 손쉽게 없었던 일로 만들어버렸다. 1567년 8월 노부나가는 미노국(오늘날 기후현 남부)에 있던 사이토 가문의 거점인 이나바야마성을 공격해 손아귀에 넣는다. 이어서 사이토 가문이 보유했던 이노쿠치라는 지역명을 기후(岐阜)로 바꾼다. 이는 중국의 고대 주(周)나라 문왕(BC 1152~1056년)이 기산(岐山)을 기점 삼아 정벌을 시작했던 것을 의식했다는 분석이다. 노부나가가 센고쿠시대로 사분오열된 일본을 본격적으로 통일하겠다는 야심을 드러내는 순간이었다.

1569년 4월 예수회 신부 루이스 프로이스(1532~1597년)는 노부나가와 회견해 교토에서의 포교를 허락받았다. 앞선 1563년 일본에 들어온 프로이스는 훗날 오다 노부나가와 도요토미 히데요시 통치 시기 일본을 기록한 「일본사」를 집필한다. 노부나가의 로마가톨릭에 대한 포용정책에 힘입어 1570년 일본에 입국한 예수회 신부 오르간티노 그네키 솔도(1532~1609년)는 교토에 교회를 짓는다. 이는 유럽인이 일본에 지은 최초의 로마가톨릭 교회이다. 오르간티노는 또 오다 노부나가가 새로 건축한 아즈치성에도 신학교와 교회를 세웠다. 아즈치성은 현재 존재하지 않지만, 로마가톨릭에 매료된 노부나가는 성의 주요 건물을 천주각(天主閣)이라고 불렀다는 이야기가 있다. 지금은 천수각(天守閣)이라고 부른다.

특히 오르간티노는 1584년 한의학자 마나세 도산(1507~1594년)에게 세례를 주었다. 도산은 조선의 명의(名醫) 허준(1539~1615년) 선생처럼 일본에서 국보급 인물이다. 도산은 또 노부나가 가문의 장손이면서 기리시탄이 된 오다 히데노부(1580~1605년)의 스승이다. 참고로 히데노부는 오다 노부나가의 손자이고, 히데노부의 아버지는 노부나가의 장남 오다 노부타다(1557~1582년)이다.

기리시탄이 된 도산과 히데노부 외에도 임진왜란 때 명나라와의 외교 교섭을 맡았던 나이토 다다토시(1550~1626년)는 일찌감치 1564년 기리시탄이 되었다. 다다토시는 1578년 집안이 몰락한 이후 1585년 고니시 유키나가를 알게 되면서 그의 가신이 되었다. 유키나가는 1584년 로마가톨릭으로 개종한 인물이다. 다다토시는 훗날 도쿠가와 이에야스의 가혹한 로마가톨릭 탄압 때 종교를 버리지 않았다는 이유로 마닐라로 추방당했다.

오다 노부나가는 1570년 쇼군의 행동을 제약하는 문서를 발급하면서 본인이 실질적인 일본의 지배자임을 과시했다. 계속해서 노부나가는 1573년 교토에 머물던 쇼군 아시카가 요시아키를 쇼군 자리에서 내쫓아 버렸다. 이로써 1336년부터 시작된 무로마치막부가 막을 내렸다. 오다 노부나가의 시대가 열린 것이다. 이때부터 쇼군은 명맥만 유지했다.

특히 노부나가는 기존 검으로만 싸우던 방식에서 탈피해 화승총을 앞세운 전투전략을 수립했다. 노부나가의 새로운 전투 방식은 1575년 나가시노 전투에서 효능을 발휘하면서 숙적이던 다케다 가쓰요리를 물리쳤다. 검을 든 사무라이 중심의 전투 방식에 혁명이 일어난 것이다. 그렇다고 센고쿠시대에 화승총을 전투에서 최초로 사용한 인물이 노부나가는 아니다.

참고로 이야기하면 조선에 화승총이 처음 소개된 것은 1555년이다. 일본으로 포르투갈의 신무기가 처음 소개된 지 12년이 흐른 뒤였다. 일본에서 뎃포라고 불린 화승총을 조선에 소개한 인물은 쓰시마 섬에서 부산을 거쳐 조선에 귀화한 일본인이다. 화승총을 처음 본 조선인들은 굉음을 내며 위력을 보이는 기다란 막대기에 화들짝 놀랐다. 화승총은 국정 전반에 관한 의사결정기구였던 비변사로 전달되었다. 그런데 안타깝게도 비변사는 화승총의 미래 가능성을 감지하지 못했다. 그 이후로 화승총은 군기시(軍器寺) 창고에 처박혀 먼지만 쌓이는 신세가 되었다.

노부나가는 일본 제패를 위해 한 발짝씩 내디뎠다. 그리고 로마가톨릭은 노부나가의 보호를 받으며 계속해서 성장했다. 1580년쯤에는 일본에서 기리시탄 수가 10만 명을 넘어섰다. 주로 규슈와 간사이(關西) 지방에 치중되었다. 당시 일본 인구가 3,000만 명 안팎이어서 기리시탄 숫자가 많다고는 할 수 없으나 이 같은 증가 추세면 그 숫자가 어디까지 늘어날지 누구도 짐작할 수 없었다.

그리고 1582년 1월 교황청을 가기 위해 일본 소년 4명으로 구성된 '덴쇼 소년 사절단'이 나가사키항에서 출발했다. 이들이 돌아온 시기는 1590년으로, 이 시기 오다 노부나가는 없었다. 노부나가의 뒤를 이어 도요토미 히데요시가 실권을 잡고 있었다. 그런데 히데요시는 1587년 '가톨릭 신부 추방령'을 발표해 로마가톨릭 성장을 이미 억제 시킨 뒤였다. 앞서서 '덴쇼 소년 사절단'이 로마로 출발한 1582년 6월 일본에 거주하는 로마가톨릭 사제들에게 하늘이 무너지는 대사건이 발생한다. 오다 노부나가가 측근의 배신으로 죽는 '혼노지의 변'이 발생한 것이다.

'혼노지의 변'에 대해 살펴보면 당시 노부나가의 오른팔 도요토미 히데요시는 빗추국(오늘날 오카야마현 서부)을 공격하고 있었다. 그런데 공략이 쉽지 않자 노부나가도 직접 출전을 결심했다. 선봉에 아케치 미쓰히데(1528~1582년)를 세웠고, 약 1만 3,000명의 병사가 미쓰히데를 따랐다. 노부나가는 아즈치성을 출발해 교토에 있는 불교 사찰 혼노지에 잠시 주둔했다. 그런데 미쓰히데가 쿠데타를 일으킨 것이다. 당시 노부나가를 수행하던 병사는 고작 100명 정도였다. 노부나가는 미쓰히데가 배반할 것이라고는 꿈에도 상상하지 못했다.

음력 6월 2일 새벽 혼노지에 도착한 미쓰히데는 갑자기 병사들에게 이렇게 외쳤다. "적(敵)은 혼노지에 있다!" 미쓰히데의 병력이 혼노지를 포위했고, 같은 편끼리 전투가 일어났다. 노부나가를 지키는 병사의 숫자는 턱없이 부족했다. 결국 심각한 어깨 총상을 입은 노부나가는 사태를 직시하고 할복으로 생을 마감했다. 미쓰히데가 배신한 이유는 명확하지 않다. 일본 역사에서도 미스터리로 남은 부분이다. 미쓰히데는 히데요시에게 공격받고 도망치던 중 할복했다. 이렇게 해서 도요토미 히데요시가 노부나가의 뒤를 이어 실권을 거머쥐게 된 것이다. 물론 노부나가 가문의 장손 오다 히데노부를 상전으로 떠받들었다.

히데요시 역시 노부나가에 이어 로마가톨릭에 대해 우호적이었다. 그런데 1587년 6월 갑자기 '가톨릭 신부 추방령'을 발표했다. 히데요시는 "20일 이내로 신부들이 일본을 떠나라!"라고 명령했다. 이로써 예수회의 포교 활동은 멈추어 버렸다. 또한 기리시탄 다이묘들이 일본의 여러 지역에서 교회를 짓기 위해 로마가톨릭에 바친 땅들이 일제히 몰수되었다. 심지어 이미 지어진 교회들은 파괴되었다. 다만 히데요시는 자국민 기리시탄들에게 로마가톨릭을 버릴 것을 명하지는 않았다. 또한 불교의 가르침을 방해하지 않는 범위에서 유럽 상인들이 일본에서 펼치는 무역 활동 역시 허락했다.

이유는 명확하지 않지만 여러 가지 추측만 난무했다. 우선 기리시탄들이 불교 사찰과 신사를 무자비하게 파괴하고, 포르투갈 상인들이 전쟁 포로가 된 일본인을 노예로 사들여 타국으로 내다 판 점, 기리시탄으로 개종한 다이묘들이 그들의 영지 내 주민들을 강제로 개종시킨 점 등이 마음에 들지 않았을 것이라는 관측이다. 히데요시는 로마가톨릭 신부들을 내쫓았지만, 일본인들이 자율적으로 그리스도교를 믿는 것에 대해서는 허락했다. 히데요시의 이 같은 결정으로 한 때 절정기를 맞이한 로마가톨릭은 쇠퇴기를 맞이하게 되었다.

에도막부, 가톨릭 기리시탄 뿌리뽑기에 나서다

실권을 잡은 도요토미 히데요시는 평소 마음먹었던 명나라 침략을 위한 계획을 하나둘씩 실행에 옮긴다. 그러면서 1587년 조선의 국왕에게 사신을 보내 신하의 신분으로 일본에 들어올 것을 요구했다. 더불어 히데요시는 노부나가가 마무리하지 못한 일본 통일작업도 병행해 나갔다.

그런데 조선 국왕이 일본으로 오지 않자 히데요시는 조선을 당장 쳐들어갈 기세였다. 하지만 쓰시마의 다이묘 소 요시토시(1568~1615년)가 "조선 국왕을 일본에 오도록 하겠다."라고 제안하면서 조선 침략은 일시 중지되었다. 요시토시 역시 기리시탄인데, 그는 조선과의 무역으로 막대한 부를 쌓았기에 조선과의 전쟁을 최대한 피하려고 노력했던 인물이다.

요시토시는 고니시 유키나가의 사위다. 요시토시의 노력에도 불구하고 조선의 국왕은 일본으로 오지 않았다. 히데요시는 고니시 유키나가와 가토 기요마사(1562~1611년)를 선봉에 세워 1588년 3월 조선 공격에 나설 태세였으나 또다시 요시토시가 "조선으로 건너가서 담판 짓겠다."라고 제안하면서 조선 침략 개시는 연기되었다. 이에 히데요시는 요시토시에게 '명나라 공격 때 선봉에 설 것(정명향도)'을 주문하는 내용을 골자로 한 국서를 조선 임금에게 전달하라고 명령했다. 국서에는 만일 조선이 선봉에 서지 않으면 조선을 공격하겠다는 뜻도 담겼다.

그런데 요시토시는 정명향도(征明嚮導)에 대해 조선 임금이 부정적으로 반응할 것을 우려하면서 장인 고니시 유키나가와 고민 끝에 정명향도라는 글자를 '명나라로 들어가는 길을 빌려달라'는 뜻의 '가도입명(假途入明)'으로 바꾸어 버렸다. 결국 요시토시는 조선으로 가서 국왕이 오는 대신 통신사 파견을 이끌었다.

이로써 1590년 3월 조선에서 임금 선조(재위 : 1567~1608년)의 명을 받은 황윤길(1536~?), 김성일(1538~1593년) 등 일행이 통신사 신분으로 일본에 도착했다. 이들이 히데요시를 만난 것은 그해 11월 7일이었고, 통신사들이 건넨 국서에는 항복한다는 내용은 없었다. 하지만 히데요시는 통신사가 왔다는 것 자체만으로 항복 의사로 받아들였다. 히데요시는 이로써 명나라 공격 준비에 들어갔다.

1591년 조선으로 돌아온 통신사들을 만난 선조는 일본의 상황을 물었다. 이에 황윤길은 "일본이 조선 침략을 준비 중이다."라고 보고했으나 김성일은 "일본은 평상시처럼 평온하다."라고 정반대로 보고했다. 선조는 김성일의 보고를 채택했다. 임진왜란 발발 이후 선조는 황윤길의 보고를 무시한 것에 대해 통렬히 후회했으나 만시지탄(晩時之歎)이었다.

결국 선조 25년인 1592년 5월 23일 고니시 유키나가를 선봉장으로 하는 일본의 병사들이 부산 앞바다에 나타났다. 조선은 명나라 공격을 위한 길을 일본에 터주는 대신 무력으로 맞섰다. 임진왜란이 터진 것이다. 두 번째 선봉장은 유키나가와 앙숙 관계였던 가토 기요마사였다. 조선 침략 선봉대들은 기리시탄 다이묘인 유키나가의 명령을 받아 그리스도교를 상징하는 붉은색 십자가가 그려진 깃발을 들고 조선으로 들어왔다. 조선인들은 이때 처음으로 유럽의 종교를 나타내는 십자가를 보게 된 것이다.

1592년 임진년(壬辰年)에 발생한 임진왜란과 1597년 정유년(丁酉年)에 재발한 정유재란을 합쳐 통상 임진왜란이라고 일컫는데, 한반도는 초창기 일본군에 의해 쑥대밭이 되었다. 천만다행으로 목숨 걸고 싸운 백성들 덕분에 조선의 임금이 붙잡히는 상황은 발생하지 않았다. 하지만 앞선 1555년 화승총을 접하고도 무시했던 조선의 비변사 그리고 황윤길의 보고를 무시한 임금 선조의 어리석음은 우리 역사에 두고두고 돌이킬 수 없는 패착이자 우둔함으로 남은 상태이다.

다행스럽게 일본은 조선 침략에서 원했던 성과를 내지 못했고, 전쟁이 고착 상태에 빠진 1598년 9월 18일 도요토미 히데요시가 갑작스럽게 세상을 떴다. 이로써 히데요시에게 자신의 속내를 감추고 머리를 조아리고 있던 2인자 도쿠가와 이에야스는 조선으로 나간 일본군에게 전원 철수 명령을 내렸다. 이때 노량 해전이 발발해 충무공 이순신이 전사했다. 임진왜란은 이로써 끝이 났고, 일본의 패권은 도쿠가와 이에야스에게 넘어갔다.

그런데 정유재란 발발 1년 전인 1596년 스페인의 선박 산 펠리페(San Felipe)호가 일본에 표착하는 일이 발생했다. 포르투갈에서는 1578년 예수회의 공격적인 교리에 지나치게 몰입한 국왕 세바스티앙 1세가 십자군의 명성을 이어간다는 이유로 북아프리카 모로코 원정에 나섰다가 전사했다. 이로써 포르투갈의 귀족들은 스페인의 국왕 펠리페 2세를 포르투갈 국왕으로 받아들였고, 1580년부터 포르투갈은 스페인에 병합되었다. 포르투갈의 영토가 곧 스페인의 영토가 된 것이다. 그러면서 동남아시아 무역에서 스페인이 모습을 드러냈는데, 스페인 선박 산 펠리페호가 일본에 표착한 것이다.

그런데 문제는 산 펠리페호 선원 중 한 명이 "로마가톨릭이 스페인의 세계정복을 위한 선봉 역할을 하고 있다."라고 일본 내에서 떠벌렸고, 이 같은 소식을 전해 들은 히데요시가 불같이 화를 낸 것이다. 히데요시는 앞선 1587년 '가톨릭 신부 추방령' 발표 후 20일 내로 선교사들이 일본을 떠날 것을 명령했으나 실질적으로 가혹하게 쫓아내지는 않았다. 하지만 '산 펠리페호 사건'으로 허가 없이 선교활동을 벌이던 선교사들을 비롯한 기리시탄 등 총 24명을 본보기로 교토와 오사카에서 체포했다. 24명은 장장 3개월에 걸쳐 순교 장소인 나가사키까지 약 1,000km를 걸어서 이동했고, 가는 길에 2명의 기리시탄이 순교에 동참해서 26명으로 늘어났다. 이들은 1597년 2월 5일 순교했다. 일본에서 일어난 첫 번째 그리스도교 박해였다.

1598년 히데요시 사망 후 도쿠가와 이에야스는 조선에서의 전쟁을 끝내고 권력 챙기기에 나섰다. 그렇다고 일본 내 모든 다이묘가 이에야스를 따른 것은 아니었다. 히데요시의 적자인 도요토미 히데요리(1593~1615년)를 따르는 무리와 이에야스를 따르는 무리로 갈라졌다. 이들은 1600년 교토와 나고야 사이에 있는 오늘날 기후현의 세키가하라에서 맞붙었다. 이때 히데요리파는 서군, 이에야스파는 동군으로 불리었다. 서군은 대부분 임진왜란에 참전했던 사람들이었고, 동군은 조선으로 출병 대신 일본 본토에서 주로 행정적인 임무를 수행했다. 조선과의 전쟁에 반대했던 이에야스는 병력을 조선으로 보내지 않았기 때문이다. 세키가하라 전투 초반 서군이 유리했다. 임진왜란에 참전한 유키나가와 유키나가를 구출한 요시히로는 서군이었다.

그런데 서군 측 다이묘 중 고바야카와 히데아키(1582~1602년)와 와키자카 야스하루(1554~1626년)가 서군을 배신하고 동군으로 붙으면서 전세는 동군에게 유리하게 흘러갔다. 결국 세키가하라 전투에서 동군이 승리하면서 일본의 패권은 이에야스가 거머쥐었다. 전투에서 붙잡힌 서군 측 다이묘들에게는 할복 명령이 떨어졌다. 그러나 기리시탄인 고니시 유키나가는 할복을 거부했다. 이로써 유키나가는 스스로 참수를 선택했다.

세키가하라 전투 승리로 이에야스가 명실상부 일본의 일인자로 등극했다. 이에야스는 1603년 오늘날 도쿄인 에도를 중심으로 에도막부시대를 열었다. 도쿠가와막부라고도 불리는 에도막부는 메이지유신이 본격적으로 시작되기 한 해 전인 1867년까지 260년 넘게 명맥을 이어갔다. 그리고 에도막부 기간에 그리스도교는 혹독한 시련을 겪는다. 에도막부는 선교사들의 포교를 불허하는 것은 물론 기리시탄에게 배교를 강요했다.

이로써 기리시탄 색출작업이 진행되는데, 성모 마리아의 모습 또는 예수 그리스도의 모습이 새겨진 동판, 즉 후미에를 발로 밟게 하거나 십자가에 침을 뱉게 하는 방식을 동원했다. 이에 따르지 않은 자는 기리시탄으로 간주해 화형에 처하거나 참수했다. 또한 기리시탄을 신고하면 돈을 주는 방식으로 기리시탄 씨 말리기에 들어갔다. 결국 살기 위해 종교를 저버리는 이들이 속출했다. 특히 포르투갈 출신 예수회 선교사 크리스토방 페레이라(1580~1659년)는 닷새간의 고문 후 종교를 저버리는, 로마가톨릭 차원에서는 충격적인 일도 발생했다. 배교자 페레이라에 관한 이야기는 2016년 개봉한 미국 영화 '사일런스'를 통해 접할 수 있다.

도쿠가와 이에야스는 1609년 '로마가톨릭 금교령'을 발표했다. 이에야스가 세상을 뜬 1616년까지 에도막부의 로마가톨릭 탄압은 가열 차게 진행되었다. 1619년 에도막부의 제2대 쇼군이자 이에야스의 셋째 아들 도쿠가와 히데타다(재임 : 1605~ 1623년)는 교토에서 기리시탄 52명을 화형에 처했다. '교토 대순교'가 발생한 것이다. 또 1622년에는 선교사들과 기리시탄 등 55명이 처형되는 '겐나 대순교'가 발생하는 등 에도막부 때 기리시탄 박해는 끊임없이 이어졌다.

그리고 에도막부는 그리스도교 포교에 집착하는 포르투갈과의 무역을

1637년 단절하는 대신 네덜란드와 손을 잡았다. 에도막부는 그러나 네덜란드인들을 향해 "종교활동을 하지 않는다."라는 조건을 내걸고 무역을 허락했다. 에도막부의 이 같은 박해로 인해 일본에서는 기리시탄 증가 추세가 멈추어버렸다. 오늘날에도 일본에서 기리시탄 숫자가 전체 인구의 1% 남짓한 이유가 여기에 있다.

미국 태동 초기 북아메리카 동부에 형성된 13개 주와 18~19세기 미국이 차지한 영토들.

20장

종교의 자유 찾아 떠난 청교도가 세운 미국

국교회 앞세운 엘리자베스 여왕과 제임스 1세

1603년 3월 24일(음력) 일본에서는 도쿠가와 이에야스에 의해 세 번째 막부시대인 에도막부가 시작되었다. 그리고 같은 해 3월 24일(양력) 잉글랜드에서는 엘리자베스 1세가 세상을 떴다. 향후 강국으로 성장하면서 오늘날의 관점에서 명목상 군주가 있는, 그리고 섬나라인 두 국가가 비슷한 시기에 큰 변화를 맞이한 것이다.

엘리자베스 1세는 평생 미혼으로 살았기에 후사가 없어 혈족인 스코틀랜드 국왕 제임스 6세(재위 : 1567~1625년)를 차기 국왕으로 지목했다. 제임스 6세의 어머니는 스코틀랜드 여왕을 지낸 메리 스튜어트이다. 메리는 엘리자베스 1세의 사촌조카로서 두 사람은 5촌 사이이다. 그러니까 메리의 할머니 마거릿 튜더(1489~1541년)는 엘리자베스 1세의 아버지 헨리 8세의 누나다. 헨리 7세가 앙숙 관계인 스코틀랜드와 평화롭게 지내기 위해 장녀 마거릿 튜더를 스코틀랜드 제임스 4세(재위 : 1488~1513년)에게 시집보낸 것이다.

엘리자베스 1세와 메리에 관한 이야기다. 메리 스튜어트는 1567년 국왕직에서 쫓겨났다. 두 번째 남편인 단리 경(1545~1567년)이 불의의 사고로 죽었는데, 단리 경 죽음의 배후에 메리 여왕이 있다는 의혹 때문이었다. 폐위된 메리는 다시 국왕이 되기 위해 동조 세력을 끌어모아 반격에 나섰으나 실패했다. 결국 친척인 엘리자베스 1세가 있는 잉글랜드로 1568년 피신했다.

메리 스튜어트는 1542년 12월 8일 태어났다. 그런데 부왕 제임스 5세(재위 : 1513~1542년)가 엿새 후인 12월 14일 서른 살의 나이에 요절했고, 메리는 생후 6일 만에 국왕이 되었다. 스코틀랜드 국정은 메리의 어머니 마리(1515~1560년)가 섭정을 펼쳤다. 그리고 메리는 1548년 잉글랜드의 위협을 피한다는 이유로 어머니의 고향 프랑스로 보내졌다. 이후 열다섯 살이 된 1558년 자신보다 한 살 어린 프랑스의 왕자 프랑수와 2세(재위 : 1559~1560년)와 결혼했다.

프랑수와 2세는 이듬해인 1559년 프랑스 국왕에 등극하고 메리는 스코틀랜드 국왕이자 프랑스의 왕비가 되었다. 하지만 프랑수와 2세는 1560년 열여섯 살에 병으로 죽고 만다. 이로써 메리는 고국 스코틀랜드로 돌아와야만 했다. 이어서 5년 후인 1565년 단리 경과 재혼해 1566년 제임스 6세를 낳았다. 메리의 할머니와 단리 경의 외할머니는 같은 인물로서 헨리 7세의 딸 마거릿 튜더이다. 마거릿 튜더가 첫 번째 남편 제임스 4세 사후 두 번 더 결혼했고, 제임스 4세에 이은 두 번째 남편과의 사이에 태어난 외손자가 단리 경이다.

메리는 단리 경과 결혼했으나 자유로운 연애를 즐기면서 숱한 문제를 일으켰다. 심지어 "왕세자 제임스의 친부가 단리 경이 아니다."라는 소문까지 생겨났다. 그런 와중에 단리 경이 사고로 죽었고, 메리는 단리 경이 죽은 그해 보스웰의 백작 제임스 헵번(1534~1578년)과 세 번째 결혼식을 올렸다. 그런데 단리 경의 죽음에 제임스 헵번 백작이 있었다는 추측이 있는 상황에서 메리의 결혼은 스코틀랜드 귀족들의 화를 부추겼다. 결국 메리는 국왕직에서 쫓겨나고 말았다.

엘리자베스 1세는 잉글랜드로 피신 온 메리가 탐탁지 않았다. 메리는 자신의 왕권을 노릴 수 있는 위치였을 뿐만 아니라 특히 메리는 로마가톨릭 신자였다. 이로써 잉글랜드 내에서 국교회를 거부하는 로마가톨릭 귀족들이 행여 메리를 지지하면서 자신에게 도전하는 사태를 배제할 수 없었기에 여간 신경 쓰인 것이 아니었다. 그러나 엘리자베스 1세는 메리를 대우함에 있어서는 소홀함이 없었다.

메리는 잉글랜드에 있으면서도 호시탐탐 스코틀랜드 왕위 복귀를 시도했으나 여의치가 않았다. 메리는 결국 넘지 말아야 할 선을 넘었다. 1569년 잉글랜드 국왕 자리를 노린 것이다. 엘리자베스 1세의 우려대로 잉글랜드 내에서 구교도 세력이 메리를 중심으로 뭉치기 시작했다. 결국 메리의 반란 계획이 들통났다. 엘리자베스 1세는 메리를 죽이고 싶었으나 구교도들을 자극할까 걱정되어 없던 일로 덮어버렸다. 이때부터 메리는 산책과 사냥만 허가된 채 사실상의 감금 상태에서 호사로운 생활을 해야만 했다.

하지만 메리의 반란 계획은 완전히 사라지지 않았다. 시간이 한참 흘러 1586년 8월 메리의 모반 계획이 담긴 편지가 발각되고 말았다. 이 사건으로

메리를 죽여야 한다는 목소리가 잉글랜드 내에서 들끓었다. 엘리자베스 1세는 메리를 재판에 넘겼고 재판관들은 메리에게 사형을 선고했다. 메리는 그렇게 해서 귀족들과 시민들이 보는 앞에서 공개 참수되었다. 그런데 해당 편지가 위조되었다는 주장도 있다. 사실 여부는 현재까지 알 수 없다.

1603년 엘리자베스 1세는 세상을 떠나기 전에 메리의 아들인 제임스 6세를 차기 잉글랜드 국왕으로 지목했다. 제임스 6세는 잉글랜드 국왕으로 취임하면서 잉글랜드에서는 제임스 1세로 불렸다. 이로써 1485년 헨리 7세부터 시작된 잉글랜드의 튜더 왕조가 끝나고 스튜어트 왕조시대가 열렸다. 또한 스코틀랜드와 잉글랜드는 자연스럽게 연합되었다. 같은 군주 아래 연합된 왕국이라고 해서 '동군연합(同君聯合)'이라고 부른다.

제임스 1세는 칼뱅파 신교도였다. 스코틀랜드는 장 칼뱅에게 영향을 받은 존 녹스가 창시한 장로교를 국교로 채택했다. 그런데 잉글랜드의 종교는 국교회였다. 제임스 1세는 잉글랜드에서 국교회를 따를 수밖에 없었다. 그러면서 잉글랜드 국왕 취임 후 잉글랜드 백성 중 칼뱅파 신교도와 로마가톨릭 구교도를 향해 국교회를 강요했다.

강경파 청교도들은 이에 강력히 반발했다. 강경파 청교도들은 제임스 1세를 향해 국교회에서 로마가톨릭의 방식을 완전히 없애기를 요구했다. 그런데 제임스 1세는 단호했다. 그리고 잉글랜드 귀족 대부분은 국교회를 국가 종교로 받아들인 상태였다. 이로써 청교도 중에서 강경파는 종교의 자유를 찾아 바다 건너 네덜란드로 가버렸다.

제임스 1세가 잉글랜드 국왕으로 취임했을 때 아일랜드와 웨일스는 잉글랜드가 다스리고 있었다. 잉글랜드는 헨리 2세 통치 때인 1171년부터 아일랜드 일부분을 점령해 다스렸다. 아일랜드는 그러나 잉글랜드를 향해 오랜 기간 거세게 저항했는데도 독립은 쉽지 않았다. 잉글랜드의 아일랜드 지배는 20세기 초까지 750년가량 이어졌다. 아일랜드는 1919년 독립 전쟁을 벌였고 결국 1921년 26개 주가 분리, 지금의 아일랜드공화국이 생겨났다. 반면 아일랜드 북동부 얼스터 지역 6개 주는 잉글랜드, 스코틀랜드, 웨일스가 뭉친 그레이트 브리튼과 연합을 이루었다.

제임스 1세는 본인 스스로 '그레이트 브리튼의 국왕'이라고 지칭하면서 잉글랜드와 스코틀랜드의 완전한 통일을 추진했으나 말처럼 쉽지 않았다. 그런데도 제임스 1세는 잉글랜드 국기에 스코틀랜드 국기까지 포함하는 국기를 만들어 사용했다. 오늘날 우리가 알고 있는 영국의 국기 유니언 잭에서 아일랜드의 국기가 빠진 형태이다.

제임스 1세가 스코틀랜드와 잉글랜드 국왕을 겸하면서 그레이트 브리튼 연합왕국(The United Kingdom of Great Britain)이 탄생했다. 이를 줄여서 'UK'라고도 한다. 그러나 잉글랜드왕국과 스코틀랜드왕국은 군주는 같아도 엄연히 각기 다른 나라였다. 두 왕국이 하나로 합쳐지는 것은 연합법으로 합병하는 1707년이다. 이때 정식으로 그레이트 브리튼 연합왕국이 탄생했다. 이 책에서는 1603년 제임스 1세의 잉글랜드 국왕 취임 때부터 잉글랜드라는 명칭 대신 영국이라고 지칭하겠다.

참고로 아일랜드의 옛 국기가 포함된 오늘날의 유니언 잭은 1921년 아일랜드의 북동부 6개 주가 영국과 연합하면서 생겼다. 그리고 아일랜드 26개 주가 독립해 형성된 국가는 아일랜드라는 섬 이름과 구분하기 위해 아일랜드공화국이라고 부른다.

종교의 자유 찾아 떠난 청교도들 북아메리카 가다

제임스 1세는 북아메리카로 이주정책을 추진했다. 1606년 제임스 1세의 명을 받은 초기 개척자 144명은 영국을 떠나 북아메리카의 동부에 1607년 도착했다. 제임스 1세는 이들의 초기 정착지를 자신의 이름을 따서 '제임스타운'이라고 명명했다. 제임스타운은 현재 버지니아주에 있는데, 버지니아라는 명칭은 엘리자베스 여왕의 허락을 받아 1584년 탐험에 나선 월터 롤리(약 1553~1618년)가 결혼하지 않은 여왕을 기려 '처녀(virgin)'라는 단어를 쓰면서 '버지니아(Virginia)'가 되었다.

그런데 험난한 세월이 흘러 초기 개척자들의 상당수가 목숨을 잃었다. 결국 제대로 정착하지 못한 초기 개척자들은 1622년 북미 선주민인 인디언들의 대대적인 공격을 받고 제임스타운을 떠날 수밖에 없다. 초기 정착이 실패한 것이다. 이어서 1620년 북미에 도착한 강경파 청교도들이 결국 정착에 성공한 것이다.

강경파 청교도들 이야기를 하기 전에 15세기부터 16세기까지 영국과 프랑스의 탐험가들에 관한 이야기를 하겠다. 그 이유는 유럽 본토에서 1756년부터 1763년까지 발생한 '7년 전쟁'의 여파가 북아메리카로 번졌고, 결국 북미에서 영국과 프랑스의 전쟁으로 확전되었기에 그 배경을 설명하기 위함이다. 만약 이들 탐험가 이야기를 하지 않는다면 18세기 중엽 북미에서 펼쳐지는 영국과 프랑스의 전쟁을 이해하기가 쉽지 않다.

콜럼버스의 신대륙 발견에 자극받은 헨리 7세는 1497년 탐험가 존 캐벗(약 1450~1499년)의 탐험을 지원했다. 애당초 캐벗은 태평양을 지나 중국으로 갈 생각이었으나 북미에 도착했다. 오늘날 캐나다 동쪽 바다에 캐벗의 이름을 딴 캐벗해협이 생긴 유래다. 참고로 캐벗은 항해에 나서기 전인 1493년 1차 항해를 마친 콜럼버스를 만나 항해에 대한 조언을 들었다고 전해진다.

존 캐벗이 도착한 곳은 오늘날 캐나다 뉴펀들랜드 섬의 세인트존스이다. 캐벗이 마침 그곳에 도착했을 때인 6월 24일이 '성 요한(St. John's) 축일'이어서 세인트존스라고 이름 붙여졌다. 캐벗은 그해 8월 잉글랜드로 돌아왔다. 그리고 헨리 7세는 그 지역 일대를 뉴펀들랜드라고 명명했다. 존 캐벗은 1498년 또다시 항해에 나섰으나 이후 연락두절되면서 생사 확인이 되지 않았다. 조난된 것으로 관측된다.

잉글랜드의 북미 탐험 소식에 경쟁국이었던 프랑스 역시 자극받아 북미 탐험에 나섰다. 프랑수아 1세는 1524년 조반니 다 베라차노(1485~1528년)에게 북미 탐험을 지시했다. 베라차노는 오늘날 뉴욕에 첫발을 디딘 유럽인이라는 기록은 남겼다. 그러나 베라차노의 탐험은 1528년 그의 갑작스러운 죽음으로 끝나고 말았다.

이어서 1534년 자크 카르티에(1491~1557년)가 북미 탐험에 나섰고, 세인트로렌스만을 프랑스 영토로 선언했다. 이때 카르티에는 오늘날 퀘벡지역의 선주민 마을에 도착해서 인디언 추장에게 지명을 물었는데, 제대로 이해하지 못한 추장은 현지어로 '마을'이라는 뜻으로 '카나타(Kanata)'라고 답했다. 카르티에는 이를 지명으로 알아들으면서 오늘날 '캐나다(Canada)'라는 국명이 생겼다.

이 시기 이후 오늘날 캐나다 지역에서는 잉글랜드와 프랑스가 앞서거니 뒤서거니 북미 영토 장악에 나섰다. 프랑스는 잉글랜드의 북미 탐험이 뜸해진 틈을 이용해서 1583년 뉴펀들랜드 섬을 점령했다. 이후 앙리 4세의 명을 받은 탐험가 사뮈엘 드 샹플랜(1567~1635년)이 1604년 북미 탐험에 나서서 캐나다 퀘벡에 정착지를 건설했다. 이것이 바로 프랑스가 캐나다를 식민 통치하게 된 초석이다.

프랑스는 1627년 누벨프랑스사(社)를 설립해 캐나다에 대한 식민지화를 본격화했다. 샹플랜은 캐나다 '식민지의 개척자'이면서 '누벨프랑스의 아버지'라고 불린다. 누벨프랑스는 영어로 뉴프랑스다. 하지만 프랑스는 1756년 유럽에서 발발한 '7년 전쟁'의 여파로 북미에서 영국과 벌인 전쟁에서 패하면서 북미의 식민지 대부분을 잃게 된다.

이제 영국의 청교도 이야기이다. 프랑스가 캐나다에 대한 식민지 작업을 본격화하던 17세기 초반인 1620년 영국에서는 종교의 자유를 찾아 메이플라워에 몸을 실은 강경파 청교도 등 102명이 오늘날의 미국 동부에 도착했다. 이들이 출발한 지역은 영국의 플리머스였는데, 북미에 도착한 지역명도 플리머스라고 이름 붙였다. 메이플라워호에는 부귀영화를 찾아 떠난 영국인들이 다수였다. 그런데 앞서 제임스 1세의 청교도 핍박을 피해 영국을 떠나 네덜란드로 갔던 청교도 35명이 "플리머스항구에서 북미로 배가 떠난다."라는 소식을 듣고는 합류한 것이다.

그런데 통상적으로 메이플라워호에 타고 있던 102명을 모두 청교도라고 부르고 있다. 그리고 오늘날 미국인들은 이들 102명 모두 '필그림 파더스(Pilgrim Fathers)'라고 부른다. 필그림은 '순례자'라는 뜻이다. 필그림 파더스라고 불리게 된 것은 청교도들이 플리머스에 도착한 지 두 세기가 흐른 뒤의 일이다. 1820년에 행해진 200주년 기념식에서 웅변가 대니얼

웹스터(1782~1852년)가 '필그림 파더스'란 용어를 처음 사용했다.

1620년 9월 6일 영국을 떠나 항해를 시작해 망망대해에서 66일이 흐른 11월 11일 오늘날 매사추세츠에 도착했다. 그런데 애당초 필그림 파더스의 목적지는 매사추세츠가 아니라 앞선 이주민들이 도착했던 버지니아였다. 엉뚱한 곳에 도착한 것이다.

그런데 메이플라워호에 타고 있던 청교도들은 북미 대륙에 도착 직전 걱정이 앞섰다. 그 이유는 배에 타고 있던 모두가 같은 그리스도교이기는 해도 강경파 청교도 외에도 로마가톨릭, 국교회, 개혁교회, 장로교 등 다른 종파와 교파들의 신자들이 한데 섞여 있었기에 때문에 행여 생길지 모를 마찰이 걱정되었다. 메이플라워호에 있는 이주민들은 통일된 의지를 다지기 위해 서약을 받아내기로 생각했고, 배 이름을 따서 '메이플라워 서약'이 탄생했다. 내용은 대략 이렇다.

"우리는 영국의 국왕 제임스 1세의 충실한 신민이다. 신의 영광과 그리스도교 신앙의 진흥, 국왕과 국가의 명예를 위해 버지니아 북부에 식민지를 건설할 목적으로 항해를 계획하고 있다. 개척지에서의 질서와 유지를 신과 서로의 앞에서 엄숙히 계약한다. 우리 스스로 민간 정치체제를 결성할 것을 결정했다. 평등한 법률, 조례, 헌법, 직책을 만들어 우리 모두 당연히 복종과 순종할 것을 약속한다."

'메이플라워 서약'은 미국 건국의 기틀이 되었다. 특히 '평등'이라는 문구는 종교에 대한 핍박 없이 여러 타국에서의 이주민들을 받아들이는 미국 정신의 토대가 되었다. 청교도들은 그 누구보다 종교가 다르다는 이유로 평등한 대우를 받지 못한 아픔을 개척지에서는 되풀이하지 않겠다는 의지였다.

그리고 영국 국왕을 향해 충성은 하겠으나 스스로 정치체제를 결성하겠다는 뜻을 내비쳤다. 이 때문에 오늘날까지도 '메이플라워 서약'은 미국 최초의 자치 헌법으로 평가받고 있다. 그만큼 미국을 이야기할 때 1620년 종교의 자유를 찾아 메이플라워호에 몸을 실어 낯선 땅으로 떠난 청교도 35명을 비롯한 총 102명의 이야기는 중요한 비중을 차지하고 있다. 참고로 '메이플라워 서약' 원본은 존재하지 않으며 필사본만 존재하고 있다.

북미 개척 청교도, 종교 문제로 인디언과 싸우다

매사추세츠에 정착지를 만든 필그림 파더스는 초창기 인디언 왐파노아그 부족과 잘 지냈다. 혹한기 먹거리 부족으로 어려운 고비가 있었으나 왐파노아그 부족의 추장 마사소이트(1581~1661년) 덕분에 해결했고, 필그림 파더스는 인디언들과 1621년 첫 수확의 기쁨을 나누었다. 인디언들은 먹거리로 칠면조를 선물했다. 오늘날까지 이어지는 추수감사절(Thanksgiving Day)이 탄생하는 순간이다.

매사추세츠에서 필그림 파더스의 원활한 정착 소식이 영국 본토에 전해지자 영국 내 청교도들은 종교의 자유를 찾아 1630년 이후 북아메리카 동부로 물밀듯이 들어왔다. 그리고 이들에게도 정착지와 함께 경작지가 필요했다. 청교도들이 돈을 벌기 위해 재배한 것은 주로 담배였다. 담배는 이미 크리스토퍼 콜럼버스에 의해 유럽으로 전래 된 뒤였고, 유럽인들에게 담배는 인기였다.

영국인들은 남미가 아닌 북미에서도 담배가 잘 자란다는 것을 알고 있었다. 이는 필그림 파더스의 이주보다 앞서서 버지니아에 도착한 초기 이주민 중 한 사람인 존 롤프(1585~1622년)가 1612년 담배 재배에 성공했기 때문이다. 참고로 존 롤프는 인디언 부족의 지도자 포우하탄(?~1618년) 추장의 딸 포카혼타스(1596~1617년)와 1614년 결혼했다. 포카혼타스에 관한 이야기는 1995년 개봉한 월트디즈니 애니메이션 '포카혼타스'를 통해 국내에 알려졌다.

매사추세츠에 정착지가 건설된 이후 1630년대부터 로드아일랜드와 코네티컷에서도 영국 식민지 정착지가 생겼다. 그런데 1637년 코네티컷에서 영국 이주민들과 인디언들 간에 마찰이 발생했다. 코네티컷계곡을 서로 차지하겠다고 나선 것이다. 인디언은 피쿼트 부족이었다. 이들은 부족 내부적으로 분열이 생긴 상태였다. 부추장 운카스(1588~1683년)가 피쿼트 부족에서 떨어져 나와 모히칸 부족을 만든 것이다. 이 때문에 피쿼트 부족과 모히칸 부족 그리고 이웃한 내러갠셋 부족은 서로를 경계하면서 영토 확장작업을 벌이고 있었는데, 영국인들도 영토 경쟁에 끼어든 것이다. 당시 세력이 컸던 피쿼트 부족은 영국인들을 상당히 경계했다.

그런데 영국인 이주민들은 당장 싸울 생각이 없었다. 청교도들은 자신들의 종교인 그리스도교를 인디언들이 받아들이고 영국의 언어와 문화 등을 받아들여서 더불어 살기를 요구했다. 어쩌면 청교도들 뇌리에는 애당초 인디언들과 함께 살고 싶은 생각이 없었을지도 모를 일이다. 그 이유는 청교도들이 볼 때 예수 그리스도를 모르는 인디언들은 미개한 자 그 이상도 그 이하도 아니었기 때문이다.

하지만 피쿼트 부족 추장 사싸쿠스(1560~1637년)는 그리스도교와 잉글랜드의 문화를 수용하라는 제안을 일언지하 거절했다. 이로써 양측간의 충돌은 피할 수 없게 되었다. 그러던 중 영국 정착민 1명이 살해되는 사건이 발생하는데, 영국인들은 피쿼트 부족에 의해 죽임을 당했다고 결론지었다. 실상 숨진 영국인은 영국인들끼리의 다툼으로 목숨을 잃은 것이었다. 영국인들이 피쿼트 부족을 공격하기 위한 빌미를 만들기 위해 억지 주장을 한 것이었다.

영국인들은 피쿼트 부족을 향해 살인범을 내놓으라고 요구했고 추장 사싸쿠스는 어이가 없었다. 이를 빌미로 청교도들은 1637년 4월 피쿼트 부족 마을을 습격했다. 피쿼트 부족은 이에 대한 보복으로 영국인들의 정착지를 공격해 정착민 20명가량을 살해했다. 이로써 영국인들은 피쿼트 부족에 대한 대대적인 공격을 가했고, 피쿼트 부족 전체 약 600명 중 500명 이상이 학살되는 끔찍한 일이 발생했다.

그런데 이때 피쿼트 부족에게 악감정이 있던 모히칸 부족과 내러갠셋 부족이 영국인들의 편을 들었다. 신식 무기를 앞세운 영국인들에게 피쿼트 부족은 상대가 되지 않았었다. '피쿼트 전쟁'이라고 불리는 이 사건으로 인해 피쿼트 부족은 사실상 와해가 되었다. 살아남은 자들은 뿔뿔이 흩어졌다.

세월이 또 흘러 17세기 후반 새로 이주해 온 영국인들은 왐파노아그 부족에 대해 개종을 시도했다. 왐파노아그 부족은 필그림 파더스를 도왔던 부족이다. 그런데 새로 온 이주민들은 기존에 필그림 파더스가 인디언들과 약속했던 영토의 경계를 넘어서 침범하기 시작했다. 당시 부족의 추장은 마사소이트의 아들 메타코멧(1638~1676년)이었는데, 메타코멧은 타협과 전쟁 둘 사이에서 갈등할 수밖에 없었다.

메타코멧은 아버지 때부터 필그림 파더스와 원만한 관계를 유지했기에 영국인들에게 호의적이었다. 그리고 메타코멧은 유럽식 복장과 관습을 받아들였다. 메타코멧은 식민지 이주민들 사이에서 '필립왕'이라고 불렸다. 하지만 메타코멧은 그리스도교를 받아들이지는 않았다. 영국인들은 개종을 거부한 인디언들이 마음에 들지 않았고, 결국 약속을 깨고 인디언들의 영토를 침범한 것이다.

영국 정착민들의 약속 파기는 인디언들을 몰아낼 속셈이었다. 고민을 거듭하던 메타코멧은 자신들의 땅에서 살기 위해서라도 전쟁을 선택할 수밖에 없었다. 메타코멧은 1675년 6월 매사추세츠 정착촌에 대해 공격을 단행했다. 1676년까지 진행된 전쟁에서 메타코멧은 결국 패배했다. '필립왕 전쟁'으로 불리는 이 전쟁으로 왐파노아그 부족 600여 명이 죽거나 노예로 붙잡혔다. 1637년 '피쿼트 전쟁', 1675년 '필립왕 전쟁'은 오늘날까지 전해지는 식민지 개척자들과 인디언 사이에 벌어진 대표적인 전쟁이다.

정착민들은 앞선 1630년부터 청교도들 외에도 본토에서 국교회 신자들도 북미로 이주해 왔다. 국교회 신자들은 버지니아에서 정착촌을 지었다. 또한 로마가톨릭 신자들도 대서양을 건너 넘어와서 메릴랜드에 정착촌을 건립했다. 그런데 개신교든, 로마가톨릭이든, 국교회든 이들은 모두 크리스천이다. 하지만 북미로 온 잉글랜드 이주민들은 선주민 인디언들을 미개인으로, 특히 적(敵)으로 대했다.

북미 동부에서는 잉글랜드 정착민들과 인디언들 사이에 피쿼트 전쟁과 필립왕 전쟁 등 규모가 큰 전쟁 외에도 크고 작은 마찰이 발생했다. 이로써 적잖은 인디언들이 목숨을 잃거나 노예로 전락했다. 살아남은 인디언들은 서쪽으로 이동할 수밖에 없었다. 그리고 시간이 흘러 18세기 초부터

노스캐롤라이나와 사우스캐롤라이나, 마지막으로 조지아에도 잉글랜드 식민지들이 생겨났다. 미국의 토대를 이룬 13개 주가 탄생한 것이다. 현재 북미 북동부 끝에 있는 메인주는 초창기 매사추세츠에 포함되어 있었는데 시간이 흘러 1820년 독립했다. 미국의 국기 성조기에서 붉은색과 하얀색 줄무늬 13개는 이들 초창기 13개 주를 나타낸 것이다.

참고로 1630년대에 매사추세츠로 이주해 온 영국인 청교도 지도자 앤 허치슨(1591~ 1643년)이라는 여성에 관한 이야기다. 독실한 청교도 목사의 딸로 태어난 허치슨은 잉글랜드에서 "구원과 인간의 행동, 노력은 아무런 관련이 없다."라는 식의 주장을 펼쳤는데, 교리상의 문제로 기존 청교도들과 마찰을 빚으면서 매사추세츠로 건너왔다.

그런데 허치슨은 매사추세츠에서도 똑같은 주장을 펼쳤다. 결국 허치슨은 매사추세츠에서 쫓겨나서 로드아일랜드로 가게 되는데, 매사추세츠 청교도들은 허치슨 같은 사람이 다시는 생겨나지 않도록 청교도 지도자를 양성하고 평신도들이 청교도의 이상을 배울 수 있도록 대학교를 1636년 건립한다. 이것이 바로 하버드대학교이다. 청교도 성직자 존 하버드(1607~1638년)가 그의 재산과 책을 기부하면서 대학교 이름에 하버드가 붙었다. 1701년 코네티컷에서 생긴 예일대학교 역시 청교도 정신으로 만들어졌다.

인디언 몰아낸 북미 정착 청교도, 미국 건국하다

시간이 흐를수록 북미 동부지역의 인구는 늘어났고 도시는 발전했다. 그러나 사람이 모이고 사회가 형성되면 필연적으로 나타나는 현상이 있다. 바로 부(富)의 불균형, 곧 부익부 빈익빈이다. 막대한 자산을 축적하는 사람들은 항상 극소수이다. 대부분은 중산층이고 적지 않은 숫자는 하층민을 이룬다. 17세기부터 생겨나기 시작한 북미 동부지역에도 대규모 농장 경영을 위해 흑인 노예가 유입되었다. 물론 백인 중에서도 하인들은 생겨났다.

그런데 북미 식민지 사람들을 통치하는 주체는 개척자들 스스로가 아니라 대서양 건너 영국 본토의 정부였다. 영국 정부는 식민지 관리를 위해 고위 관리자들을 파견해서 식민지를 다스렸다. 하지만 시간이 갈수록 삶의 질에 급격한 차이가 나자 하층민들의 불만은 계속해서 쌓여야만 갔다. 결국 영국 본토에서 파견된 관리들을 향한 불만은 물리적 충돌로 이어졌다.

1760년대 13개 주에서 하층민들을 중심으로 식민지에 세워진 영구 정부를 전복시키려는 봉기가 총 18차례 발생했다. 이 외에도 소규모 폭동 그리고 흑인들의 반란이 총 40회가량 발생했다. 상황이 이렇다 보니 북미 식민지에서 부를 쌓은 사람들은 긴장했다. 영국 정부를 향해 있던 하층민들의 불만이 혹여 자신들을 향할지도 모른다는 두려움 때문이었다.

이 대목에서 '7년 전쟁'에 알아보자. 그 이유는 1773년 발생한 '보스턴 차 사건(Boston Tea Party)'의 도화선이 7년 전쟁이기 때문이다. 7년 전쟁의 여파가 보스턴 차 사건을 일으켰고, 결국 북미 13개 주가 한데 뭉쳐 영국으로부터 독립을 쟁취하게 된 것이다.

1756년 유럽 본토에서는 신성로마제국에서 빠져나온 프로이센왕국이 신성로마제국 내 오스트리아의 땅 슐레지엔을 빼앗으면서 프로이센왕국과 신성로마제국 양측간에 전쟁이 발발했다. 그런데 이 전쟁에 유럽의 여러 국가가 뛰어들었다. 영국과 포르투갈은 프로이센 편을 들었고 프랑스, 러시아, 스페인, 스웨덴 등은 신성로마제국 편에 섰다. 이 전쟁은 1763년까지 이어지면서 '7년 전쟁'이라고 불린다.

유럽 본토에서 발발한 7년 전쟁이 북미로까지 번졌다. 당시 북미 대륙에서는 영국이 오늘날 미국의 동부와 캐나다의 동부를 점령한 상태였는데, 프랑스는 미국의 중부와 캐나다 동부에서 많은 영토를 갖고 있었다. 그리고 당시 프랑스와 원만한 관계를 유지하고 있던 인디언들은 전쟁이 터지자 프랑스 편에서 싸웠다. 이 때문에 북미 대륙에서 발생한 전쟁은 '프렌치·인디언 전쟁'이라고 불리고 있다.

참고로 '프렌치·인디언 전쟁'이라는 명칭에 대해 알아보면, 이는 순전히 영국의 시각에서 붙여진 이름이다. 이 전쟁의 이름에서 영국은 없다. 일례로 기원전 발발한 포에니 전쟁도 로마의 시각에서 붙여진 이름이다. 포에니(poeni)라는 단어는 '페니키아인의'라는 뜻의 라틴어이다. 포에니는 영어로 'punic'이다. 포에니 전쟁을 정확히 표현하면 '로마-페니키아 전쟁'이다. '프렌치·인디언 전쟁' 역시 '영국-프렌치·인디언 전쟁'이라고 해야 한다. 하지만 역사는 승자에 의해 기록되기에 아쉬워도 어쩔 수가 없다.

아무튼 유럽 본토에서 터진 7년 전쟁은 프로이센과 영국 쪽 승리로 끝났다. 또한 북미에서 발발한 '프렌치·인디언 전쟁' 역시 영국이 승리했다. 전쟁 패배로 프랑스는 북미 대부분 지역을 영국에게 양도했다. 하지만 전쟁 이후에 영국에서 문제가 발생했다. 영국은 유럽 본토뿐만 아니라 북미에서도 전쟁을 치르면서 막대한 전쟁 비용을 투입한 탓에 재정에 빨간불이 켜졌기 때문이다.

영국 정부는 돈이 필요했다. 통상 정부가 국고를 채우는 방법은 국민으로부터 세금을 거두는 것이다. 이로써 영국의 총리 조지 그렌빌(재임 :

1763~1765년)은 1764년 설탕법을 제정한 데 이어 1765년 인지세법을 제정했다. 하지만 이들 법은 모두 영국 본토에서는 적용되지 않고 오로지 북미 식민지에만 적용되었다. 그런데 식민지 사람들은 영국 정부의 조치에 반발했다.

영국 정부는 북미 식민지 사람들이 고분고분할 줄 알았는데 예상과 달리 저항이 거세자 한발 물러섰다. 결국 발 바쁘게 설탕법과 인지세법을 폐지했다. 그러면서 1767년 타운젠드법을 제정했다. 참고로 영국은 앞선 13세기 중엽 헨리 3세(재위 : 1216~1272년)의 횡포에 대항한 성직자, 귀족, 도시 대표들로 구성된 의회가 생겨난 뒤였다. 그리고 의회를 이끄는 총리가 최초로 선출된 것은 하노버 왕조시대를 연 조지 1세(재위 : 1727~1760년) 통치 때인 1721년이다.

그리고 영국은 북미에서 한창 식민지가 개척되고 있던 17세기 중엽 왕당파와 의회파가 내전을 치르는 청교도혁명을 치렀고, 그 결과 1649년 국왕 찰스 1세가 단두대에서 이슬로 사라지는 혁명을 겪었다. 청교도혁명은 의회가 국왕의 전제 정치에 대항하면서 부당한 과세 등을 공격하는 권리청원을 1628년 제출했고, 찰스 1세는 권리청원에 서명 후에도 의회를 무시하는 행동을 계속하면서 국왕과 의회 간 갈등이 증폭했다. 결국 1642년 청교도혁명이 터진 것이다. 찰스 1세 처형 후 영국 의회의 힘은 막강한 상태였다. 타운젠드법이 제정된 것은 국왕 조지 3세(재위 : 1760~1820년) 때의 일이다.

영국의 정치인 찰스 타운젠드(1725~1767년) 주도하에 실행된 타운젠드법은 영국으로부터 식민지로 들어가는 종이, 유리, 차(茶), 납, 페인트 등의 품목에 관세를 부과하는 법안이었는데, 이마저도 식민지 사람들은 반발했다. 그러면서 이번에는 식민지 사람들이 영국 의회를 향해 불만을 표출했다. 그것은 바로 식민지에서 선출한, 그들을 대표하는 의원들이 영국 의회에는 단 1명도 없다는 것이었다.

식민지 사람들은 1768년 "대표 없이 관세 없다(No Taxation without Representation)."라는 슬로건을 내세워 영국 의회에 항의했다. 식민지에서 영국 본토 상품 불매운동이 일어났다. 영국 정부는 또다시 당황했다. 그러면서 관세 품목에서 차(茶)만 빼고 나머지 제품에 대한 관세는 모조리 없애는 조치를 또다시 발 빠르게 단행했다.

그런데 사건은 엉뚱한 데서 발생했다. 영국이 엘리자베스 1세 통치 때인 1600년 동남아시아 무역 개척을 위해 만든 동인도회사가 파산 위기에 놓였고, 영국 정부는 북미 식민지로 차(茶)를 수출하는 독점 권한을 동인도회사 측에 부여하는 차세법을 1773년 제정한 것이다. 이는 동인도회사가 관세 없이도 차를 팔 수 있도록 인정한 법이다. 이로써 동인도회사는 북미 식민지에 차를 헐값에 판매하기 시작했다. 이렇게 되면서 식민지 사람들은 찻값이 싸져서 좋았다.

하지만 식민지에서 차를 수입해서 팔던 사람들의 불만이 생겼다. 결국 차를 수입하던 사람들은 인디언 복장을 하고 1773년 12월 차 상자를 싣고 보스턴항구로 들어온 동인도회사의 배에 올라타서 차 상자 320여 개를 바다에 빠뜨렸다. '보스턴 차 사건'이 터진 것이다.

보스턴이 있는 곳은 매사추세츠이다. 영국 정부는 이로써 매사추세츠를 향해 1774년 강제법을 만들어 적용했다. 손실된 찻값의 배상을 요구하는 동시에 매사추세츠 의회 의원들과 보안관을 영국 국왕이 직접 임명한 것이다. 또한 매사추세츠에서 범죄를 저지른 사람은 식민지 법정이 아니라 영국 본토에서 재판받도록 규정했다.

그런데 매사추세츠를 제외한 12개 지역 대표들은 수수방관하지 않고 매사추세츠 편을 들었다. 12개 식민지 대표들은 영국 정부가 만든 강제법이 언젠가는 그들 지역에도 적용될 수 있다는 위기감을 느낀 것이다. 식민지 내에서 강제법은 '참을 수 없는 법(Intolerable Acts)'이라고 불렸다. 결국 13개 식민지 대표 56인은 1774년 9월 제1차 대륙회의를 열고 영국 정부를 향해 "영국 의회는 식민지 문제에 간섭할 수 없다. 영국 국왕은 강제법을 철회하라."라고 요구했다.

영국 정부는 매사추세츠를 반란 지역으로 선포하고 타국과의 무역 금지 조치에 이어 보스턴 해상의 어업권을 박탈했다. 이로써 식민지 13개 주는 영국 정부와 싸울 수밖에 없다고 결론 내렸다. 그러면서 자체적으로 싸울 수 있는 민병대를 결성했다. 결국 영국 정부는 식민지의 민병대 결성을 반란으로 규정하고 군대를 파견했고, 급기야 영국군과 식민지 민병대가 맞붙는 독립 전쟁이 1775년 발발했다.

민병대는 정식 군인이 아니었다. 제대로 훈련받지 못한 민병대는 게릴라전술로 맞섰다. 식민지들은 체계적인 군대가 필요하다고 판단하고 독립군을 창설했는데, 조지 워싱턴(1732~1799년)을 총사령관으로 임명했다. 북미 식민지에서 태어난 조지 워싱턴은 '프렌치·인디언 전쟁' 때 영국군으로 참전했던 인물이었다.

식민지 대표들은 1776년 7월 4일 펜실베니아주 필라델피아에 모여 독립선언문을 공식 발표했다. 미국이 탄생한 것이다. 독립선언문의 주요 골자는 생명, 자유, 행복의 추구였다. 영국 정부는 그해 8월 3만여 명의 대규모 군대를 식민지에 파견했다. 이때 식민지 독립군은 2만 명에 조금 못 미쳤다. 전쟁은 1783년까지 8년 동안 진행되었다. 이 시기에 총 230여 차례의 크고 작은 전투가 발생했다. 전쟁은 영국군의 우세였다.

그런데 미국 지도자들이 유럽의 여러 국가를 향해 지원을 요청했고 1778년 영국에 적대적이던 프랑스가 영국을 향해 선전포고했다. 이듬해에는 스페인까지 미국 편을 들었다. 결국 독립 전쟁은 1783년 미국의 승리로 막을 내렸다. 프랑스는 세월이 흘러 미국의 독립 전쟁 승리 100주년을 맞아 1884년 '자유의 여신상'을 만들어 선물했다.

운 좋게 영토 넓힌 미국, 19세기 말 조선을 공격하다

미국은 1783년 파리강화조약으로 완전한 독립을 이루어냈다. 그리고 영국은 파리강화조약으로 북미 식민지 13개 주의 서쪽 경계선부터 미시시피강에 이르는 북미 영토를 미국 측에 넘겼다. 해당 영토는 영국이 앞선 7년 전쟁 일부분인 프렌치·인디언 전쟁 승리로 프랑스로부터 빼앗은 영토였다. 이로써 영국 식민지에서 독립을 쟁취한 미국 영토는 초기 13개 주 면적보다 2배가량 넓어졌다.

하지만 오늘날 미국의 영토에 비하면 1/3 수준이다. 당시 북아메리카는 미국을 비롯해 프랑스, 스페인 등 3개 국가가 골고루 차지하고 있었다. 그리고 하나 짚고 가야 할 점은 당시 북미에는 토착민 인디언들이 살고 있었고, 미국인들은 '개척'이라는 허울 좋은 이름으로 인디언들을 강제로 몰아냈다. 심지어 대량으로 학살하는 등 어두운 역사가 존재했었다는 점을 우리는 잊어서는 안 될 것이다.

아무튼 미국은 독립 전쟁 승리 이후에도 계속해서 영토를 넓혀갔다. 미국은 우선 제대로 된 정부를 수립할 필요가 있었다. 이로써 독립 전쟁 때 민병대 총사령관이면서 미국 건국의 아버지 중 한 명인 조지 워싱턴(재위 : 1789~1797년)이 1789년 미국의 초대 대통령에 취임했다. 미국은 프랑스 계몽주의자 몽테스키외(1689~1755년)가 1748년 간행한 「법의 정신」을 기초로 입법, 사법, 행정 등 삼권이 분리된 세계 최초의 대통령제도를 만들었다.

미국은 1800년대 영국과 프랑스의 선진문물을 빠른 속도로 흡수했다. 미국이 발전할 수밖에 없는 이유는 드넓은 영토와 함께 엄청난 자원에 따른 산업의 발달 그리고 무엇보다 다양한 인종과 민족들이 유입된 강점 때문이다. 반면 아프리카 사람들을 노예로 부린 점은 청교도 정신을 근간으로 세워진 미국의 건국이념을 생각해볼 때 도무지 이해할 수 없는 대목이다.

어쨌든 미국의 발전 속도는 무지막지했다. 앞서서 18세기 중엽 영국에서 일어난 산업혁명은 미국 발전에 가속도를 더했고, 1789년 프랑스에서 일어난 자유를 내건 프랑스대혁명의 기치는 미국인들의 뼛속 깊이 자리 잡았다.

미국이 오늘날처럼 막대한 영토를 가질 수 있었던 가장 중요한 이유는 행운이 따랐기 때문이다. 1803년까지만 해도 북미 중부 지역의 드넓은 땅은 프랑스 소유였다. 이 땅은 영국이 북미 대륙에 식민지를 개척할 시기인 17세기 말 프랑스 탐험가 르네 로베르 카벨리에 드 라 살(1643~1687년)이 1682년 프랑스 국왕 루이 14세의 이름을 따서 '루이의 땅'이라는 뜻으로 루이지애나라고 명명했다. 루이지애나가 오늘날에는 미국 50개 주 중에서 하나의 작은 주에 불과하나 17~18세기에는 그 규모가 상당히 컸다.

미국의 3대 대통령 토머스 제퍼슨(재위 : 1801~1809년)은 루이지애나를 프랑스로부터 사겠다는 의지를 불태웠다. 하지만 미국 의회는 루이지애나 매입에 반대했다. 딱히 효용가치가 없는 땅을 사기 위해 막대한 돈을 쓴다는 것에 대해 부정적이었다. 그러나 토머스 제퍼슨은 의지를 꺾지 않았다. 참고로 미국 건국의 아버지 중 한 명인 제퍼슨은 1776년 미국의 독립선언문을 작성하고 직접 낭독했다.

제퍼슨은 1803년 프랑스로 특사를 보냈다. 당시 프랑스는 1789년 일어난 프랑스대혁명 이후 1793년 루이 16세(재위 : 1774~1793년)가 단두대의 이슬로 사라진 뒤 1799년부터 나폴레옹 보나파르트(1769~1821년)가 제1공화국을 다스리고 있었다. 그리고 나폴레옹은 1803년 정복 전쟁을 일으켰는데 전쟁을 치르기 위해 돈이 절실했다. 나폴레옹은 "루이지애나를 파시오."라는 미국의 요구를 흔쾌히 수락했다. 이로써 미국의 영토가 기존보다 2배가량 또다시 커졌다.

이와 함께 1812년에는 나폴레옹 전쟁 여파로 영국과 미국이 전쟁을 치르게 된다. 당시 캐나다는 영국이 차지하고 있었는데, 미국은 미영 전쟁의 승리로 1818년 오늘날 노스다코타의 북동부와 미네소타의 북서부를 영국으로부터 할양받았다.

그리고 플로리다에 관한 이야기인데, 이곳은 16세기부터 19세기 초까지 스페인이 차지하고 있었다. 그런데 미국의 흑인 노예들이 플로리다로 도주하는 일이 빈번히 발생했다. 이로써 미국은 플로리다를 손아귀에 넣고 싶었다. 스페인은 "플로리다를 파시오."라는 미국의 요청을 계속해서 거부해오다가 스페인 스스로 국력이 약해진 시기에 플로리다 유지가 힘들다고 판단하고 1819년 '애덤스·오니스 조약'을 통해 플로리다를 미국 측에 돈을 받고 넘겼다.

이어서 2년 후인 1821년 북미 서쪽의 스페인 소유 땅 주인이 멕시코로 바뀌었다. 그 이유는 앞선 1810년 멕시코가 독립 전쟁을 일으켰고, 결국 1821년 독립을 쟁취했기 때문이다. 그런데 멕시코가 차지한 지역은 인디언들 외에는 이주민이 없어 황량했다. 멕시코는 1821년 텍사스 지역으로 미국인들이 이주하도록 조치했다.

그런데 시간이 흐르면서 텍사스 사람들은 그 땅에 대한 소유권을 주장했고 결국에는 1835년 멕시코와 전쟁을 벌였다. 이때 미국은 텍사스를 지원했고, 1836년 샌 재신토 전투에서 멕시코 대통령 안토니오 로세프 데 산타 안나(재위 : 1833~1855년)가 포로로 붙잡혔다. 미국과 텍사스 연합이 전쟁에서 승리하면서 텍사스공화국이 생겨난 것이다. 텍사스공화국은 1845년 미국 연방의 일원이 되었다.

그리고 1845년 아일랜드에서 대기근이 발생하면서 굶어 죽는 사람들이 속출했다. 죽음을 피하려고 아일랜드 국민의 15%가량이 미국으로 대거 이주했다. 아일랜드 외에도 앞선 1830년 자유를 찾아 미국으로 들어오는 이주민들은 폭발적인 증가 추세를 보였다. 그러던 중 감리교 선교사들이 개척한 오늘날 미국의 북서부에 있는 오리건주, 워싱턴주, 아이다호가 1846년 미국에 병합되었다.

오리건 등의 지역이 미국에 합병된 1846년 미국과 멕시코 간 전쟁이 발발했다. 전쟁의 배경은 미국과 멕시코가 주장한 영토의 경계선이 서로 달랐기 때문이다. 미국은 리오그란데강까지를 미국 영토라고 주장했고, 멕시코는 누에시스강까지 미국 영토라고 주장했다. 미국은 앞선 1836년 텍사스·멕시코 전쟁 때 포로로 붙잡혔던 산타 안나 멕시코 대통령이 미국의 영토를 리오그란데강까지 인정했다고 주장했다. 미국의 이 같은 주장에는 당시 멕시코 땅이던 오늘날의 캘리포니아를 수중에 넣으려는 속셈이 있었다.

그러면서 미국은 멕시코를 향해 "캘리포니아를 팔아라."라고 요구했으나 멕시코가 이를 거부하면서 결국 1846년 전쟁이 터졌다. 1848년까지 진행된 미국·멕시코 전쟁의 승자는 미국이었다. 미국은 이로써 오늘날 캘리포니아, 네바다, 유타, 애리조나의 대부분, 뉴멕시코의 서부, 콜로라도의 서부 등 북미 대륙 남서부 지역의 땅마저도 차지했다. 이와 함께 애리조나 남부 지역은 미국이 1853년 멕시코로부터 정식으로 매입했다. 드디어 현재 우리가 알고 있는 미국의 영토가 거의 완성된 것이다. 그러면서 미국은 유럽의 국가들처럼 동남아시아 진출에 나서게 된다.

참고로 미국은 알래스카를 1867년 러시아로부터 사들였다. 미국은 당시 제17대 대통령 앤드루 존슨(재위 : 1865~1869년) 재임 시기였는데, 국무장관인 윌리엄 수어드(1801~1872년)가 상원의 반대에도 불구하고 밀어붙여서 면적 172㎢의 알래스카를 720만 달러에 매입했다. '알래스카는 수어드의 냉장고'라는 비아냥이 쏟아졌다. 그런데 알래스카에서 금, 은, 석유 등 4,000만 달러가 넘는 자원이 발견되면서 수어드의 결정이 옳았음이 입증되었다. 알래스카는 1959년 1월에 미국의 49번째 주가 되었다. 그리고 미국은 하와이를 1898년 강제로 점령 후 1959년 8월 미국의 50번째 주로 편입시켰다.

미국의 동인도함대 사령관이던 매튜 페리 제독(1794~1858년)이 이끄는 군함이 1853년 일본 우라가항에 들어와서 개항을 요구했고, 결국 일본 에도막부는 1854년 미국과 화친조약을 맺고 항구를 열었다. 양국 간의 통상조약은 1858년 진행되었다. 그때까지만 해도 네덜란드하고만 무역을 거래하면서 부분적인 쇄국정책을 펼치던 일본에 서양의 신문물이 들어올 채비를 한 것이다.

일본은 미국에 문호를 개방하면서 에도막부에 대한 국민적 반발이 일어났다. 결국 에도막부는 통치가 어렵다고 판단하고 1867년 전권을 덴노 메이지(재위 : 1867~1912년)에게 넘기면서 1868년 메이지유신이 시작되었다. 이로써 일본은 1912년까지 덴노 중심의 정치체제를 갖추면서 짧은 시기에 획기적인 근대화를 이루게 된다. 특히 메이지유신을 통해 일본은 서구 열강과 어깨를 나란히 할 정도의 국방력을 갖추면서 향후 1894년에 발발한 청일 전쟁과 1904년에 발발한 러일 전쟁에서 잇달아 승리하면서 결국에는 1910년 조선의 국권을 박탈해 식민지로 만들고 제국으로 나아가려는 꿈을 꾸게 된 것이다.

우리나라로 가보면 19세기 말 조선의 마지막 임금이자 대한제국의 초대 황제인 고종(재위 : 1864~1907년)의 아버지 흥선대원군(1821~1898년)은 아들을 대신해 섭정을 펼치면서 쇄국정책을 고수, 서양을 향한 문호 개방에 강력히 반대했다. 1866년 미국의 무장상선 제너럴셔먼호가 강화도로 와서 행패를 부리다가 배가 불에 타는 사건이 발생했다. 제너럴셔먼호는 미국 정부의 공식 선박이 아니었기에 미국 차원의 즉각적인 보복은 없었다. 미국 정부가 조선을 향해 무력을 앞세워 개항을 요구한 것은 그로부터 5년 후인 1871년 신미양요 때다. 결국 조선은 1882년 미국과 조미수호통상조약을 불평등하게 맺고 항구를 개항했다. 이제 미국의 문물이 조선으로 유입될 준비가 된 것이다.

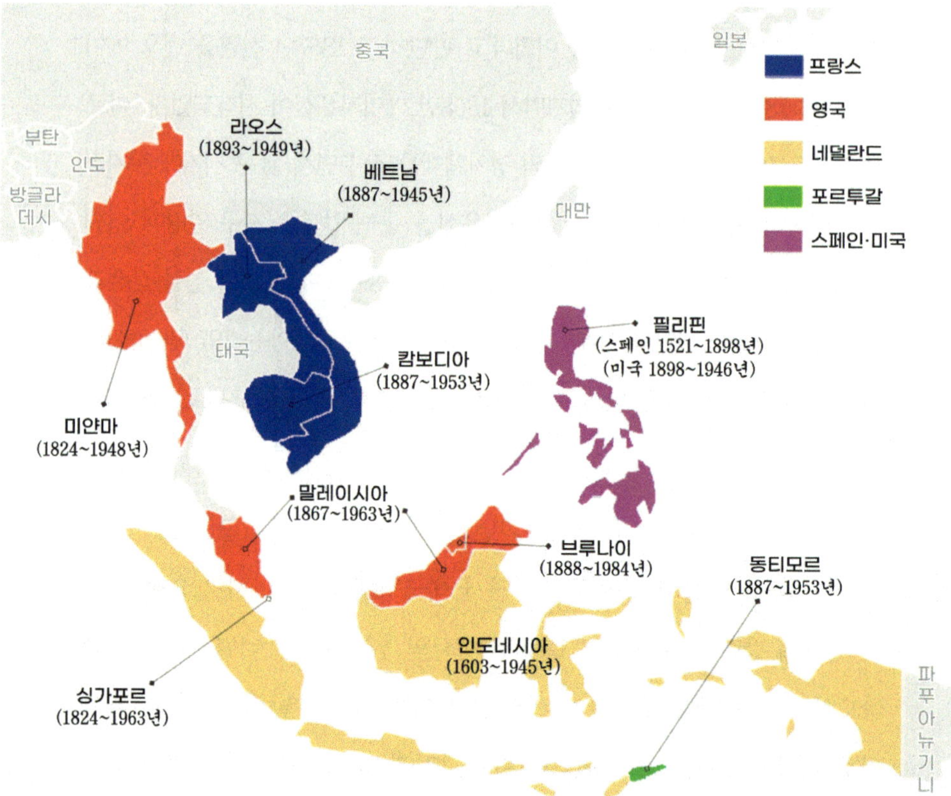

16세기부터 유럽 열강들이 동남아시아에서 차지한 식민지들.

21장

중국 거쳐 조선에 뿌리내린 그리스도교

예수회 선교사들, 16세기 말 중국에 도착하다

포르투갈을 필두로 스페인, 네덜란드, 영국, 프랑스, 미국 등 서양 국가들의 동남아시아 및 동아시아 진출은 16세기 초 시작되어 19세기까지 진행되었다. 이로써 태국을 제외한 동남아 대부분 국가는 유럽인들의 식민지로 전락했다. 그런데 유럽 국가들과 달리 태동 자체가 늦었던 미국은 19세기에 가세했다. 유럽인들이 동남아를 정복 대상으로 삼은 이유는 값비싼 향신료 때문이었다.

정복자들 외에도 이들과 함께 움직인 사람들이 있었는데 바로 로마가톨릭 선교사들이었다. 그중에서도 교황에게 절대복종을 기치로 내건 예수회 선교사들이 대표적이다. 이들은 유럽의 손아귀에 들어온 동남아에서 그리스도교 포교 활동에 매진했다. 선교사들 시각에서 "예수 그리스도를 모르는 불쌍한 사람들이 한 명이라도 더 개종해야 한다."라는 생각은 유일신이 그들에게 부여한 사명이었다.

동남아 다수의 국가 그리고 서남아시아의 인도는 15세기 시작된 유럽의 신항로 개척 이후 하나둘씩 점령되었고, 결국 수 세기 동안 유럽인들의 지배를 받았다. 반면 동남아와는 달리 아시아 중에서도 동쪽에 있는 조선과 중국, 일본은 유럽인들의 정복 대상에서 비켜 갔다. 중국의 경우 땅덩어리가 워낙 커서 유럽인들이 대륙 전체를 장악한다는 것은 불가능했다. 하지만 자그마한 영토를 가진 조선과 일본의 경우 향신료와 관련이 없었기에 서양 국가들의 점령 대상에서 제외된 것은 행운 그 자체였다. 그러나 서양과 접촉이 늦었다는 것은 그만큼 근대화가 늦게 진행되었다는 말과 같다.

아시아의 근대화는 곧 유럽 기술의 도입과 일맥상통한다. 동남아 국가들은 유럽 국가들에 의해 정복되면서 자연스럽게 신문물이 받아들여졌다. 반면 조선, 중국, 일본 등 동아시아 3국은 동남아 국가들과는 상황이 달랐다. 이들 동아시아 3국은 유럽인들의 정복 리스트에서 제외되다 보니 동남아 국가들에 비해 한참 뒤늦은 19세기 중엽이 되어서야 근대화가 시작되었다. 조선, 중국, 일본 등 동아시아 3개 국가 중 가장 늦게 서양 문물을 수용한 국가는 조선이었다.

그런데 중국은 만주족이 세운 청나라 시기인 19세기 중엽 자본주의가 낳은 괴물 영국에 의해 국민의 건강을 갉아먹는 아편이 비밀리에 수입되었다. 이로써 아편 밀수입에 분노한 청나라, 기필코 아편으로 돈을 벌겠다는 영국 사이에 1840년에 이어 1856년 총 두 차례 아편 전쟁이 터지고야 말았다. 두 번의 아편 전쟁 모두 청나라가 패배했으나 영국의 식민지로 전락하지는 않았다. 덩치만 컸을 뿐 영국에 의해 농락당한 청나라는

“변해야 한다.”라는 의식이 1861년 일어나면서 양무운동이 전개되어 서구 문물을 적극적으로 받아들였다.

하지만 청나라의 근대화 속도는 일본에 비해 더뎠다. 이로써 청나라는 1894년 발발한 청일 전쟁에서 일본에 처참히 패배하면서 타이완과 랴오둥반도를 이양하는 치욕을 겪었다. 일본의 성장에 긴장한 프랑스, 독일, 러시아가 일본을 위협하면서 타이완과 랴오둥반도는 이내 중국 측에 넘겨졌으나 19세기 들어 근대화는 조선, 중국, 일본 등 동아시아 3개 국가에는 선택이 아닌 필수사항이었다.

중국의 종교에 관해 이야기하면, 중국에서는 이미 당나라 초기 제2대 황제 당 태종 통치 때인 635년 그리스도교가 유입된 바 있었다. 앞선 5장에서 설명한 대로 당나라로 유입된 그리스도교는 로마제국 내에서 이단으로 정죄되어 쫓겨난 네스토리우스파였고, 중국 내에서 경교로 불리었다. 당 태종은 경교를 공인할 정도로 타 종교에 대해 관용정책을 펼쳤다. 그러나 당 태종에 이은 그의 아들 당 고종은 유교 숭상정책을 펼쳤고, 경교는 몽골족이 지배하는 13세기 중엽까지 중국에서 숨죽여 지내는 신세가 되었다.

경교는 몽골족이 지배한 원나라 때 잠시 부흥하는가 싶더니 1368년 원나라 멸망과 함께 중국에서 더 이상 뻗어나가지 못했다. 그리스도교가 중국에서 자취를 감춘 것이다. 세월이 흘러 그리스도교가 중국에서 다시 꽃을 피운 시기는 200년가량이 흐른 명나라 말기인 16세기 말 예수회 선교사들이 들어오면서부터다. 명나라로 예수회 선교사들이 오기 전인 1549년 일본에서 첫 포교 활동을 펼친 예수회 선교사 프란치스코 하비에르는 중국 선교를 목표로 삼았으나 끝내 중국에 발을 디디지 못하고 1552년 죽음을 맞이했다. 그런데 그의 뒤를 이어 마침내 예수회 선교사들이 중국에 발을 들였다. 이때가 1579년의 일이다. 그 주인공은 미켈레 루기에리(1543~1607년) 신부, 중국 이름은 나명견(羅明堅)이다.

로마가톨릭 선교사들은 앞선 원나라 제2대 칸 올제이 테무르 칸(재위 : 1408~1412년)의 허락을 받아 포교 활동을 전개한 바 있었다. 경교 신자인 올제이 테무르 칸은 같은 그리스도교 종파인 로마가톨릭에 대해 우호적이었다. 하지만 원나라 멸망으로 로마가톨릭은 경교와 함께 몰락하는 비운을 맞았다. 그러다가 16세기 말 예수회 선교사들이 포교를 위해 중국에 발을 디딘 것이다. 우리는 통상 중국에서 로마가톨릭을 최초로 전파한 인물은 중국명 이마두(利瑪竇) 즉, 마테오 리치(1552~1610년) 신부로 알고 있다. 하지만 리치 신부보다 먼저 명나라에 도착한 예수회 선교사는 루기에리였다.

루기에리가 1579년 당시 포르투갈령이던 마카오에 도착했을 때 리치는 인도 고아에서 사제품을 받은 뒤 교사 일을 하고 있었다. 루기에리는 중국 선교를 위해 우선 중국어를 익혔다. 3년 후인 1582년 드디어 리치가 마카오에 합류한 것이다. 리치는 루기에리에게 의지하면서 중국어를 배웠고, 두 사람은 마침내 첫 포교 활동지 광둥성 자오칭시에 첫발을 내딛게 된다. 리치는 1603년「천주실의」를 간행했지만, 루기에리는 이보다 20년가량 앞선 1584년「천주성교실록」이라는 중국어로 된 최초의 교리서를 편찬했다. 루기에리가 그리스도교의 유일신을 '천주(天主)'로 표기한 최초의 인물이다.

마테오 리치의 '천주실의' 조선에 영향 끼치다

우리나라에서는 로마가톨릭이 '천주교'로 불린다. '천주'라는 개념이 사용된 유래가 바로 루기에리의 책 「천주성교실록」에 의해서다. 하지만 루기에리의 저서는 우리나라에서 많은 이들이 모른다. 그 이유는 조선에 영향을 준 책이 마테오 리치의 저서 「천주실의」이기 때문이다.

루기에리는 스스로 '서역에서 온 승려'라고 소개하면서, 그의 책에서 불교 용어를 많이 사용했다. 루기에리는 또 승려 복장으로 포교 활동을 펼쳤다. 그런데 당시 명나라에서는 성리학이 보편적으로 자리매김했었다. 반면 리치는 승려 복장을 했다가 유교적 복장으로 바꾸었다. 또한 리치는 「천주실의」에 유교 용어를 많이 사용했다. 이로써 중국인들에게 「천주실의」가 보편적으로 읽히게 된 것이다.

리치 신부는 마카오에 이어 중국 내륙에 들어온 지 13년 만인 1595년 본격적인 포교 활동을 위해 중국의 북부로 발길을 옮겼다. 그러면서 1598년 9월 처음으로 명나라의 수도 베이징에 도착했다. 그러나 명나라는 푸른 눈을 가진 리치가 베이징에서 거주하도록 허락하지 않았다. 세월이 흘러 1601년 드디어 기회가 왔다. 명나라의 제13대 황제 만력제(재위 : 1572~1620년)가 서양 문물인 자명종을 보고 싶어 했기 때문이다. 리치는 다양한 신문물을 갖고 있었다. 만력제의 호기심 덕분에 리치는 베이징에서 거주 및 포교 허락을 얻을 수 있었다.

리치 신부는 신학, 철학, 수학, 천문학, 역법 외에도 시계와 지구의, 천체 관측 기구 제작법도 익힌 다재다능한 인물이었다. 리치는 이로써 「천주실의」 외에도 고대 그리스로마시대의 스토아 철학자 에픽테토스(55~135

년)의 잠언집 편역서 「이십오언」을 1605년 집필했다. 또 유클리드 번역서 「기하원본」을 1607년 집필했고 이어서 인생, 죽음, 양심 등 다양한 주제에 로마가톨릭 교리를 섞어가며 쓴 「기인십편」을 1608년 편찬하는 등 다양한 저술 활동을 펼쳤다. 그의 작품 중에서 우리나라에 지대한 영향을 끼친 것은 1602년에 제작된 세계지도 '곤여만국전도'였다.

이 지도는 1603년 명나라 사신으로 파견된 이광정(1552~1629년)과 권희(1547~1624년)에 의해 처음 조선으로 들어왔다. 종전에는 조선인들에게 중국이 세상의 중심으로 그려진 지도 '혼일강리역대국도지도'가 세계지도로 인식되었다. 조선인들은 17세기 초까지 서양에 다양한 국가들이 존재하는 줄 몰랐다. 그런데 곤여만국전도 덕분에 조선인들의 시각이 넓어졌다. 중국이 세계의 중심이 아니라는 인식이 생긴 것이다.

그리고 리치의 포교 활동으로 명나라에서의 로마가톨릭 신자는 1605년을 전후해 1,000여 명으로 늘어났다. 리치가 세상을 뜬 이후인 1644년에는 신자 수는 15만 명에 이를 만큼 놀라울 정도로 증가했다. 1644년은 청나라가 명나라의 수도 베이징을 함락한 때다. 리치 신부가 중국 지식인들을 매료시킨 원인은 중국어와 한문을 알고 있었던 점과 함께 유교를 제대로 간파했기 때문이다. 이로써 명나라 사람들은 리치를 유학자로 받아들였다. 이에 더해서 서양의 과학기술을 알고 있었으니 명나라 사람들이 리치를 좋아하지 않을 수가 없었다.

특히 리치의 성품과 태도는 명나라 지식인들에게 존경심을 불러일으켰다. 리치에 대해 당대인들은 '다정함과 온화함이 넘치는 사람, 친절한 사람'이라고 기록할 정도였다. 이로써 명나라 사람들에게 마테오 리치는 중국 이름 '이마두'로 깊이 각인되었다. 리치의 중국 포교 활동은 단순히 로마가톨릭 신자 1명을 늘리려는 것이 아니라 그들의 일상으로 들어가려는 노력이 있었기에 가능했다.

리치 신부가 명나라에서 포교 활동을 펼치던 때 조선에서는 주기적으로 사신들이 명나라를 방문했다. 1590년 지봉 이수광(1563~1628년)은 생애 처음으로 중국 땅을 밟았다. 조선의 제14대 임금 선조로부터 신임을 받았던 이수광은 그 이후에도 두 번 더 중국을 다녀왔다. 이때 이수광은 마테오 리치의 저서 「천주실의」를 접하고 조선으로 갖고 왔다.

그런데 선조에 이어 광해군(재위 : 1608~1623년)이 뒤를 이었고, 선조의 적자인 영창대군(1606~1614년)이 이복형 광해군에 의해 죽임을 당하는 계축옥사가 1613년 발생했다. 이때 이수광은 정치에 환멸을 느낀 나머지 벼슬을 버리고 낙향을 선택했다. 고향으로 돌아온 이수광은 명나라에서 직접 보고 느낀 다양한 것들을 기록하기 시작했다. 1614년 「지봉유설」이 편찬된 것이다.

「지봉유설」은 총 20권으로 제작된 우리나라 최초의 백과사전이다. 이 책에는 서양의 다양한 문물과 함께 천주교의 교리도 기술되어 있다. 특히 「천주실의」를 소개하면서 로마가톨릭 교황에 대해서도 기술했다. 성리학 중심인 조선에서 이수광은 실용과 실리를 추구하는 정신을 강조했다. 향후 실학이 태동하는 토대를 마련한 것이다.

이수광은 오늘날 '실학의 선구자'로 불리고 있다. 그리고 서양의 종교인 천주교는 조선 사회에서 서양의 학문, 즉 '서학(西學)'으로 소개되었다. 조선의 문인들은 서학이 그저 신기할 따름이었다. 서학을 공부하는 학자들이 하나둘씩 늘어났다. 천주교가 서서히 조선에 뿌리내릴 준비를 한 것이다.

조선 후기 실학자들, 서학 천주교에 빠져들다

조선은 1592년 임진왜란과 1597년 정유재란을 거친 후 국토가 황폐해졌다. 이로써 농민들의 삶은 말 못 할 정도로 피폐해졌다. 반면 사대부 권력자들은 오히려 자신의 배를 채우면서 서민들의 등골을 빼먹는 상황이 계속 이어졌다. 하지만 조선인들의 정신을 장악한 성리학은 이를 해결하는 데 아무런 도움이 되지 않았다. 그러던 중 지봉 이수광이 1614년 「지봉유설」을 편찬한 것이다. 「지봉유설」에 큰 영향을 받은 반계 유형원(1622~1673년)은 백성의 궁핍함을 외면하는 조선의 변화를 주창했고 그의 호를 따서 「반계수록」을 저술했다.

이수광은 '실학의 선구자'로 불린다. 하지만 그는 저술 활동만 했을 뿐 실질적으로 조선의 개혁을 부르짖지는 않았다. 직접 목소리를 낸 것은 유형원이 처음이다. 유형원의 실학 정신은 성호 이익(1681~ 1773년)이 계승했고 다산 정약용(1762~1836년)에 이르러 완성되었다. 물론 그사이에 덕보 홍대용(1731~1783년), 연암 박지원(1737~1805년), 초정 박제가(1750~1815년)도 있다. 하지만 가장 비중 있는 인물은 유형원, 이익, 정약용 등 3인이다.

참고로 '실학(實學)'이라는 용어에 관한 이야기이다. 당대에 사용된 실학이라는 용어는 오늘날 우리가 알고 있는 실학이 아니었다. 당시 실학은 성리학을 지칭했고, 이는 도교와 불교를 '허학(虛學)'이라고 부르면서 반대급부로 불리던 이름이었다. 그리고 지금의 실학은 일제강점기 이후 성리학에 반대되는 학문으로 이름 붙여졌다. 짚고 넘어갈 부분은 유형원으로 시작된 당시 실학자들이 성리학을 무너뜨리자고 주창한 것은 아니었다. 성리학을 근간으로 삼되, 문제가 있는 부분은 개혁하자는 것이었다. 마치 마르틴 루터가 로마가톨릭을 뒤엎자고 말하지 않은 것과 같다. 그리고 실학은 당시 뚜렷한 정체가 없는 실용주의 학문의 흐름이었다.

성호 이익은 성호학파를 창시했고, 그의 제자 중에는 녹암 권철신(1736~1801년)이라는 인물이 있다. 권철신은 남인이었는데, 당시 남인이 세력을 잃은 뒤라 출셋길이 막혀있었다. 이로써 권철신은 과거시험을 포기하고 초야에 묻혀 학문에만 열중했다. 남인은 숙종(재위 : 1674~1720년) 때 환국(換局)으로 몰락했고, 숙종의 아들 영조(재위 : 1724~1776년) 통치 때 남인들이 대거 추방당하는 비운을 겪었다. 권철신을 언급하는 이유는 우리나라에 천주교가 뿌리내리는 그 중심에 그가 있기 때문이다. 권철신 역시 스승인 이익 선생의 영향을 받아서 "청나라로 유입된 서양의 문물을 받아들이고 조선이 개혁해야 한다."라는데 동의했다. 그러면서 성리학 공부와 함께 서양의 문물 그리고 천주교가 포함된 서학 공부에도 게을리하지 않았다.

하지만 권철신은 천주교를 학문으로만 여겼고 사상을 바꾸는 종교로는 받아들이지 않았다. 권철신이 천주교를 받아들이게 된 것은 광암 이벽(1754~1785년)이라는 인물 때문이다. 이벽은 우리나라 천주교 역사에서 핵심 인물이다. 권철신과 이벽이 만난 것은 1779년 12월, 경기도 광주에 있던 천진암이라는 사찰에서다. 20대 중반의 이벽은 당시 "천진암에서 권철신을 중심으로 남인 학자들이 서학을 공부한다."라는 소식을 접한 뒤 천주교 전파를 위해 경기도 포천에서 먼 길을 마다하지 않고 찾아갔다. 권철신과 문하생들 역시 이미 서학을 알고 있었기에 이벽의 천주교 강연에 관심을 가졌다.

이벽은 독학으로 천주교를 공부했다. 일각에서는 삼전도의 굴욕(1637년)으로 소현세자(1612~1645년)가 8년간 청나라로 인질 생활을 하러 갈 때 수행한 신하 200중 한 명이 이벽의 윗대 사람이 있었다고 한다. 그리고 그 윗대 사람이 귀국할 때 가져온 천주교 서적이 이벽 가문에서 대대손손 전해져 내려오던 중 이벽이 유년 시절 심취해서 읽었다는 이야기가 전해진다.

그리고 17세기부터 조선 사회는 천주교를 하나의 학문으로 받아들였고 많은 유학자가 공부하고 있었다. 반면 이벽은 달랐다. 그는 천주교를 종교로 받아들인 것이다. 이벽은 우리 역사에서 최초로 그리스도교 선교활동을 펼친 인물이다. 천주교에 심취한 이벽은 천진암에서 서학을 주제 삼아 강학회가 열리고 있다는 소식을 접하고 포천에서 광주로 향한 것이다.

당시 천진암 강학회에 참석하던 인물은 다산 정약용과 함께 그의 둘째 형 손암 정약전(1758~1816년), 권철신의 동생 직암 권일신(1742~1791년), 우리나라 최초의 천주교 영세자인 만천 이승훈(1756~1801년) 등 주로 10~20대 젊은 학자들이었다. 이들은 이벽의 천주교 강연에 매료되면서 천주교를 단순히 학문이 아니라 종교로 인식하는 계기를 맞았다. 강학회는 당초 1777년부터 경기도 양주시 앵자봉 자락에 있는 주어사라는 사찰에서 시작되었으나 1779년 경기도 광주시 천진암으로 옮겨서 진행되고 있었다. 그리고 천진암 강학회는 1784년까지 계속되었고, 그 해 우리나라 천주교 역사에서 길이 남는 일이 발생했다.

이벽은 청나라에 천주교 신부가 있다는 사실을 알고 있었고, 조선에는 사제가 없다는 것이 아쉬웠다. 그러다가 1783년 이승훈의 아버지 이동욱(1739~?)이 동지사 일행으로 청나라로 간다는 이야기를 접했다. 동지사는 조선의 사신들이 동짓날을 전후해 청나라로 가서 황제를 알현하는 정기적인 사신들이었다.

그런데 동지사 사신 중 일부는 동생 또는 아들 등 친족을 수행원으로 직접 뽑아서 대동할 수 있었는데, 이벽은 이승훈에게 자제군관(子弟軍官) 자격으로 청나라로 가서 천주교 신부로부터 세례받을 것을 권유했다. 이로써 이승훈은 1784년 1월 베이징에 있는 성당에서 프랑스 출신 예수회 소속 그라몽(1736~1812년) 신부로부터 세례를 받았다. 대한민국 제1호 천주교 영세자가 탄생하는 순간이었다. 이승훈의 세례명은 베드로이다.

이승훈은 그해 2월 귀국길에 오르는데 「천주실의」, 「성세추요」, 「기하원본」 등 서양의 학문과 종교에 관한 다양한 서적들과 함께 십자가, 마리아상, 성화 등 각종 성물을 갖고 3월 조선으로 들어왔다. 이승훈을 목 빠지게 기다리고 있던 이벽은 이후 한양의 외딴곳에 집을 얻어서 천주교 교리서 탐독에 들어갔다. 그러면서 어느 정도 공부가 되었다고 생각한 이벽은 이승훈으로부터 세례를 받았다. 세례는 정식 교육을 받은 사제로부터 받아야 하는데 상황이 그러지 못해 평신도 이승훈이 세례를 주는 변칙을 사용한 것이다. 이벽은 세례자 요한이라는 세례명을 받았다. 이후에는 이벽이 천진암 강학회 일원들에게 세례를 주기에 이른다. 이때 정약용, 정약전, 권일신이 이벽으로부터 세례를 받았다.

천진암 강학회 학자들은 장소를 한양으로 옮겨 정기적인 신앙집회를 열었다. 장소는 이벽에게 세례를 받은 김범우(1751~1787년)의 집이었다. 김범우의 집은 오늘날 명동이 포함된 당시 명례방에 있었다. 명동이라는 명칭은 명례방에서 '명(明)'을 따온 것이다. 우리나라 최고(最古)의 천주교 예배당 명동성당이 명동에 자리 잡은 이유가 여기에 있다.

이벽은 1784년 9월 권철신을 천주교 신자로 만들었다. 권철신의 세례명은 암브로시오다. 이때부터 조선에서는 한양을 중심으로 천주교 신자들이 빠른 속도로 늘어나기 시작했다. 하지만 천주교는 기존 조선의 질서를 어지럽힌다는 이유로 종교로 인정받지 못했다. 이로써 이들은 당국의 눈을 피해 예배를 드려야만 했다. 그러던 중 1785년 한양을 순찰 중이던 형조의 금리(禁吏)들에게 예배드리는 행위가 발각되는 일이 발생한다. 바로 '추조적발사건'이다.

이때 양반 자제들은 대부분 풀려났으나 중인(中人) 출신 김범우는 곤장을 맞고 유배길에 올랐다. 그런데 김범우는 곤장 맞은 상처가 덧나서 유배지에서 세상을 뜨고 만다. 이로써 김범우는 조선인 최초의 첫 순교자로 인정받고 있다. 추조적발사건으로 이벽은 아버지 이부만(1727~1817년)에 의해 가택 연금되는 신세가 되었다. 아버지의 강압에도 불구하고 이벽은 천주교에 대한 믿음을 저버리지 않고 14일 동안 곡기를 끊고 버티다가 죽었다는 이야기와 함께 알 수 없는 원인으로 죽었다는 이야기도 함께 전해지고 있다. 이벽은 1785년 서른두 살의 젊은 나이에 생을 마감했다.

하지만 이벽의 죽음 후에도 권철신, 권일신, 이승훈, 정약용, 정약전 등에 의해 천주교 신자들은 계속해서 늘어났다. 정약용의 둘째 형 정약종(1760~1801년)도 친형 정약전의 권유로 1786년 천주교 신자가 된다. 그러던 중 전라도 진산(현 충남 금산)의 선비이자 정약용에 의해 천주교 신자가 된 정약용의 외사촌 형 윤지충(1759~1791년)이 종교적 가르침을 지킨다는 이유로 모친상을 천주교식으로 치르고 제사를 별도로 드리지 않는 사건이 발생했다. 이로써 사회적인 파장이 일어나고 당쟁으로 번지면서 윤치충은 결국 참수당했다. 이로써 1791년 조선에서 천주교에 대한 첫 번째 박해인 '신해박해'가 발생한 것이다. 오늘날 한국 천주교 측에서는 윤지충을 첫 순교자로 인정하고 있다.

정약용을 아꼈던 정조 사후 천주교 박해 시작되다

우리나라 천주교 역사에서 다산 정약용은 빼놓을 수 없는 인물이다. 조선의 초창기 천주교 역사와 관련된 주요 인물들이 전부 정약용과 연결되어 있기 때문이다. 우선 우리나라 천주교 최초 영세자인 이승훈은 정약용의 여동생과 결혼했기에 정약용의 매부이다. 또 이승훈을 청나라로 보내 세례를 받도록 한 이벽은 정약용의 첫째 형이자 이복형인 정약현(1751~1821년)의 처남이다. 그리고 1791년 발생한 첫 번째 천주교 박해인 신해박해로 순교한 윤지충은 정약용의 외사촌 형이다. 윤지충은 정약용에 의해 천주교에 입문했다.

또한 1801년 신유박해 과정에서 발생한 백서사건의 주인공 황사영(1775~1801년)은 정약용의 이복형인 정약현의 딸 정난주(1773~1838년)와 결혼했기에 정약용에게는 조카사위다. '황사영 백서사건'은 황사영이 청나라 조정 그리고 청나라의 수도 베이징에 있던 로마가톨릭 주교에게 "천주교를 박해하는 조선을 침략해서 속국으로 만들어달라."라는 편지가 전달되기 전에 들통난 엄청난 사건이었다. 황사영은 신유박해 때 순교하고 그의 부인 정난주는 제주도에서 노비 생활을 하다 예순여섯 살의 일기로 생을 마감했다. 황사영 백서사건으로 이미 경상도로 유배 갔던 정약용은 또다시 전남 강진으로 유배된 후 18년 동안 강진에서 유배 생활을 해야만 했다.

그런데 아이러니하게도 정약전과 정약용에 비해 2년 늦은 1786년 천주교 신자가 된 정약종은 천주교에 흠뻑 빠져서 신유박해 때 순교를 선택할 정도로 열혈 신자였다. 하지만 정약전과 정약용은 1791년 신해박해 이후 기존 유교 질서를 지나칠 정도로 깨뜨리려는 천주교에 대해 부정적인 생각을 하게 되고 결국 천주교에 대한 믿음이 시들시들해졌다. 정약전과 정약용은 1801년 신유박해 때 종교를 저버리고 풀려났다. 반면 이승훈은 배교를 선택했으나 참수당했다. 이로써 이승훈은 조선 첫 천주교 영세자임에도 불구하고 한국 천주교 사회에서 그다지 높게 평가받지 못하고 있다.

또한 조선 천주교는 조선 제22대 임금 정조(재위 : 1776~1800년)와도 연관이 있다. 정조는 성리학을 중시했으나 천주교에 대해서는 자연스럽게 사라질 것으로 전망하면서 관대하게 대했다. 특히 정조가 아꼈던 정약용이 천주교 신자였던 터라 천주교를 박해하지 않았다. 그러던 중 1791년 윤지충의 불효로 터진 이른바 '진산사건'은 서인들의 등쌀에 떠밀려 박해할 수밖에 없었다. 이로써 유교 의식을 저버린 윤지충과 함께 위패를 불태운 윤지충의 외사촌 형 권상연(1751~1791년)은 정조의 명에 의해 참수당했다. 정조는 이들을 참수하는 것으로 진산사건을 마무리했다. 하지만 서인들이 남인들을 공격하는 계기가 되면서 향후 10년 동안 당쟁으로 비화했다. 결국 1800년 정조 승하 후 박해가 본격적으로 일어났다.

1800년 정조의 둘째 아들 순조(재위 : 1800~1834년)가 즉위했지만, 그의 나이 겨우 열한 살이었다. 이로써 영조의 계비인 대왕대비 정순왕후(1745~1805년)가 3년 동안 수렴청정에 들어갔다. 앞선 임금 정조의 정책에 반대 의견을 견지했던 벽파가 이 시기 득세했고, 정순왕후와 벽파는 천주교를 사학(邪學)으로 간주했다. 결국 1801년 정순왕후는 천주교를 엄금하는 하교를 내리면서 신유박해가 발생했다. 이때 정약용의 셋째 형 정약종이 순교했다. 이승훈은 종교를 저버렸으나 참수당했다. 청나라에서 건너온 신부 주문모(1752~1801년)를 비롯해 300명가량의 천주교 신자들도 신유박해 때 순교했다.

천주교 박해는 이후에도 계속되었다. 대표적인 박해는 기해박해(1839년), 병오박해(1846년), 병인박해(1866년)이다. 조선 최초 서양인 신부는 1836년 입국한 파리외방전교회 회원인 피에르 모방(1803~1839년) 신부였다. 모방 신부에 의해 조선에서는 다시 성사(聖事)가 진행되었다. 이후 자크 샤스탕(1803~1839년) 신부와 로랑 조제프 마리위스 앵베르(1797~1839년) 주교가 입국하면서 조선에서 천주교 교세가 확장했다. 하지만 조정에서 1839년 3월 '사학토치령'을 내리면서 또다시 박해가 가해졌다. 그해 10월까지 진행된 박해로 모방 신부를 비롯한 외국인 사제 3명을 포함해 100명이 넘는 천주교 신자들이 순교했다. 기해박해가 일어난 것이다.

우리나라 최초의 신부는 김대건(1821~1846년)이다. 김대건은 1836년 피에르 모방 신부로부터 세례성사를 받았다. 김대건은 이어 모방 신부에 의해 신학생으로 발탁되어 최양업(1821~1861년), 최방제(?~1837년)와 함께 마카오에서 유학하며 신학 공부 후 신부가 되었다. 참고로 16세기까지 예수회가 아시아 선교에 열정을 쏟았으나 17세기부터는 파리외방전교회가 아시아 선교에 힘을 쏟았다. 1658년 교황청 직속으로 설립된 파리외방전교회는 창립 후 오늘날까지 아시아에 4,000명이 넘는 선교사를 보냈고, 이 중에서 170명가량이 한국으로 왔다. 김대건은 파리외방전교회 신부로부터 세례를 받은 것이다.

김대건은 신분을 숨긴 채 1845년 11월부터 한양과 용인을 중심으로 선교활동을 펼쳤다. 그런데 1846년 5월 중국 선박을 징발하는 과정에서 김대건 신부 측과 중국 선원들 사이에 시비가 붙었고, 김대건이 관아에 끌려가서 신분이 탄로 났다. 하지만 조선 조정에서는 프랑스어와 영어에 능숙한 김대건에게 외교 업무를 맡기려고 시도했다. 그런데 1846년 8월 장 바티스트 세실(1787~1873년)이 이끄는 프랑스의 동양함대 군함 3척이 충청도 홍주(오늘날 충남 홍성) 앞바다에 나타난 것이다. 세실 함장은 앞선 기해박해 때 학살당한 프랑스 선교사 3명에 대한 문제를 거론하며 통교를 강력히 요구했다. 하지만 조선 조정은 프랑스 군함의 출현이 김대건 때문이라고 판단하고 1846년 9월 16일 김대건을 처형했다.

김대건은 앞서서 1842년 세실 함장이 이끄는 함대에서 조선인 통역사 일을 한 적이 있었다. 김대건은 기해박해로 조선과 중국의 천주교회 사이에 끊긴 연락을 복구하기 위해 조선에 입국해서 정보를 공유하는 역할을 맡았었다. 이 때문에 세실 함장이 1846년 서해 앞바다에 나타난 이유 중에는 김대건을 구출하기 위한 목적도 있었다.

병오박해 때 김대건 신부 외에도 조선인 천주교 핵심 인물 8명이 순교했다. 순교자 숫자는 적지만 조선 최초의 신부가 순교했다는 점이 역사적으로 중요하다. 참고로 김대건과 함께 신학 공부를 했던 우리나라 두 번째 천주교 신부인 최양업은 1861년 과로로 세상을 떠났고, 최방제는 마카오에서 신학 공부 중 위열병으로 세상을 등졌다.

프랑스 함대는 통상에 대한 조선 조정의 부정적 태도와 조선 백성들의 반발로 별다른 소득을 얻지 못하고 철수해야만 했다. 그런데 프랑스는 20년 후인 1866년 10월 또다시 조선을 향해 통교를 요구했다. 이번에는 무력을 사용했다. 병인양요가 발발한 것이다. 병인양요가 발생한 이유는 그해 1월 천주교 박해 중 가장 심한 병인박해가 일어났기 때문이다. 병인양요에도 불구, 조선은 프랑스 측에 항구를 열지 않았다.

병인박해는 1871년까지 이어졌는데 파리외방선교회 소속 선교사를 포함해 평신도 등 8,000명 이상이 순교했다. 하지만 조선을 향한 서양 국가들의 통상 요구는 끊이질 않았다. 조선은 결국 1882년 미국과 불평등한 상태에서 조미수호통상조약을 맺고 말았다. 이로써 조선은 미국인 선교사들에게 박해를 가할 수 없게 되었다. 오랜 세월 천주교는 박해받았는데 개신교는 조선에 무혈입성한 것이다. 이어서 조선은 4년 뒤인 1886년 프랑스와 국교를 수립했다. 천주교 박해도 이때부터 사라졌다.

조선, 19세기 말 그리스도교 완전 수용하다

개신교 선교사에 관한 이야기다. 1866년 제너럴셔먼호에는 영국 웨일즈 출신 개신교 선교사 로버트 토머스(1840~1866년)가 타고 있었다. 앞선 1863년 12월 아내와 함께 청나라에 도착한 토머스는 상하이를 거점 삼아 선교활동을 하고 있었다. 그런데 아내가 4개월 만에 세상을 뜨고 말았다. 아내의 죽음으로 방황하던 토머스는 사제복을 벗어 던졌다. 이 같은 결정에는 중국에 있던 런던선교회 총무와의 마찰도 한몫했다.

그런데 하루는 천주교 박해를 피해 목선을 타고 산둥성 지푸로 온 조선인 2명을 만난 것이 토머스의 마음에 또다시 선교에 대한 불을 지폈다. 이로써 토마스는 조선에서의 선교를 목표로 삼는다. 1865년 9월 황해도 일대에 도착한 토머스는 3개월가량 조선에 머물면서 어학훈련을 하고 조선인들에게 성경을 나누어주었다.

토머스의 두 번째 조선 방문은 1866년 7월이었다. 제너럴셔먼호가 불에 타고 적잖은 미국 상인들이 죽었으나 이 배에 타고 있던 토머스는 조선 땅을 다시 밟아서 선교활동을 이어갔다. 하지만 토머스의 두 번째 선교활동은 상당히 짧았다. 조선 당국에 발각되어 9월 순교한 것이다. 우리나라에서 처음으로 순교한 개신교 선교사였다.

그러나 토머스의 죽음은 헛되지 않았다. 일설에 의하면 토머스가 죽기 전에 조선 무인 박춘권(1839~1920년)에게 한문으로 적힌 성경을 전달했다고 한다. 박춘권은 이후 성경을 읽고 감명을 받아 60대가 되었을 때 평양에서 선교 중이던 새뮤얼 오스틴 마펫(1864~1939년) 신부에게 죄를 고백하고 1899년 세례를 받았다고 전해진다. 박춘권은 여생을 그리스도교 사업에 바쳤고, 박춘권의 가족은 평양지역에서 신앙심이 깊은 가문을 형성했다.

1866년 병인양요, 1871년 신미양요 결과 프랑스와 미국은 조선과의 통상이라는 소정의 목표를 달성하지 못했다. 당시 조선은 고종 통치 시기였으나 실질적인 권력은 그의 아버지 흥선대원군이 쥐고 있었다. 그리고 흥선대원군은 1866년부터 특정 계기로 인해 완강한 쇄국정책을 펼쳤다. 하지만 흥선대원군은 1873년 실각했고, 결국 조선은 미국과 1882년 통상조약을 맺은 후 프랑스와는 1886년 정식으로 국교를 수립했다. 미국과의 조미수호통상조약은 개신교 선교사들이 조선으로 들어오는 계기를 마련했다. 이와 함께 프랑스와의 국교 수립으로 천주교 역시 조선 조정의 승인을 받으면서 더 이상의 박해는 발생하지 않았다. 이로써 조선에서는 개신교와 천주교 신자들이 기하급수적으로 늘어나기 시작했다.

이 대목에서 병인박해가 일어난 배경에 대해 알아볼 필요가 있다. 5대 박해 중 가장 많은 순교자를 낳은 병인박해는 당시 동아시아에서 일어나고 있던 복잡한 국제적 상황이 기인했다. 우선 영국에 의해 1856년 청나라에서 일어난 2차 아편 전쟁이 발단이었다. 영국은 1차 아편 전쟁 때와는 달리 2차 아편 전쟁 때는 프랑스를 끌어들였다. 그런데 여기에 러시아와 미국도 개입한 것이다. 러시아는 몽골과 만주 국경에 군사를 집결시키면서 앞서서 약 170년 전인 1689년 맺은 네르친스크조약을 뒤집고 청나라와 새로운 국경조약을 원했는데 이번에 기회를 잡은 것이다. 결국 1858년 청나라가 2차 아편 전쟁에서 패배하면서 영국, 프랑스, 러시아, 미국 등 4개 국가와 불평등조약인 톈진조약을 맺었다.

청나라는 톈진조약으로 앞서 1차 아편 전쟁 패배로 개항한 5개 항구 외에도 10개 항구를 추가 개방하기로 약속했다. 하지만 청나라는 항구 개항을 차일피일 미루었다. 결국 1860년 또다시 영국과 프랑스, 러시아의 군대가 수도 베이징까지 침략했고 베이징이 초토화된 후 베이징조약을 체결해야만 했다. 이때 청나라는 영국에게 주룽반도를 할양하고 러시아에는 연해주를 넘기기로 약속했다. 홍콩은 앞선 1841년 영국이 1차 아편 전쟁 승리로 할양받은 상태였다. 이로써 조선은 한반도 북동쪽 끝단에서 청나라가 아닌 러시아와 마주하게 되었다.

그런데 러시아 상인들이 잊을만하면 조선으로 넘어와서 무력을 행사하며 통상을 요구한 것이다. 이에 위협을 느낀 흥선대원군은 조선에서 활동 중이던 천주교 선교사를 통해 프랑스의 도움을 받기로 결심했다. '이이제이(以夷制夷)' 전략을 쓰려던 것이었다.

흥선대원군은 천주교에 대해 관대한 편이었다. 그 이유는 아내 여흥부대부인(1818~1898년)와 큰딸(1859~1898년), 아들(고종)의 유모까지 천주교 신자였기 때문이었다. 혹자들은 흥선대원군이 막무가내로 천주교를 박해했다고 알고 있으나 사실과 다르다. 흥선대원군과 접촉한 선교사는 프랑스 파리외방전교회 제4대 조선대목구장 시메옹프랑수아 베르뇌(1814~1866년) 주교였다.

흥선대원군은 우선 베르뇌에게 서신으로 "러시아 세력을 쫓아내면 신앙의 자유를 주겠다."라고 약속했다. 당시 조선에서는 천주교를 금지했으나 선교사들의 활동은 묵인했다. 앞선 1846년 병오박해 때 프랑스 동양함대 사령관 장바티스트 세실 함장이 "프랑스인을 또다시 해친다면 가만있지 않겠다."라고 엄포를 놓았기 때문이다.

흥선대원군은 베르뇌를 직접 만나서 논의하기를 희망했다. 그때 타지에 있던 베르뇌는 서둘러 한양으로 와야 했는데 시간이 지체되었다. 그런데 당시 정권을 장악하고 있는 안동 김씨 세력의 귀에 "흥선대원군이 프랑스 선교사와 비밀리에 내통하면서 조선과 프랑스 간 통상을 추진한다."라는 소식이 들어간 것이다. 안동 김씨 세력은 외국과의 통상을 원하지 않았다. 당황한 흥선대원군은 베르뇌 주교와의 만남을 갑자기 취소했다. 특히 연해주에서 러시아 사람들의 무리한 통상 요구도 잠잠해진 것이 한몫했다. 흥선대원군의 기별을 기다리고 있던 주교 베르뇌는 1866년 2월 천주교 신자들에 대한 체포 소식을 들었다. 베르뇌는 급히 한양의 모처에 은신했으나 배교자의 밀고로 은신처에서 체포되었다.

조선 조정은 포고령을 내리고 천주교에 대한 대대적인 박해를 시작했다. 베르뇌를 비롯해 조선에 있던 파리외방전교회 소속 선교사 12명 중 9명이 체포되어 순교했다. 흥선대원군의 변심은 천주교와 내통했다는 비난을 피하는 동시에 자신의 불안한 정치적 입지를 다지기 위해 급하게 취해진 조치였다. 동아시아에서 일어난 국제적인 상황과 조선 국내 사정이 얽히고설킨 복잡한 상황이 천주교 박해로 이어진 것이었다.

천주교 박해가 다시 일어나자 프랑스는 참을 수가 없었다. 군대를 이끌고 조선으로 쳐들어갔다. 병인양요가 발발한 것이다. 조선은 어렵사리 프랑스의 공격을 막아냈다. 그러나 이후에도 천주교 박해는 계속되었다. 1871년까지 8,000명이 넘는 천주교 신자들이 순교 당했다. 서울시 마포구 합정동 양화진 동쪽에 있는 봉우리 잠두봉에서 많은 천주교 신자들이 순교했다. 잠두봉은 훗날 천주교 신자들의 머리가 잘렸다고 해서 '절두산

(切頭山)'으로 불리게 되었다.

결국 조선은 병인양요와 신미양요를 거친 뒤 유럽과 미국을 향해 문호를 활짝 열었다. 이로써 1791년 신해박해 때부터 100년 가까이 진행된 천주교 박해는 마침표를 찍었다. 또한 개신교는 미국의 조선 진출로 천주교와는 달리 무혈입성하는 행운을 맞이했다.

참고로 우리나라에 첫발을 내디딘 개신교 선교사는 병인박해 때 순교한 선교사 토머스가 아니라 그보다 30여 년 앞선 1832년 황해도 장산곶 부근에 도착했던 독일 출신 선교사 칼 귀츨라프(1803~1851년)였다. 귀츨라프는 그러나 선교에 어려움을 겪고 한 달 만에 조선을 떠났다. 그 이후에 온 개신교 선교사가 로버트 토머스였다.

이어서 1884년 미국 장로교 선교사 호러스 뉴턴 알렌(1858~1932년)이 선교를 위해 조선으로 들어왔다. 의사이기도 한 알렌에 의해 우리나라 최초의 서구식 병원인 제중원이 1885년 탄생했다. 알렌은 1884년 12월에 발생한 갑신정변으로 크게 다친 민영익(1860~1914년)을 치료했고, 고종은 부인 명성왕후(1642~1684년)의 친정 일족인 민영익을 치료한 걸 계기로 양학에 관심을 가지다가 제중원을 짓게 되었다. 제중원의 초창기 이름은 광혜원이었다.

알렌에 이어 1885년 조선으로 들어온 미국인 개신교 선교사들은 헨리 아펜젤러(1858~1902년)와 호러스 그랜트 언더우드(1859~1916년)이다. 이들은 개신교 중에서도 각각 감리교와 장로교 선교사이다. 이들은 조선에서 학교와 교회를 짓고 조선인들에게 영어를 가르치면서 선교활동을 병행했다.

아펜젤러가 만든 학당과 교회가 각각 배재학당과 정동교회이다. 배재학당은 향후 배재대학교, 배재고등학교, 배재중학교 등을 건립하게 된다. 배재학당은 우리나라 최초의 근대식 중등 교육기관이다. 또 언더우드는 연희전문학교를 짓고 초대 교장이 된다. 연희전문학교는 향후 연세대학교로 발전한다. 시간이 흘러 루이스 헨리 세브란스(1838~1913년)의 기부로 제중원이 확장되는데, 기부자의 이름을 따서 세브란스병원이 된다.

이처럼 개신교는 우리나라에서 학교와 병원, 교회를 지으면서 개신교 신자들을 늘려갔다. 오늘날 대한민국 인구 중 개신교 신자는 약 20%가량이고, 천주교 신자는 12% 정도이다. 결국 인구 3명 중 1명은 크리스천이다. 예수 그리스도교 탄생 이후 약 2,000년의 역사를 통해 서양에서 생긴 그리스도교는 이렇게 대한민국에 뿌리내리게 된 것이다.

반면 이웃한 중국은 20세기 중엽 마오쩌둥(1893~1976년)의 등장으로 공산화가 되면서 그리스도교 전파는 속도가 붙지 않았다. 중국에서 크리스천 수는 전체 인구의 약 2%가량이다. 비율은 적어도 신자 수는 우리나라보다 많다. 2024년 기준 중국 인구는 약 14억 명이고 2%는 2,800만 명이다. 또 대한해협 건너 일본은 에도막부 때 혹독한 천주교 탄압 이후 1868년 서구 문물을 수용하는 메이지유신이 단행되었으나 크리스천 증가 추세는 미약했다. 오늘날 전체 인구의 1% 남짓 수준이다.

'기독교' 용어의 유래, 종단·종파·교파·교단에 대해

우리나라에서는 예수 그리스도를 믿는 종교의 명칭이 '기독교(基督教)'이다. 크리스천 중 일부는 '개신교가 곧 기독교'라고 인식하면서 기독교와 천주교(로마가톨릭)를 다르게 아는 경우가 있다. 이는 잘못된 지식이다. 기독교 안에 천주교와 개신교가 있는 것이다.

그런데 도대체 '기독'이라는 뜻이 무엇일까. 한자를 해석한다고 해도 그 뜻을 알 수 없다. 앞서서 설명한 대로 그리스도교는 명나라 시기 '서학'이라는 이름으로 조선에 유입되었다. 그래서 그리스도교라는 명칭은 한자로 우리나라에 들어왔다. 기독은 한자 '기리사독(基利斯督)'에서 첫 글자와 끝 글자를 따온 것이다.

16세기 말부터 17세기 초까지 명나라에서 그리스도교 복음 전파 활동을 벌인 예수회 소속 선교사들은 명나라 사람들을 향해 예수 그리스도를 '야소 키리스두'라고 발음했다. 이는 라틴어 '예수스 크리스투스(Iesus Christus)'에서 끝에 있는 어미를 떼어 낸 것이다. 야소 키리스두를 한자로 쓰면 '야소 계리사독(耶蘇 契利斯督)'이다. 음역(音譯)한 것이다. 프랑스를 '불란서(佛蘭西)'라고 음만 가져온 것과 같은 이치다.

시간이 흘러 1636년 '야소 키리스두'는 '야소 기리스두'로 발음이 바뀌고, 한자로는 '계리사독'이 '기리사독'이 되었다. 그런데 사람들이 기리사독의 한자를 모두 쓰기에는 힘들었나 보다. 1700년대 초 '기리사독'에서 첫 글자와 끝 글자만 써서 '기독'으로 줄여버린 것이다. 누가 왜 이렇게 했는지는 알 수 없다.

하지만 중국에서 그 옛날 갑자기 누군가가 '그리스도'의 한자 '기리사독'을 '기독'으로 축약했다손 치더라도, 현시대에도 네 글자를 두 글자로 줄일 필요가 있는지에 대한 의구심은 머리에서 쉽사리 떠나지를 않는다.

쉽게 말해서 '기리사독'을 '기독'으로 줄인 것은 '그리스도'를 '그도'로 줄인 것과 같은 것이다.

아무튼 공식 문서상에서 '기독'이라는 단어가 처음 등장하는 것은 제2차 아편전쟁 기간 중인 1858년 청나라가 영국, 미국, 프랑스, 러시아 등 4개 국가와 맺은 톈진조약에서다. 이들 열강 4개 국가의 특권을 규정하면서 청나라에서 서양 선교사를 보호하는 규정을 넣었는데, 이때 '基督教'라는 단어가 사용되었다. 이후 '基督教'라는 단어는 일본으로 건너가서 1870년 일본 신문에서 처음 등장했다. 일본은 앞서 1854년 미국과 조약을 맺고 항구를 개항했기에 개신교 선교사들이 자유롭게 들어왔다.

우리나라에서는 최초 근대신문인 한성순보 1884년 7월 중순 신문에 한자어 '基督教'가 처음 등장했다. 이를 중국에서 받아들인 것인지 일본에서 받아들인 것인지는 알 수 없으나, '基督教'라는 정체불명의 글자가 이웃 나라에서 들어온 것은 분명하다. 이어서 1897년 독립신문에 한글로 'ᄀᆡ독교'가 모습을 드러냈다. 또다시 시간이 흘러 1933년 조선어학회는 'ᄀᆡ독교'를 '기독교'로 바꾼 것이다.

물론 오랜 세월 동안 사용된 '기독교'라는 단어를 하루아침에 '그리스도교'로 바꾼다는 건 쉽지 않은 일이다. 하지만 아무런 근거도 없이 '그리스도'의 한자어 '기리사독'을 '기독'으로 줄여서 사용하는 것은 문제가 있다. 이에 대해 크리스천들 스스로 생각해 볼 필요가 있다고 여겨진다. 이런 이유에서 이 책에서는 집요할 정도로 '기독교'라는 용어 대신 '그리스도교'라는 단어를 사용했다.

마지막으로 종단(宗團), 종파(宗派), 교파(敎派), 교단(敎團)에 관한 이야기이다. 세계 4대 종교는 그리스도교, 이슬람교, 불교, 힌두교이다. 이들은 종단이다. 상위 카테고리 종교를 말한다. 그런데 그리스도교는 로마가톨릭, 개신교, 정교회 등으로 갈라졌다. 이들이 종단에서 갈라진 종파이다. 이슬람교에서는 수니파, 시아파가 종파이고 불교에서는 조계종, 천태종, 태고종 등이 종파에 속한다.

그런데 종파인 개신교는 또다시 ▲루터교 ▲장 칼뱅이 만든 '개혁교회' ▲장 칼뱅의 영향을 받은 존 녹스가 만든 '장로교' ▲국교회가 확장된 '성공회' ▲성공회에서 빠져나온 '감리교' ▲감리교에서 갈라진 '성결교'와 '순복음교회(오순절교회)' ▲청교도들이 만든 '침례교' 등으로 나뉜다. 이들은 교파에 해당한다. 개신교에서 갈라진 교파는 이들 외에도 많다. 참고로 성공회는 초창기 그리스도교 아래 종파로 분류되다가 1888년 성공회 주최 제3차 램버스 총회에서 최종적으로 개신교 아래 교파로 자리매김했다.

그리고 장로교는 또다시 통합, 합동, 고신, 백석 등등 나열하기 힘들 정도로 다양하게 갈라졌다. 이들은 교단이라고 한다. 장로교 외 감리교, 성결교 등도 여러 교단으로 갈라진 상태이다. 개신교의 여러 교파 아래에 있는 교단의 수는 자그마치 230개가 넘는다고 한다.

글을 마무리하겠다. 로마제국에서 예수 그리스도가 태어나고 그리스도교가 생겨난 이후 약 2,000년의 세월이 흘렀다. 특정 종교를 떠나서 유럽의 역사를 이해하기 위해서는 오늘날 대다수 유럽인의 정신세계를 지배하고 있는 그리스도교를 알아야 한다. 종교적 차원이 아니라 세계사를 공부하기 위한 지식적 차원에서 말이다.

종교 갈등은 전 세계적으로 문제다. 과연 우주를 창조한 신이 있다면, 그 신은 현재 지구상에서 진행되는 종교적 문제에 대해서 어떻게 생각할지 궁금하기 짝이 없다. 그렇다고 필자가 종교를 부정적으로 바라보는 것은 아니다. 종교가 개인의 삶에 위안을 준다면 그 어떤 종교라도 도움이 될 것이다. 그런데도 여전히 자기가 믿는 특정 종교를 상대에게 강요하는 이들이 있고, 타 종교를 무작정 배척하는 잘못된 종교관에 휩싸인 사람들이 많다. 이것은 또 다른 방식의 폭력과도 같다. 모든 종교의 공통된 가르침은 "인간 존재의 가치를 숭고하게 여겨야 한다."라는 것이다. 이 점을 잊지 않았으면 좋겠다.

주요 사건 연표

BC 1030년 전후 : 이스라엘왕국 건국 (~BC 931년 분열)
BC 753년 : 고대국가 로마 건국 (~AD 395년 분열)
BC 722년 : 북이스라엘왕국 멸망
BC 597년 : 신바빌로니아왕국의 남유다왕국 침공
BC 586년 : 남유다왕국 멸망으로 바빌론유수 시작 (~BC 538년)
BC 550년 : 아케메네스 왕조의 페르시아 건국 (~BC 330년)
BC 509년 : 고대국가 로마에서 공화정 시작
BC 334년 : 알렉산드로스 대왕의 동방 원정 전개 (~BC 323년)
BC 73년 : 스파르타쿠스의 난 발발 (~BC 71년)
BC 63년 : 공화정 체제 로마의 유다 지역 점령
BC 58년 : 카이사르의 갈리아 정복 시작 (~BC 51년)
BC 44년 : 카이사르 사망
BC 37년 : 고구려 건국 (~AD 668년)
BC 31년 : 악티움 해전
BC 27년 : 옥타비아누스의 로마제국 초대 황제 등극
BC 7년 ~ BC 4년 : 예수 그리스도 탄생
BC 4년 : 유대 민족 왕 헤롯 사망

AD 26년 ~ 29년 : 예수 그리스도, 십자가형으로 처형
35년쯤 : 바울의 회심
51년 : 사도 바울, 선교활동 시작 (~58년)

64년 : 로마제국 수도 로마에서 대화재 발생
66년 : 유대·로마 전쟁 발발 (~135년, 총 3차례)
67년 : 베드로와 사도 바울의 순교
80년 : 콜로세움 완공
96년 : 로마제국에서 오현제시대 시작 (~180년)
122년 : 로마제국이 브리타니아에 하드리아누스 방벽 설치
224년 : 사산 왕조 페르시아 건국 (~651년)
235년 : 로마제국에서 군인황제시대 시작 (~284년)
284년 : 디오클레티아누스가 로마제국 황제에 등극
293년 : 황제 디오클레티아누스의 사두정치 시작
306년 : 콘스탄티누스가 로마제국 서부 부황제 등극
312년 : 밀비우스다리 전투 → 콘스탄티누스 vs 막센티우스
313년 : 콘스탄티누스가 로마제국 서부 황제 등극
313년 : 밀라노칙령 선포 → 콘스탄티누스와 리키니우스
324년 : 콘스탄티누스가 로마제국 단독 황제 등극
325년 : 니케아공의회 → 삼위일체설 수용, 아리우스파 이단 정죄
330년 : 로마제국이 로마에서 비잔티움으로 수도 이전
375년 : 게르만족의 대이동 시작
378년 : 아드리아노플 전투 → 로마제국 vs 서고트족
380년 : 황제 테오도시우스가 그리스도교 로마제국 국교로 지정
395년 : 로마제국이 동서로 분열
410년 : 로마제국이 브리타니아에서 철수
418년 : 서고트왕국 건국 (~711년 무슬림 침공)
431년 : 에페소스공의회 → 네스토리우스 주장 불인정
439년 : 반달왕국 건국 (~534년)
451년 : 카탈라우눔 전투 → 서로마제국·서고트왕국 vs 훈제국
451년 : 칼케돈공의회 → 네스토리우스 이단 정죄 후 추방

455년 : 브리타니아에서 7왕국시대 시작

476년 : 서로마제국 멸망

486년 : 클로비스가 프랑크왕국 건국 (~843년 분열)

493년 : 동고트왕국 건국 (~554년)

496년 : 클로비스가 로마가톨릭으로 개종

507년 : 부이예 전투 → 서고트왕국 vs 프랑크왕국

525년 : 서력기원(AD) 연호법 탄생

527년 : 유스티니아누스가 비잔티움제국 황제 등극

534년 : 프랑크왕국의 부르군트왕국 정복

552년 : 돌궐제국 건국 (~745년)

554년 : 유스티니아누스의 동고트왕국 정복

568년 : 랑고바르드왕국 건국 (~774년)

580년 : 톨레도공의회 → 니케아 신경에 '필리오케' 추가

589년 : 수나라 건국 (~618년)

597년 : 교황 그레고리우스 1세가 브리튼 섬에 선교사 파견

610년 : 무함마드의 이슬람교 성립

618년 : 당나라 건국 (~907년)

622년 : 무함마드가 메카에서 메디나로 이주

630년 : 무함마드의 메카 점령

635년 : 네스토리우스파가 당나라에 도착

638년 : 당 태종이 네스토리우스파 그리스도교(경교) 공인

643년 : 니하완드 전투 → 이슬람 vs 사산 왕조 페르시아

646년 : 이슬람 세력이 이집트와 팔레스타인 등 완전 장악

649년 : 당 고종이 숭유정책으로 경교 억제

711년 : 북아프리카 무슬림들의 이베리아반도 침공

719년 : 카롤루스 마르텔이 프랑크왕국 단독 궁재 등극

722년 : 코바동가 전투 → 이베리아반도에서 레콩키스타 시작

726년 : 성상 파괴령 → 비잔티움제국 황제 레오 3세 공포
732년 : 투르·푸아티에 전투 → 프랑크왕국 vs 이슬람 세력
751년 : 피핀 3세가 프랑크왕국 국왕 등극
754년 : 피핀 3세가 교황에게 이탈리아 북동부 라벤나 기증
771년 : 카롤루스 1세가 프랑크왕국 단독 국왕 등극
781년 : 경교 신자들이 당나라에서 대진경교유행중국비 제작
800년 : 교황 레오 3세가 카롤루스 1세를 황제로 인정
814년 : 루도비쿠스 1세가 프랑크제국 황제에 등극
840년 : 루도비쿠스 1세 사후 프랑크제국 내전 발발 (~843년)
843년 : 베르됭조약 → 프랑크제국 3등분 분할
870년 : 메르센조약 → 동·서프랑크왕국의 영토 확장
885년 : 웨식스 알프레드 대왕과 바이킹 협상 → 데인로 탄생
911년 : 샤를 3세가 바이킹 롤로에게 서프랑크왕국 루앙 할양
918년 : 하인리히 1세가 동프랑크 국명 '독일어의 왕국'으로 변경
927년 : 애설스탠이 통일된 잉글랜드왕국 초대 왕 등극
936년 : 오토 1세가 독일왕국 왕에 등극
961년 : 오토 1세가 위기에 빠진 교황 요한 12세 도움
962년 : 교황 요한 12세가 오토 1세에게 황제의 관 수여
976년 : 송나라 건국 (~1271년)
987년 : 위그 카페가 서프랑크왕국 국명 프랑스왕국으로 변경
1000년 : 헝가리왕국 건국 (~1946년)
1037년 : 셀주크제국 건국 (~1194년)
1066년 : 노르망디 공작 기욤 2세의 잉글랜드 공격
1077년 : 카노사의 굴욕
1095년 : 클레르몽공의회 → 로마가톨릭, 예루살렘 탈환 호소
1096년 : 십자군 원정 시작 (~1270년)
1099년 : 제1차 십자군이 예루살렘 탈환

1118년 : 템플기사단 탄생 (~1312년)

1139년 : 포르투갈왕국 건국 (~1910년)

1147년 : 제2차 십자군 원정 전개 (~1148년)

1187년 : 아이유브 왕조 술탄 살라딘이 예루살렘 탈환

1189년 : 제3차 십자군 원정 전개 (~1192년)

1202년 : 제4차 십자군 원정 전개 (~1204년)

1204년 : 제4차 십자군이 콘스탄티노폴리스 강탈 → 라틴제국 탄생

1206년 : 테무친이 몽골초원 평정하며 징기스 칸 등극

1217년 : 제5차 십자군 원정 전개 (~1221년)

1228년 : 제6차 십자군 원정 전개 (~1229년)

1240년 : '타타르의 멍에' 시작 (~1480년)

1245년 : 수도사 카르피니가 교황의 명 받고 몽골제국으로 감

1248년 : 제7차 십자군 원정 전개 (~1254년)

1253년 : 루브룩이 루이 9세의 명 받고 몽골제국으로 감

1260년 : 쿠빌라이 칸이 몽골제국 제5대 칸에 선출

1270년 : 제8차 십자군 원정 전개

1271년 : 원나라 건국 (~1368년)

1275년 : 마르코 폴로가 원나라에서 생활 시작 (~1292년)

1279년 : 남송 멸망

1296년 : 베네치아 vs 제노바 전쟁 → 마르코 폴로의 포로 생활

1299년 : 오스만제국 건국 (~1918년)

1303년 : 아나니사건 → 교황 보니파키우스 8세 폭행당함

1309년 : 아비뇽유수 시작 (~1377년)

1312년 : 템플기사단 공식 해체

1337년 : 백년 전쟁 발발 (~1453년) → 프랑스 vs 잉글랜드

1368년 : 명나라 건국 (~1644년)

1378년 : 서방교회 대분열 시작 (~1417년)

1409년 : 피사공의회 → 교황이 동시대 3명 탄생

1414년 : 콘스탄츠공의회 개최 (~1418년)

1415년 : 콘스탄츠공의회에서 얀 후스 이단 정죄 후 화형 집행

1417년 : 콘스탄츠공의회에서 서방교회 대분열 종식

1419년 : 포르투갈 엔히크 왕자의 신항로 개척 시작

1419년 : 프라하 창밖 투척 사건 → 보헤미아 신교도들의 저항

1453년 : 비잔티움제국 멸망

1467년 : 일본에서 센고쿠 시대 시작

1488년 : 포르투갈의 바르톨로메우 디아스가 희망봉 발견

1492년 3월 : 카스티야 이사벨 여왕의 유대인 추방령 공포

1492년 10월 : 콜럼버스가 스페인 후원으로 신대륙 발견

1494년 : 토르데시야스조약 체결

1498년 : 포르투갈 바스쿠 다 가마의 인도 캘리컷 도착

1499년 : 아메리고 베스푸치가 남미에 대해 인도 아님을 확인

1517년 : 루터가 비텐베르크 성당 정문에 95개조 반박문 게재

1519년 : 마젤란이 스페인 후원으로 세계일주 시작 (~1522년)

1521년 : 아스테카제국 멸망 → 스페인 코르테스의 공격

1533년 : 잉카제국 멸망 → 스페인 피사로의 공격

1534년 : 프랑스에서 예수회 결성

1534년 : 잉글랜드 헨리 8세의 수장령 선포로 국교회 탄생

1536년 : 장 칼뱅 「그리스도교 강요」 출판

1540년 : 로마가톨릭이 예수회 정식 인가

1543년 : 포르투갈이 일본에 화승총 전파

1547년 : 러시아차르국 건국 (~1721년)

1555년 : 아우크스부르크화의 체결 → 황제 카를 5세 개신교 인정

1557년 : 포르투갈이 명나라 영토 마카오 영유권 행사 시작

1567년 : 저지대에서 독립 전쟁 발발

1572년 : 성 바르톨로메오 축일 학살로 위그노 전쟁 시작

1580년 : 포르투갈이 스페인에 병합됨 (~1640년)

1581년 : 저지대 중 네덜란드 자체 독립선언 → 정식 독립 1648년

1582년 : 혼노지의 변 → 오다 노부나가 사망

1584년 : 루기에리 「천주성교실록」 편찬 → '천주' 용어 처음 등장

1587년 : 도요토미 히데요시가 가톨릭 신부 추방령 발표

1592년 : 임진왜란 발발 → 일본의 조선 침공

1597년 : 정유재란 발발

1598년 : 프랑스 앙리 4세가 낭트칙령 발표

1600년 : 세키가하라 전투 → 도쿠가와 이에야스가 일본 정권 장악

1603년 : 일본에서 에도막부 시작 (~1867년)

1603년 : 마테오 리치 「천주실의」 간행

1607년 : 잉글랜드 제임스 1세가 북미로 이주민 파견

1614년 : 이수광 「지봉유설」 편찬

1618년 : 30년 전쟁 발발 → 원인 : 제2차 프라하 창밖 투척 사건

1620년 : 잉글랜드 청교도 102명이 종교의 자유 찾아 북미로 이주

1648년 : 베스트팔렌조약 체결로 30년 전쟁 종결

1649년 : 잉글랜드 찰스 1세가 청교도혁명으로 처형 당함

1652년 : 영란 전쟁 발발 (~1674년) → 영국 vs 네덜란드

1653년 : 호국경 올리버 크롬웰이 잉글랜드 정권 장악 (~1658년)

1685년 : 프랑스 루이 14세가 낭트칙령 폐지

1756년 : 유럽 본토에서 7년 전쟁 발발 (~1763년)

1773년 : 보스턴 차 사건 발생

1775년 : 미국 독립 전쟁 발발 (~1783년)

1776년 : 북미의 영국 식민지 13개 주 대표들이 독립선언문 발표

1783년 : 미국이 파리강화조약으로 완전한 독립 달성

1784년 : 이승훈이 청나라에서 천주교 세례받음

1789년 : 프랑스대혁명 발발 (~1799년)

1793년 : 프랑스대혁명으로 루이 16세 처형 당함

1799년 : 프랑스에서 나폴레옹에 의해 제1공화국 시작 (~1804년)

1801년 : 신유박해로 정약종과 이승훈 등 순교, 황사영 백서사건

1803년 : 미국이 프랑스로부터 루이지애나 매입

1840년 : 제1차 아편 전쟁 발발 (~1842년)

1845년 : 텍사스공화국이 미국 연방으로 합류

1846년 : 병오박해로 김대건 신부 등 순교

1856년 : 제2차 아편 전쟁 발발 (~1860년)

1858년 : 일본과 미국의 통상조약 체결

1866년 : 병인박해 시작(~1871년)으로 병인양요 발발

1867년 : 미국이 러시아로부터 알래스카 매입

1868년 : 일본에서 메이지유신 시작 (~1889년)

1871년 : 신미양요 발발

1882년 : 조선이 미국과 조미수호통상조약 체결

1884년 : 미국 선교사 알렌이 조선에 입국

1885년 : 미국 선교사 아펜젤러와 언더우드가 조선에 입국

1886년 : 조선이 프랑스와 국교 체결

1894년 : 청일 전쟁 발발 (~1895년)

1904년 : 러일 전쟁 발발 (~1905년)

참고문헌

저서

- 궁금해서 밤새 읽는 유럽사 (감상엽, 김소정 공동 著) - 청아
- 그리스도교, 역사와 만나다 (데이비드 벤틀리 하트 著) - 비아
- 대륙의 십자가 (송철규, 민경중 공동 著) - 메디치
- 르네상스의 어둠 (도현신 著) - 생각비행
- 문명으로 읽는 종교 이야기 (홍익희 著) - 행성B
- 미국 학교에서 가르치는 미국 역사 (조성일 著) - 소이연
- 비잔티움의 역사 (디오니시오스 스타타코폴로스 著) - 더숲
- 상대적이며 절대적인 세계사 (표학렬 著) - 인물과 사상사
- 역사 드라마로 읽는 성경 (류모세 著) - 두란노
- 유럽사 이야기 (D.H.로렌스) - 페이퍼로드
- 일본인 이야기1 (김시덕 著) - 메디치
- 종교의 흑역사 (오무라 오지로 作) - 유노책주
- 지도와 사진으로 보는 더 타임스 세계사 (리처드 오버리 등 공동 著) - 예경
- 통세계사 1,2 (김상훈 著) - 다산초당
- 하룻밤에 읽는 독일사 (안병억 著) - 페이퍼로드
- 하룻밤에 읽는 영국사 (안병억 著) - 페이퍼로드
- 학교에서 가르쳐주지 않는 세계사 (신상목 著) - 뿌리와이파리
- 한눈에 꿰뚫는 세계사 명장면 (역사미스터리클럽 著) - 이다미디어
- 한눈에 꿰뚫는 중동과 이슬람 상식도감 (미야자키 마사카츠 著) - 이다미디어
- 30개 도시로 읽는 세계사 (조 지무쇼 著) - 다산초당

논문 및 글

- 네덜란드 성상파괴운동(1566년)에 대한 귀도 드 브레의 입장 (강병훈 著) - 발행기관 : 한국개혁신학회
- 동남아의 식민 지배 역사와 그 극복과정 (조흥국 著) - 발행기관 : 토지주택박물관대학
- 밀라노칙령, 그 신화의 해체 (김경현 著) - 지식의 지평, 제15호 p233~246
- 샤를마뉴, 열두 세기에 걸친 황제의 전설 (성백용 著) - 역사비평 2005년 p388~416
- 수도사 윌리엄 루브룩의 몽골 선교여행 연구 (조용석 著) - 장신논단, Vol.53 No.1

이토록
친숙한
세계사

1판 1쇄 2025년 4월 8일

저자 유성열
발행인 이경화

발행처 디자인21
주소 04560 서울특별시 중구 퇴계로 293-1 3층
전화 02-2269-6561(대)
팩스 02-2269-6568
e-mail 21publish@naver.com
블로그 https://blog.naver.com/publish21
인스타 https://www.instagram.com/21publish.co.kr
홈페이지 https://21publish.co.kr

등록번호 제1-1128호
등록일자 1991. 2. 12

ISBN 978-89-6131-175-5 03370

정가 32,000원